U0897400

本書得到“河南省高等學校哲學社會科學創新人才支持計劃”資助，
項目編號：2022-CXRC-25

# 西北漢簡整理及考釋

姚　磊　著

中国社会科学出版社

**圖書在版編目（CIP）數據**

西北漢簡整理及考釋／姚磊著．—北京：中國社會科學出版社，2023.7
ISBN 978-7-5227-2254-2

Ⅰ.①西… Ⅱ.①姚… Ⅲ.①簡（考古）—研究—西北地區—漢代
Ⅳ.①K877.54

中國國家版本館CIP數據核字（2023）第129114號

出 版 人　趙劍英
責任編輯　范晨星
責任校對　胡新芳
責任印製　王　超

出　　版　中國社會科學出版社
社　　址　北京鼓樓西大街甲158號
郵　　編　100720
網　　址　http://www.csspw.cn
發 行 部　010-84083685
門 市 部　010-84029450
經　　銷　新華書店及其他書店

印　　刷　北京明恒達印務有限公司
裝　　訂　廊坊市廣陽區廣增裝訂廠
版　　次　2023年7月第1版
印　　次　2023年7月第1次印刷

開　　本　710×1000　1/16
印　　張　25.25
字　　數　401千字
定　　價　129.00元

# 序

20 世紀初，西方探險家斯文・赫定、斯坦因等人在中國新疆、甘肅等地陸續發現漢晉簡牘，成爲近代意義上簡牘發現的開端。1914 年，王國維、羅振玉在日本出版《流沙墜簡》，對西北漢簡的系統研究由此起步。如以此起算，西北漢簡的研究已有 108 年的历史。不過，由於種種原因，各批西北簡出土之後，系統著録出版整理的進度較慢，這對研究極爲不利。加上人事變遷，有的簡牘出土時的考古信息已經缺失，這更增添了研究的難度。

伴隨社會對出土文獻越來越重視，西北漢簡的整理在邢義田、張德芳等先生的推動下得以重啓。居延漢簡、居延新簡、肩水金關漢簡、地灣漢簡、玉門關漢簡、懸泉漢簡等大宗西北簡得以高清圖版面世。借助出版的高清紅外照片以及各種數據庫，學界研究西北簡的條件有了質的改善。

西北漢簡的集中刊布，吸引了國内外學術界的極大重視，相關的研究成果十分豐碩。任何一批内涵豐富的出土文獻，都會在原始資料公布之後有一個歷時較長、由較多學者參加的討論過程，才能在文本復原與解讀方面達到較高的水準，形成大致的共識。姚磊《西北漢簡整理及考釋》正是在這種情況下才得以問世，可以説是既得“天時”之便，亦有“人和”之利。

姚磊《西北漢簡整理及考釋》中的一些章節，是他在武漢大學簡帛研究中心讀博士期間打下的基礎。我曾多次與他溝通交流簡牘研究的方法，討論修改相關内容。他也多次向簡帛研究中心的師友以及西北簡研究的同道請教，不斷打磨。他讀博期間比較勤奮，提交給我的博士論文初稿較爲龐大。我希望他把一些思考較爲成熟、可以“説得比較死”的東西呈現在博士論文中，故而很多他寫進初稿的内容，并未出現在答辯本中。《西北漢簡整理及考釋》在博士期間工作的基礎上，對當年删去的“半成品”再次進行仔細、全面的推敲論證，重新收納進來。姚磊對漢簡研究的執著與熱情，以及不斷追求探索的學術志向，在本書的寫作過程中，得到充分的體現。讀過《西北漢簡整理及考釋》书稿，我有幾點感受。

第一，《西北漢簡整理及考釋》對辨識疑難文字相當用功，收穫大。姚磊考訂居延漢簡 5 例、《居延新簡》4 例、《玉門關漢簡》24 例、《敦煌漢簡》18 例、《地灣漢簡》21 例、《懸泉漢簡》17 例，合計約 89 例。這些考釋大體可信，其中一些見解堪稱點睛之筆。比如居延漢簡 75. 1 號簡的釋文由於圖版殘損，多有爭議。姚磊參考肩水金關漢簡 73EJT37：1007 號簡，復原出 75. 1 號簡是“駮南亭長孫章”，较好解决了這個紛争。再如居延漢簡 585. 7 號簡的釋文，各大著録書均作“安農隧長李貽之”，姚磊改釋作“安農隧長李賜之”，並且在肩水金關漢簡中找到有力的證據。

第二，《西北漢簡整理及考釋》復原簡册較多，難度大。簡牘文獻卷册中的編繩大都朽敗無存，有的簡牘破碎嚴重，而正確順序的發現，往往成爲文本復原的關鍵。姚磊把出土簡册分爲“單册編聯”與“散簡編聯”兩大類，在“單册編聯”中復原了“通道厩穀出入簿”“騎士名籍”“莫當隧守衙器簿”以及《永始三年詔書》四個册子；在“散簡編聯”中復原了“五鳳四年習萬私使張掖文書”“陽朔三年肩水士吏視事文書”“建平元年官大奴等移簿大守府文書”“戍卒名籍”“田卒名籍”等四十四個册子。細看他的復原方法和過程，結論大體是可信服的。西北漢簡册書的復原工作以前魯惟一、大庭脩等國外學者做過，國内有的學者也做過，但像《西北漢簡整理及考釋》一書中有這樣集中可觀的成果，應該説是相當突出。

第三，《西北漢簡整理及考釋》對歷史專題研究涉及面寬，分量重。由於簡牘文獻幾乎涉及當時社會的方方面面，故對簡牘文獻的整理需要在簡牘學、文字學之外，有足夠的文獻閲讀和知識準備，對於專門領域的文獻，如法律、經濟、軍事等也有很高的要求。姚磊對西北漢簡中的家屬出入資料，戍卒、田卒，女性史料，赦令，年齡分層等均有研究，涉及到社會史、性别史、法制史、經濟史、軍事史等諸多領域。他梳理學界已有成果，考證深入，多有心得。比如他對漢代赦令的研究，提出“復作”不是“赦免”的必要環節，復作時間的確定受到原判決刑期、服役人具體情况、服役表現以及赦令的赦免力度的影響，時間可長可短，並没有定數等觀點，深化了學界既有認知。

《西北漢簡整理及考釋》對學術史以及簡牘發掘史的梳理也有特色。如第八章“地灣漢簡整理概論”，對地灣漢簡的考古發掘情况以及簡牘數目進行考察，對處理簡牘遺址發掘並至考古報告的撰寫都有一定的參考意義。

《西北漢簡整理及考釋》是姚磊多年心血的結晶，是西北簡整理研究的一部力作，可望成爲漢簡以及秦漢史研究者的重要參考書。簡牘資料由於文字辨識、綴合、編聯上的難度，那種畢其功於一役的願望或期待，是很不切實際的。希望姚磊能夠不忘初心，繼續鑽研，在簡牘整理上不斷開拓，取得更多成績。

**陳　偉**

壬寅暮秋于燕説齋

# 凡　　例

1. 肩水金關漢簡以中西書局出版的《肩水金關漢簡（壹）》（2011年）、《肩水金關漢簡（貳）》（2012年）、《肩水金關漢簡（叁）》（2013年）、《肩水金關漢簡（肆）》（2015年）、《肩水金關漢簡（伍）》（2016年）五卷十五册爲底本。

2. 居延漢簡以"中研院"簡牘整理小組編《居延漢簡》爲底本，居延新簡以甘肅文化出版社的《居延新簡集釋》爲底本。

3. 地灣漢簡以中西書局出版《地灣漢簡》（2017年）爲底本，玉門關漢簡以中西書局出版《玉門關漢簡》（2019年）爲底本，懸泉漢簡以中西書局《懸泉漢簡（壹）》（2019年）、《懸泉漢簡（貳）》（2020年）爲底本。

4. 釋文中的符號，沿用整理者的符號。"＋"表示綴合簡，"－"表示編聯簡，"☑"表示簡有殘斷，"□"表示無法釋讀，一字一"□"。

5. 分欄按照英文大寫字母A、B、C等標記欄號，行號用阿拉伯數字1、2、3等表示。

6. 行文過程中，凡引述底本整理者觀點的，統稱"整理者"；引述學者論述的，注明出處。

7. 爲行文方便，稱述學者姓名時不加先生或其他尊稱。所引文獻典籍以及工具書，隨文出注。

# 目　　錄


**第一章　西北漢簡釋文考訂** ………………………………………… (1)

第一節　《居延漢簡》釋文考訂 ………………………………… (1)

第二節　《居延新簡》釋文考訂 ………………………………… (6)

第三節　《玉門關漢簡》釋文考訂 ……………………………… (7)

第四節　《敦煌漢簡》釋文考訂………………………………… (15)

第五節　《地灣漢簡》釋文考訂………………………………… (31)

第六節　《懸泉漢簡》釋文考訂………………………………… (41)

**第二章　西北漢簡散簡編聯** ……………………………………… (49)

第一節　概述 ……………………………………………………… (49)

第二節　書檄類簡牘的編聯 …………………………………… (58)

第三節　簿籍類簡牘的編聯 …………………………………… (65)

第四節　其他性質簡牘的編聯 ………………………………… (113)

第五節　編聯辨正 ……………………………………………… (126)

**第三章　西北漢簡單册編聯** ……………………………………… (129)

第一節　"通道厩穀出入簿"編聯 ……………………………… (129)

第二節　"騎士名籍"編聯 ……………………………………… (153)

第三節　"莫當隧守衙器簿"編聯 ……………………………… (175)

第四節　《永始三年詔書》編聯 ……………………………… (189)

**第四章　肩水金關漢簡家屬出入資料研究** …………………… (210)

第一節　概述 …………………………………………………… (210)

第二節　A類簡内容和形制 ……………………………………（213）
第三節　B類簡内容和形制 ……………………………………（224）
第四節　出入名籍所見家屬信息 ………………………………（229）
第五節　家庭結構與家屬構成 …………………………………（238）

**第五章　肩水金關漢簡戍卒、田卒研究** …………………………（244）
第一節　概述 …………………………………………………（244）
第二節　戍卒、田卒的籍貫 ……………………………………（248）
第三節　戍卒、田卒的爵位、年齡 ………………………………（254）
第四節　戍卒、田卒的身高、膚色 ………………………………（257）
第五節　戍卒、田卒的征發 ……………………………………（260）
第六節　戍卒、田卒的日常細節 ………………………………（269）
第七節　結語 …………………………………………………（285）
戍卒簡文輯録 …………………………………………………（303）
田卒簡文輯録 …………………………………………………（317）

**第六章　肩水金關漢簡所見女性史料研究** ……………………（324）
第一節　妻隨夫姓 ……………………………………………（324）
第二節　婚育年齡 ……………………………………………（327）
第三節　休妾文書 ……………………………………………（331）
第四節　女奴的地位和生活 ……………………………………（333）
第五節　結語 …………………………………………………（337）

**第七章　肩水金關漢簡所見赦令研究** …………………………（340）
第一節　赦令簡文梳理 ………………………………………（341）
第二節　赦免時間節點研究 ……………………………………（347）
第三節　相關研究 ……………………………………………（354）

**第八章　地灣漢簡整理概論** ……………………………………（360）
第一節　地灣遺址 ……………………………………………（360）
第二節　探方情況 ……………………………………………（362）

第三節　簡牘數目 ……………………………………………… (367)

**第九章　西北漢簡所見男女年齡分層研究** …………………… (369)

第一節　問題的提出 ………………………………………… (369)

第二節　西北漢簡所見的年齡分層統計 …………………… (370)

第三節　幾組特殊的數據研究 ……………………………… (376)

第四節　結語 ………………………………………………… (383)

**後　記** …………………………………………………………… (386)

# 圖表目錄

圖 1　居延漢簡 37.44 號簡……………………………………………………（1）
圖 2　五鳳四年習萬私使張掖文書編聯圖 ……………………………（59）
圖 3　陽朔三年肩水士吏視事文書編聯圖 ……………………………（61）
圖 4　建平元年官大奴等移簿大守府文書編聯圖 ……………………（65）
圖 5　戍卒名籍編聯圖 1 ………………………………………………（67）
圖 6　戍卒名籍編聯圖 2 ………………………………………………（69）
圖 7　戍卒名籍編聯圖 3 ………………………………………………（70）
圖 8　戍卒名籍編聯圖 4 ………………………………………………（72）
圖 9　戍卒名籍編聯圖 5 ………………………………………………（73）
圖 10　戍卒名籍編聯圖 6 ……………………………………………（74）
圖 11　戍卒名籍編聯圖 7 ……………………………………………（75）
圖 12　戍卒名籍編聯圖 8 ……………………………………………（76）
圖 13　田卒名籍編聯圖 1 ……………………………………………（77）
圖 14　田卒名籍編聯圖 2 ……………………………………………（78）
圖 15　田卒名籍編聯圖 3 ……………………………………………（79）
圖 16　田卒名籍編聯圖 4 ……………………………………………（80）
圖 17　田卒名籍編聯圖 5 ……………………………………………（82）
圖 18　始建國二年十月就人名籍編聯圖……………………………（84）
圖 19　禄得名籍編聯圖………………………………………………（86）
圖 20　將車名籍編聯圖………………………………………………（87）
圖 21　吏員名籍編聯圖………………………………………………（88）
圖 22　居延刑徒名籍編聯圖…………………………………………（89）
圖 23　安定郡施刑士名籍編聯圖……………………………………（91）

圖 24　戍卒行書出入名籍編聯圖…………………………………（92）
圖 25　河南雒陽菅從、蘇通出入名籍編聯圖…………………（93）
圖 26　居延刑徒十一月出入名籍編聯圖………………………（95）
圖 27　觻得十二月出入名籍編聯圖……………………………（97）
圖 28　氐池出入名籍編聯圖……………………………………（99）
圖 29　南陽陳副、扁登出入名籍編聯圖 ……………………（100）
圖 30　南陽垣黨、周重出入名籍編聯圖 ……………………（103）
圖 31　鄣卒出入名籍編聯圖 …………………………………（104）
圖 32　官大奴九月出入名籍編聯圖 …………………………（106）
圖 33　淮陽新郪名籍編聯圖 …………………………………（107）
圖 34　大河郡名籍編聯圖 ……………………………………（109）
圖 35　錢出入簿編聯圖 ………………………………………（110）
圖 36　魚出入簿編聯圖 ………………………………………（112）
圖 37　紀時簡編聯圖 …………………………………………（114）
圖 38　游所因宿簡編聯圖 ……………………………………（117）
圖 39　司馬從者簡編聯圖 ……………………………………（119）
圖 40　四月詬火簡編聯圖 ……………………………………（121）
圖 41　隧長簡編聯圖 …………………………………………（122）
圖 42　盜竊簡編聯圖 …………………………………………（123）
圖 43　右類簡編聯圖 …………………………………………（126）
圖 44　“通道厩穀出入簿”編聯圖 …………………………（143）
圖 45　“騎士名籍”編聯圖 …………………………………（165）
圖 46　“莫當隧守衙器簿”編聯圖 …………………………（187）
圖 47　《永始三年詔書》編聯圖 ……………………………（208）
圖 48　家屬符五種類型圖 ……………………………………（212）
圖 49　敦煌漢簡 1393 號簡……………………………………（228）
圖 50　地灣遺址對比 …………………………………………（361）
圖 51　地灣遺址平面圖及探方位置圖 ………………………（366）

表 1　游所因宿信息……………………………………………（116）
表 2　“過長羅侯”費用明細…………………………………（145）

表3　馬匹口粮統計…………………………………………………………（149）
表4　誤書情況統計…………………………………………………………（152）
表5　“騎士名籍”人名重複………………………………………………（162）
表6　騎士簡時間節點………………………………………………………（168）
表7　騎士名籍A型所見里名 ……………………………………………（172）
表8　騎士名籍B型所見里名 ……………………………………………（174）
表9　“莫當隧守御器簿”簡號、編聯信息………………………………（178）
表10　506.1號簡與莫當隧守衙器簿對比（一） …………………………（182）
表11　“莫當隧守衙器簿”編聯表（一） …………………………………（183）
表12　506.1號簡與莫當隧守衙器簿對比（二） …………………………（183）
表13　“莫當隧守衙器簿”編聯表（二） …………………………………（184）
表14　506.1號簡與莫當隧守衙器簿對比（三） …………………………（184）
表15　“莫當隧守衙器簿”編聯表（三） …………………………………（185）
表16　“莫當隧守衙器簿”編聯表（四） …………………………………（186）
表17　《永始三年詔書》簡牘信息 ………………………………………（205）
表18　家屬出入A類簡内容信息 …………………………………………（218）
表19　家屬出入A類簡時間信息 …………………………………………（221）
表20　家屬出入A類簡形制信息 …………………………………………（222）
表21　家屬出入B類簡内容信息 …………………………………………（226）
表22　家屬出入B類簡形制信息 …………………………………………（227）
表23　出入名籍所見家屬内容信息 ………………………………………（233）
表24　戍卒爵位、年齡信息 ………………………………………………（255）
表25　田卒爵位、年齡信息 ………………………………………………（256）
表26　戍卒所出兩人以上里名信息統計 …………………………………（261）
表27　戍卒信息統計 ………………………………………………………（289）
表28　田卒信息統計 ………………………………………………………（299）
表29　婚育年齡信息 ………………………………………………………（327）
表30　夫婦婚齡信息 ………………………………………………………（329）
表31　73EJT37：755、73EJT37：1058内容對比 …………………………（330）
表32　吕异人服役階段 ……………………………………………………（357）
表33　彭千秋服役階段 ……………………………………………………（357）

表 34　Ⅱ T0114④：339 號簡被赦人服役階段…………………………（358）
表 35　陳犬服役階段 ……………………………………………………（359）
表 36　王禁服役階段 ……………………………………………………（359）
表 37　吴礽驤地灣探方編號 ……………………………………………（363）
表 38　任步雲地灣探方編號 ……………………………………………（364）
表 39　《地灣漢簡》簡數統計 …………………………………………（368）
表 40　西北漢簡所見年齡分層統計 ……………………………………（371）

# 第一章　西北漢簡釋文考訂

## 第一節　《居延漢簡》釋文考訂

**第 1 例：37. 44**

居延漢簡 37. 44 號簡出土于 A32 金關遺址，其釋文有兩種版本，如下：

☐□□以自書爲信　　37. 44①

□□□□□□□□以自書爲信　　37. 44②

按：對比可看出兩種釋文版本的差异在於“以”字上的字數，《居延漢簡甲乙編》等書認爲有兩字，《居延漢簡（壹）》認爲有八個字。仔細核查圖版，我們認爲有六個字，釋讀如圖 1 所示：

**圖 1　居延漢簡 37. 44 號簡**

① 中國社會科學院考古研究所：《居延漢簡甲乙編》，中華書局 1980 年版，第 25 頁；謝桂華、李均明、朱國炤：《居延漢簡釋文合校》，文物出版社 1987 年版，第 62 頁；中國簡牘集成編輯委員會：《中國簡牘集成》第 1 册，敦煌文藝出版社 2001 年版，第 102 頁。

② 簡牘整理小組編：《居延漢簡（壹）》，臺北：“中央研究院歷史語言研究所”2014 年版，第 121 頁。

此外，依據簡牘整理小組公布的《簡牘文物形制與出土地資料表》，該簡長23公分、寬1.1公分、厚0.37公分，[①] 其長度已非常接近完整漢簡的一尺（23.1cm），又此簡上端平直，未有殘損痕迹，故此簡并未殘斷，不應再加殘斷符號。[②]

由此，釋文作：

□居延□從者以自書爲信　　37.44

**第2例：75.1**

騂南亭長觻得壽貴里公乘孫［竟］□　傳□　　75.1

按：肩水金關漢簡73EJT37：1007是"騂南亭長孫章"的家屬符，與居延漢簡75.1號簡有緊密的關聯，釋文如下：

槖他騂南亭長孫章

陽朔三年正月家屬符

妻大女觻得壽貴里孫遷年廿五

子小男自當年二

皆黑色　　73EJT37：1007

兩簡所給出的職官信息、地理信息一致，都是"騂南亭長""觻得壽貴里"，且75.1號簡出土于A32肩水金關遺址，[③] 與T37屬於同一區域。由此可以斷定兩簡都是"騂南亭長孫章"，即"簡牘整理小組"推知的"竟"字，當是"章"字。

**第3例：113.12**

□□癸卯官告第四候　長記到馳詣官會　　113.12A

毋以它爲解急□　［董］雲叩頭唯卿幸爲持具簿奉賦［急］

第四候長行者致走　□　□□□哀憐罰鐵者頃蒙恩叩＝頭＝　113.12B

---

① 簡牘整理小組編：《居延漢簡（壹）》，臺北："中央研究院歷史語言研究所"2014年版，第286頁。

② 顏世鉉後核查原簡，認爲簡頭很平整，没有殘斷。

③ 簡牘整理小組編：《居延漢簡（壹）》，臺北："中研院歷史語言研究所"2014年版，第299頁。

按：113.12 號簡 B 面“蒙”上一字圖版作：，諸家均釋作“頃”,[1] 疑是“願”字。[2]“頃”“願”兩字，前文中曾有對比（第一節第20則），此字與73EJT10：221、73EJT33：28、73EJT4H：43、73EJF3：333 等簡的“願”字，圖版分別作：、、、，字形一致。“願蒙恩”語氣較爲主動，此處“願”指希望，簡文意希望得到恩惠，正銜接“哀憐罰鐵者”之心理。簡文中的“罰鐵”，不見於居延新簡、肩水金關漢簡，亦不見於兩漢傳世文獻。對於“鐵器”，漢武帝實行了嚴厲的“鹽鐵官營”政策，由政府統一生産銷售，西北邊地的鐵器主要依賴内郡的供給。梳理漢簡中有關鐵器的記載，摘錄如下：

貇田以鐵器爲本北邊郡毋鐵官卬器内郡令郡以時博賣予細民毋令豪富吏民得多取販賣細民　　EPT52：15[3]

月甲寅大司農守屬閎別案校錢穀鹽鐵　　455.11[4]

·甲渠候官建始四年十月旦見鐵器簿　　EPT52：488[5]

延＝水丞就迎鐵器大司農府移肩水金關遣就人名籍如牒　　73EJT37：182＋1532

以警備絶不得令耕更令假就田宜可且貸迎鐵器吏所　　73EJF3：161

由 EPT52：15 號簡可知，鐵器在邊郡貇田過程中起著重要作用，但依賴内郡供給，普通民衆（細民）可向政府購買；由 455.11 號簡知政府對“鹽鐵”管理嚴格，有檢驗審核；由 EPT52：488 號簡知對鐵器日常管理有制度可循，編制有“鐵器簿”；由 73EJT37：182＋1532、73EJF3：161 號簡知，鐵器到達邊郡後有專門人員負責辦理。從以上簡文知鐵器由政府控制，政府對鐵器的日常管理比較完善，有制度可循。

漢簡雖無“罰鐵”的記載，却有“罰金”的信息，如下：

---

[1] 中國社會科學院考古研究所：《居延漢簡甲乙編》，中華書局 1980 年版，第 77 頁；謝桂華、李均明、朱國炤：《居延漢簡釋文合校》，文物出版社 1987 年版，第 184 頁；中國簡牘集成編輯委員會：《中國簡牘集成》第 2 册，敦煌文藝出版社 2001 年版，第 8 頁。

[2] 顏世鉉認爲 113.12B 號簡釋“頃”較好，高震寰認爲“113.12B 因文脈不明確，故我雖然覺得‘願’的可能性大些，但也不能排除維持‘頃’的可能”。

[3] 李迎春：《居延新簡集釋》第 3 册，甘肅文化出版社 2016 年版，第 598 頁。

[4] 謝桂華、李均明、朱國炤：《居延漢簡釋文合校》，文物出版社 1987 年版，第 567 頁。

[5] 李迎春：《居延新簡集釋》第 3 册，甘肅文化出版社 2016 年版，第 726 頁。

☐期會皆坐辨其官事不辨論罰金各四兩直二千五百　　EPT57：1①

毋罪名者亦罰金一□☐　　EPT65：502②

不中程百里罰金半兩過百里至二百里一兩過二百里二兩

不中程車一里奪吏主者勞各一日二里奪令相各一日　　EPS4T2：8B③

從簡文可知，在對吏員的考核中，“罰金”是重要的一種方式。徐子宏認爲：“漢代北邊郡以得算、負算來進行考績爲史書所未詳，所謂‘算’是指罰金、獎金而言，抑是指考核評分的標準。”④

總之，113.12 號簡關於“罰鐵”的記載，便存在兩種可能，一是“罰鐵”是“罰金”，書手寫作中出現了訛誤，即“鐵”當是“金”字；二是再“罰金”之外，吏員考核亦有了“罰鐵”一項。從現有史料看，我們傾向前者。

**第 4 例：239.15**

☐□里邴種已

☐□月壬戌除

已得河南□□☐

已移都内第☐

凡并直千☐　　239.15

按：肩水金關漢簡中亦有“邴種已”，與 239.15 號簡緊密相關，如下：

廼甲申直隧長鰈得萬金里邴種已廣野隧長屋□　　73EJT24：557

☐鰈得萬金里邴種已☐　　73EJD：276

239.15、73EJT24：557、73EJD：276 三簡簡文中出現的“邴種已”，當是同一人。239.15 號簡“里”上一字圖版殘缺，作：，當是“金”字殘筆。

由此，釋文作：

（萬）金里邴種已

① 馬智全：《居延新簡集釋》第 4 册，甘肅文化出版社 2016 年版，第 481 頁。

② 張德芳、韓華：《居延新簡集釋》第 6 册，甘肅文化出版社 2016 年版，第 342 頁。

③ 張德芳：《居延新簡集釋》第 7 册，甘肅文化出版社 2016 年版，第 680 頁。

④ 徐子宏：《漢簡所見烽燧系統的考核制度》，《貴州師范大學學報》1988 年第 4 期。

☑□月壬戌除

已得河南□□☑

已移都内第☑

凡并直千☑　　239.15

**第5例：585.7**

出

賦錢千二百

以給安農隧長李貽之四月五月奉　　585.7①

按：簡文中出現的安農隧長“李貽之”，《居延汉简甲乙编》《中國簡牘集成》亦作“李貽之”，② 肩水金關漢簡73EJH2：7+85有相似辭例，如下：

出錢千八百　其六百都君取　給安農隧長李賜之七月八月九月奉自取　　73EJH2：7+85

我們懷疑73EJH2：7+85、585.7兩簡中的“安農隧長”當是同一人，即要辨明“賜”“貽”兩字，對比如下：

| 73EJH2：7+85 | 585.7③ |
| --- | --- |
|  |  |

對比可知兩簡左部一致，585.7簡由於圖版不清晰，右部并不能辨別，而肩水金關漢簡73EJH2：7+85簡中此字非常清晰，釋“賜”無誤。

由此居延漢簡585.7號簡的釋文當進行修訂，作：

出

① 謝桂華、李均明、朱國炤：《居延漢簡釋文合校》，文物出版社1987年版，第668頁。

② 中國社會科學院考古研究所編：《居延漢簡甲乙編》下，中華書局1980年版，第286頁；謝桂華、李均明、朱國炤：《居延漢簡釋文合校》，文物出版社1987年版，第668頁；中國簡牘集成編輯委員會：《中國簡牘集成》，第8册，敦煌文藝出版社2001年版，第237頁。

③ “中研院”漢代簡牘數位典藏，http：//ndweb.iis.sinica.edu.tw/woodslip_public/System/Main.htm。

賦錢千二百

以給安農隧長李賜之四月五月奉　585.7

## 第二節　《居延新簡》釋文考訂

**第1例：EPT43：229**

入利上里李☐　EPT43：229

按：整理者簡首所釋"入"字，圖版作：，恐非，該簡上部有殘斷，從文意看，"居延"有"利上里"，"入"字可能是"延"字的下部，對比"延"字字形如下：（73EJT9：119）。

由此，釋文當作：

［居］延利上里李☐　EPT43：229

**第2例：EPT53：172**

右日□二千☐　EPT53：172

按："日"下一字整理者未釋，圖版作：，當爲"迹"字，對比"迹"字字形如下：（EPT56：128）、（EPT58：35）。肩水金關漢簡中亦有辭例可爲佐證，如下：

·右日迹簿二千石賜勞名籍令　73EJT29：48

林宏明曾綴合EPT53：172與EPT53：7號簡，[①] 由此，釋文可作：

右日迹二千石賜勞名籍☐　EPT53：172+7

**第3例：EPF22：651**

·甲渠候官建武桼年桼月貧隧長及一家二人爲寒吏☐　EPF22：651

按：整理者所釋"寒"字，[②] 圖版作：，疑爲"塞"字。EPT17：

① 林宏明：《漢簡試綴第86則》，2017年8月28日，先秦史研究室，http：//www.xianqin.org/blog/archives/9226.html。

② 甘肅省文物考古研究所等編：《居延新簡——甲渠候官與第四燧》，文物出版社1990年版，第519頁；甘肅省文物考古研究所等編：《居延新簡——甲渠侯官》，中華書局1994年版，第230頁；中國簡牘集成編輯委員會：《中國簡牘集成》第12册，敦煌文藝出版社2001年版，第130頁；馬怡、張榮强：《居延新簡釋校》，天津古籍出版社2013年版，第819頁。

23 號簡“塞”字作：[字形]，可參。“塞吏”漢簡中習見，如：

大守府書塞吏武官吏皆爲短衣去足一尺……　EPT51：79

由此，釋文作：

·甲渠候官建武桼年桼月貧隧長及一家二人爲塞吏☑　EPF22：651

**第 4 例：EPT65：507**

☑甲渠甲渠☑　EPT65：507A

☑尊□廿☑　EPT65：507B

按：B 面整理者所釋“尊”字，恐非，該字圖版作：[字形]，疑“等”字。EPF22：559 號簡“等”字作：[字形]，可參。

由此，釋文作：

☑甲渠甲渠☑　EPT65：507A

☑等□廿☑　EPT65：507B

## 第三節　《玉門關漢簡》釋文考訂

**第 1 例：Ⅰ98DYT1：3**

白丸素□五十匹　鮮支二匹　□　Ⅰ98DYT1：3

按：簡文中的末字，整理者未釋，該字圖版作：[字形]，知其左側殘缺，懷疑爲“缺”字殘筆。Ⅱ98DYT1：18 號簡“缺”字作：[字形]，可參。

由此，釋文作：

白丸素□五十匹　鮮支二匹　缺　Ⅰ98DYT1：3

**第 2 例：Ⅱ98DYT1：19**

右卒史以下廿四人　積廿四月十四日　□　Ⅱ98DYT1：19

按：簡文中的末字，整理者未釋，該字圖版作：[字形]，懷疑爲勾校符號“丿”。

由此，釋文作：

右卒史以下廿四人　積廿四月十四日　丿　Ⅱ98DYT1：19

**第 3 例：Ⅱ98DYT1：41**

☑姜孝功欲□☑　　Ⅱ98DYT1：41A

（空白無字）　　Ⅱ98DYT1：41B

按：Ⅱ98DYT1：41A 號簡“欲”下一字整理者未釋，該字圖版作：，疑爲“亡”字。由此，釋文可作“姜孝功欲亡”。① Ⅱ98DYT1：41B 號簡整理者未釋，簡首第二字圖版作：，疑爲“隧”字。由此，釋文作：

☑姜孝功欲亡☑　　Ⅱ98DYT1：41A

☑□隧□□□☑　　Ⅱ98DYT1：41B

**第 4 例：Ⅱ98DYT2：36**

六月辛丑丞相禹下小　　Ⅱ98DYT2：36

按：整理者所釋“小”字，恐非，該字圖版作：，懷疑爲“當”字殘筆。“下當用者”爲文書常用語。

由此，釋文作：

六月辛丑丞相禹下當　　Ⅱ98DYT2：36

**第 5 例：Ⅱ98DYT2：48**

功曹史賞再拜言王☑

……　　Ⅱ98DYT2：48A

（空白無字）　　Ⅱ98DYT2：48B

按：Ⅱ98DYT2：48B 號簡整理者未釋，該簡上有一字僅存左側部分，圖版作：、、，疑均爲“定”字。

由此，釋文作：

功曹史賞再拜言王☑

……　　Ⅱ98DYT2：48A

……定定□定……　　Ⅱ98DYT2：48B

① 張德芳、石明秀主編：《玉門關漢簡》，中西書局 2019 年版。（本文圖版釋文均出自此書，不另注）

**第 6 例：Ⅱ98DYT2：58**

罷名言教言教君善耶名再　　Ⅱ98DYT2：58A

奏記幸哀憐名主簿名……　　Ⅱ98DYT2：58B

按：Ⅱ98DYT2：58B 號簡“名”下諸字整理者未釋，該簡上有諸字尚可識別，圖版作：、、，疑爲“名”“主”“簿”三字。由此，B 面釋文可作：“奏記幸哀憐名主簿名□□名主簿……”。由此，釋文作：

罷名言教言教君善耶名再　　Ⅱ98DYT2：58A

奏記幸哀憐名主簿名□□名主簿……　　Ⅱ98DYT2：58B

**第 7 例：Ⅱ98DYT4：18**

☑□□二枚　閏月壬寅以爲六寸檢四枚給諸曹封往來書

Ⅱ98DYT4：18

按：Ⅱ98DYT4：18 號簡簡首“二”上一字整理者未釋，該字圖版作：，疑爲“曹”字。由此，釋文作：

☑□曹二枚　閏月壬寅以爲六寸檢四枚給諸曹封往來書

Ⅱ98DYT4：18

**第 8 例：Ⅱ98DYT4：49**

主簿市記　書刀一直☑

管一直卌☑　　Ⅱ98DYT4：49A

十一月十二月奉錢千七十出□十　出錢五十□☑

出錢十五□☑

□□□□☑　　Ⅱ98DYT4：49B

按：Ⅱ98DYT4：49B 號簡“出”下一字整理者未釋，該字圖版作：，疑爲“用”字殘筆。第二欄第三列前兩字整理者未釋，從辭例分析，可補“出錢”。由此，釋文作：

主簿市記　書刀一直

管一直卌　　Ⅱ98DYT4：49A

十一月十二月奉錢千七十出用十　出錢五十□☒
出錢十五□☒
出錢□□☒　Ⅱ98DYT4：49B

**第9例：Ⅱ98DYT4：56**

☒□□□□譚□□□□　二月甲辰入東☒　Ⅱ98DYT4：56A

☒□五斤□□☒　Ⅱ98DYT4：56B

按：Ⅱ98DYT4：56A號簡簡首諸字整理者未釋，有一字尚可識別，圖版作：，疑爲“佐”字殘筆。

由此，釋文作：

☒□□佐□譚□□□□　二月甲辰入東☒　Ⅱ98DYT4：56A

☒□五斤□□☒　Ⅱ98DYT4：56B

**第10例：Ⅱ98DYT4：63**

☒□臣告董☒　Ⅱ98DYT4：63

按：Ⅱ98DYT4：63號簡“告”下一字整理者釋作“董”，該字圖版作：，疑爲“重”字殘筆。由此，釋文作：

☒□臣告重☒　Ⅱ98DYT4：63

**第11例：Ⅱ98DYT5：19**

玉門隧長牙賀行軍書到土門還守嗇夫慶卒趙訢索　守　Ⅱ98DYT5：19

按：整理者所釋的“土”字，恐非，該字圖版作：，當爲“圡”字，懷疑書手借用了“到”字的筆畫，此處可能是“玉”字。

由此，釋文作：

玉門隧長牙賀行軍書到圡（玉）門還守嗇夫慶卒趙訢索　守
Ⅱ98DYT5：19

**第12例：Ⅱ98DYT5：22**

玉門候長高輔召詣關□☒　Ⅱ98DYT5：22

按：簡文“關”下一字圖版作：，當爲“出”字殘筆。由此，釋文作：

玉門候長高輔召詣關出☑　　Ⅱ98DYT5：22

**第 13 例：Ⅱ98DYT5：44、56**

一月二日□□□　二人北園　　Ⅱ98DYT5：44

按：從簡文内容分析，當是“作簿”，其有固定的程式，如下：

正月廿一日丙辰卒十人……　　Ⅱ98DYT5：35

閏月廿日丙子卒十四人……　　Ⅱ98DYT4：30

二月廿三日乙巳卒十九人作簿……　　Ⅱ98DYT4：28

由此，“日”下一字當爲干支，該字圖版作：，疑爲“丙”字。訂補相關文字，釋文作：

一月二日丙□卒……　二人北園　　Ⅱ98DYT5：44

同樣的情況也出現在Ⅱ98DYT5：56 號簡，《玉簡》釋文作：

正月十九日府卒□人　其一人養　　Ⅱ98DYT5：56

整理者所釋“府”字，圖版作：，右側殘缺，可能也是干支，暫存疑不釋較爲適宜；簡首“正”字，圖版作：，可能爲“一”，暫存疑不釋較爲適宜。由此，釋文作：

□月十九日□□卒□人　其一人養　　Ⅱ98DYT5：56

**第 14 例：Ⅱ98DYT5：65**

☑二封☑

☑□書☑　　Ⅱ98DYT5：65A

……　　Ⅱ98DYT5：65B

按：Ⅱ98DYT5：65B 號簡整理者未釋，有一字尚可識别，圖版作：，疑爲“子”字。由此，釋文作：

☑二封☑

☑□書☑　　Ⅱ98DYT5：65A

☑□子☑　　Ⅱ98DYT5：65B

**第 15 例：Ⅱ98DYT5：68**

☑□□不善☑　　Ⅱ98DYT5：68A

☒□□☒　　Ⅱ98DYT5：68B

按：Ⅱ98DYT5：68B 號簡整理者未釋，簡首第一字尚可識別，圖版作：，疑爲“不”字。A 面整理者所釋“不”字，由於圖版殘損嚴重，暫存疑。由此，釋文作：

☒□□□善☒　　Ⅱ98DYT5：68A

☒不□☒　　Ⅱ98DYT5：68B

**第 16 例：Ⅱ98DYT5：88**

乃言有死過不自知事□所以白者□□□留主□□□

得卿又□□豈□忽未□□不今□令□□忽深自□　　Ⅱ98DYT5：88A

□□□□馬到未死□□壹何□腸雍令少忽不自

恐馬新來宜且□見之□尚忽……　　Ⅱ98DYT5：88B

按：Ⅱ98DYT5：88A 號簡第一行有諸字整理者未釋，圖版作：、、、、，疑爲“敢”“勤”“對”“馬”“也”字的殘筆。Ⅱ98DYT5：88B 號簡第一行有諸字整理者未釋，圖版作：、、，疑爲“主”“此”“＝”字的殘筆。第二行有諸字整理者未釋，圖版作：、、，疑爲“＝”“也”“得”字的殘筆。

由此，釋文作：

乃言有死過不自知事□所以白者□敢勤留主對馬也

得卿又□□豈□忽未□□不今□令□□忽深自□　　Ⅱ98DYT5：88A

主□此□馬到未死□□＝壹何□腸雍令少忽不自

恐馬新來宜且□＝見之□尚忽也得……　　Ⅱ98DYT5：88B

**第 17 例：98DYC：25**

98DYC：25 號簡爲習字簡，整理者未釋。A 面第一行圖版作：、、、，疑爲“來”“子”“拜”“八”字的殘筆。由此，此部分釋文可補作：“……來□□子拜□八”。A 面第二行圖版作：、、、、、，疑爲“力”“力”“力”“力”“勿”“得”字的殘筆。由此，此部分釋文可補作：“……力力力力勿得”。B 面第一行依據圖版

可補釋文字“……史史……”，第二行可補釋文字“守”，第三行可補釋文字“守守守守守守”。綜上，該簡釋文可作：

……來□□子拜□八

……力力力力勿得　　98DYC：25A

……史史……

守

守守守守守守　　98DYC：25B

**第18例：98DYC：87**

98DYC：87號簡簡首諸字整理者未釋。A面第一行圖版作：、，疑均爲“行”字殘筆。第二行圖版作：、，疑爲“子”“坐”兩字。由此，該簡釋文可作：

行行

□

□子坐……卅八章　　98DYC：87

**第19例：98DYC：88**

98DYC：88號簡整理者未釋。B面有諸字圖版作：、、，疑爲“至”“今”“見”字殘筆。由此，釋文可作：

……　　98DYC：88A

至今□□□見　　98DYC：88B

**第20例：98DYC：93**

☐少百一十五……二斤

……五十五☐　　98DYC：93A

……　　　卅八

從史月　十六☐　　98DYC：93B

按：98DYC：93B號簡尚有諸字可釋，圖版作：、、，疑爲“斤”“十”“五”字。由此，釋文作：

☐少百一十五……二斤

……五十五□　　98DYC：93A

……斤　十五□卌八　從史月　十六□　　98DYC：93B

**第 21 例：90DXC：108**

☒□行大守事遣□司空佐□□光送自來

☒□未得文屬奉獻言事

☒□駕一乘傳

五月甲申東　初元二年五月　　90DXC：108

按：90DXC：108 號簡第一行尚有諸字可釋，圖版作：、，疑爲“馬”“到”。第二行“事”下一字整理者未釋讀，圖版作：，疑爲“謁”字。簡的下部第二行尚有諸字可釋，圖版作：、、，、疑爲“賢”“行”“事”“行”“丞”。

由此，釋文作：

☒馬行大守事遣□司空佐到□光送自來

☒□未得文屬奉獻言事謁

☒□駕一乘傳

五月甲申東　初元二年五月……

賢行□事……行丞（事）　　90DXC：108

**第 22 例：90DXC：130**

曹□望賜　　書一

從者　　90DXC：130

按：整理者所釋“書”字圖版作：，當爲“妻”字。90DXC：102 號簡有“計爲令史宮平　妻一☒　從者一☒”的辭例可參。

由此，釋文作：

曹□望賜　　妻一☒

從者☒　　90DXC：130

**第 23 例：90DXC：137**

☒□行塞蓬隧亭　神爵二年十一月癸卯朔丙辰敦煌大守快

　　　　　　　　　　丞德謂敦煌以此爲駕當舍　　　　　　90DXC：137

按：90DXC：137 號簡首第一行第一字圖版作：[圖]，疑爲“事”字殘筆，此部分釋文可補作：“事行塞”。第二行有圖版作：[圖]，整理者未釋，當爲勾校符號“○”。

由此，釋文作：

☑事行塞蓬隧亭　神爵二年十一月癸卯朔丙辰敦煌大守快

☑　○　　　　　丞德謂敦煌以此爲駕當舍　　　　　　90DXC：137

**第 24 例：DB：676**

□□

甲子乙丑丙寅丁卯戊辰

己巳庚午辛未壬申　　　　　　DB：676A

甲子乙丑丙寅丁卯戊　　　　　DB：676B

按：DB：676A 號簡第一行尚有倒寫的兩字可釋，圖版作：[圖]、[圖]，疑爲“甲”“辰”，在該簡的左側一角，尚有五個字的墨迹，經查當爲“癸酉□□卯”。DB：676B 號簡整理者未對簡首全部文字進行釋讀，應當補寫兩個“甲”字。由此，釋文作：

甲辰（倒寫）

甲子乙丑丙寅丁卯戊辰

己巳庚午辛未壬申

癸酉□□卯　　　　　　　　　DB：676A

甲甲甲子乙丑丙寅丁卯戊　　　DB：676B

## 第四節　《敦煌漢簡》釋文考訂

**第 1 例：1223**

1223 號簡《敦煌》釋文作：①

① 甘肅省文物考古研究所編：《敦煌漢簡》，中華書局 1991 年版。（本文所言“《敦煌》”即指此書，不另注）

錫一詣尉丞舍　1223

《釋文》作：①

鍚一詣尉丞舍　1223

《所獲釋文》、②《集成》、③《校釋》同。④

《玉簡》釋文作：⑤

鐤一詣尉丞舍　1223

從中我們可以看出，對簡首一字的釋讀諸家有錫、鍚、鐤三種意見。該字圖版作：，由於三種意見的差异主要在：易、昜、鼎三字，我們列舉三字加以對比如下：

| 易 | 昜 | 鼎 |
| --- | --- | --- |
|  EPT6：50 |  73EJT23：921 |  1298 |
|  73EJT22：6 |  73EJT21：294 |  馬王堆帛書遣三 |

對比可知，該字當爲“錫”字，《敦煌》所釋可從。

由此，釋文可作：

錫一詣尉丞舍　1223

① 吴礽驤等：《敦煌漢簡釋文》，甘肅人民出版社 1991 年版。（本文所言“《釋文》”即指此書，不另注）

② 敦煌市博物館：《敦煌漢代烽燧遺址調查所獲簡牘釋文》，《文物》1991 年第 8 期。（本文所言“《所獲釋文》”即指此文，不另注）

③ 中國簡牘集成編輯委員會：《中國簡牘集成》第 3 册，敦煌文藝出版社 2001 年版。（本文所言“《集成》”即指此書，不另注）

④ 白軍鵬：《敦煌漢簡校释》，上海古籍出版社 2018 年版。（本文所言“《校釋》”即指此書，不另注）

⑤ 張德芳、石明秀主編：《玉門關漢簡》，中西書局 2019 年版。（本文所言“《玉簡》”即此書，不另注）

**第 2 例：1226**

1226 號簡，《敦煌》釋文作：

中乘塞蓬隧吏卒謁誠蓬火品約具蓬器千秋⧄ 1226

《釋文》《所獲釋文》同。

《集成》釋文作：

中乘塞蓬隧吏卒詌誦蓬火品約具蓬器千杕□□⧄ 1226

《輯錄》釋文作：[①]

中乘塞𨼍隧吏卒諷誦𨼍火品約具𨼍垛不知 1226

《校釋》釋文作：

中乘塞蓬隧吏卒謁誦蓬火品約具蓬器⊔□⧄ 1226

《玉簡》釋文作：

中乘塞蓬隧吏卒諷誦蓬火品約具蓬器千秋 1226

諸家主要討論是兩點：一是“卒”下一字的釋讀，有三種意見，分別是“謁”“詌”與“諷”；二是末尾兩字的釋讀。我們核對圖版，“卒”下一字的圖版作：，當爲“詌”字，《集成》所釋可從。簡末兩字圖版作：、，第一字疑爲“干”，第二個字殘缺太多，暫存疑。

由此，釋文作：

中乘塞蓬隧吏卒詌誦蓬火品約具蓬器干□⧄ 1226

**第 3 例：1232**

1232 號簡，《敦煌》釋文作：

□明卒白郚私絹一匹責……………… 1232

《集成》《釋文》《所獲釋文》同。《輯錄》釋文作：

□□朔占白部復絝一兩復□□□□復□□□…… 1232

《校釋》同。《玉簡》釋文作：

□□明□□郎□絝一兩□□□□□⊔所□□ 1232

從中我們可以看出，新作釋文改動較大。我們對讀圖版，知《玉門

---

① 何雙全：《敦煌新出簡牘輯録》，《雙玉蘭堂文集》，臺北：蘭台出版社 2001 年版。（本文所言“《輯録》”即指此文，不另注）

關漢簡》改釋大體可從。另，“明”下兩字，《玉簡》未釋，《敦煌》作“卒白”，《輯錄》作“占白”，兩字圖版作：、，疑“遠”“白”兩字。《敦煌》所釋“賣”字，圖版作：，可從。

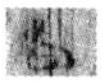

由此，釋文可作：

□□明遠白郎□絝一兩賣□□□□□所□□　1232

**第 4 例：1249**

1249 號簡，《敦煌》釋文作：

·四人外塞吏子大男十一人　積五百六十二人　1249

《釋文》《所獲釋文》《集成》《玉簡》同。《輯錄》釋文作：

·凡入外塞吏子大男十一人　積五百六十二日　1249

《校釋》同，唯改“日”爲“人”。

諸家討論的要點在於簡首兩字的釋讀。我們核對圖版，兩字的圖版作：、，第一字當非“四”字，73EJT3：47B 號簡“四”字作：，可參；第二字釋“人”或“入”區別難度很大，這是因爲“漢簡中人、入在隸書中也常常不區別，但隸書中能看到比较多可區別的字形。而在草字中人、入基本同形不別，如上舉諸簡，其中的‘入’典‘人’形没有任何區別特徵。這些字都要靠簡文内容判断是人還是入”。[①] 我們檢索相關辭例，如下：

出□□外塞吏子葆使女廿五人　正月己卯盡三月丙子百一十八日積二千九百五十人　294

出外塞吏子私從者大男廿四人　298

凡外塞吏子使女卌三人積三千六百一十二人　303

■凡外塞吏子奴婢小男女廿二人積千六百六十六人　305

據此，我們懷疑當爲“凡入”，《輯錄》所釋可從。

由此，釋文作：

·凡入外塞吏子大男十一人　積五百六十二人　1249

① 李洪財：《漢簡草字整理與研究》，博士學位論文，吉林大學，2014 年，第 102 頁。

**第 5 例：1271**

1271 號簡，《敦煌》釋文作：

效穀西鄉高議里賈破虜隧長按　　1271A

破虜隧賈按效穀西鄉高議里賈按□　　1271B

《輯錄》釋文作：

效穀西鄉高議里賈破虜隧長接　　1271B

破虜隧賈接效穀西鄉高議里賈接主　　1271A

《玉簡》釋文作：

效穀西鄉高議里賈破虜隧長接　　1271A

破虜隧賈接效穀西鄉高議里賈接□　　1271B

諸家主要討論是兩點：一是“接”與“按”字，《敦煌》《釋文》《集成》《研究》① 釋“按”，《所獲釋文》《輯錄》《校釋》《玉簡》釋“接”；二是簡末最後一字的釋讀。《敦煌》《釋文》《所獲釋文》《玉簡》不釋，《輯錄》釋“主”，《集成》《校釋》《研究》釋“年”。

我們核對圖版，兩字作：、，當爲“接”“主”，《輯錄》所釋可從。

由此，釋文作：

效穀西鄉高議里賈破虜隧長接　　1271A

破虜隧賈接效穀西鄉高議里賈接主　　1271B

**第 6 例：1274**

1274 號簡，《敦煌》釋文作：

馬一　馬奉　七歲一　不得　奉　　1274

《釋文》《所獲釋文》同。《輯錄》釋文作：

臣甚幸十煎藥謁事　　1274

《集成》釋文作：

馬一　馬幸七歲不得幸　　1274

① 楊艷輝：《〈敦煌漢簡〉整理研究》，碩士學位論文，西南大學，2007 年。（本文所言“《研究》”即指此文，不另注）

《研究》《校釋》同。《玉簡》釋文作：

臣再奉　七歲不得奉　1274

諸家主要討論點是“臣”和“馬”，“幸”和“奉”，我們核對圖版，兩字作：、，當爲“臣”“奉”，《敦煌》所釋“奉”無誤，《輯錄》改釋“臣”可從。依據《玉簡》提供圖版，“臣”與“奉”之間當有兩字，“臣”下第一字圖版作：，疑爲“也”字，“臣”下第二字圖版作：，該字左側尚有筆畫墨迹，故《玉簡》釋此字爲“再”，恐非，暫存疑。

由此，釋文作：

臣也□奉　七歲不得奉　1274

**第 7 例：1278**

1278 號簡，《敦煌》釋文作：

☒鼎三年敢言之☒

☒毋忽如律令敢言之☒　1278A

☒□□卒□□□年庚申毋忽如律☒　1278B

《釋文》《所獲釋文》《研究》同。《集成》釋文作：

☒……敢言之……☒　1278A

☒……毋忽如律□　1278B

☒……☒　1278C

☒……如律令……☒　1278D

《校釋》從。《輯錄》釋文作：

☒品三車札三□□兩五十耶□賦卷□□□☒　1278A

☒忽如律令　1278B

☒□□□受召堇事毋忽如律☒　1278C

☒檄書□☒　1278D

《玉簡》釋文作：

□□三韋松三四□平旦□□□日出時……　1278A

□□卒失亡重事毋忽如律　1278B

毋忽如律令敢告卒人　1278C

對比可知，諸家差异甚大。依據《玉簡》提供圖版，知《玉簡》所釋可從。A 面《玉簡》所釋“四”下一字圖版作：，疑爲“遂”字；B 面“卒”上一字圖版作：，疑爲“所”字。

由此，釋文可作：

□□三章松三四遂平旦□□□日出時……　1278A

□所卒失亡重事毋忽如律　1278B

毋忽如律令敢告卒人　1278C

**第 8 例：1281**

1281 號簡，《敦煌》釋文作：

永平六年　步廣□⧄　1281A

□□□吏□□⧄

田□□⧄　1281B

《釋文》《所獲釋文》《校釋》同。《集成》釋文作：

□□步廣□

永平六年　1281A

田□兵□□□⧄

□□□吏城吏⧄　1281B

《研究》同。《輯録》釋文作：

永平六年　步廣候⧄　1281A

吏　田胡許⧄　1281B

《玉簡》釋文作：

永平六年　步廣□⧄　1281A

1281B

依據《玉簡》提供圖版，知 A 面“廣”下一字殘缺嚴重，不可釋讀，《輯録》所釋“候”字暫存疑不取。另，B 面爲習字簡，《玉簡》未有釋讀，其他諸家争論較大。相關文字圖版作：、、、，疑“其”“留”“吏”“吏”字，即《敦煌》所釋“吏”字可從。

由此，釋文可作：

永平六年　步廣□⧄　1281A

□吏□吏☒

……其留（倒寫）　1281B

**第 9 例：1299**

轉卒南郡武陽西里宮勝　甘露二午七月己丑病死　1299

整理者所釋“南”字，《釋文》《敦煌》釋“西”，《編年》從；《輯錄》釋“東”，《釋粹》《集成》《校釋》同。該字圖版作：，當爲“東”字。肩水金關漢簡中有辭例可爲佐證，如下：

戍卒東郡東武陽陽城里不更武□　（竹簡）　73EJT10：302

另，整理者所釋“午”字恐非，該字圖版作：，當爲“年”字。

由此，釋文作：

轉卒東郡武陽西里宮勝　甘露二年七月己丑病死　1299

**第 10 例：1334**

1334 號簡，《敦煌》釋文作：

☒會會會會文□父　1334A

☒蒼蒼蒼蒼蒼蒼思父地言君□

顛顛顛乙顛若毋父　1334B

《釋文》釋文作：

☒會會會會文□文　1334A

☒蒼蒼蒼蒼蒼蒼思文地言君□

顛顛顛乙顛若毋文　1334B

《所獲釋文》同。《集成》釋文作：

☒蒼父人父　1334A

☒蒼蒼蒼蒼蒼蒼思伏伏伏地言君足

顛顛顛乙顛若毋父　1334B

《輯錄》釋文作：

□蒼　蒼蒼蒼蒼　伏伏伏地　言君足

頃成也母文　1334A

☒蒼父人　父　1334B

《校釋》釋文作：

☑蒼父人父　　1334A

☑蒼蒼蒼蒼蒼蒼思父地言君

顛顛顛乙顛若毋父　　1334B

《玉簡》釋文作：

□□□會父大父　　1334A

□蒼蒼蒼蒼蒼蒼思父言君□

顛顛顛顛若毋父　　1334B

諸家分歧較大，主要是兩點：一是“文”與“父”的問題；二是B面諸字的釋讀，我們對讀圖版，知《玉簡》所釋大體可從。其中有幾個文字尚可探討，B面第一行首字當爲“蒼”：B面第一行在第三個和第四個“蒼”字中間圖版作：，當爲“地”；B面第一行《玉簡》所釋“父”字，恐非，該字圖版作：，當爲“伏”；B面第一行“言”上一字，《玉簡》未釋，圖版作：，疑爲“地”字，《輯錄》所釋可從。B面第一行“君”下一字，《玉簡》未釋，圖版作：，當爲“足”字，《集成》《輯錄》所釋可從；B面第二行在第三個和第四個“顛”字中間圖版作：，當爲“亡”。

由此，釋文作：

□□□會父大父　　1334A

蒼蒼蒼蒼地蒼蒼蒼思伏地言君足

顛顛顛亡顛若毋父　　1334B

**第11例：1341**

1341號簡，《敦煌》釋文作：

□□□□□□長□□□□□□☑

□□□□□使者□始□□□□□□☑

□□在所□令爲□一□□☑　　1341A

☑□□律□□□　　1341B

《釋文》《所獲釋文》同。《輯錄》釋文作：

……計字意

遣烏孫曰至使者奉始元……

行在所以令爲……　　1341A

☑□如律令　　1341B

《集成》釋文作：

□□□□□□長□□□□□□☑

送烏孫少主使者趙始□□□□□□☑

□行在所以令爲駕一乘□☑　　1341A

☑□□律□□□　　1341B

《校釋》同。《玉簡》釋文作：

□□□□□騎都尉安遠侯副衛司馬□□□□

送烏孫公主使者趙始□□□□□□☑

□行在所以令爲駕一封□☑　　1341A

☑□□再拜　□張子顏子　　1341B

諸家隸定差异很大，依據《玉簡》提供圖版，知《玉簡》所釋大體無誤，A面第二行“始”下一字圖版作：，疑爲“言”字；“言”下第二字圖版作：，疑爲“從”字；A面第三行“封”下一字圖版不清晰，從文意分析可能爲“軺”，“爲駕一封軺傳”漢簡常見，由此可補一個“軺”字。

由此，釋文作：

□□□□□騎都尉安遠侯副衛司馬□□□□

送烏孫公主使者趙始言□從□□□☑

□行在所以令爲駕一封軺☑　　1341A

☑□□再拜　□張子顏子　　1341B

**第12例：1352**

1352號簡，《敦煌》《釋文》《所獲釋文》無釋。《輯錄》釋文作：

十月餘□□千二□☑　　1352

《集成》《校釋》同。《玉簡》釋文作：

□步可……　　1352

依據《玉簡》提供圖版，知《玉簡》所釋可從。《輯錄》所釋“千”

字，恐非，該字圖版作：，疑爲“乎”字。

由此，釋文可作：

□步可乎……　　1352

**第 13 例：1359**

1359 號簡，《敦煌》釋文作：

取故君長以爲君長皆令長其衆賜衆如隧長其斬□　　1359

上列諸家皆同《敦煌》，唯末尾“□”，各家均未釋，《集成》釋“獲”。

《散見》釋文作：[①]

□故君長以爲君長皆令長其衆賜衆如隧長其斬□

《玉簡》釋文作：

取故君長以爲君長皆令長其衆賜衆如□民其斬□　　1359

由於圖版清晰，諸家隸定差异不大，依據《玉簡》提供圖版，知《玉簡》改釋“長”爲“民”可從。“如”下一字《玉簡》未釋，《敦煌》釋爲“隧”，該字圖版作：，當爲“隧”字無誤，《敦煌》所釋可從。簡首一字諸家所釋“取”，恐非，該字圖版作：，疑爲“如”，同簡“如”字圖版作：，可參。簡末一字，各家均未釋，《集成》釋“獲”，恐非，此字圖版作：，疑爲“改”字，72ECC：16 號簡“改”字作：，可參。

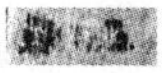

由此，釋文作：

如故君長以爲君長皆令長其衆賜衆如隧民其斬改　　1359

**第 14 例：1364**

1364 號簡，《敦煌》釋文作：

⧄□都尉卒人謂□□⧄

⧄□之□阝之望□□⧄　　1364

《釋文》同。《散見》釋文作：

① 李均明、何雙全：《散見簡牘合輯》，文物出版社 1990 年版。（本文所言“《散見》”即指此書，不另注）

☐□都尉卒人謂□☐

☐之□□之要□☐

《輯釋》同。[1]《集成》釋文作：

☐關都尉卒人謂爲☐

☐□之部候之望□□☐　1364

《研究》同。《校釋》釋文作：

☐□都尉卒人謹爲☐

☐□之□□之望□□☐　1364

《玉簡》釋文作：

☐□謂都尉卒人謂□☐

☐□之□□之望□□☐　1364

諸家隸定差异很大，依據《玉簡》提供圖版，知《玉簡》所釋無誤。另，A面第二行簡首第一字圖版作：，疑爲“去”字；第二個“之”上一字圖版作：，疑爲“會”字。

由此，釋文作：

☐□謂都尉卒人謂□☐

☐去之□會之望□□☐　1364

**第15例：1382**

1382號簡，《敦煌》釋文作：

☐……□□□賢□□□太守門彳彳□如□道當所爲犂渠□□□

月己亥肩水倉長□□……□事敢告酒泉□□□☐　1382A

……葆令定國等謹□☐

……□□□□重事毋忽如□律令　□□□☐

☐令　1382B

《釋文》同，唯改“謹”爲“遣”。《散見》釋文作：

月己亥肩水倉長……事敢告酒泉大守☐

① 何雙全：《甘青地區散簡輯釋》，《雙玉蘭堂文集》，臺北：蘭台出版社2001年版。（本文所言“《輯釋》”即指此書，不另注）

……葆令定國等謹□▨

……事毋忽如律令

▨令

……賢□□□太守□□□□□□道當所塢孽渠□□□

《輯釋》同。《集成》釋文作：

……□□□賢者□□太守門彳□彳□□如□道當所擧染□自□　1382A

月己亥肩水倉長□□……□事敢告酒泉□□□▨　1382B

……葆令定國等謹□▨　1382C

……□□□□重事毋忽如□律令/　□□□▨　1382D

▨令　1382E

《校釋》釋文作：

……□□□賢□安定太守□□□使□□道當所□塢渠□言自匈　1382A

月己亥肩水倉長奉□……□事敢告酒泉大守□▨　1382B

……葆令定國等謹□▨　1382C

……□□□□重事毋忽如□律令/　□□□▨　1382D

▨令　1382E

《玉簡》釋文作：

……□□□賢移安定太守□捕得匈奴虜道當所□□渠□□□　1382A

……□令定國等漢□▨

……□□□□重事毋忽如□律令　□□□▨　1382B

□月己亥肩水倉長□□……□事敢告酒泉大守□▨　1382C

諸家隸定差异很大，依據《玉簡》提供圖版，知《玉簡》所釋大體可從。另，A面“守”下一字圖版作：，《集成》釋“門”，《玉簡》未釋，疑爲“所”字，同簡“所”字作：，可參；A面末尾三字從圖版分析，當從《校釋》作“言自匈”；B面第一行“等”下一字，圖版作：，知其左側殘缺，“謹”“漢”均有可能，暫存疑不釋；B面第二行“如”下一字，諸家未釋，圖版作：，疑爲“治”字，居延漢簡16.4號簡有“如治所書律令”的辭例可爲例證；C面“長”下一字，《玉簡》未釋，從圖版看，當從《校釋》作“奉”。

由此，釋文作：

……□□□賢移安定太守所捕得匈奴虜道當所□□渠言自匈　1382A

……□令定國等□□☑

……□□□□重事毋忽如治律令　□□□☑　1382B

□月己亥肩水倉長奉□……□事敢告酒泉大守□☑　1382C

**第16例：1413+1414**

關於敦煌汉简1413、1414號簡的綴合，爲白軍鵬所綴，[①] 可從，其對釋文也進行了改動，作：

五月庚申朔酉……候長錢廿二卒亥錢百五十

□月壬辰朔六月庚寅朔……凡得錢六百卌四

□月辛酉朔七月己未朔酉……□□馬中公錢卅三

辛卯朔八月己丑朔午十二☑　1413+1414

《敦煌》對兩簡釋文作：

| | | | | |
|---|---|---|---|---|
| | 五月庚申朔酉 | ………… | 候長錢廿二卒亥錢百五十 | |
| □月辛亥朔 | 六月庚寅朔 | ………… | 凡得錢六百卌四 | |
| □月□□朔 | 七月己未朔酉 | ………… | □□馬中公錢卅三 | 1413 |
| 辛酉朔 | □月己未朔酉 | | | |
| 辛卯朔 | 八月己丑朔午 | 十二 | | 1414 |

《釋文》《集成》同，唯《釋文》對1413號簡的“三”改爲“二”。《散見》對兩簡釋文作：

| | | | |
|---|---|---|---|
| | 五月庚申朔酉 | 候長君廿二辛亥錢百五十 | |
| □月辛亥朔 | 六月庚寅朔 | 凡得錢六百卌四 | |
| □月朔 | 七月己未朔酉 | □□馬中公錢卅三 | 1413 |
| 辛酉朔 | □月己未朔酉 | | |
| 辛卯朔 | 八月己丑朔午 | 十二 | 1414 |

《輯釋》同。《玉簡》釋文作：

□

二月壬辰朔

① 白軍鵬：《“敦煌漢簡”整理與研究》，博士學位論文，吉林大學，2014年，第519—520頁。

三月辛酉朔

四月辛卯朔

五月庚申朔□　　候長□廿二卒安錢百五十

六月庚寅朔　　凡得錢六百卌四

七月己未朔□

八月己丑朔午　□□馬中公錢卅三

十二☑　　1413A + 1414A

1413B + 1414B

對讀可知，諸家所釋“酉”字，《玉簡》存疑未釋，該字圖版作：，當爲“酉”字，同簡“酉”字作：，可參；第一列簡首玉簡所釋“□”，從文意分析當爲“朔”；“候長”下一字，諸家争議較大，《輯釋》《散見》均釋“君”，《釋文》《敦煌》釋“錢”，《玉簡》存疑未釋，該字圖版作：，疑爲“君”字。居延漢簡 308. 40B 號簡釋文作“長史□候長君十”，可參；“馬”上一字諸家未釋，該字圖版作：，疑爲“卿”字；1413B + 1414B《玉簡》未釋，尚有數字可以識别，圖版羅列如下：、、、、，疑爲“六”“凡”“二”“百”“賣”字。

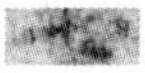

由此，釋文可作：

……朔 A1

二月壬辰朔 A2

三月辛酉朔 A3

四月辛卯朔 A4

五月庚申朔酉 B1

六月庚寅朔 B2

七月己未朔酉 B3

八月己丑朔午 B4

……

十二 C4☑

凡得錢六百卌四 D1

候長君廿二卒安錢百五十 E1

□卿馬中公錢卅三 E2　　1413A + 1414A

……六　凡二百責□□

……　1413B＋1414B

**第 17 例：1417**

1417 號簡，《敦煌》釋文作：

☒今會□

☒定再拜中公□□□　1417

《集成》同。《散見》釋文作：

☒令會□

□再拜中公☒

《輯釋》同。《釋文》作：

☒令會□

☒定再拜中公□□□　1417

《研究》同。《校釋》釋文作：

☒今會□☒

☒定再拜中公馬足下☒　1417

《玉簡》釋文作：

☒今會十二☒

☒信以再拜中公馬足下☒　1417

諸家争論的焦點在於“令”與“今”以及“定”與“信”，依據《玉簡》提供圖版，兩字圖版作：、，當爲“今”“定”兩字。

由此，釋文作：

☒今會十二☒

☒定以再拜中公馬足下☒　1417

**第 18 例：1425**

1425 號簡，《敦煌》釋文作：

☒以…………　1425

《釋文》《散見》《輯釋》《集成》《校釋》同。《玉簡》釋文作：

□□□□百五十　1425

依據《玉簡》提供圖版，知《玉簡》所釋可從。尚有諸字可以識別，圖版羅列如下：[image]、[image]、[image]，疑爲“直”“錢”“三”字。

由此，釋文作：

□直錢三百五十　　1425

## 第五節　《地灣漢簡》釋文考訂

**第1例：86EDT1：11**

□完　　86EDT1：11

［1］馬智全：此簡上殘，簡首一字未釋，今看殘筆，似是“百”字。“百完”在漢簡兵物簿中多見。[1]

按：補釋有一定道理，從殘存字形看，亦有“右完”“皆完”的可能，肩水金關漢簡73EJT21：63、地灣漢簡86EDT65：3有辭例可參，暫存疑。

**第2例：86EDT1：17**

之□□□　　86EDT1：17

［1］馬智全、孫占宇：該簡字形模糊難識。其中第二字字形爲“[image]”，原釋作“□”，可釋爲“後”。[2]

按：釋“後”可從，此字下一字整理者未釋，圖版作：[image]，疑爲“故”字，居延漢簡248.28“故”字作：[image]，可參。

由此，該簡釋文作：

之後故□　　86EDT1：17

**第3例：86EDT1：21**

……　　86EDT1：21

① 馬智全：《〈地灣漢簡〉研讀札記（二）》，2018年5月31日，簡帛網，http：//www.bsm.org.cn/? hanjian/7879.html。

② 馬智全、孫占宇：《〈地灣漢簡〉研讀札記（五）》，2018年6月12日，簡帛網，http：//www.bsm.org.cn/? hanjian/7894.html。

［1］孫占宇、馬智全：行□天□□□。①

按：孫占宇、馬智全對於該簡補釋“行”可從，此字下諸字圖版作：、、，疑爲“永”“元”“年”三字。簡首第二字整理者未釋，圖版作：，疑爲“書”字。居延漢簡中亦有相似辭例可爲佐證，如下：

入南書二封　皆居延都尉章九月十日癸亥封一詣敦煌一詣張掖府郵行

永元＝年九月十四日夜半楊受路伯　130.8

由此，該簡可訂補釋文作：

……□書□封　……

……郵行永元□年……　86EDT1：21

**第4例：86EDT1：24**

入北書四封……　86EDT1：24A

一封……

永光四年十月……　86EDT1：24B

按：該簡整理者所釋“光”字，恐非，此字圖版作：，上爲一橫，疑爲“元”字。

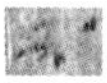

**第5例：86EDT1：26**

出北檄三封肩水佐發　86EDT1：26

［1］孫占宇、馬智全：簡尾一字殘泐不清，原釋爲“發”……與西北漢簡中常見的“發”字不同，故缺釋。從文意來看，此字應是人名。②

按：他們的懷疑是有道理的，當缺釋；整理者所釋“三封”也當存疑，因爲可能性較多；另，整理者所釋“佐”字圖版殘損，而“肩水佐”也没找到相同的辭例，似也可存疑。

由此，釋文作：

---

① 孫占宇、馬智全：《〈地灣漢簡〉研讀札記（一）》，2018年5月19日，簡帛網，http：//www.bsm.org.cn/?hanjian/7846.html。

② 孫占宇、馬智全：《〈地灣漢簡〉研讀札記（一）》，2018年5月19日，簡帛網，http：//www.bsm.org.cn/?hanjian/7846.html。

出北檄□□肩水□□　　86EDT1：26

**第 6 例：86EDT2：2**

……　　86EDT2：2A

……封□□　　86EDT2：2B

［1］魏振龍："泥"，整理者釋作"□"。據圖版，該字當爲"泥"。①

按：B 面補釋"泥"字可從；"封"上有兩字尚可識別，圖版作：、，疑爲"部""從"兩字，對比兩字字形，如下：（部，73EJT21：183）、（從，敦 2322）。A 面可識別"月""得""部""封""詣"等字。

由此，訂補釋文作：

□□□月□□得□部□□封□詣□　　86EDT2：2A

……部從□封泥□　　86EDT2：2B

**第 7 例：86EDT3：3**

君單氾□

□又自等德君叩頭

□□□□□□　　86EDT3：3A

□當迫責之使□　　86EDT3：3B

［1］孫占宇、馬智全：見單氾□

□又自出□德君叩頭

□□□□□□　　86EDT3：3A

□當迫責之使□　　86EDT3：3B②

［2］劉釗：整句可補作"爲見，單記，不一└二"。③

按：A 面孫占宇、馬智全改釋"見""出"皆可從；整理者所釋"德

① 魏振龍：《讀〈地灣漢簡〉札記之二》，2018 年 5 月 15 日，簡帛網，http：//www.bsm.org.cn/？hanjian/7829.html。

② 孫占宇、馬智全：《〈地灣漢簡〉研讀札記（一）》，2018 年 5 月 19 日，簡帛網，http：//www.bsm.org.cn/？hanjian/7846.html。

③ 劉釗：《地灣漢簡零拾（六則）》，2018 年 6 月 10 日，簡帛網，http：//www.bsm.org.cn/？hanjian/7892.html。

君”兩字，從殘存圖版看，無法印證，暫存疑不釋較爲適宜；“又”上一字可能爲“石”。B 面所釋“當”圖版殘損嚴重，存疑；整理者所釋“迫”字圖版作：，疑爲“急”字，居延漢簡 4.36 號簡“急”字作，可參，且 142.28 號簡有“必爲急賣之”的辭例可爲佐證。

由此，訂補釋文作：

……見單氾□

石又（?）自出□長（?）□□叩頭

……　　86EDT3：3A

□□急賣之使□　　86EDT3：3B

**第 8 例：86EDT7：1**

李翁李業任況楊鴻叩頭言

成卿孟卿坐前頃起居人馬毋它害閒者虜從南方北追□

毋它掾尉卿寧當來北耶願札記告令知之二卿當何

時來北諸事長毋累郵書將爲兄且自愛慎出入　　86EDT7：1A

南來□□急願以記書相聞記單路不一㇗二……

人受記欲爲謝官中諸人叩 = 頭 =　　86EDT7：1B

［1］孫占宇、馬智全：南來□□急願以記書相聞記單路不一㇗二叩……

人受記欲爲謝官中諸人叩 = 頭 =

86EDT7：1B①

［2］馮玉：李翁、李業、任況、楊鴻叩頭言成卿、孟卿坐前：頃起居人馬毋它？善！閒者，虜從南方北過，幸毋它。掾、尉卿寧當來北耶？願札記告，令知之：二卿當何時來北？諸事長，毋累郵書，將爲見。且自憐，慎出入。（86EDT7：1A）南方□（緩?）急願以記書相聞。記單（憚）路，不一一二二。……人。受記，願爲謝官中諸人。叩頭叩頭。

① 孫占宇、馬智全：《〈地灣漢簡〉研讀札記（一）》，2018 年 5 月 19 日，簡帛網，http：//www.bsm.org.cn/? hanjian/7846.html。

(86EDT7：1B)[①]

按：諸家改釋大都可從，馮玉改釋“憐”當從整理者原釋“愛”，“相見且自愛”在漢簡中較爲常見。校對釋文作：

李翕李業任況楊鴻叩頭言

成卿孟卿坐前頃起居人馬毋它善聞者虜從南方北過幸

毋它掾尉卿寧當來北耶願札記告令知之二卿當何

時來北諸事長毋累郵書將爲見且自愛慎出入　　86EDT7：1A

南來□□急願以記書相聞記單路不一∟二叩頭……

人受記欲爲□官中諸人叩＝頭＝　　86EDT7：1B

**第9例：86EDT8：3**

□□□□□□□□□□□□願□近衣强酒食寬小人□□□□收成

幸＝甚＝收成叩頭因道降對會□□□□除爲萬世隧長□□□□□□□

86EDT8：3

［1］孫占宇、馬智全：□□□□□□□□□□□□願□近衣强酒食寬小人□□□□收成

幸＝甚＝收成叩頭因道降對會收成□□除爲萬世隧長□□□□□□□[②]

［2］孫占宇：□□□□□□□□□□□□願□近衣强酒食寬小人□□□□收成

幸＝甚＝收成叩頭因道降前會收成□□除爲萬世隧長□□□□□□□[③]

按：孫占宇2018年6月1日意見可從，另，第一行簡首第二字整理者未釋，圖版作：，爲“足”字殘筆，從文意看“足”後接“下”字，肩水金關漢簡中有相似辭例，如：

長倩足下善毋恙甚苦事寒時壽伏願長倩節衣强幸酒食慎出入辟小人察

① 馮玉：《〈地灣漢簡〉書信簡校讀札記一則》，2018年6月7日，簡帛網，http：//www. bsm. org. cn/？hanjian/7888. html。

② 孫占宇、馬智全：《〈地灣漢簡〉研讀札記（一）》，2018年5月19日，簡帛網，http：//www. bsm. org. cn/？hanjian/7846. html。

③ 孫占宇：《〈地灣漢簡〉研讀札記（三）》，2018年6月1日，簡帛網，http：//www. bsm. org. cn/？hanjian/7882. html。

所臨毋行決決壽幸甚因道……　　73EJH2：47A

我們對比73EJH2：47A號簡，知兩簡内容趨於一致，可對讀。由此，校補釋文作：

□足下□□□□□□□□□願□近衣强酒食寬小人□□□□收成

幸=甚=收成叩頭因道降前會收成□□除爲萬世隧長□□□□□□□

86EDT8：3

**第10例：86EDT15：2**

迎受□槖佗令史田并□

建始四年五月甲辰朔壬　　86EDT15：2

［1］馬智全：迎受□槖他令史田并□

本始四年五月甲辰朔壬　　86EDT15：2①

按：馬智全改釋可從，此外，第一行“受”下當兩字；整理者所釋“田”字圖版作：，可能性較多，亦有“吕”字可能，肩水金關漢簡有辭例可參，如下：

槖他令史觻得持心里公乘吕鳳年廿七　　73EJT37：103

故此處存疑較爲適宜，另“并”字圖版也非常不清晰無法識别。由此，釋文作：

迎受□□槖佗令史□□□

本始四年五月甲辰朔壬　　86EDT15：2

**第11例：86EDT16：1**

□敞足下善毋恙甚苦官事

……　　86EDT16：1

按：整理者所釋“敞”字圖版不清晰，無法識别當存疑；整理者所釋“官”字圖版不清晰，亦有可能是“事”字，當存疑；所釋“事”字圖版殘損嚴重，當存疑。

由此，訂補釋文作：

---

① 馬智全：《〈地灣漢簡〉研讀札記（二）》，2018年5月31日，簡帛網，http：//www.bsm.org.cn/?hanjian/7879.html。

□□足下善毋恙甚苦□□

……　　86EDT16：1

**第 12 例：86EDT16：9**

勿忘也叩頭……B1

幸爲致 A1　幸甚令 B2

先門下 A2　口＝叩頭＝……（習字）B3　　86EDT16：9A

頭白記 A1　元 B2　□立　□

門下二三 A2　□叩頭白记　三　□（習字）　　86EDT16：9B

［1］魏振龍：勿忘也叩頭　一兩□□

幸爲致　幸甚令

先門下　口＝叩頭＝……（習字）

86EDT16：9A①

頭白記　元日立三

門下二三　□叩頭白記　三　□（習字）

86EDT16：9B②

按：A 面魏振龍補釋“兩”字可從，“一”字暫存疑，此處圖版作：，可能性較多；“兩”字下一字圖版作：，似亦爲“兩”；A 面 A2 整理者所釋“先”字恐非，該字圖版作：，當爲“元”字。B 面魏振龍補釋“日”“三”可從，B2 整理者所釋“元”字恐非，該字圖版作：，當爲“亓”字。

由此，訂補釋文作：

勿忘也叩頭……兩兩……B1

幸爲致 A1　幸甚令 B2

元門下 A2　口＝叩頭＝……（習字）B3　　86EDT16：9A

頭白記 A1　亓　日立　□

① 魏振龍：《讀〈地灣漢簡〉札記之三》，2018 年 5 月 22 日，簡帛網，http：//www. bsm. org. cn/？hanjian/7853. html。

② 魏振龍：《讀〈地灣漢簡〉札記之二》，2018 年 5 月 15 日，簡帛網，http：//www. bsm. org. cn/？hanjian/7829. html。

門下二三 A2　□叩頭白记　三　□（習字）　　86EDT16：9B

**第 13 例：86EDT16：20**

延田黍少□　　86EDT16：20A

□□千人薑五□　　86EDT16：20B

［1］孫占宇：延田黍少食　　86EDT16：20A。[①]

［2］馬智全：□屬千人薑五百　　86EDT16：20B。[②]

［3］李洪財：馬智全所補釋的屬、百恐難成立。尤其是“百”字，從僅存墨迹來看，首筆當是點劃，與“百”不合。又，“薑”字當釋作“菑”。[③]

按：A 面孫占宇補釋“食”字暫存疑，該字圖版作：，亦存在“今”“合”“令”等字的可能，存疑較爲適宜。B 面馬智全補釋“屬”可從，“百”字存疑；李洪財改釋“菑”可從。

由此，釋文作：

延田黍少□　　86EDT16：20A

□屬千人菑五□　　86EDT16：20B

**第 14 例：86EDT16：21**

不在署今　　86EDT16：21

按：整理者所釋“今”字，圖版作：，知該字存在塗抹修改，實無法識別，當存疑不釋較爲適宜。

**第 15 例：86EDT16：36**

與□

□□君　郡周邊叩頭　　86EDT16：36

---

① 孫占宇：《〈地灣漢簡〉研讀札記（四）》，2018 年 6 月 10 日，簡帛網，http：//www.bsm.org.cn/?hanjian/7890.html。

② 馬智全：《〈地灣漢簡〉研讀札記（二）》，2018 年 5 月 31 日，簡帛網，http：//www.bsm.org.cn/?hanjian/7879.html。

③ 李洪財：《讀〈地灣漢簡〉札記》，2019 年 3 月 4 日，簡帛網，http：//www.bsm.org.cn/?hanjian/8052.html。

按："君"上一字整理者未釋，圖版作：[字形]，當爲"方"字。

**第16例：86EDT22：6**

月吏奉賦錢不到 A1 □□□B1

十月以來奉 A2 □少一□B2 86EDT22：6

按：A2 整理者所釋"十月"圖版殘損，作：[字形]、[字形]，第一字"十""七"實無法準確識別，當存疑；第二字從文意看當爲"日"字，居延漢簡中有辭例可爲佐證，如下：

元始五年九月吏奉賦錢不到 訖二年

未得五年十一月廿六日以來奉 已使 53.19

53.19 也出土在 A33 地灣，内容與 86EDT22：6 號簡趨同，可對讀研究。如 B1 第二字整理者未釋，該字圖版作：[字形]，疑爲"五"字，該字下一字整理者也未釋讀，圖版作：[字形]，參考 53.19 號簡，疑爲"年"字。

由此，釋文作：

月吏奉賦錢不到 A1 □五年 B1

□日以來奉 A2 □少一□B2 86EDT22：6

**第17例：86EDT34：5**

□□□第四百五十六人 86EDT34：5

按："第"上一字整理者未釋，圖版作：[字形]，疑"食"字，肩水金關漢簡 73EJT37：120+333 號簡"食"字作：[字形]，可參。

**第18例：86EDT42：11**

縣（削衣） 86EDT42：11

按：整理者所釋"縣"字圖版殘損，作：[字形]，亦有可能是"能"字，存疑不釋較爲適宜。

**第19例：86EDT44：4**

三百廿五子曰舜者在制所 86EDT44：4

按：整理者所釋"舜"字恐非，該字圖版作：[字形]（暫稱爲 A 字），而漢簡中“舜”字作：（敦 1011）、（73EJT10：103）、（73EJT25：72），知 A 字與“舜”差异較大。頗懷疑 A 字當爲“愛”字，肩水金關漢簡“愛”字作：（73EJT31：139）、（73EJT31：141）、（73EJT31：47），可參。另，核查簡文“三百廿五”與“子曰愛者在制所”分别由兩位書手寫就，釋文當斷開排序，以示區分，作：

三百廿五　子曰愛者在制所　86EDT44：4

**第 20 例：86EDT5H：49**

☐長仲中起居此人明勑諸部有行者輒苛捕致尉以爲賞☐

86EDT5H：49

［1］孫占宇：“辟”，原釋作“尉”，今看此形，應是“辟”。①

按：孫占宇改釋“辟”可從，該字字形作：，地灣漢簡 86EDT5H：110 號簡有相同字形作：，整理者便是作“辟”，可參。②另，簡首一字整理者未釋，圖版作：，疑爲“列”字，漢簡中“列”字作：（EPT65：257）、（73EJT29：44），可參。

由此，釋文作：

列長仲中起居此人明勑諸部有行者輒苛捕致辟以爲賞☐

86EDT5H：49

**第 21 例：86EDT5H：143**

☐會月十七日・謹案守尉　86EDT5H：143

按：簡首一字圖版殘損嚴重，整理者未釋，從文意推測疑爲“狀”字，地灣漢簡同批次簡，有近似辭例可爲佐證，如下：

狀會月十五日・府記即日昏到謹案中部候　86EDT5H：38

我們核對兩簡發現書風一致，當爲同一書手寫就，兩簡可對讀研究，疑可編聯。

① 孫占宇：《〈地灣漢簡〉研讀札記（六）》，2018 年 6 月 16 日，簡帛網，http：//www.bsm.org.cn/? hanjian/7900.html。

② 對比 86EDT5H：49、86EDT5H：110 兩簡，當爲同一書手寫就，疑可編聯。

# 第六節　《懸泉漢簡》釋文考訂

**第 1 例：Ⅰ90DXT0108②：14**

□□□□　　歸□□□丈人□□□　　Ⅰ90DXT0108②：14

按：簡首前三字整理者未釋，三字圖版作：、、，知圖版存在刮削，從殘存墨迹分析，懷疑爲：縣、泉、置三字。由此，釋文作：

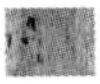

縣泉置□　　歸□□□丈人□□□　　Ⅰ90DXT0108②：14

**第 2 例：Ⅰ90DXT0108②：17**

共其夜自出縣泉
守以月廿一日食時歸謁尉以今日爲置市采經足還至
甘井東逢博將詣廷　　Ⅰ90DXT0108②：17A

卒楊豐　　□□
卒張霸　　□□□□□見五人□
□□□□□□□□□□□□□　　孫武七月盡九月□□□茭
……
Ⅰ90DXT0108②：17B

按：該簡 B 面下劃綫處尚有三字可釋讀，圖版爲：、、，疑爲：以、所、中三字。由此，釋文可作：

共其夜自出縣泉
守以月廿一日食時歸謁尉以今日爲置市采經足還至
甘井東逢博將詣廷　　Ⅰ90DXT0108②：17A

卒楊豐　　□□
卒張霸　　□以所□□見五人□
□□□□□□□□□□□□□　　孫武七月盡九月□□中茭
……
Ⅰ90DXT0108②：17B

**第 3 例：Ⅰ90DXT0109②：23**

△　　陽朔二年六月甲子受廷⿰馬□馬□　　Ⅰ90DXT0109②：23

按：整理者所釋“二”字，圖版作：，當爲“元”字。陽朔元年六月丙子朔，無甲子日，懷疑書手寫作時有誤。由此，釋文作：

☒△　　陽朔元年六月甲子受廷尉馬□　　Ⅰ90DXT0109②：23

**第4例：Ⅰ90DXT0109②：75**

☒□守啬夫昌敢言之謹☒　　Ⅰ90DXT0109②：75

按：該簡簡首圖版殘缺，作：，整理者未釋，依據Ⅰ90DXT0210①：79、Ⅱ90DXT0111②：46兩簡以及現存字迹，可補“置”字。釋文當作：

☒置守啬夫昌敢言之謹☒　　Ⅰ90DXT0109②：75

**第5例：Ⅰ90DXT0109③：13**

齊心里樂護田七十六畝　第一　　Ⅰ90DXT0109③：13A

符（右側刻齒内）　　Ⅰ90DXT0109③：13B

按：整理者所釋“齊”，圖版作：，張俊民釋文作“高”字，[①]相對比兩種意見，我們傾向張俊民釋文意見，即此字作“高”，Ⅱ90DXT0112①：25號簡“高”字作：，可參。此外，“高心里”懸泉漢簡中習見，如：

☒佐楊博受就人效穀高心里樂辨君　　Ⅱ90DXT0113②：8

高心里共并口一筭一　　Ⅱ90DXT0113②：29

由此，釋文作：

高心里樂護田七十六畝　第一　　Ⅰ90DXT0109③：13A

符（右側刻齒内）　　Ⅰ90DXT0109③：13B

**第6例：Ⅰ90DXT0109S：3**

五月乙未主薄

教告遮要縣泉　　Ⅰ90DXT0109S：3A

遮要縣泉置□

① 張俊民：《敦煌懸泉置出土文書研究》，甘肅教育出版社2013年版，第397頁。

五月丙申遮要御王子翹　　I 90DXT0109S：3B

按：B 面“置”下一字整理者未釋，該字圖版作：[圖]，疑爲“嗇”字殘筆，懸泉漢簡中有辭例可爲佐證，如下：

九月壬辰效穀守丞明下遮要縣泉置嗇夫吏承書從

事下當用者如詔書　／掾輔　嗇夫輔　　I 90DXT0111②：21

由此，釋作“嗇”可從。釋文作：

五月乙未主薄☑

教告遮要縣泉☑　　I 90DXT0109S：3A

遮要縣泉置嗇☑

五月丙申遮要御王子翹☑　　I 90DXT0109S：3B

**第 7 例：I 90DXT0109S：239**

·縣泉置二□☑　　I 90DXT0109S：239

按：整理者所釋“二”字恐非，該字圖版作：[圖]，知圖版殘損，從文意分析，一般此處爲年號，列舉相關辭例如下：

·縣泉置永元五年八月茭出□　　I 90DXT0109S：136

·縣泉置竟寧元年十一月傳馬出入簿　　I 90DXT0110②：26

·縣泉置元康五年正月過長羅侯費用簿縣掾延年過

I 90DXT0112③：61

據此，結合辭例、字形，我們懷疑此字爲“元”“竟”或“永”字的殘筆。

**第 8 例：I 90DXT0109S：248**

□并千六百□　　I 90DXT0109S：248A

□者

□□　　I 90DXT0109S：248B

按：整理者所釋“六”字恐非，該字圖版作：[圖]，當爲“九”字。

由此，釋文作：

□并千九百□　　I 90DXT0109S：248A

□者

□□　　　　Ⅰ90DXT0109S：248B

**第9例：Ⅰ90DXT0109S：288**

□都尉□

……　　　　Ⅰ90DXT0109S：288A

夫　夫夫　　　　（習字）　　　　Ⅰ90DXT0109S：288B

按：A面“尉”下一字，整理者未釋，該字圖版作：，當爲“家”字。“都”上一字，整理者未釋，該字圖版作：，結合文意及殘存字形，懷疑爲“胡”字殘筆。由此，釋文作：

☐胡都尉家

……Ⅰ90DXT0109S：288A

☐夫　夫夫　　　　（習字）　　　　Ⅰ90DXT0109S：288B

**第10例：Ⅰ90DXT0110②：2**

河平四年六月壬子☐　　　　Ⅰ90DXT0110②：2

按：整理者所釋“子”字，圖版殘缺僅剩一點，依據曆法，“河平四年六月”是“壬午朔”，[①] 故懷疑此處是“午”字殘筆。由此，釋文作：

河平四年六月壬午☐　　　　Ⅰ90DXT0110②：2

**第11例：Ⅰ90DXT0111S：5**

☐□山譚　　　　Ⅰ90DXT0111S：5

按：簡首一字圖版殘斷，僅存部分墨迹，圖版作：，疑爲“里”字殘筆，《懸泉漢簡》有辭例可爲佐證，如下：

陽朔三年十一月己丑縣泉嗇夫定付敦煌新成里山譚

Ⅰ90DXT0109②：19

由此，釋文作：

☐里山譚　　　　Ⅰ90DXT0111S：5

① 朱桂昌：《太初日曆表》，中華書局2013年版，第190頁。

**第 12 例：Ⅰ90DXT0111②：84**

☐□過所遣敦煌

☐月戊子過東　　Ⅰ90DXT0111②：84

按：簡首一字圖版殘斷，整理者未釋，圖版作：[圖]，疑爲“謂”或“移”字殘筆，《懸泉漢簡》有辭例可爲佐證，如下：

元延三年七月乙卯朔辛酉雒陽侯尉憲行丞事移過所遣南宮□鄧博爲郡輸錢　　Ⅰ90DXT0112②：31

事丞護謂過所遣屬

戊申過東　　Ⅰ90DXT0114①：6

由此，補釋可從，我們傾向作“謂”字。由此，釋文作：

☐謂過所遣敦煌

☐月戊子過東　　Ⅰ90DXT0111②：84

**第 13 例：Ⅰ90DXT0111②：89**

☐□　　十月庚申日下夕□☐　　Ⅰ90DXT0111②：89

按：“夕”下一字圖版殘斷，整理者未釋，圖版作：[圖]，疑爲“時”字殘筆，《懸泉漢簡》有辭例可爲佐證，如下：

檄記一　　三月壬戌下夕時卒溫付卒宗　　Ⅰ90DXT0109　S：9

下夕時　　Ⅰ90DXT0114①：206

由此，釋文作：

☐□　　十月庚申日下夕時☐　　Ⅰ90DXT0111②：89

**第 14 例：Ⅰ90DXT0112①：2**

合檄詣……

入東合檄板檄各一大守章

板檄詣………

元始□年三月縣泉……縣泉佐陽受……

Ⅰ90DXT0112①：2

按：在“縣泉佐”三字的左側有一字整理者未釋，該字圖版作：[圖]，疑爲“令”字殘筆。由此，釋文作：

合檄詣……

入東合檄板檄各一大守章

板檄詣………

元始□年三月縣泉……縣泉佐陽受……

……令　　　Ⅰ90DXT0112①：2

**第15例：Ⅰ90DXT0112②：44 +45**

謝明宏曾綴合Ⅰ90DXT0112②：44 +45 兩簡，釋文作：

□□□□□

建平三年十二月丁丑敦煌大守永長史□守部千人宣

Ⅰ90DXT0112②：44A +45A

……

□二匹及兵□□□□□□□□　　　Ⅰ90DXT0112②：44B +45B[1]

按：謝明宏的綴合是正確的。今核查圖版，知“史”下一字圖版作：，右側殘損，識别困難，故整理者未釋讀。幸運的是Ⅰ90DXT0114①：3號簡有近似辭例，如下：

☐戊辰效穀嗇夫譚敢☐　　　Ⅰ90DXT0114①：3A

☐寅敦煌大守永長史臨謂□☐

☐□　十二月戊辰過東一食丞移☐　　　Ⅰ90DXT0114①：3B

核查辭例，知曾有“長史臨”在“敦煌大守永”下任職，觀察“臨”字圖版，此字作：，與Ⅰ90DXT0112②：44 +45 號簡殘損的字近似，故懷疑此處可補“臨”。釋文作：

□□□□□

建平三年十二月丁丑敦煌大守永長史臨守部千人宣

Ⅰ90DXT0112②：44A +45A

……

① 謝明宏：《〈懸泉漢簡（壹）〉第5—6則》，2022年4月12日，簡帛網，http：//www.bsm.org.cn/? hanjian/8682.html。

□二匹及兵□□□□□□□　　Ⅰ90DXT0112②：44B+45B

**第16例：Ⅰ90DXT0112④：21**

☑印詣府

☑□□簿

永始五年正月庚午夜半時縣☑

賞受魚離御蘇朝□即□☑　　Ⅰ90DXT0112④：21

按：該簡圖版不清晰，故釋讀較難。整理者所釋“簿”圖版殘損嚴重，按照郵書的辭例分析，“簿”的可能性較小，暫存疑。

整理者所釋“永始五年正月庚午”，不符合曆法，“永始五年”即漢成帝“元延元年”，該年正月“己亥朔”，[1] 不存在“庚午”日，故懷疑整理所釋“永”字存在問題，核查該字圖版作：，當作“元”字，即該簡的年號是“元始五年”，而非整理者所釋的“永始五年”。漢平帝元始五年正月“丙寅朔”，[2] 也存在“庚午”日。另，懸泉漢簡中亦有相關簡文亦提供了强有力的證據，如下：

入西合檄一從事温掾印詣中部司馬官　元始五年六月己卯夜人定時縣泉佐賞受魚離御李護望即時護望力行

Ⅰ90DXT0209S：53A+Ⅱ90DXT0113①：12A

己卯夜人定時　　Ⅰ90DXT0209S：53B+Ⅱ90DXT0113①：12B[3]

入西　□檄一□□□……五官掾治所

楊檄一淵泉……詣府……一封破

元始五年二月庚戌晨□時縣泉佐賞受魚離御□☑

Ⅱ90DXT0113②：92+Ⅱ90DXT0113①：61[4]

由諸簡可知，縣泉佐賞確實在元始五年任職。

由此，釋文作：

① 朱桂昌：《太初日曆表》，中華書局2013年版，第188頁。

② 朱桂昌：《太初日曆表》，中華書局2013年版，第220頁。

③ 姚磊：《〈懸泉漢簡（貳）〉綴合札記（十五）》，2021年12月5日，簡帛網，http://www.bsm.org.cn/?hanjian/8523.html。

④ 姚磊：《〈懸泉漢簡（貳）〉綴合札記（十三）》，2021年12月3日，簡帛網，http://www.bsm.org.cn/?hanjian/8520.html。

☐印詣府

☐□□□

元始五年正月庚午夜半時縣（泉佐）☐

賞受魚離御蘇朝□即（時行）☐　　　　Ⅰ90DXT0112④：21

**第17例：Ⅰ90DXT0114①：84**

☐以告縣泉置嗇夫吏府書問　　　　Ⅰ90DXT0114①：84

按：整理者所釋“以”字圖版殘損，作：，結合Ⅱ90DXT0112②：22A＋53A號簡“廷告縣泉嗇夫吏”辭例，當釋作“廷”。

# 第二章　西北漢簡散簡編聯

## 第一節　概述

### 一　編聯的意義與方法

簡册編聯，又有簡册復原、編册復原、簡册編綴、册書復原、編册排次等稱法。何雙全將其界定爲“將所有簡分類歸册，恢復原有册式，解决韋編斷絶而造成的散亂狀態，使衆多的散簡系統化，達到文書原來的完整形式”。[①] 沈剛界定其爲“按照一定的原則和標準，找出原本属于同一册書上的一組简，按照册書本來的順序排列，從而盡可能恢復其原始面目”。[②] 大體而言，簡册編聯便是復原重建散亂的簡册。簡册編聯在研究中起著重要作用，完整的簡册往往要比零碎雜亂的散簡價值更高，可以説“文書之完整與散亂缺失，其價值有天壤之别”，[③] 復原完整的簡册可爲我們深入研究打下良好的基礎，具有重要的意義。

西北漢簡進行册書復原的歷程，張俊民、沈剛等均曾寫專文論述過，對王國維、勞榦、森鹿三、大庭脩、魯惟一、永田英正、謝桂華、何雙全、李天虹等學者的册書復原進行過仔細梳理，[④] 故不再贅言，我們選擇一些代表性的學者，重點論述他們簡册編聯的方法。

---

① 何雙全：《雙玉蘭堂文集》，臺北：蘭台出版社 2001 年版，第 237 頁。

② 沈剛：《居延漢簡册書復原方法述論》，《甘肅省第二届簡牘學國際學術研討會論文集》，上海古籍出版社 2012 年版。

③ 初世賓：《簡牘研究與考古學方法之運用》，《隴上學人文存・初世賓卷》，甘肅人民出版社 2015 年版，第 337 頁。

④ 張俊民：《居延漢簡册書復原研究緣起》，《簡牘學研究》第 4 輯，甘肅人民出版社 2004 年版，後收入《簡牘學論稿：聚沙篇》，甘肅教育出版社 2014 年版；沈剛：《居延漢簡册書復原方法述論》，《甘肅省第二届簡牘學國際學術研討會論文集》，上海古籍出版社 2012 年版。

森鹿三以人名和筆迹爲綫索，結合簡的出土地點，對通澤第二亭食簿進行了册書復原，撰有《居延漢簡集成——特論第二亭食簿》一文,[①]“他首先以第一種集成方法，即以人名爲綫索，把亭長郵作爲檢索木簡資料之關鍵，收集到通澤第二亭食簿的扉頁簡、封底簡以及糧食帳出納簡（即食簿的内容）等等，基本上復原了這個亭的糧食帳簿簡册；在同篇文章中他還以第二種集成法，即把圖版中標有相同出土地點、又有相同粗筆劃等特徵的另一組木簡收集起來，論證了這一組木簡産生的時間約爲武帝末年到昭帝初年（即西元前80年代），是居延漢簡中年代最古老的簡册”。[②] 大庭脩在册書復原方面成果豐碩，且在《漢簡研究》一書中論述了册書復原的原則，分别是“出土地同一”“筆迹同一”“材料同一”“内容關聯”等,[③] 頗爲學界推崇。永田英正從出土地、筆迹、内容、形制等角度出發，對破城子、地灣、博羅松治、瓦因托尼和大灣五個遺址出土的簡牘作了集成分類,[④] 爲進一步復原簡册打下了基礎，不足是“他没有在分類的基礎上復原簡册”。[⑤]

1962—1963年，陳公柔、徐蘋芳先后研究了大湾出土的田卒簿籍以及瓦因托尼出土的通泽第二亭廩食簿籍，發表了《大灣出土的西漢田卒簿籍》《瓦因托尼出土廩食簡的整理與研究》兩篇文章，前者共復原四十枚簡，分成“名籍”“衣物”兩個簿籍，後者共復原九十五枚簡。他們非常注意出土地點的作用，認爲：“最重要的是簡的出土地點。必須對同一地點所出的簡作一全面的考察，然後再根據其形制、書寫的款式和内容來進行整理……同一地點出土的簡，經過對其形制、字迹、款式和内容的全面分析與整理之後，完全有可能把其中的某些已散亂了的簿籍檔案復原成册，以便於逐宗逐件的加以研究。”[⑥] 陳夢家曾參加武威漢簡的整理工作，指出：“居延不同地點所出衆多拆散之簡，是可以根據内容、年

① ［日］森鹿三：《居延漢簡集成——特論第二亭食簿》，《東方學報》1959年第2册。

② 趙汝清：《日本學者簡牘研究述評》，《簡牘學研究》第1輯，甘肅人民出版社1997年版。

③ ［日］大庭脩：《漢簡研究》，徐世虹譯，廣西師範大學出版社2001年版，第11—12頁。

④ ［日］永田英正：《居延漢簡研究》，張學鋒譯，廣西師範大學出版社2007年版。

⑤ 李天虹：《居延漢簡簿籍分類研究》，科學出版社2003年版，前言，第7頁。

⑥ 陳公柔、徐蘋芳：《大灣出土的西漢田卒簿籍》，《考古》1963年第3期；陳公柔、徐蘋芳：《瓦因托尼出土廩食簡的整理與研究》，《文史》1982年第13輯。

曆、出土地、尺度、木理、書體等編綴成不同的簿册的。”①

二十世紀七十年代，在馬先醒的指導和倡議下，臺灣曾成立居延漢簡復原小組，有吴昌廉、何家英、夏自華、賴惠蘭、謝素珍、羅玉珍等人，并在《簡牘學報》發布了一系列的復原報告。何家英的方法是“先將出土地點相同者聚集，再尋其年代相近且記載相關者集合一處，繼之，觀察其内容、章法、簡牘形制、字體加以分類，再做分部之分析研究，以期説明斷定本文所探之簡系出於同一簿册，爲復原工作做進一步的努力”。② 夏自華的方法是“首先應從出土地點著手，將各地出土簡加以區分，凡簡文記有年號及年月日者，按年代且相近，比較多的，歸爲一類，更詳細的運用字體、章法、簡牘形制、斷殘紋理、内容、文物典章制度相近者，於以分門别類，如此可加以判斷是否同出一簿册，同出一人手筆，達到復原的目的”。③ 賴惠蘭的方法是“從出土地，或年代，將其中相關之部分集中，再加以字體之辨認，形制寬長，按時間先後排列，及内容之相關者以復原簿籍”。④ 謝素珍曾復原大灣出土的漢代“奉用錢簿”，依據主要是出土地、年代時間、簡文内容、簡牘形制、簡文書體等。⑤ 羅玉珍曾復原地灣出土的漢武帝詔書，方法是“當先自出土地著手，蓋依出土地予以集中整理，然後再依簡牘本身的長度寬度，木牘紋理等簡牘形制，以及簡文字體形態、簡文内容，書寫章法、格局等方面；使斷者接合，殘者編聯，復原簿籍舊觀”。⑥

謝桂華在册書復原方面用功很大，成效顯著，不僅形成了一套復原的方法，還實現了新、舊居延漢簡的復原，其依據主要有出土地、木質、形制、字體、筆迹、簡文内容、書寫格式等。代表性的復原有“建平五年十二月官吏卒稟名籍”二十三枚、“新莽制詔殘册”八枚等。比如在《居延漢簡的斷簡綴合和册書復原》一文中，謝桂華指出居延漢簡 254. 24 號簡“不僅木質、形制、字體、筆迹和簡 254. 25 完全相同，而且簡文内

① 陳夢家：《漢簡綴述》，中華書局 1980 年版，第 2 頁。
② 何家英：《瓦因托尼出土之漢代“食簿”（一）》，《簡牘學報》1980 年第 7 期。
③ 夏自華：《瓦因托尼出土之漢代“食簿”（二）》，《簡牘學報》1980 年第 7 期。
④ 賴惠蘭：《瓦因托尼出土之漢代“食簿”（叁）》，《簡牘學報》1980 年第 7 期。
⑤ 謝素珍：《大灣出土之漢代“奉用錢簿”》，《簡牘學報》1980 年第 7 期。
⑥ 羅玉珍：《地灣出土之漢武帝詔書》，《簡牘學報》1980 年第 7 期。

容和書寫格式亦相類，可見，它們應該屬於同一册書”。[①]

初世賓在復原居延新簡册書中積累了經驗，他認爲：“除綴合以外，通用的是簡牘分類法。即便不是同一文書，也可按類别輯集一起，進行綜合、比較。”[②] 何雙全編聯的過程是首先歸納整理新舊簡中原有文書標題和名稱，根據題目具體分期斷代，逐步編聯，并以互相鄰近和同一地點爲原則。[③] 沈剛對大庭脩的復原原則進行了修訂，認爲：“‘不同性質的文書使用不同的復原標準，可以拓寬這一方法的適用範圍’，‘注意充分利用和簡牘相關的信息，特别是簡牘出土的原始記録’，‘注意綜合利用居延漢簡的其他研究方法，特别是文書學的研究成果。’”[④]

除了西北漢簡的編聯復原外，學界論述楚簡、秦簡編聯的文章也可以借鑒，比如陳偉認爲編聯的根據可分爲外在和内在兩個方面，“外在因素，大致包括竹簡形態如長度、寬度、編綫的道數與間隔，書寫風格如字體、密度、某些特殊用字以及識别字號的采用等等。所謂内在因素，則是指詞彙、句式、體裁和内容。”[⑤] 陳劍認爲竹書簡的編聯要“‘注意行文脈絡，尋找排比句式或相近的句式、前後反復出現的覆上之文、歸納之文等’，‘注意兩簡連讀處正好有誤字、衍文、倒文等造成干擾的複雜情況’，‘注意竹簡的契口和编绳（痕迹）位置所决定的竹簡的（上中下）相對位置問題’，‘注意重視用韻方面的綫索或證據’‘注意補缺文方面的綫索’”。[⑥] 劉傳賓認爲影響編聯的因素有編號、穿孔、簡長、簡寬和厚度、簡端形態、契口的形狀和位置、編綸的數量和位置、欄綫、容

① 謝桂華：《新、舊居延漢簡册書復原舉隅》，《秦漢史論叢》第5輯，法律出版社1992年版；謝桂華：《新舊居延漢簡册書復原舉隅（續）》，《簡帛研究》第1輯，法律出版社1993年版；謝桂華：《居延漢簡的斷簡綴合和册書復原》，《簡帛研究》第2輯，法律出版社1996年版。

② 初世賓：《簡牘研究與考古學方法之運用》，《隴上學人文存・初世賓卷》，甘肅人民出版社2015年版，第337頁。

③ 何雙全：《雙玉蘭堂文集》，臺北：蘭台出版社2001年版，第238—245頁。

④ 沈剛：《居延漢簡册書復原方法述論》，《甘肅省第二届簡牘學國際學術研討會論文集》，上海古籍出版社2012年版。

⑤ 陳偉；《郭店竹書别釋》，湖北教育出版社2002年版。

⑥ 陳劍：《上博竹書的拼合與編聯問題雜談》，《學燈》第1輯，上海古籍出版社2016年版。

字、字迹、簡牘符號、内容等。①

## 二　簡册編聯存在的幾個問題

以上我們列舉了種種編聯復原的方法，從中可看出有相同的切入點，比如簡牘形制、出土信息、簡文内容等，雖然編聯簡册有法可依，但也存在很大的不確定性和複雜性，比如字體筆迹、形制、材料的問題。如果字體筆迹、形制、材料不同，是否復原爲同一册書？如果筆迹、形制、材料相同，是否一定爲同一册書？學界對此問題也有過討論，梳理如下。

何雙全認爲："因同一書册，可以用不同的木質來書寫，所以後者（編聯）的主要依據是根據書寫字體和内容以及編繩位置爲重點。"② 即材料相對編聯而言并不是最重要的。李零較爲看中筆迹和形制的重要性，他認爲："這種字體和形制的分類對分析簡文各篇的關係是基礎。竹簡整理，形制、字體的分類是第一步，内容的分類是第二步。我們分析簡文是否屬於同一類，首先是靠字體和形制，而不是内容。學者説某篇與某篇屬於同一篇或同一卷，常常是從内容判斷，或雖顧及形制，但不問字體，這樣的判斷是没有根據的。我個人認爲，竹簡類的圖録，其形式應仿考古報告，即按形制、字體編排，内容分類衹是參考，應該另外編排，附在書後。"③

沈剛對大庭脩的"筆迹同一""材料同一"的原則有過修訂，他認爲："材料與筆迹同一的標準顯得過於謹慎，如果嚴格遵循這一標準，或可能錯過一些本應屬於同一簡册上的簡。與其把它當作一種復原原則，不如將其視爲對復原簡册進行校驗的一種參考更爲合適。"④ 也即他認爲字體筆迹、材料并不是册書復原的關鍵因素，不同的筆迹、材料存在復原爲同一册書的可能。

謝桂華亦曾詳細分析過"字體筆迹"的問題，認爲存在兩種可能，

---

① 劉傳賓：《郭店竹簡研究綜論（文本研究篇）》，博士學位論文，吉林大學，2010 年，第 75—87 頁。

② 何雙全：《雙玉蘭堂文集》，臺北：蘭台出版社 2001 年版，第 237 頁。

③ 李零：《郭店楚簡校讀記：增訂本》，中國人民大學出版社 2007 年版，凡例，第 6 頁。

④ 沈剛：《居延漢簡册書復原方法述論》，《甘肅省第二届簡牘學國際學術研討會論文集》，上海古籍出版社 2012 年版。

“第一種可能，這些簡文雖均屬同一册書，但或因出自不同的書寫人員之手，或因書寫的時間有先有後，或者屬於起草的草稿和正式文本的區别。第二種可能，它們不屬於同一册書，而是分屬於内容有關聯的不同册書，究竟屬於哪種可能，或者二者兼而有之，目前尚無法準確判斷。且因出土的簡文，大多數屬於斷簡殘篇，前後又不連貫，所以，亦無法恢復整個册書的原來面目”。①

李松儒認爲字迹研究對於竹簡的編聯與拼合來説非常重要，并指出由“抄手”引起的複雜情況，“依據字迹特徵的同一性原則對内容相連的竹簡進行歸類、編聯，也要考慮到同一篇章中是否存在多個抄手的字迹。同一抄手可以抄寫多個篇章，同一篇章也可以由多個抄手完成”。② 黄儒宣强調要注重特列，并以永元器物簿爲例，認爲：“筆迹的辨識對於復原簡册而言是不可或缺的。但是筆迹相同并不是絶對的標準，有例外的情形存在。”③

對於筆迹、形制、材料的問題，我們傾向陳偉的論述，“外在形態的分析只能説是具有重要的參考意義，而不能當作絶對的標準，需要與簡牘文本的分析綜合運用”。④ 也即我們在編聯復原過程中要考慮到各種的可能性，“反復推敲，尋求最佳選擇，也就是在多個、乃至全部交接點上都有能够满意的方案”。⑤ 對同一册書有可能出現的筆迹，可能出現的材質差异，都要納入考慮，多方面地甄别。

“出土地同一”這個原則我們也要客觀解讀。《中國簡牘集成》一書第十二册曾復原《隧長休代册》，其中 T27、T40、T44 隸屬於三個不同的

① 謝桂華：《新舊居延漢簡册書復原舉隅（續）》，《簡帛研究》第1輯，法律出版社1993年版，第154頁。

② 李松儒：《戰國簡帛字迹研究：以上博簡爲中心》，上海古籍出版社2015年版，第176、178頁。

③ 黄儒宣：《簡牘古書數人合抄一篇的情況試探——以上博楚簡〈鮑叔牙與隰朋之諫〉、武威漢簡〈儀禮〉爲例》，《2007中國簡帛學國際論壇論文集》，臺北：臺灣大學中國文學系2011年版，第726頁。

④ 陳偉：《楚簡册概論》，湖北教育出版社2012年版，第92頁。

⑤ 陳偉：《楚簡册概論》，湖北教育出版社2012年版，第93頁。

探方,[1] 沈剛測量了三個探方最近直綫距離約爲 61 米，懷疑一個册書不同部分不會散布得如此之遠，認爲："以遺址爲單位作爲復原的標準有失之過寬之嫌。特别是新簡有出土位置、探方等更爲詳細的情况下，出土地同一的標準有必要進行重新確定。以探方爲單位，并兼顧彼此間相互位置，或許會更爲準確。"[2] 我們從跨探方綴合的情况來看，非鄰近探方綴合較爲普遍，以肩水金關漢簡爲例，73EJT7 可與 73EJT28、73EJF3 綴合，73EJH1 可與 73EJF3 綴合，73EJH2 可與 73EJT23 綴合，其中 73EJT7、73EJH1、73EJH2 甚至不在遺址院内，與 73EJT28、73EJF3、73EJT23 相距更遠。考慮到簡牘出土時情况較爲複雜，"有的堆儲在一處，有的與雜草、畜類混合堆成積薪，有的墊在圈底，或當作垃圾抛在各處"。[3] 故以遺址爲單位作爲復原標準是合適的。何雙全也曾有過論述，認爲："簡册的編聯，一開始即可跨坑位進行，但必須是先從互相鄰近的坑位做起，同時要把舊簡的出土位置搞清楚，一同進行。"[4] 由此，我們應該著重强調的是"出土地同一"而非"出土點同一"，由於不同"出土點"的簡是可以綴合的，自然不同"出土點"的簡也可編聯。

簡的"再次編聯"問題，也需要引起我們的注意。"再次編聯"是指由於某些原因，某枚簡或某些簡被拆開編聯到新的簡册中去。形成"再次編聯"的原因也比較多，如編繩斷裂、舊簡回收再用、審核上計、所屬管轄變更等，都可能重新造册重新編聯，這就會形成同一册書材質、筆迹不同。

簡册編聯與殘簡綴合有很大的趨同性，實踐過程中，都涉及簡牘原信息、文字信息以及出土信息，都是文書復原的重要構成，目的也都是恢復其原來的形式，甚至編聯過程中亦會相伴綴合，以致"綴合工作所用的步驟和方法在編册也同樣適用"。[5] 當然，兩者也存在差异，相比而

① 中國簡牘集成編輯委員會：《中國簡牘集成》第 12 册，敦煌文藝出版社 2001 年版，附表。

② 沈剛：《居延漢簡册書復原方法述論》，《甘肅省第二屆簡牘學國際學術研討會論文集》，上海古籍出版社 2012 年版。

③ 甘肅居延考古隊：《居延漢代遺址的發掘和新出土的簡册文物》，《文物》1978 年第 1 期。

④ 何雙全：《雙玉蘭堂文集》，臺北：蘭台出版社 2001 年版，第 241 頁。

⑤ 何雙全：《雙玉蘭堂文集》，臺北：蘭台出版社 2001 年版，第 237 頁。

言，綴合要求材質、筆迹同一，而編聯時這些因素僅是驗證的參考；綴合容易確定殘斷簡的位置，而編聯時排次并不容易；綴合容易驗證，而編聯則很難驗證，容易産生分歧。

### 三　簡牘文書的分類

簡册的編聯與文書分類緊密相關，簡牘綴合强調材質的統一性，而簡册編聯則側重簡牘内容的關聯性。西北漢簡規模較大、數量很多，對簡牘文書進行分類，是進行編聯的有利途徑，相同的簡文内容往往是我們編聯的前提，如果這個前提丟失，編聯就很難進行。故在編聯之前，對簡牘文書分類要十分瞭解。

關於簡牘文書的分類，學界有不同的分類方法。羅振玉、王國維將其分爲小學術數方技、屯戍叢殘和簡牘遺文三大類，由於“屯戍叢殘類”内容龐雜，在其下又分爲薄書類、烽燧類、戍役類、稟給類、器物類、雜事類。[①] 勞榦分成了文書、簿録、信札、經籍、雜類五類，其中“文書類”細化爲書檄、封檢、符券、刑訟類，“簿録類”細化爲烽燧、戍役、疾病死傷、錢穀、器物、車馬、酒食、名籍、資績、簿檢、計簿、雜簿。[②] 魯惟一選取了居延漢簡的七百一十枚進行了分類，并復原了四十三份文書。[③] 魯惟一的分類特别細緻，從 MD1 至 X2 有三十七種，[④] 其分類方法對日本學者大庭脩、永田英正都有影響。

永田英正對羅振玉、王國維、勞榦的分類提出了批評，認爲：“他們所采用的這種分類法，可以説是一種極其權宜的分類方法，也是一種不徹底的分類方法，缺乏必要的科學性。這種方法，與對簡牘的形狀、書式、出土地點、内容等諸項目進行綜合性分析考察後所作的古文書學分類法之間，相距甚遠。”永田英正把居延漢簡分爲定期文書和不定期文書兩大類，并把定期文書的簿、籍之類稱爲“簿籍類”，將這以外的、原來稱之爲不定期文書的部分稱爲“文書類”，其中“簿籍類”又細分爲吏

---

① 王國維、羅振玉：《流沙墜簡》，浙江古籍出版社 2013 年版。

② 勞榦：《居延漢簡考釋・釋文之部》，商務印書館 1949 年版。

③ ［英］魯惟一：《漢代行政記録》，于振波、車今花譯，廣西師範大學出版社 2005 年版，第 151 頁。

④ 李均明：《秦漢簡牘文書分類輯解》，文物出版社 2009 年版，引言，第 4—5 頁。

卒、勤務、器物、現錢、食糧和其他六類。[①]

永田英正的分類更較合理，且易操作，在學界影響很大，當然也存在缺陷。李天虹曾指出永田英正的不足之處，如“有些文書很難確定其屬於定期還是不定期文書”“没有在分類的基礎上復原簡册”“簡文歸類不當”，等等。她在永田英正的基礎上把居延漢簡“簿籍”分爲吏卒及其他人員，俸禄、現錢，廩食、穀物，兵物，日常工作，貰賣（買）、債務，功勞，牛馬車，出入關，其他十大類，共計一百三十五種。[②]

何雙全把居延甲渠候官簡牘按照内容分爲書、令、錄、條例、品、簿、籍、卷、牒、案、記、奏、致、刺、課、狀、舉、算、計、符、過所等二十一類，每類下進一步細化分爲多種，如“書類”細分爲十八種；[③] 把敦煌漢簡按照内容分爲詔書、司法、官府文件、屯戍簿籍、財經收支、後勤給養六類；[④] 把破城子所出簡册按照内容分爲籍，簿，書，卷、牒，舉案，致，刺，條例，課，算，名，符，品令科，傳、過所，簿錄，劾狀，信札，記，檄，契約，書籍，封檢二十二類。[⑤]

李均明的分類爲書檄、律令、簿籍、録課、符券、檢楬六類，每類下進一步細分，書檄類分書、檄、記，律令類分律、令、科、品、封診式、法律答問，簿籍類分爲簿、籍，録課類分爲録、案、刺、課、其他，符券類分爲符、券，檢楬類分爲檢、楬。[⑥] 白軍鵬在其博士學位論文中把敦煌漢簡分爲藝文、書檄與記、簿籍、律令科品、刺課五類。[⑦] 駢宇騫的分類爲书檄、簿籍、律令、案錄、符券、检楬、遣策與告地書七類。[⑧]

我們在簡册復原過程中，主要是借鑒李均明、李天虹的分類方法，輔之以其他學者的論述，具體到每個簡册時會有闡明。

---

① ［日］永田英正：《居延漢簡研究》，張學鋒譯，廣西師范大學出版社 2007 年版，第 48—158 頁。

② 李天虹：《居延漢簡簿籍分類研究》，科學出版社 2003 年版。

③ 何雙全：《居延甲渠候官簡牘文書分類與文檔制度》，《簡牘學研究》第 1 輯，甘肅人民出版社 1997 年版。

④ 何雙全：《雙玉蘭堂文集》，臺北：蘭台出版社 2001 年版，第 140—178 頁。

⑤ 何雙全：《雙玉蘭堂文集》，臺北：蘭台出版社 2001 年版，第 238—240 頁。

⑥ 李均明：《秦漢簡牘文書分類輯解》，文物出版社 2009 年版。

⑦ 白軍鵬：《“敦煌漢簡”整理與研究》，博士學位論文，吉林大學，2014 年。

⑧ 駢宇騫：《簡帛文獻綱要》，北京大學出版社 2015 年版，第 334—441 頁。

### 四 單册復原與散簡編聯

在西北漢簡的簡牘文書復原過程中，依據出土時的狀態，大致可分爲“出土就聯綴成册”“編繩雖朽但保持册形”與“散落近處可合爲一册”三種情形。比如居延新簡出土時“初步整理出的七十多個完整和較完整的簿册，有的出土就聯綴成册；有的編繩雖朽但保持册形，有的散落近處可合爲一册。這些多數有紀年，内容連貫。其中也有因不易區分，暫歸一册的”。[①] 據此，我們對西北漢簡的簡牘編聯也應進行細分。

針對“出土就聯綴成册”與“編繩雖朽但保持册形”的，由於册子内容以及簡牘數量基本是穩定的，我們所需工作主要涉及到一些簡牘排序、斷簡復位等性質的工作，暫稱“單册編聯”。針對“散落近處可合爲一册”的情況，無疑是簡牘整理過程中最難的復原，因爲“聲稱某些簡原本是同一册有極大風險”，[②] 所需考證也需要更加全面、系統，涉及到出土地點、内容形製、書手風格、書寫材質、排序定類、斷簡復位等系列工作，我們暫稱“散簡編聯”。爲更好地呈現“單册編聯”與“散簡編聯”的异同，我們分開進行了寫作，有一些初步嘗試。當然這種分開研究也存在一定的問題，存在割裂的可能，希望伴隨研究的深入，能有更好的方法進行册書復原。

## 第二節 書檄類簡牘的編聯

### 一 五鳳四年習萬私使張掖文書

五鳳四年六月庚子朔甲寅中鄉嗇夫廣佐敢言之囂陵里男子習萬自言欲取傳爲家私使張掖居延界中謹案萬年五十一毋官獄徵事當得爲傳父不尊證謁言移過所縣邑毋留止如律令敢言之

六月己未長安守右丞世移過所縣邑毋苛留如律令 掾 令史奉

73EJT37：1076A

① 甘肅居延考古隊：《居延漢代遺址的發掘和新出土的簡册文物》，《文物》1978 年第 1 期。

② 高震寰：《居延漢簡簡册復原成果整理（上）》，《古今論衡》2022 年第 38 期，第 24 頁。

章曰長安右丞印　　73EJT37：1076B

京兆尹長安囂陵里習萬年五十一長七尺三寸黑色　正月丁丑入

73EJT37：1081

二簡具有緊密關係，可互爲參看。第一，均屬長安，且里、姓一致。73EJT37：1076 是"囂陵里男子習萬"，蓋有"長安右丞印"，73EJT37：1081 亦是"長安囂陵里習萬"；第二，年齡一致。73EJT37：1076 是"萬年五十一"，73EJT37：1081 也是"萬年五十一"。由此，兩簡中的"習萬"當爲同一人。

考慮到兩簡的緊密關係，且簡號相近，推測兩簡有可能是一出一入。73EJT37：1076 號簡"六月己未長安守右丞世移過所縣邑毋苛留"是"出長安"，73EJT37：1081 號簡"正月丁丑入"是"入肩水金關"。兩簡簡文互相印證，文意通順，當可編聯在一起，暫定名作"習萬私使張掖文書"。由於書手不一，可歸爲"再次編聯"。

五鳳四年習萬私使張掖文書

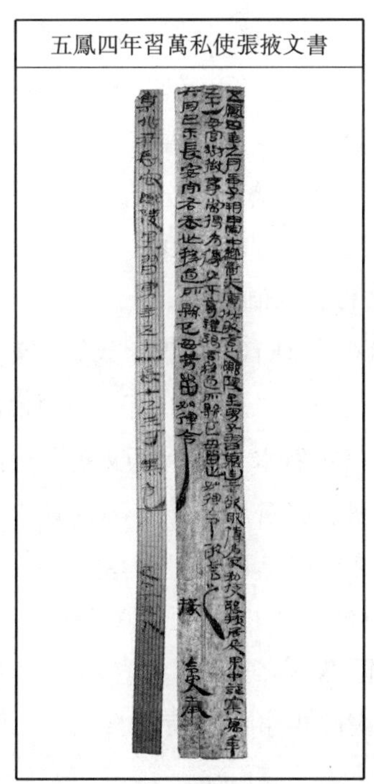

**圖 2　五鳳四年習萬私使張掖文書編聯圖**

從簡文知，習萬因“私事用傳”，於五鳳四年六月己未從長安出發，甘露元年正月丁丑抵達張掖，歷時六個多月，約201天。大庭脩曾研究從長安到張掖的詔書傳遞時間，指出元康五年詔書用時是40天，永始三年詔書用時89天。[①] 張德芳考證长安到敦煌的行程時間問題，認爲：“正常情況下官员的出使，利用沿途驛站提供的车辆，从长安到敦煌，需要一个多月到两个月。”[②] 通過對比可知，五十一歲的平民習萬由于种种原因用時更長，路程走得無疑更爲艱辛。

## 二　陽朔三年肩水士吏視事文書

陽朔三年正月丁卯朔戊寅肩水

士吏政即日視事日直赤帝三陽長日利以　　73EJT23：966

入官視＝事＝大吉福禄日□□□□事數得

察舉陽遂高遷禄□□敢言之　　73EJT23：967

首先，從出土地分析，兩簡的出土地點相同，均是73EJT23，且簡號相鄰，出土地同一；其次，從内容分析，兩簡都屬於“擇日”，且都包含“視事”，内容相關；第三，從字體筆迹分析，兩簡字形、書風、字間距一致，當由同一書手寫就；第四，從書寫格式分析，兩簡都是兩行書寫，具有相同的範式；第五，從簡牘形制分析，兩簡的材質相同，簡寬均是2.1cm，簡長也非常接近，73EJT23：966號簡是23.4cm，73EJT23：967號簡是23.5cm，相差無幾，形制相同。

綜上，73EJT23：966、73EJT23：967號簡“出土地同一”“内容相關”“筆迹相同”“格式相同”“形制相同”，兩簡當屬同一册書，可編聯復原，暫定名作“陽朔三年肩水士吏視事文書”。編聯如下：

陽朔三年正月丁卯朔戊寅肩水

士吏政即日視事日直赤帝三陽長日利以

入官視＝事＝大吉福禄日□□□□事數得

察舉陽遂高遷禄□□敢言之　　73EJT23：966－967

簡文内容是肩水士吏政視事任職時“擇日”，漢簡中，官吏任職時擇

① ［日］大庭脩：《漢簡研究》，徐世虹譯，廣西師範大學出版社2001年版，第15、35頁。

② 張德芳：《古代從長安到敦煌走多長時間》，《甘肅日報》2016年9月20日第006版。

日較爲常見，如：

☐言之謹以吉日吉時視事敢言之　　EPT51：92A[①]

簡文“擇日”的結果是“陽朔三年正月戊寅”這天“三陽長日”屬“大吉”，有利“入官視事”。

陽朔三年肩水士吏視事文書

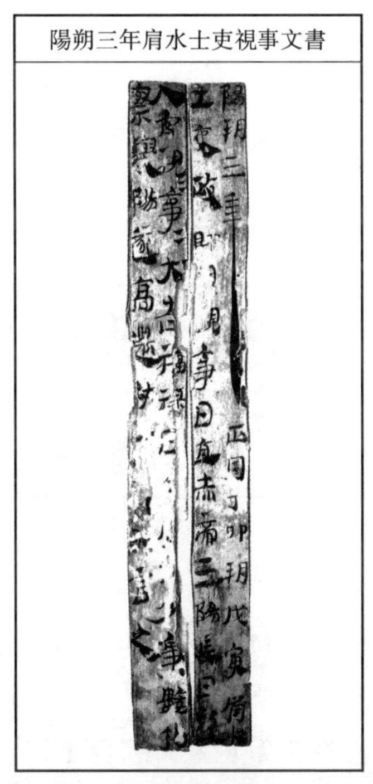

圖3　陽朔三年肩水士吏視事文書編聯圖

## 三　建平元年官大奴等移簿大守府文書

建平元年九月庚寅朔丁未掾音敢言之官大奴杜勝自言與都尉五官掾石博

葆俱移簿大守府願已令取傳謁移過所縣道河津關毋苛留如律令敢言之　　73EJT37：780

九月丁未居延庫守丞長移過所如律令

掾音　　73EJT37：89

① 李迎春：《居延新簡集釋》第3册，甘肅文化出版社2016年版，第431頁。

第一，從出土地分析，兩簡的出土地點相同，均是73EJT37，出土地同一。第二，從内容分析，兩簡内容相關、時間亦相合，都是“九月丁未”，且同時出現了相同人物“音”。據73EJT37：909＋906號簡記載，“庫守丞長”“掾”又確實在“建平元年九月”任職，如下：

建平元年九月庚寅朔……

謁移卅井縣索金關出入敢言之

九月庚子庫守丞長移過所寫移如律令　掾音　　73EJT37：909＋906

第三，從字體筆迹分析，兩簡字体、字迹、書寫風格一致，我們列舉相關字形如下：

| 73EJT37：89 |  |  |  |  |  |
| --- | --- | --- | --- | --- | --- |
| 73EJT37：780 |  |  |  |  |  |

對比可見兩簡書風相同，字體一致，如“過”字的寫法，均出現了省略，書手用“點”代替了“口”字。如“所”字，書手對右側“斤”字的處理一致，在書寫時均有草寫。如“律”字，兩簡運筆一致、結構近似。如“掾”字，均存在拖筆現象；綜合比較，兩簡當是出於同一書手。第四，從書寫格式分析，兩簡都是正常文書格式，不存在分段書寫的情況，具有相同的範式。第五，從簡牘形制分析，兩簡的材質相同，簡長均是22.6cm，簡寬在1.5—1.7cm間，形制基本相同。

綜上，73EJT37：89、73EJT37：780兩簡“出土地同一”“内容相關”“筆迹相同”“格式相同”“形制相同”，當屬同一册書，可編聯復原，暫定名作“建平元年官大奴等移簿大守府文書”，釋文作：

建平元年九月庚寅朔丁未掾音敢言之官大奴杜勝自言與都尉五官掾石博

葆俱移簿大守府願已令取傳謁移過所縣道河津關毋苛留如律令敢言之

九月丁未居延庫守丞長移過所如律令

掾音　　73EJT37：780－73EJT37：89

我們曾綴合73EJT37：615＋494、73EJT37：480＋894號簡，釋文如下：

建平元年九月庚寅朔丁未居延都尉雲城騎千人……

遣五官掾石博對會大守府當舍傳舍從者如律令　73EJT37：615＋494

☑□庚寅朔己亥張掖居延都尉雲城騎千人臨尉☑

☑□舍從者如律令　73EJT37：480A＋894A

都尉　73EJT37：480B＋894B

需要注意的是73EJT37：615＋494號簡與73EJT37：780－73EJT37：89號簡有著緊密的關係，一是時間相同都是"建平元年九月庚寅朔丁未"，二是都出現了"五官掾石博"。73EJT37：480號簡的時間，許名瑲認爲："哀帝建平元年九月庚寅朔，十日己亥。"① 從文意來看，與73EJT37：615＋494號簡内容趨於一致。由此，73EJT37：780－73EJT37：89、73EJT37：615＋494、73EJT37：480＋894三簡可對讀參看，互相應證。鷹取祐司認爲："官奴和吏出差而同行的場合，要發給吏因公務出差的通行證，但不會給官奴發通行證，所以奴自身還是必須要申請傳。"② 由此，73EJT37：780－73EJT37：89號簡出現的原因是杜勝"官大奴"的身份，需要杜勝再重新申請"傳"。至於73EJT37：780－73EJT37：89的性質，郭偉濤認爲："據簡文，杜勝身爲官府奴隸，與都尉五官掾石博所葆之人共赴太守府呈報簿書，因而申請私傳，由掾向上級呈請批准。"③ 恐非，從簡文内容來看，其目的是"移簿大守府"，當是"公務用傳"而非"私傳"。

從簡文也可知"官大奴杜勝"受"居延庫"的管理，73EJT8：51號簡也可爲佐證，如下：

居攝二年三月甲申朔癸卯居延庫守丞仁移卅井縣索肩水金關都尉史曹解掾

葆與官大奴杜同俱移簿大守府名如牒書到出入如律令　73EJT8：51A

---

① 許名瑲：《〈肩水金關漢簡（肆）〉曆日校注》，2016年3月7日，簡帛網，http：//www.bsm.org.cn/？hanjian/6642.html。

② ［日］鷹取祐司：《肩水金関遺址出土の通行証》，2017年5月25日，簡帛網，http：//www.bsm.org.cn/？hanjian/7551.html。

③ 郭偉濤：《漢代張掖郡肩水塞研究》，博士學位論文，清華大學，2017年，第222頁。

居延庫丞印　嗇夫當發　君門下　掾戎佐鳳　　73EJT8：51B

由 73EJT8：51 號簡簡文知，“官大奴杜同”的出入關手續審批便是“庫”經手處理的。對於 73EJT8：51 號簡號簡，馬智全考證認爲：“特別需要關注的是被‘葆’人杜同‘官大奴’的身份，作爲官奴，他與私人的雇傭有著本質的區別，所以不可能是庸保的對象，簡文中的‘葆’只能理解爲對被‘葆’人的通關擔保。”① 據此，73EJT37：780－73EJT37：89 號簡的“葆”也與 73EJT8：51 號簡一樣，“官大奴杜勝”是被擔保出關。

73EJT37：780－73EJT37：89 號簡簡文中的“都尉五官掾石博”省略了“都尉”的姓名，依據 73EJT37：615＋494 號簡“居延都尉雲”的記載，此時的都尉當是“雲”，即“官大奴杜勝”是被居延都尉雲、五官掾石博擔保出關。簡文中的“五官掾”，《後漢書·百官志》載：“五官掾，署功曹及諸曹事。”② 黎明釗認爲：“五官掾地位僅次於功曹，在功曹出缺時，他往往會暫時署理其職，因此五官掾很多機會接解到郡内簿籍，諸如上面的吏員簿、考績簿等，又因爲五官掾是職無定掌，郡内很多職位都有可能暫署，所以對郡府各曹也需全面認識。”③ 我們結合 73EJT37：780－73EJT37：89、73EJT37：615＋494 簡文來看，“五官掾石博”也參與“移簿”“對會”事務。“移簿”，從簡文來看當是移送庫的各種統計簿。居延漢簡 286.28 號簡有“庫錢財物出入簿”、73EJT22：31 號簡有“金關庫本始元年四月乙酉以來積作簿”可參看；“對會”是指官吏詔對或期會。④

值得注意的是“建平元年九月”的這次“對會”涉及人員較多，除去都尉、城騎千人、五官掾外，我們發現還有“司空佐”張黨，如下：

建平元年九月癸丑居延令彊守丞宫移過所縣道河津關遣司空佐張黨以令對會□月……　　73EJT37：1045

① 馬智全：《肩水金關漢簡中的“葆”探論》，《西北師大學報》2013 年第 1 期。

② （南朝宋）范曄：《後漢書》，中華書局 1965 年版，第 3621 頁。

③ 黎明釗：《漢代地方官僚結構——郡功曹之職掌與尹灣漢墓簡牘之關係》，《中國考古學跨世紀的回顧與前瞻（1999 年西陵國際學術研討會文集）》，科學出版社 2000 年版。

④ 中國簡牘集成編輯委員會：《中國簡牘集成》第 10 册，敦煌文藝出版社 2001 年版，第 50 頁。

73EJT37：1045 號簡的時間是"癸丑"，是九月廿四日；73EJT37：780－73EJT37：89、73EJT37：615＋494 號簡的時間是"丁未"，是九月十八日；73EJT37：480 號簡的時間是"己亥"，是九月十日。"建平元年九月"的"對會"疑和"計斷九月"的財政制度有關。①

**圖 4　建平元年官大奴等移簿大守府文書編聯圖**

## 第三節　簿籍類簡牘的編聯

### 一　戍卒名籍

第 1 組

《肩水金關漢簡（壹）》有三組簡文具有很大的共同性，簡文條列

① 張榮强：《從計斷九月到歲終爲斷——漢唐間財政年度的演變》，《北京師範大學學報》2005 年第 1 期。

如下：

1）戍卒穎川郡長社邑重里公乘成朔年廿八　丿（竹簡）　73EJT6：48

新野稷里王常年□□　（竹簡）　73EJT6：49

2）戍卒淮陽郡城父邑道成李王年廿四　卩　（竹簡）　73EJT9：113①

隴西襄武承反里廉樂　（竹簡）　73EJT9：114

3）戍卒南陽郡冠軍邑長里射嬰年卌八　卩　（竹簡）　73EJT10：298②

會稽郡鄞許商里范壽　（竹簡）73EJT10：299

會稽郡鄞高成里顧□　（竹簡）　73EJT10：300③

會稽郡鄞□里誶幸　（竹簡）73EJT10：301

爲更加清晰觀察，將 73EJT6：48/49、73EJT9：113/114、73EJT10：298/299/300/301 三組簡的紅外圖版制圖。

第一，從出土地分析，三組簡的出土地點不同，但每組組内的簡都出自同一探方，且都是簡號相鄰，出土地同一；第二，從内容分析，三組簡都屬於“名籍”，内容相關；第三，從字體筆迹分析，第三組中 73EJT10：299、73EJT10：300、73EJT10：301 當出於同一書手，其他簡則都是由不同書手寫就；第四，從書寫格式分析，三組簡都是簡的上部書寫，且首枚簡均有“戍卒”和勾校符號，而組内其他簡則無，具有相同的範式；第五，從簡牘形制分析，三組簡的材質相同，都是竹簡。簡寬方面，除 73EJT10：301 號簡簡寬爲 0.5cm 外，其他簡均在 0.7—0.8cm 間。簡長方面，三組簡簡長不一致，大體在 23cm 上下波動，形制大體相同。

綜上，依據出土地的不同以及首簡的差异，三組簡可獨立復原成三個簡册。鑒於三組簡的統一性，疑當時編聯時存在一定的標準抑或是三

① 整理者遺漏“卩”，當補。

② 整理者遺漏“卩”，李燁補。李燁：《〈肩水金關漢簡（壹）〉研究三題》，碩士學位論文，西南大學，2013 年，第 24 頁。

③ 該簡整理者未標記“竹簡”，經詢問馬智全當是“竹簡”，當補。

組簡册爲同一人所編聯。三個簡册都是“卒名籍”，除首簡外，存在省略“戍卒”兩字的情況。沈剛曾分析道：“這些名籍很有可能就是在這些吏卒的籍貫所在地編制完畢”,[①] 從 73EJT10：299、73EJT10：300、73EJT10：301 三簡都出自“會稽郡”來看，沈剛的分析是有道理的。戍卒從籍貫所在地到邊塞後，管理機構對人員分配進行了重新編排，從而形成了“再次編聯”，導致簡册的筆迹以及簡長出現了差异。

| 73EJT6：48/49 | 73EJT9：113/114 | 73EJT10：298/299/300/301 |
|---|---|---|
| 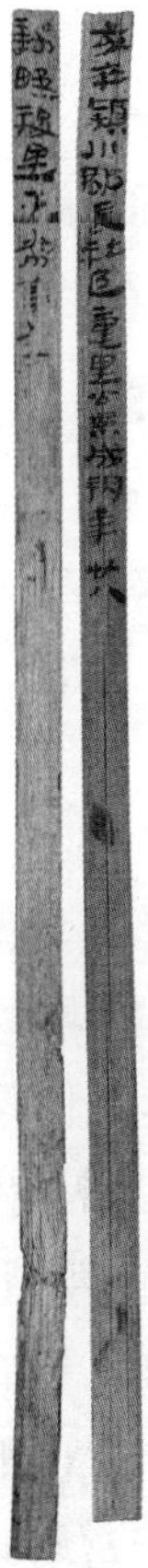 |  |  |

**圖5　戍卒名籍編聯圖1**

① 沈剛：《漢代西北邊地出土竹簡問題》，《金塔居延遺址與絲綢之路歷史文化研究》，甘肅教育出版社 2014 年版。

第 2 組

戍卒鉅鹿南繺元里郭廣利☒　　73EJT1：28

戍卒鉅鹿南繺延年里安都☒　　73EJT1：154

戍卒鉅鹿曲迎利里□☒　　73EJT1：167

第一，從出土地分析，三簡的出土地點相同，均是 73EJT1，出土地同一；其二，從内容分析，三簡都屬於“卒名籍”，籍贯都是“鉅鹿”，且 73EJT1：28、73EJT1：154 號簡都是“南繺”，内容相關；第三，從字體筆迹分析，選取相關字形，對比如下：

| 簡號 | 戍 | 卒 | 鉅 | 鹿 | 里 |
|---|---|---|---|---|---|
| 73EJT1：28 |  |  |  | |  |
| 73EJT1：154 |  | |  |  |  |
| 73EJT1：167 |  |  |  |  | |

對比可見三簡字形、書風一致，當由同一書手寫就，如“里”字尾筆，均有拖筆，再如“卒”字下部的横，均有上揚，且諸簡均存在傾斜，書寫風格相同，均屬“隶草”，綜合比較分析，可知筆迹相同，成于一人之手；第四，從書寫格式分析，三簡都是簡首書寫，具有相同的範式；第五，從簡牘形制分析，三簡的材質相同，均是松木，簡寬方面，除 73EJT1：28 號簡外，73EJT1：154、73EJT1：167 簡均是 1.4cm，大體而言，三簡形制趨同。

綜上，73EJT1：28、73EJT1：154、73EJT1：167 三簡“出土地同一”“内容相關”“筆迹相同”“格式相同”“形制趨同”，三簡當屬同一册書，可編聯復原。另有 73EJT5：34、73EJT22：16 兩簡與 73EJT1：28、73EJT1：154、73EJT1：167 三簡字形、内容也頗爲一致，由於不同探方，暫存疑不録。

73EJT1：28－154－167

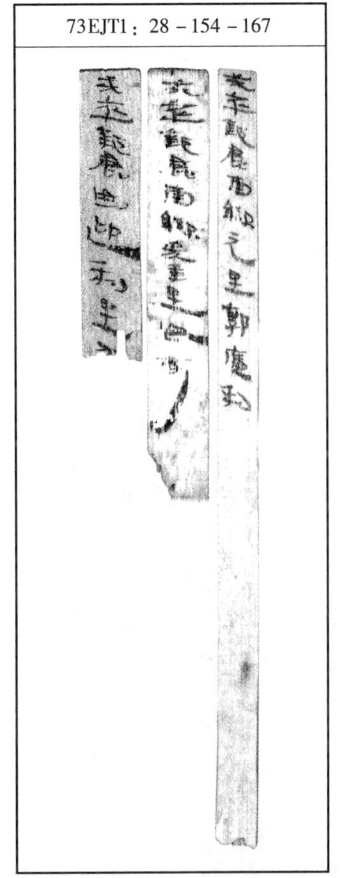

**圖6　戍卒名籍編聯圖2**

第3組

戍卒梁國己氏☐　　　　　　　（竹簡）　　　　73EJT1：74

戍卒梁國己氏官里陳可置☐　　（竹簡）　　　　73EJT1：75

第一，從出土地分析，兩簡的出土地點相同，均是73EJT1，且簡號相鄰，出土地同一；第二，從内容分析，兩簡都屬於“卒名籍”，籍貫都是“梁國己氏”，内容相關；第三，從字體筆迹分析，兩簡字形、書風存在差异，當由不同書手寫就；第四，從書寫格式分析，兩簡都是簡首書寫，具有相同的範式；第五，從簡牘形制分析，兩簡的材質相同，都是竹簡。簡寬方面，兩簡均是0.9cm，形制相同。

綜上，73EJT1：74與73EJT1：75號簡雖筆迹不相同，但“出土地同一”“内容相關”“格式相同”“形制相同”，疑兩簡當屬同一册書，可編聯復原。此外，另有73EJT1：9與73EJT1：309號簡，簡文作：

戍卒梁國己氏泗亭里□當時年□三丿　（竹簡）　73EJT1：9

戍卒梁國己氏☑　73EJT1：309

兩簡内容與73EJT1：74、73EJT1：75較爲一致，且出土地同一，但73EJT1：9右側殘損，難以判斷，73EJT1：309材質非竹簡且簡寬是1.3cm，與73EJT1：74、73EJT1：75差0.5cm，暫存疑不編。

73EJT1：74－75

**圖7　戍卒名籍編聯圖3**

第4組

戍卒梁國睢陽秩里不更丁姓年廿四　庸同縣駝詔里不更廖亡生年廿四☑　73EJT1：81

戍卒梁國睢陽中丘里不更李☑　73EJT1：137

☑□陽東昌里不更☑　73EJT1：149

☑□夏奉世年廿八今睢陵里不更張德年廿六　—丿　73EJT1：150

☐□不更蔡野年廿四　一丿　73EJT1：182

第一，從出土地分析，五簡的出土地點相同，均是73EJT1，其中73EJT1：149、73EJT1：150兩簡簡號相鄰，出土地同一；第二，從内容分析，五簡都屬於“卒名籍”，爵位都是“不更”，除73EJT1：182號簡殘斷難識外，籍貫都是“梁國睢陽”，内容相關；第三，從字體筆迹分析，選取相關字形，對比如下：

| 簡號 | 梁 | 陽 | 里 | 不 | 更 |
|---|---|---|---|---|---|
| 73EJT1：81 | 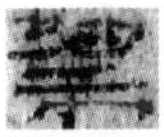 |  |  |  |  |
| 73EJT1：137 |  |  |  |  |  |
| 73EJT1：149 | — |  |  |  |  |
| 73EJT1：150 | — | 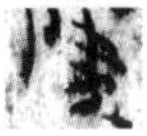 |  |  |  |
| 73EJT1：182 | — | — | — |  |  |

對比可見五簡字形、書風一致，當由同一書手寫就，如“里”字上部的“田”，均省作“口”，再如“更”字，起筆運筆幾乎一致，且諸簡均存在傾斜，書寫風格相同，均屬“隶草”，綜合比較分析，可知筆迹相同，成于一人之手；第四，從書寫格式分析，具有相同的範式，比如73EJT1：150、73EJT1：182兩簡的勾校符號，均是“—”與“丿”；第五，從簡牘形制分析，五簡的材質相同，均是松木，簡寬方面，諸簡均在0.9—1.1cm間，形制相同。

綜上，73EJT1：81、73EJT1：137、73EJT1：149、73EJT1：150、73EJT1：182五簡“出土地同一”“内容相關”“筆迹相同”“格式相同”“形制相同”，五簡當屬同一册書，可編聯復原。

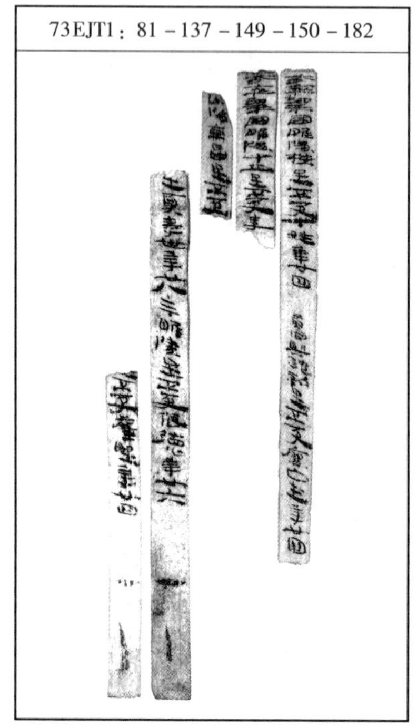


**圖8　戍卒名籍編聯圖4**

第5組

戍卒淮陽郡陳宜民里不更苛城年廿四　　73EJT30：3

戍卒淮陽郡陳安衆里不更舒畢年廿四　庸同里不更夏歸來年廿六

73EJT30：12

戍卒淮陽郡陳高里不更宋福年廿四　庸張過里不更孫唐得年卅

73EJT30：13

戍卒淮陽郡陳逢卿里不更許陽年廿七　庸進賢不更□常年卅三

73EJT30：15

戍卒淮陽郡陳隱丘里不更趙從年卅　　73EJT30：118

戍卒淮陽郡陳思孝里不更蓋寬年卌八　□☑　　73EJT30：135

戍卒淮陽郡陳安夷里不更鄴盧年廿四　　73EJT30：262

第一，從出土地分析，諸簡的出土地點相同，均是73EJT30，一些簡甚至簡號相鄰，出土地同一；第二，從内容分析，諸簡都屬於“戍卒名籍”，籍貫都是“淮陽”的“陳縣”，且爵位均是“不更”，内容相關；

第三，從字體筆迹分析，諸簡字形、書風極爲相似；第四，從書寫格式分析，諸簡都是簡首書寫，具有相同的範式；第五，從簡牘形制分析，諸簡的材質基本相同，除73EJT30：12、73EJT30：13兩簡外，都是松木簡。簡寬方面，簡寬均是0.9cm，形制相同。由此，諸簡可編聯成册。

73EJT30：3－12－13－15－118－135－262

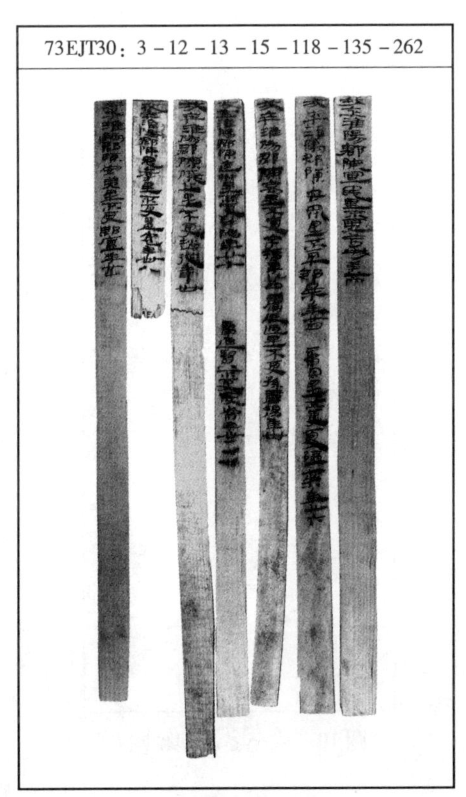

**圖9　戍卒名籍編聯圖5**

第6組

戍卒淮陽郡苦魯里不更葉横年卅四　　73EJT30：14

戍卒淮陽郡苦平陽里不更金□廣年卅二☑　　73EJT30：25

第一，從出土地分析，兩簡的出土地點相同，均是73EJT30，出土地同一；第二，從内容分析，都屬於“戍卒名籍”，籍貫都是“淮陽”的“苦縣”，且爵位均是“不更”，内容相關；第三，從字體筆迹分析，字形、書風極爲相似；第四，從書寫格式分析，諸簡都是簡首書寫，具有相同的範式；第五，從簡牘形制分析，諸簡的材質基本相同，都是松木簡。簡寬方面，簡寬均是 0.9cm，形制相同。由此，兩簡可編聯成册，疑與第 5 組是同一册書。

73EJT30：14－25

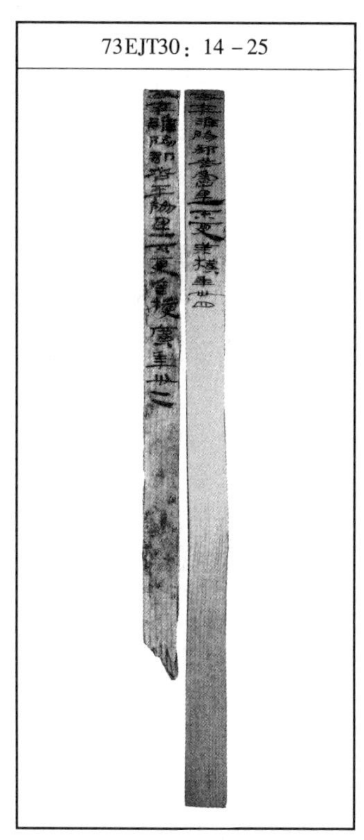

**圖 10　戍卒名籍編聯圖 6**

第 7 組

戍卒濟陰郡冤句義陽里大夫晉横年卅　長☑　　73EJT37：306＋267

戍卒濟陰郡冤句南昌里大夫許毋傷年卅八長七尺二寸黑色〤

73EJT37：987

戍卒濟陰郡冤句廣里大夫☑　　73EJT37：1335＋1359

第一，從出土地分析，三簡的出土地點相同，均是 73EJT37，出土地同一；第二，從内容分析，三簡都屬於“卒名籍”，籍貫都是“濟陰郡冤句”，且爵位都是“大夫”，内容相關；第三，從字體筆迹分析，選取相關字形，對比如下：

| 簡號 | 戍 | 卒 | 句 | 里 |
| --- | --- | --- | --- | --- |
| 73EJT37：306＋267 | 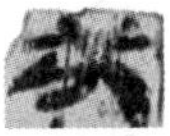 | 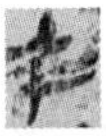 | 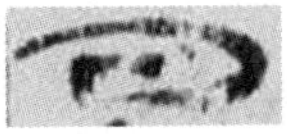 | 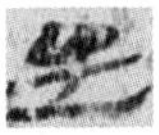 |
| 73EJT37：987 | 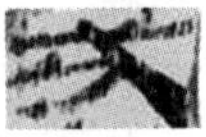 | 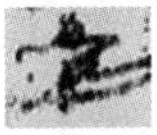 | 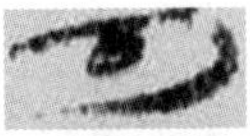 | 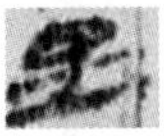 |
| 73EJT37：1335＋1359 | 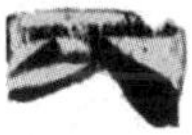 | 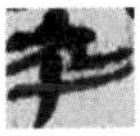 | 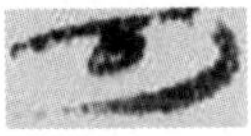 | 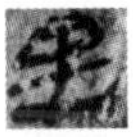 |

對比可見三簡字形、書風一致，當由同一書手寫就，如“戍”字尾筆，均有拖筆加粗的情况存在，如“卒”字下部的横，均有上揚，如“里”字尾筆的横，亦有上揚，再如“句”字的“勹”部“丿”和“𠃌”連筆在一起。綜合比較分析，可知筆迹相同，成于一人之手；第四，從書寫格式分析，三簡都是簡首書寫，具有相同的範式；第五，從簡牘形制分析，三簡的材質相同，簡寬在0.8—1.0cm間，形制相同。

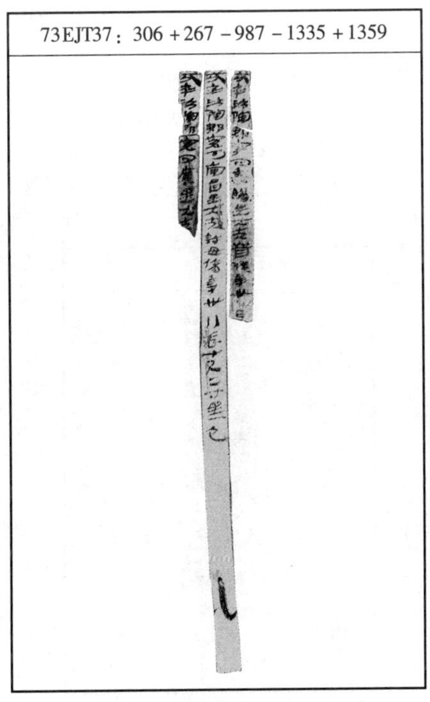


**圖11　戍卒名籍編聯圖7**

綜上，73EJT37：306 + 267、73EJT37：987、73EJT37：1335 + 1359 三簡“出土地同一”“内容相關”“筆迹相同”“格式相同”“形制相同”，三簡當屬同一册書，可編聯復原。

第 8 組

戍卒淮陽僑陵里陳忠公乘年廿八　　73EJC：33

戍卒淮陽司馬里張樂　　73EJC：49

兩簡均是竹簡，材質相同；簡文性質相同，屬於戍卒名籍；内容相關，都是“戍卒”“淮陽”；字迹、字間距、字體以及書寫風格亦相同，我們對比如下：

| 簡號 | 戍 | 卒 | 淮 | 陽 |
| --- | --- | --- | --- | --- |
| 72EJC：33 | | | | |
| 72EJC：49 | | | | |

對比可知兩簡字體一致，書寫風格相同。如“卒”字，書手均省略了首筆的點；如“淮”字，書手對“氵”的處理一致；再如“陽”字，字形形體幾乎一致。綜合分析來看，兩簡是同一書手所寫，當屬於同一册書。

**圖 12　戍卒名籍編聯圖 8**

## 二　田卒名籍

第1組

田卒平干國張榆里簪褭吕儋年卌二　　　　（竹簡）　　　　73EJT1：5

田卒平干國廣平澤里簪褭李田利里年廿六☐（竹簡）　　　73EJT1：73

第一，從出土地分析，兩簡的出土地點相同，均是73EJT1，出土地同一；第二，從内容分析，兩簡都屬於“卒名籍”，籍貫都是“平干國”，且爵位均是“簪褭”，内容相關；第三，從字體筆迹分析，兩簡字形、書風差异較大，當由不同書手寫就；第四，從書寫格式分析，兩簡都是簡首書寫，具有相同的範式；第五，從簡牘形制分析，兩簡的材質相同，都是竹簡。簡寬方面，兩簡均是0.8cm，形制相同。

綜上，73EJT1：5與73EJT1：73號簡雖筆迹不相同，但“出土地同一”“内容相關”“格式相同”“形制相同”，疑兩簡當屬同一册書，可編聯復原。此外，另有73EJT2：14號簡，簡文作：

73EJT1：5－73

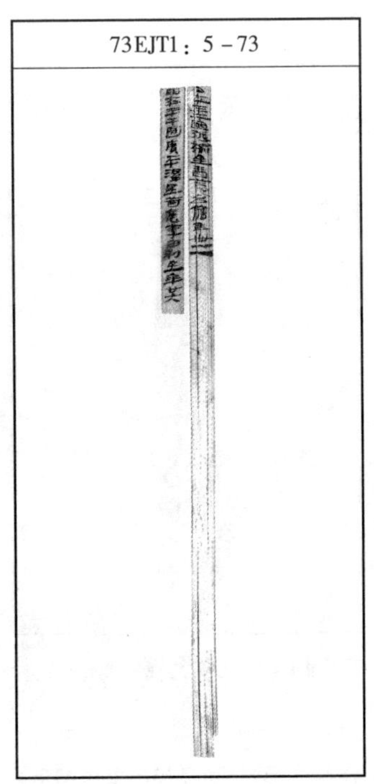

**圖13　田卒名籍編聯圖1**

田卒平干國南和□里公士李未年卅六　　　（竹簡）　　73EJT2：14

該簡左側殘損，字迹與73EJT1：5號簡頗爲相似，材質也是竹簡，但由於出土地點、爵位、簡長方面與73EJT1：5、73EJT1：73存在一定差异，暫存疑不編。關於“平干國”的設置，《漢書·地理志》注廣平國曰：“武帝征和二年置爲平干國，宣帝五鳳二年復故。”黄浩波認爲：“所見平干國簡年代在征和二年至五鳳二年之間。”① 可參。

第2組

田卒穎川郡臨穎邑鄭里不更範後年廿四☑　　　（竹簡）　73EJT3：96

田卒穎川郡長杜邑穎里韓充年廿四☑　　　（竹簡）　73EJT3：97

第一，從出土地分析，兩簡的出土地點相同，均是73EJT3，且簡號相鄰，出土地同一；第二，從内容分析，兩簡都屬於“卒名籍”，且籍貫都是“穎川郡”，内容相關；第三，從字體筆迹分析，兩簡字形、書風差异較大，當由不同書手寫就；第四，從書寫格式分析，兩簡都是簡首書寫，具有相同的範式；第五，從簡牘形制分析，兩簡的材質相同，都是竹簡。簡長、簡寬方面，由於兩簡都有殘斷，無法比對。

73EJT3：96－97

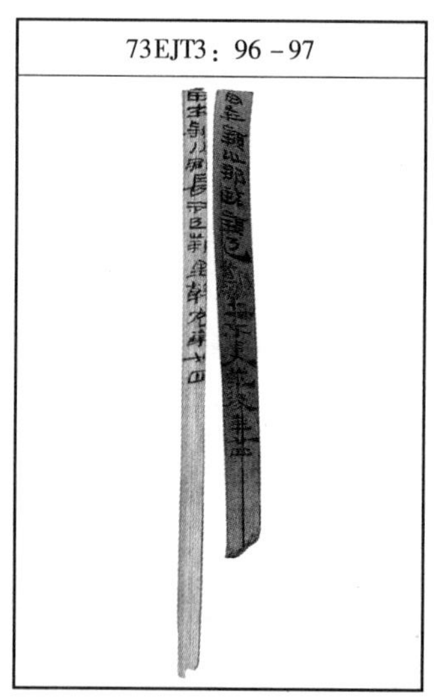

**圖14　田卒名籍編聯圖2**

① 黄浩波：《〈肩水金關漢簡（壹）〉所見郡國縣邑鄉里》，2011年12月1日，簡帛網，http：//www. bsm. org. cn/? hanjian/5775. html。

綜上，73EJT3：96與73EJT3：97號簡雖筆迹不相同，但"出土地同一""内容相關""格式相同""材質相同"，疑兩簡當屬同一册書，可編聯復原。此外，73EJT3：95號簡，簡文作：

戍卒潁川郡傿陵邑步里公乘舞聖年卅黑色長七尺四寸　～　（竹簡）

73EJT3：95

此簡與73EJT3：96、73EJT3：97號簡出土地同一、簡號相鄰、籍貫相同，疑也可歸入編聯。

第3組

田卒梁國睢陽東弓里孫聖年☐　73EJT24：706

☐卒梁國睢陽東弓里欒邊年廿四☐　73EJT24：709

田卒梁國睢陽東☐　73EJT24：776①

☐國睢陽東弓里吕姓年廿四　庸欒☐　73EJT24：791

第一，從出土地分析，四簡的出土地點相同，均是73EJT24，出土地同一；第二，從内容分析，四簡都屬於"名籍"，且籍貫相同，均是"睢陽東弓里"，同郡同縣同里，内容相關；第三，從字體筆迹分析，四簡均是"隸書"，但字形、書風存在一定差异，難以確認是否爲同一書手；第四，從書寫格式分析，四簡都是簡首書寫，具有相同的範式；第五，從簡牘形制分析，四簡的材質相同，簡寬在0.9—1.0cm間，形制相同。

73EJT24：706－709－776－791

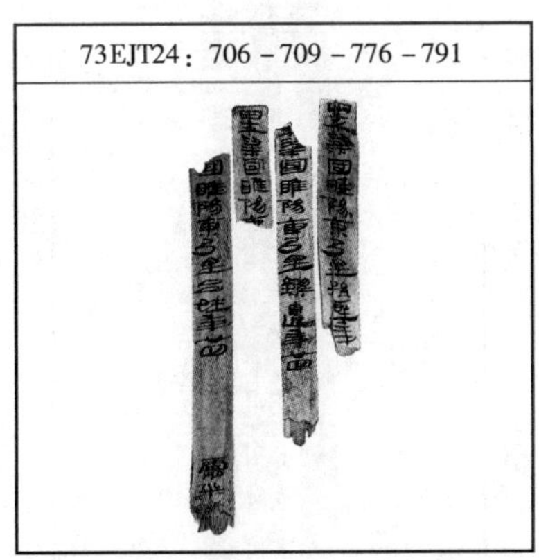

**圖15　田卒名籍編聯圖3**

① "東"字整理者未釋，張俊民補釋，并認爲是"東弓"。

綜上，四簡雖筆迹存在差异，但“出土地同一”“内容相關”“格式相同”“形制相同”，疑四簡當屬同一册書，可編聯復原，可能都是“田卒”名籍。

第4組

田卒淮陽長平東陽里不更鄭則年卅八　　73EJT30：8

田卒淮陽郡長平北親里不更費畢年卌五　庯西陽里不更莊登年卅八　　73EJT30：263

田卒淮陽郡長平高閭里不更李范年廿六　庯南垣不更費充年廿五　　73EJT30：267

第一，從出土地分析，三簡的出土地點相同，均是73EJT30，出土地同一；第二，從内容分析，都屬於“田卒名籍”，籍貫都是“淮陽”的“長平”，且爵位均是“不更”，内容相關；第三，從字體筆迹分析，字形、書風極爲相似；第四，從書寫格式分析，諸簡都是簡首書寫，具有相同的範式；第五，從簡牘形制分析，諸簡的材質基本相同，都是松木簡。簡寬方面，簡寬均是0.9cm，形制相同。由此，三簡可編聯成册。

**圖16　田卒名籍編聯圖4**

據《漢書·地理志》，長平歸屬汝南郡。周振鶴曾考證認爲："宣帝元康三年，複置淮陽國，立子欽爲淮陽憲王。居延漢簡屢見淮陽郡長平之名，長平縣於《漢志》屬汝南，由漢簡知其本屬淮陽郡。長平改屬汝南當在淮陽復置國時，因爲此後淮陽未再爲郡……宣帝元康三年，（汝南郡）得淮陽郡長平縣。"① 由此，我們可以推測此簡册的時間下限是"漢宣帝元康三年"（前63年）。

第5組

田卒河南郡陽武昌安里鄭安　　73EJC：40

田卒河南郡陽武臨水里寇辰　　72EJC：141

田卒河南郡陽武園里田慶年卅　　72EJC：238

田卒河南陽武□　　73EJC：362

四簡簡面均有紋路，木質相同，都是松木簡；簡文性質相同，同屬"田卒名籍"；内容也是一致，均是"河南""陽武"；四簡字迹、字間距、字體以及書寫風格亦相同，我們對比如下：

| 簡號 | 河 | 南 | 陽 | 武 |
|---|---|---|---|---|
| 73EJC：40 |  |  |  |  |
| 72EJC：141 |  |  |  |  |
| 72EJC：238 |  |  |  |  |
| 73EJC：362 |  |  |  |  |

對比可知四簡字體一致，書寫風格相同。如"河"字，書手對"氵"的處理一致；如"陽"字，字形形體趨於一致；再如"武"字，均存在拖筆現象。綜合分析來看，四簡是同一書手所寫，當屬於同一册書。

① 周振鶴：《西漢政區地理》，人民出版社1987年版，第42—43頁。

圖17　田卒名籍編聯圖5

## 三　始建國二年十月就人名籍

王錦城在《〈肩水金關漢簡〉校讀札記（叁）》一文中指出73EJF3：101、73EJF3：106、73EJF3：107、73EJF3：192、73EJF3：405、73EJF3：459、73EJT21：145＋73EJF3：463、73EJF3：474、73EJF3：553等九簡當可編聯爲同一簡册，并把九簡稱之爲“轉車入關名籍”或“轉車名籍”。①

我們同意他“九簡當可編聯爲同一簡册”的判斷，但簡册仍不完整，似可補充73EJF3：537、73EJF3：558兩簡，釋文如下：

☐□戴順就人敬老里毛☐　　73EJF3：537

☐延累山里趙彭就人角得博庠里王成☐　　73EJF3：558

兩簡在出土地點、内容、字體筆迹、書寫格式、簡牘形制方面與其他諸簡趨於一致，當可編入。

經查，始建國二年十月是“癸巳朔”，② 據此，我們依據簡文不同的時間，暫復原排序如下：

---

① 王錦城：《〈肩水金關漢簡〉校讀札記（叁）》，2017年10月15日，簡帛網，http：//www.bsm.org.cn/?hanjian/7662.html。

② 饒尚寬：《春秋戰國秦漢朔閏表》，商務印書館2006年版，第191頁。

入居延轉車一兩粟大石二十五石　始建國二年十月丁未肩水掌官士吏惲受豈家廣都里社惲就人平明里□☑　73EJF3：106

入居延轉車一兩粟大石二十五石　始建國二年十月丁未肩水掌官士☑

73EJF3：405

入居延轉車一兩粟大石二十五石　始建國二年十月丁未肩水掌官士吏惲受□☑　73EJT21：145＋73EJF3：463①

☑兩粟大石二十五石　始建國二年十月戊申肩水掌官士吏惲受適吏李忠就人居延市陽里席便　73EJF3：107

入居延轉車一兩粟大石二十五石　始建國二年十月戊申肩水☑

73EJF3：459

☑□粟大石二十五石　始建國二年十月甲寅肩水掌官士吏惲受豈家居延萬歲里衣戎就人西道里王竟　73EJF3：101

入居延轉車一兩粟大石二十五石　始建國二年十月甲寅肩水掌官士吏惲□□□☑　73EJF3：192

73EJF3：474、73EJF3：537、73EJF3：553、73EJF3：558 四簡由於殘缺，暫時還無法確定具體時間，暫不列入排序。另有 73EJF3：334＋299＋492 號簡釋文如下：

始建國二年七月乙丑朔庚午甲渠守塞尉忠將領右部轉移卅井縣索

肩水金關遣就人車兩粟石斗人名如牒書到出入如律令

73EJF3：334A＋299A＋492A

張掖甲渠塞尉

七月十九日入白發

徐褒弃毋

梁黨

延新市員同　佐放　73EJF3：334B＋299B＋492B

73EJF3：334＋299＋492 號簡簡文内容與諸簡有一定關聯，且時間較爲接近，可參考借鑒。由此，懷疑也應有一份十月的同類文書。此外，另有相關釋文如下：

---

① 雷海龍：《〈肩水金關漢簡（伍）〉釋文補正及殘簡新綴》，《簡帛》第 14 輯，上海古籍出版社 2017 年版。

遣就人車兩人名如牒書到出入如律令　　73EJT23：907A

居延城倉丞印　嗇夫當發　　73EJT23：907B

☑延＝水丞就迎鐵器大司農府移肩水金關遣就人名籍如牒

73EJT37：182A＋1532A

候史丹發

君前　嗇夫豐　　73EJT37：182B＋1532B

由此，筆者懷疑此類文書并非王錦城所言的“轉車入關名籍”或“轉車名籍”，可能是“就人名籍”或“就人車兩粟名籍”。

此外，73EJF3：101號簡簡文中“居延萬歲里衣戎”，依據73EJF3：24號簡的記載，當是“右前騎士”；73EJF3：107號簡記載的“李忠”，依據73EJF2：45號簡的記載，可能是“肩水金關千人令史”。73EJF3：558號簡記載的“趙彭”，依據73EJT37：2號簡的記載，可能是“肩水候官令史”。由此，結合復原諸簡的時間“始建國二年”，也可以推定73EJF3：24、73EJF2：45、73EJT37：2等簡的時間可能是“始建國二年”，亦或據此不遠。

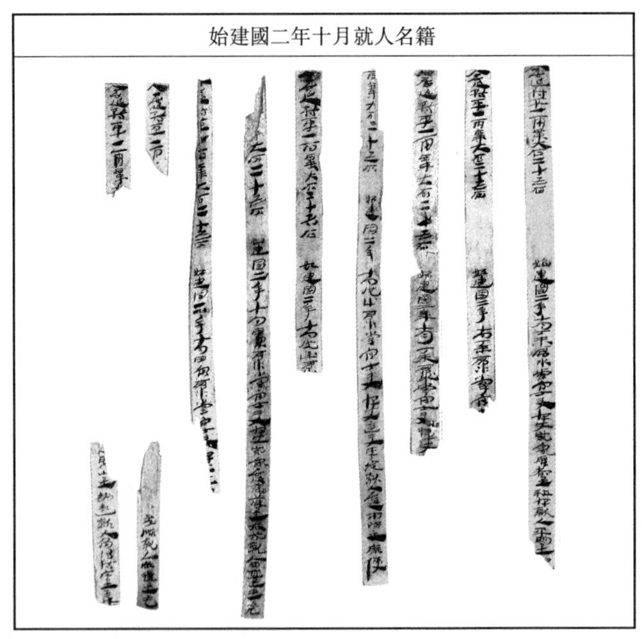


**圖18　始建國二年十月就人名籍編聯圖**

## 四　禄得名籍

禄得都里大夫周賢年五十八長七尺二寸黑色　　73EJT37：920

禄得千秋里大夫魯遂年五十長七尺二寸黑色　　73EJT37：995

□嬰齊年廿七長七尺二寸黑色　　73EJT37：1102

三簡均有紋路，單列書寫，形制相近。且文書性質相同，均是名籍，字體以及書寫風格一致，對比如下：

| 簡號 | 73EJT37：920 | 73EJT37：995 | 73EJT37：1102 |
| --- | --- | --- | --- |
| 得 |  |  | — |
| 年 | |  | 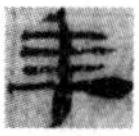 |
| 五 | |  | — |
| 尺 | |  |  |
| 寸 |  |  |  |
| 色 |  |  |  |

對比可見三簡風格相同，字體一致，如“寸”字的寫法，三簡均是少許上鉤，書風一樣；如“五”字，73EJT37：920、73EJT37：995 兩簡均是草書“五”字；再如“色”字，73EJT37：995、73EJT37：1102 兩簡均有拖筆情況。綜合比較，當是出於同一人之手。此外，73EJT37：920、73EJT37：995 號簡簡文中的“禄得都里”“禄得千秋里”即“觻得都里”“觻得千秋里”，肩水金關漢簡中有辭例可爲佐證，如：

觻得都里公乘　　73EJT15：10

廣地　士吏護葆觻得都里公乘張徙年卅五歲　長七尺五寸黑色

73EJT37：759

觻得千秋里大男曹盼年五十八　牛車一兩□　　73EJT23：924

觻得千秋里上造尹賢　　73EJT25：92

也即 73EJT37：920、73EJT37：995 兩簡中的“觻得”同時被寫成了“禄得”，然“禄得”一詞在《肩水金關漢簡》中并不常見，這種情况亦印證了兩簡同出一人的結論。

綜上，三簡屬於同一册書。

**圖 19　禄得名籍編聯圖**

## 五　將車名籍

將車河南緱氏薪里大夫李我年廿七長七尺二寸黑色　牛　　73EJT37：132

將車河南雒陽直里公乘董賢年五十五長七尺二寸黑

魚三千頭

□□二□　　73EJT37：830

將車河南營陽新安里不更龍眉年卅三長七尺二寸黑色

魚四百頭　橐卅五□□　出□□五十匹

牛車一兩弓一矢五十丿　卌四……入　　73EJT37：1006

三簡均有紋路，形制相近。文書内容有很大的關聯性，均是“將車”身份，都來自“河南”，且73EJT37：830、73EJT37：1006兩簡均涉及到了“魚”。此外，三簡字體較大，單列書寫略傾斜，字間距趨同，字體以及書寫風格一致，對比如下：

| 簡號 | 73EJT37：132 | 73EJT37：830 | 73EJT37：1006 |
| --- | --- | --- | --- |
| 車 | | | |
| 河 | | | |
| 南 | | | |
| 里 | | | |
| 年 | | | |

將車名籍

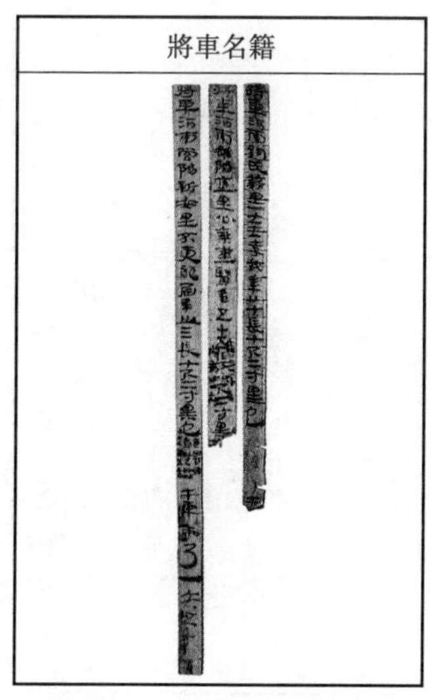

**圖20　將車名籍編聯圖**

對比可見三簡字體近似，書風雷同，如“河”字，三簡均呈左高右低的特點，起筆、運筆、筆鋒走勢相同；如“里”字，尾筆均有上鉤的現象；再如“年”字，三簡起筆均有頓筆的情況。綜合比較分析，三簡當是同一書手所寫。由此，三簡屬於同一册書。

### 六　吏員名籍

北部候長興　　吏八人　　主牛　　73EJT37：93

西部候長元　　吏三人　　主□　　73EJT37：115

兩簡均無紋路，形制相近。内容有關聯性，涉及候長姓名、吏員數目等，且簡文層次一致，都有三層。字體以及書寫風格也是一致，對比如下：

| 簡號 | 候 | 長 | 吏 | 人 |
|---|---|---|---|---|
| 73EJT37：93 | | | | |
| 73EJT37：115 | | | | |

吏員名籍

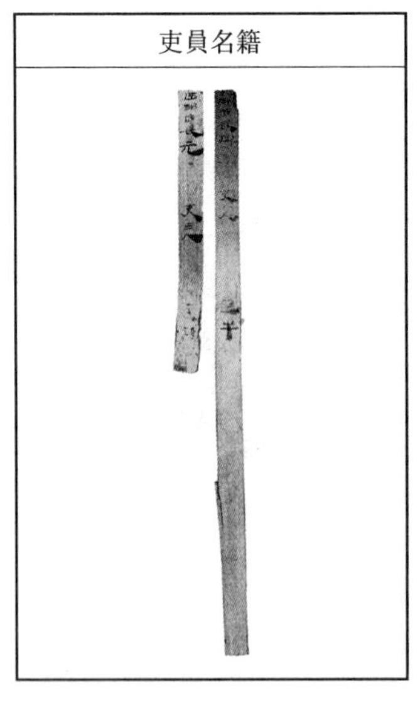

**圖 21　吏員名籍編聯圖**

對比可見兩簡所書字體一致，如“長”字，兩簡起筆落筆相同；再如“人”字，兩簡尾筆構型吻合。綜合比較分析，兩簡書寫風格相同，尾筆處理得體，蒼勁有力，書手具有較高的書法造詣，當是同一書手所寫。由此，兩簡屬於同一册書。

### 七　居延刑徒名籍

居延髡鉗徒大男王外　　　73EJT37：260

居延完城旦徒大男吴德　丿　　　73EJT37：553＋348①

73EJT37：260 與 73EJT37：553＋348 號簡均有紋路，形制相近。内容具有關聯性，均記載刑徒的個人信息。字體以及書寫風格也是一致，對比如下：

| 簡號 | 居 | 延 | 徒 | 大 | 男 |
|---|---|---|---|---|---|
| 73EJT37：260 | | | | | |
| 73EJT37：553＋348 | | | | | |

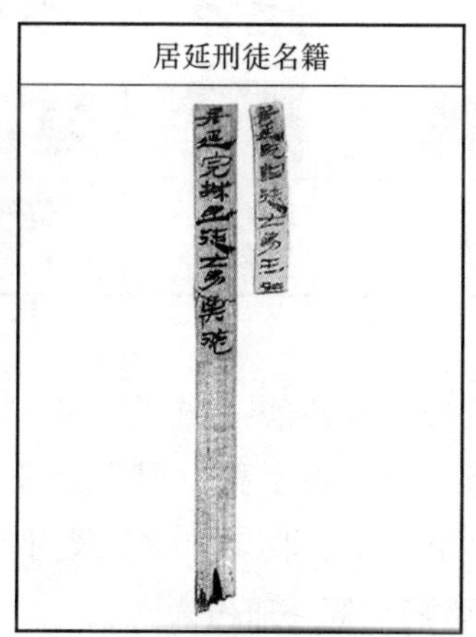


**圖 22　居延刑徒名籍編聯圖**

① 謝坤：《讀肩水金關漢簡札記（七）》，2016 年 3 月 14 日，簡帛網，http：//www. bsm. org. cn/? hanjian/6645. html。

對比可見兩簡書體一致，如“居”字，兩簡對“古”字的處理一致，均是長横；再如“徒”字，尾筆蒼勁有力。綜合分析來看，兩簡字形、風格相同，毛筆粗、細運用也很吻合，當是同一書手所寫。由此，兩簡屬於同一册書。

## 八　安定郡施刑士名籍

安定郡施刑士安武宜民里莊子都年卌七黑色長七尺一寸　72EJC：5

安定郡施刑士臨涇留　72EJC：36

安定郡施刑士鹵工阿里赦充邑年廿黄色長七尺三寸　72EJC：43+52①

安定郡施刑士烏氏始安里王發年卌　72EJC：68

四簡簡面均是密集紋路，木質相同；簡文性質相同，屬於名籍簡；内容相關，都是“安定郡”“施刑士”；字迹、字間距、字體以及書寫風格亦相同，我們對比如下：

| 簡號 | 安 | 郡 | 施 | 刑 |
|---|---|---|---|---|
| 72EJC：5 |  |  |  |  |
| 72EJC：36 |  |  |  |  |
| 72EJC：43+52 |  |  |  |  |
| 72EJC：68 |  |  |  | 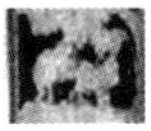 |

對比可知四簡字體一致，書寫風格相同。如“安”字，四簡對“女”字的處理相同；如“郡”字，書手對“君”字下的“口”字的處理一致；再如“施”字，書手起筆、收筆、筆鋒幾乎一致。綜合分析來看，四簡是同一書手所寫，當屬於同一册書。

張俊民曾對“施刑士”的名籍、派發調遣、使用、管理、生活等問

① “鹵”，整理者作“周”，黄浩波改釋，可從。黄浩波：《〈肩水金關漢簡（伍）〉所見郡國縣邑鄉里表》，2016年9月7日，簡帛網，http：//www.bsm.org.cn/?hanjian/7377.html。

題有過較爲系統的研究，認爲："他們是經皇上詔書恩准後的一種囚徒……他們活動的範圍比較廣泛，深深地融入了邊塞的社會生活之中。"[①]可參看。

此外，與以上簡文相似的還有73EJT8：35號簡，如下：

安定郡施刑士鶉陰大富里陳通年卅五黑色長七尺　　73EJT8：35

與72EJC：5、72EJC：36、72EJC：43+52、72EJC：68四簡一樣也是"安定郡""施刑士"，但出土地、書寫風格不同，并非同一册書。可知從"安定郡"而來的"施刑士"規模相對較大。

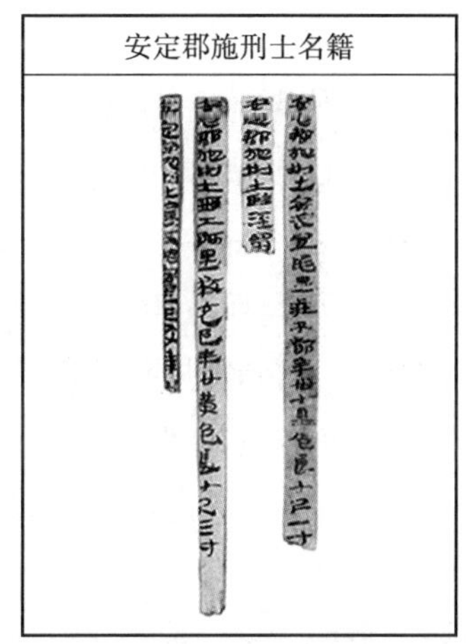


**圖23　安定郡施刑士名籍編聯圖**

## 九　出入名籍

第1組：戍卒行書出入名籍

禁姦隧戍卒觻得悉意里公乘王鳳年五十　行書橐他界中　盡五年二月止　　73EJT37：628+658[②]

騂北亭戍卒觻得定國里公乘莊憙年廿七　行書橐他界中　盡五月二月止　　73EJT37：631+113

① 張俊民：《西北漢簡所見"施刑"探微》，《石河子大學學報》2015年第2期。

② 謝坤：《讀肩水金關漢簡札記（五）》，2016年1月16日，簡帛網，http：//www.bsm.org.cn/？hanjian/6603.html。

兩簡均是稀疏紋路，單列文字，分欄書寫，形制相近。且簡文内容相近，均是“戍卒”，又都“行書橐他界中”，字體以及書寫風格也保持一致，對比如下：

| 簡號 | 里 | 書 | 橐 | 盡 |
| --- | --- | --- | --- | --- |
| 73EJT37：628＋658 | | | | |
| 73EJT37：631＋113 | | | | |

對比可見兩簡書體一致，如對書、橐兩字的簡省，兩簡保持一致；再如里、盡兩字的尾筆均存在上鉤現象。綜合比較分析，兩簡字形、風格相同，無疑當是同一書手所寫。由此，兩簡屬於同一册書，暫定名作“戍卒行書出入名籍”。此外，73EJT37：631＋113號簡中的“盡五月二月止”有可能爲書手書寫錯誤，我們常見到的格式爲“盡某月止”，如：

□級年十八　□年十七　豐郭迹塞外君級戍收責橐他界中盡十二月止　73EJT37：1168

盡十二月止　73EJT37：1211

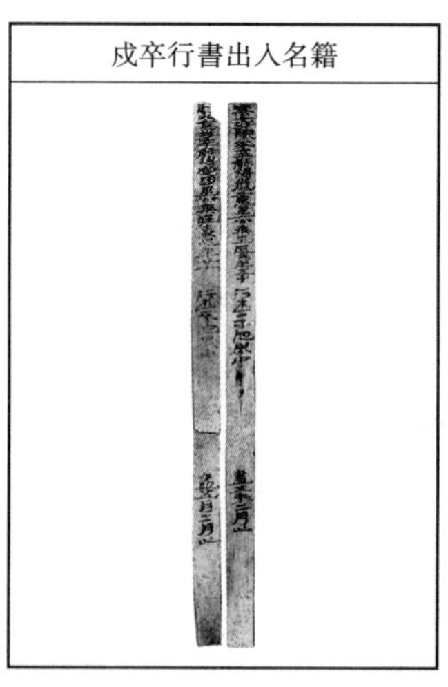


**圖24　戍卒行書出入名籍編聯圖**

由此，73EJT37：631 + 113 號簡中的“盡五月二月止”當同 73EJT37：628 +658 號簡一樣，作“盡五年二月止”，書手把“年”錯誤地寫成了“月”字。

第 2 組：河南雒陽菅從、蘇通出入名籍

河南雒陽茈陽里大夫菅從年卅五長七尺二寸黑色
五月辛未出　六月乙巳入
牛二車一兩弩一矢五十　73EJT37：713 +624

河南郡雒陽柘里大夫蘇通年五十五長七尺二寸黑色
五月辛未出　六月乙巳入
牛一車一兩弩一矢五十　73EJT37：1084

第一，從出土地分析，兩簡的出土地點相同，均是 73EJT37，出土地同一；第二，從内容分析，兩簡同屬出入名籍，都來自河南雒陽，而且出入關時間一致，内容相關；第三，從字體筆迹分析，兩簡書風存在差异，73EJT37：1084 號簡書寫呈現傾斜，而 73EJT37：713 +624 號簡相對規整，疑非同一書手；第四，從書寫格式分析，兩簡都是分三層書寫，第一層是個人信息，第二層是出入信息，第三層是交通工具和所攜武器信息，具有相同的範式；第五，從簡牘形制分析，兩簡材質相同，都是松木，簡長在 23. 4—23. 5cm 間，簡寬在 1. 1—1. 2cm 間，形制相同。

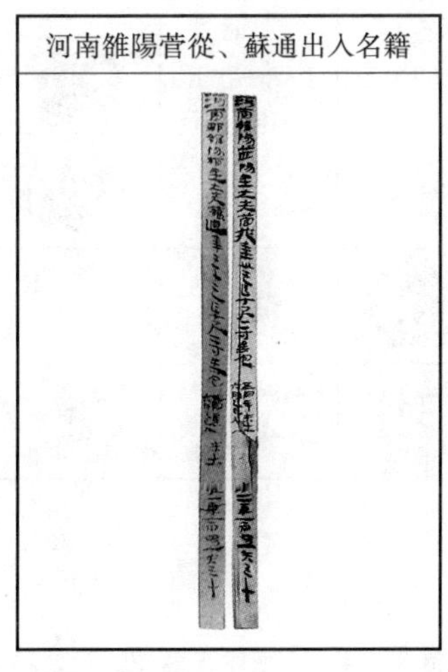


**圖 25　河南雒陽菅從、蘇通出入名籍編聯圖**

綜上，73EJT37：713 + 624、73EJT37：1084 兩簡“出土地同一”“内容相關”“格式相同”“形制相同”，當屬同一册書，可編聯復原。編聯後可發現菅從、蘇通結伴出行，同時出入關，暫定名作“河南雒陽菅從、蘇通出入名籍”。另有 73EJT1：164 號簡，釋文作：

☑柘里蘇通☑　　73EJT1：164

該簡與 73EJT37：1084 號簡所記“河南郡雒陽柘里大夫蘇通”當爲同一人，兩簡可對讀研究。

第 3 組：居延刑徒十一月出入名籍

大車一兩牛一十一月入　　73EJT37：424 + 1419①

大車一兩牛一　十一月入　　73EJT37：635

居延完城旦大男梁奉宗　　73EJT37：1120

居延復作大男孫奉　丿　大車一兩牛二十一月入

73EJT37：1391 + 883

所列四簡均有紋路，形制相近。内容具有關聯性，均是出入名籍，除 73EJT37：1120 號簡殘斷無法判明外，時間均是“十一月入”，且 73EJT37：1120、73EJT37：1391 + 883 號簡同是居延刑徒的信息。字體以及書寫風格也是一致，對比如下：

| 簡號 | 居 | 延 | 大 | 車 | 兩 |
|---|---|---|---|---|---|
| 73EJT37：424 + 1419 | — | — | [illegible] | [illegible] | [illegible] |
| 73EJT37：635 | — | — | [illegible] | [illegible] | [illegible] |
| 73EJT37：1120 | [illegible] | [illegible] | — | — | — |
| 73EJT37：1391 + 883 | [illegible] | [illegible] | [illegible] | [illegible] | [illegible] |

① 雷海龍：《〈肩水金關漢簡（肆）〉斷簡試綴（二）》，2016 年 2 月 10 日，簡帛網，http：//www.bsm.org.cn/？hanjian/6628.html。

對比可見四簡字體、書寫風格一致，如“大”字，存在連筆省寫的情況；如“延”字，走勢相同，尾筆均存在上鉤現象；此外，四簡均存在不同程度的右斜現象。綜合分析來看，當是同一書手所寫。由此，四簡屬於同一册書，暫定名作“居延刑徒十一月出入名籍”。

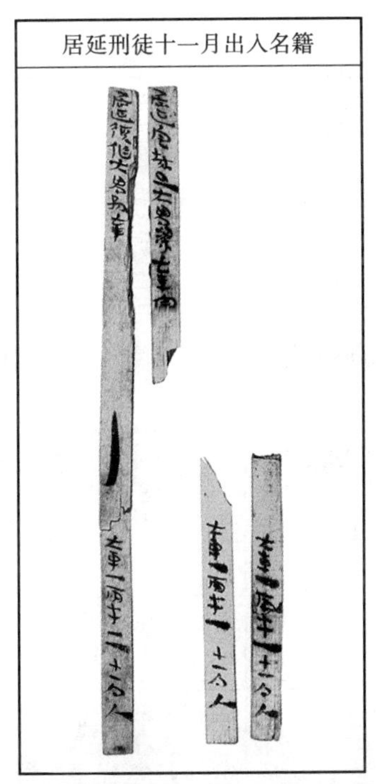


**圖 26　居延刑徒十一月出入名籍編聯圖**

第 4 組：觻得十二月出入名籍

觻得平利里公乘趙婢年卅六長七尺四寸黑色　車一兩　十　十二月戊寅出　弓一矢卅　73EJT37：79

☑車一兩　弓一矢廿　十☑　73EJT37：652

觻得廣德里公乘石汜可年五十八長七尺五寸黑色　車一兩　十二月戊寅出　73EJT37：742

觻得新成里公乘王利年卅二長七尺二寸黑色牛車一兩　十二月戊寅出　弩一矢五十　73EJT37：1583

☑一矢卅　十二月戊寅出　73EJF3：487

第一，從出土地分析，除 73EJF3：487 號簡外，其他簡的出土地點相同，均是 73EJT37，出土地同一；第二，從内容分析，諸簡均是出入名籍，且籍貫都屬“觻得”，除 73EJT37：652 號簡殘斷無法判明外，出關時間又均是“十二月戊寅”，内容相關；第三，從字體筆迹分析，羅列相關字形對比如下：

| | 73EJT37：79 | 73EJT37：652 | 73EJT37：742 | 73EJT37：1583 | 73EJF3：487 |
|---|---|---|---|---|---|
| 黑 | | — |  |  | — |
| 車 |  |  |  |  | — |
| 一 |  |  | | | — |
| 兩 |  |  |  |  | — |
| 矢 |  |  | — |  |  |
| 卅 |  | — | — | — |  |
| 月 |  | — |  |  |  |
| 戊 | 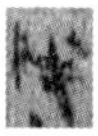 | — |  |  |  |
| 寅 |  | — |  |  |  |

73EJT37：79、73EJT37：652、73EJT37：742 三簡在用笔輕重、寫作速度上雖存有差异，但整體相似度很高，如“黑”字，對“灬”的處理，73EJT37：79、73EJT37：742 兩簡均是連筆；如“車”字，三簡起筆、運筆趨同；再如“兩”字，均有不同程度的右斜現象。綜合分析來看，三簡書寫風格相似，當是同一書手所寫。73EJT37：1583 號簡正文字體與 73EJT37：79、73EJT37：652、73EJT37：742 三簡的正文有一定的差异，

但“十二月戊寅出”却與諸簡出自同一人之手，73EJF3：487 號簡上殘無法判定，僅存下部分析，與 73EJT37：79、73EJT37：652、73EJT37：742 當爲同一書手所寫。第四，從書寫格式分析，除 73EJF3：487 號簡上殘無法判定外，諸簡都是分層書寫，73EJT37：79、73EJT37：652、73EJT37：742 三簡“車一兩”的位置相同，且所帶武器和出入時間一左一右，具有相同的範式。第五，從簡牘形制分析，諸簡的材質相同，簡寬均是 1.3cm，簡長也非常接近，73EJT37：79 號簡是 22.6cm，73EJT37：742 號簡是 22.4cm，73EJT37：1583 號簡是 22.9cm，形制相同。

綜上，73EJT37：79、73EJT37：652、73EJT37：742、73EJT37：1583、73EJF3：487 五簡屬於同一册書，當可編聯，暫定名作“觻得十二月出入名籍”。我們認爲編聯后的出入名籍仍不完整，可能還有觻得籍人員的出入關信息遺失。此名籍有一定的共同特徵，如來自同一地區（觻得），擁有相同爵位（公乘），帶有相同兵器（弩/矢），乘相同交通工具（車/牛車），等等，這樣整齊劃一，可能與軍事活動相關。

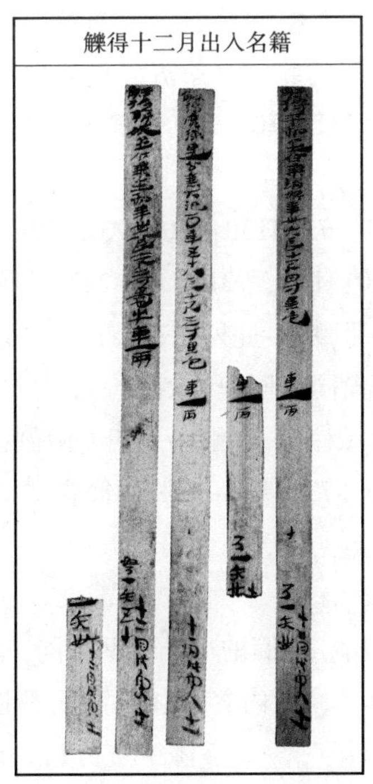


**圖 27　觻得十二月出入名籍編聯圖**

### 第5組：氏池出入名籍

氏池充郭里齊本年五十六　牛車一兩　弩一矢卅　73EJT30：9

氏池敬老里和焉息年廿三　牛二車一兩　弓一矢卅　73EJT30：10

氏池千秋里田德年廿　牛車一兩　弓一矢卅☐

73EJT30：133＋73EJT24：102

氏池敬老里和鐵柱年廿五　牛車一兩☐　73EJT30：152

氏池先定里董信年卅　牛車一兩☐　73EJT30：160

氏池先定里□☐　73EJT30：247

爲更加清晰觀察，將73EJT30：9、73EJT30：10、73EJT30：133＋73EJT24：102、73EJT30：152、73EJT30：160、73EJT30：247簡的紅外圖版制圖。

第一，從出土地分析，六簡的出土地點相同，均是73EJT30，且前兩簡簡號相鄰，出土地同一；第二，從内容分析，六簡都屬於"出入名籍"，且籍貫都屬於"氏池"，交通工具以及攜帶物品也較爲一致，内容相關；第三，從字體筆迹分析，六簡字形、書風、字間距一致，當由同一書手寫就；第四，從書寫格式分析，六簡都是單行書寫，且均存在分段書寫的情況，具有相同的範式；第五，從簡牘形制分析，六簡的材質相同，均是松木簡，除73EJT30：160號簡外，其餘簡寬均是1.3cm，形制基本相同。

綜上，73EJT30：9、73EJT30：10、73EJT30：133＋73EJT24：102、73EJT30：152、73EJT30：160、73EJT30：247六簡當屬同一册書，可編聯復原（暫稱作"A"册書）。此外，73EJT30：10與73EJT30：152號簡具有更緊密的關係，兩簡同縣同里同姓，一個是"氏池敬老里和焉息"，一個是"氏池敬老里和鐵柱"，年齡兩人相差兩歲，疑同姓聚居。

另有73EJT30：158、73EJT30：159兩簡釋文作：

■右伍長柳應☐　73EJT30：158

■右伍長董信☐　73EJT30：159

第一，從出土地分析，兩簡的出土地點相同，均是73EJT30，且簡號相鄰，出土地同一；第二，從内容分析，兩簡都屬於"名籍"，且都是"右伍長"，内容相關；第三，從字體筆迹分析，兩簡由同一書手寫就；第四，從書寫格式分析，兩簡都是簡的上部書寫、塗黑，具有相同的範式；第五，從簡牘形制分析，兩簡的材質相同，都是松木簡。簡寬方面，兩簡在 1.0—1.1cm 間，形制相同。

綜上，73EJT30：158 與 73EJT30：159 號簡當屬同一册書，可編聯復原，暫定名作“伍長名籍”（稱作“B”册書）。

我們把 A、B 册書分别編聯後，蒙黄浩波告知，認爲兩册書可以合爲一册，也即“合兩爲一”，我認同黄浩波“合兩爲一”的意見，73EJT30：159 號簡的“董信”與 73EJT30：160 號簡的“董信”當是同一人，而且簡號相鄰，可以證明。諸簡的編聯順序，暫作如下排序：

■右伍長柳應☑ 73EJT30：158

氐池充郭里齊本年五十六　牛車一兩　弩一矢卅 73EJT30：9

氐池敬老里和焉息年廿三　牛二車一兩　弓一矢卅 73EJT30：10

氐池千秋里田德年廿　牛車一兩　弓一矢卅☑

73EJT30：133 + 73EJT24：102

氐池敬老里和鐵柱年廿五　牛車一兩☑ 73EJT30：152

■右伍長董信☑ 73EJT30：159

氐池先定里董信年卅　牛車一兩☑ 73EJT30：160

氐池先定里□☑ 73EJT30：247

兩個册書“合兩爲一”後，可以復原軍隊基層“伍”的人員、裝備的大致情況。

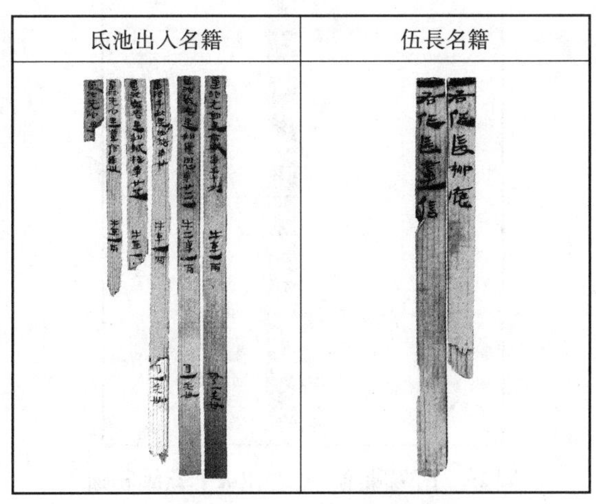


圖 28　氐池出入名籍編聯圖

### 第 6 組：南陽陳副、扇登出入名籍

卒南陽杜衍利陽里公乘陳副年卅五長七尺二寸丿　　出　73EJT3：49

卒南陽山都習里公乘扇登年卅六長七尺二寸丿　　出　73EJT3：51

第一，從出土地分析，兩簡的出土地點相同，均是 73EJT3，且簡號相鄰，出土地同一；第二，從内容分析，兩簡都屬於“卒名籍”，籍貫都是“南陽”，内容相關；第三，從字體筆迹分析，兩簡字形、書風存在差异，當由不同書手寫就；第四，從書寫格式分析，兩簡都是三層書寫，第一層是卒的個人信息，第二層是勾校符號“丿”，第三層是“出”字，具有相同的範式；第五，從簡牘形制分析，兩簡的材質相同，簡寬在 1. 0—1. 1cm 間，簡長在 23. 2—23. 4cm 間，形制相同。

綜上，73EJT3：49 與 73EJT3：51 號簡雖筆迹不相同，但“出土地同一”“内容相關”“格式相同”“形制相同”，疑兩簡當屬同一册書，可編聯復原，暫定名作“南陽陳副、扇登出入名籍”。

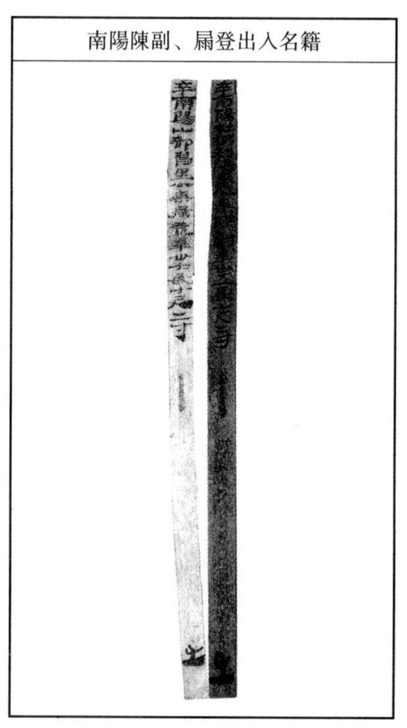

**圖 29　南陽陳副、扇登出入名籍編聯圖**

### 第 7 組：南陽垣黨、周重出入名籍

南陽郡杜衍亭長垣黨年卌五　軺車一乘　用馬一匹騮牝齒七歲高六尺二寸　六月庚子出　73EJF3：48 +532 +485

南陽郡汜鄉侯國守尉周重年卅六　軺車一乘　用馬馬一匹騮騩牝齒八歲高六尺二寸　六月庚子出　73EJF3：290 +121

兩簡簡面均是密集紋路，木質相同，都是松木簡；兩簡同屬“出入名籍”，性質相同；内容也是一致，均是“南陽郡”“軺車一乘”“馬一匹”“六月庚子出”；兩簡字迹、字間距、字體以及書寫風格亦相同，我們對比如下：

| 簡號 | 南 | 郡 | 馬 | 庚 |
| --- | --- | --- | --- | --- |
| 73EJF3：48 +532 +485 |  |  |  |  |
| 73EJF3：290 +121 |  |  |  |  |

對比可知兩簡字體一致，書寫風格相同，如“南”字，書手起筆一致；如“郡”字，起筆、運筆、落筆幾乎相同；再如“庚”字，兩簡形體趨於一致。綜合分析來看，兩簡字形、風格相同，當是同一書手所寫。由此，兩簡當屬於同一册書，暫定名作“南陽垣黨、周重出入名籍”。

值得注意的是兩簡寬度、長度幾乎一致。經測量兩簡寬度約 1. 5cm，長約 23. 1cm。我們推測，出於簡册規整考慮，書手對兩簡有過一定的修剪整理。

另有 73EJF3：114 +202 +168、73EJF3：470 +564 +190 +243 +438 號簡整理者釋文作：

居聑三年二月戊寅朔癸卯杜衍守丞莊移過所遣亭長垣黨爲郡送絳張掖居延都尉府當舍傳舍從者如律令／掾并守令史奮

73EJF3：114 +202 +168

居聑三年二月戊寅朔癸……并丞岑移過所過守尉周重
爲郡送絳張掖居延都尉府當舍傳舍從者如律令/掾鳳令史博

73EJF3：470 +564 +190 +243 +438

73EJF3：114＋202＋168、73EJF3：470＋564＋190＋243＋438與“南陽垣黨、周重出入名籍”具有緊密關係，是關聯文書，存在編聯在一起的可能。張俊民認爲：“四簡兩兩一組，是持傳人的本身傳抄件及持傳人出入金關時的記錄。”[①] 從73EJF3：114＋202＋168、73EJF3：470＋564＋190＋243＋438簡可知垣黨、周重兩人接受同樣任務——“送絳”，據《漢語大字典》記載，“絳”是一種絲織物。[②] 肩水金關漢簡中亦有“買絳”的記載，如下：

出錢廿八買絳

出錢卌八買復□卩　　73EJT1：233

從73EJF3：48＋532＋485、73EJF3：290＋121可知垣黨、周重都來自南陽郡，根據歷史地圖，我們測量了南陽到金塔縣的直綫距離約1400多公里，兩人從南陽出發（二月戊寅朔癸卯）到離開肩水金關（六月庚子），用時大約4個月。從中我們能看出此行“送絳”的辛勞，可推測出當時的南陽郡可能盛產“絳”，而“絳”又在戍卒生活中較爲重要，不然怎會出現千里送“絳”的場面？我們檢索居延新簡，亦印證了我們的推測，如下：

最凡吏九十七人

其十四人已前出　用羊韋八十三件

定受奉八十三人　交錢五萬九百八錢

用絳一匹

用布十八匹　　EPT40：6B[③]

絳百匹雜繒百匹又以其所捕斬馬牛羊奴婢財物盡予之　EPT52：569[④]

從EPT40：6知“絳”可代替錢用來支付官吏的俸祿，[⑤] 從EPT52：569知“絳”可用作獎賞立功將士。[⑥] 由此可知“絳”在當時生活中是較

① 微信告知。

② 漢語大字典編輯委員會編纂：《漢語大字典》第2版，崇文書局；四川辭書出版社2010年版，第3619頁。另，張俊民來信告知“絳”是紅色的絲織品。

③ 馬怡、張榮强：《居延新簡釋校》，天津古籍出版社2013年版，第126頁。

④ 馬怡、張榮强：《居延新簡釋校》，天津古籍出版社2013年版，第415頁。

⑤ 謝桂華：《新、舊居延漢簡册書復原舉隅》，《秦漢史論叢》第5輯，法律出版社1992年版，第275頁。

⑥ 高恒：《秦漢簡牘中法制文書輯考》，社會科學文獻出版社2008年版，第198頁。

爲重要的一種絲織物。

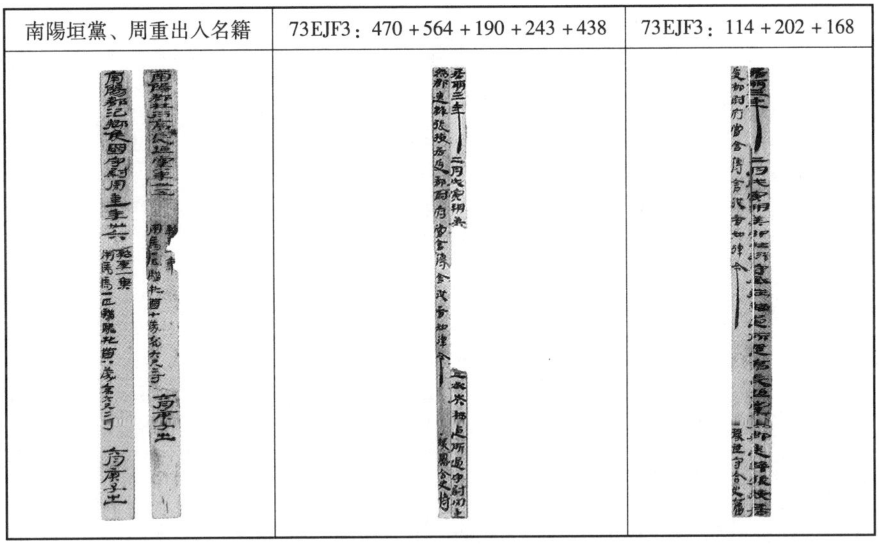

| 南陽垣黨、周重出入名籍 | 73EJF3：470＋564＋190＋243＋438 | 73EJF3：114＋202＋168 |
| --- | --- | --- |
| | | |

**圖 30　南陽垣黨、周重出入名籍編聯圖**

第 8 組：鄣卒出入名籍

鄣卒趙詡　迎粟槖他　十二月十二日出　　73EJF3：36＋503

鄣卒孫侯　迎粟槖他　　73EJF3：375

兩簡簡面均無紋路，木質相同；簡文内容相關，均是"鄣卒""迎粟槖他"；兩簡字迹、字間距、字體以及書寫風格亦相同，我們對比如下：

| 簡號 | 鄣 | 卒 | 粟 | 槖 |
| --- | --- | --- | --- | --- |
| 73EJF3：36＋503 |  |  |  |  |
| 73EJF3：375 |  |  |  |  |

對比可知兩簡字體一致，書寫風格相同。所列諸字，起筆、運筆、落筆幾乎相同，形體趨於一致。綜合分析來看，兩簡字形、風格相同，當是同一書手所寫。由此，兩簡當屬於同一册書，暫定名作"鄣卒出入名籍"。

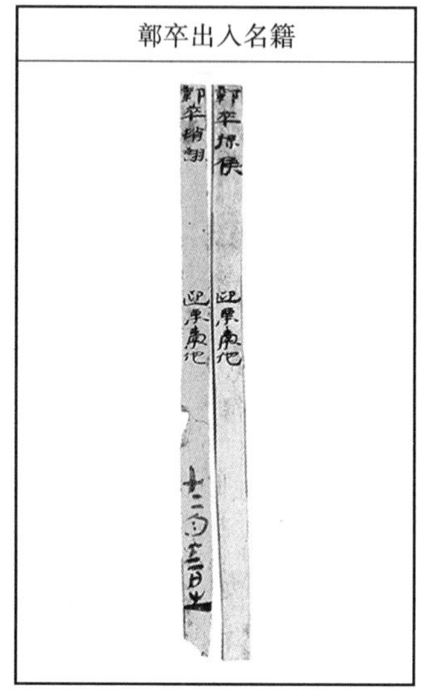


**圖 31　鄣卒出入名籍編聯圖**

由於 73EJF3：36＋503 號簡標記有時間"十二月十二日出"，推測是末簡，我們對兩簡排序如下：

鄣卒孫俟　迎粟槖他　　73EJF3：375

鄣卒趙詡　迎粟槖他　十二月十二日出　　73EJF3：36＋503

簡文中的"趙詡""孫俟"，肩水金關漢簡以及居延漢簡均有出現，如下：

日置佐威受卒趙詡　　73EJT37：1327

右前騎士三十井里趙詡　　73EJF3：26

茂縣長壽里趙詡年二十二　弟博年年十九丿

軺車一乘

用馬一匹

用牛二頭

丿大車一兩　八月十六日北嗇夫博出　　73EJF3：172

入茭二百桼十束　始建國天鳳六年三月壬申掾習受左前候長趙詡

73EJF3：195

令史導受左前候長趙詡　　73EJF3：203

甲子乙
中部候長趙詡
粟　　199.21①

□□□□隧卒孫侯廣谷隧卒　　506.28②

居延漢簡 506.28 所記隧卒孫侯，有可能便是“鄣卒孫侯”；“趙詡”則身份多變，有“騎士”“卒”“左前候長”“中部候長”等，是否爲同一人還有待進一步的研究。

第 9 組：官大奴九月出入名籍

官大奴苛壽　九月丁未出丿丿　　73EJD：10

官大奴胡賀　九月丁未出丿丿　　73EJD：15③

官大奴杜得之　大車一兩用牛一九月丁未出　　73EJD：236

四簡簡面均無紋路，木質相同；簡文性質相同，屬於出入名籍；内容相關，都是“官大奴”“九月丁未”；字迹、字間距、字體以及書寫風格亦相同，我們對比如下：

| 簡號 | 官 | 大 | 奴 | 未 |
|---|---|---|---|---|
| 73EJD：10 |  |  |  |  |
| 73EJD：15 |  | — |  |  |
| 73EJD：236 |  |  |  |  |

對比可知三簡字體一致，書寫風格相同。如“奴”字，三簡對“女”字的處理相同；如“未”字，三簡形體趨於一致；再如“官”字，書手起筆、收筆一致。綜合分析來看，三簡是同一書手所寫，當屬於同一册書，暫定名作“官大奴九月出入名籍”。

① 簡牘整理小組編：《居延漢簡（貳）》，臺北：“中研院”歷史語言研究所 2015 年版，第 236 頁。

② 謝桂華、李均明、朱國炤：《居延漢簡釋文合校》，文物出版社 1987 年版，第 611 頁。

③ 整理者原釋“十月”，從字迹筆勢來看，“十”字恐非，當是“九”。

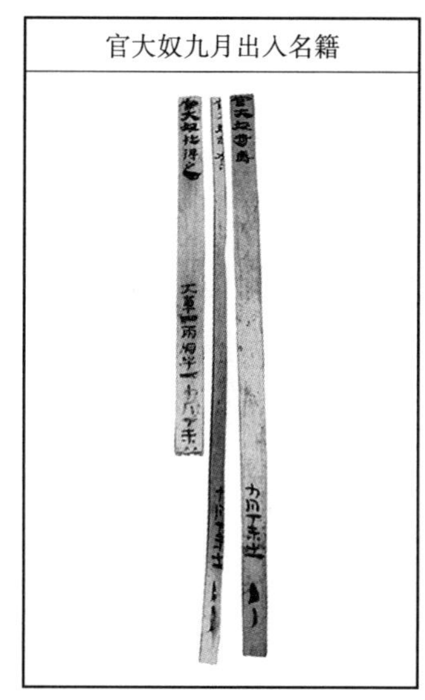


**圖 32　官大奴九月出入名籍編聯圖**

## 十　淮陽新鄓名籍

淮陽郡新鄓多積里陳廣☐　　73EJT2：2

淮陽新鄓陽安里卜免　～　　73EJT2：71

淮陽郡新鄓陰里黄得　～　　73EJT2：72

淮陽新鄓□里陳横　～　　73EJT2：73

淮陽新鄓當市里周餘　逋～　　73EJT2：74

黄浩波已指出 73EJT2：71、73EJT2：72、73EJT2：73、73EJT2：74 四簡爲同一册書，他認爲："有 T2：71、T2：73、T2：74 三簡涉及淮陽新鄓，從簡文結構上看，應與'淮陽郡新鄓陰里黄得'簡同爲一册。"① 我们認爲 73EJT2：2 亦可編入。

第一，從出土地分析，五簡的出土地點相同，均是 73EJT2，且後四簡簡號相鄰，出土地同一；第二，從内容分析，五簡都屬於"名籍"，且籍貫相同，均是"淮陽新鄓"，内容相關；第三，從字體筆迹分析，

① 黄浩波：《〈肩水金關漢簡（壹）〉所見淮陽簡》，2011 年 11 月 25 日，簡帛網，http：//www.bsm.org.cn/？hanjian/5772.html。

73EJT2：2 與 73EJT2：72 可能爲同一書手所寫，其餘三簡字形、書風存在一定差异，難以確認；第四，從書寫格式分析，除 73EJT2：2 號簡殘斷外，其餘四簡都是簡首書寫、簡末“～”，具有相同的範式；第五，從簡牘形制分析，五簡的材質不同，73EJT2：2、73EJT2：71、73EJT2：72 三簡是松木簡，73EJT2：73、73EJT2：74 兩簡不同，五簡在簡寬、簡長方面存在差异，形制略有异。

綜上，五簡雖筆迹、形制存在差异，但“出土地同一”“内容相關”“格式相同”，疑五簡當屬同一册書，可編聯復原。此外，73EJT24：238 號簡與五簡内容相關，且字體與 73EJT2：71 號簡較爲接近，但出土地存在差异，暫存疑。

淮陽新郪名籍

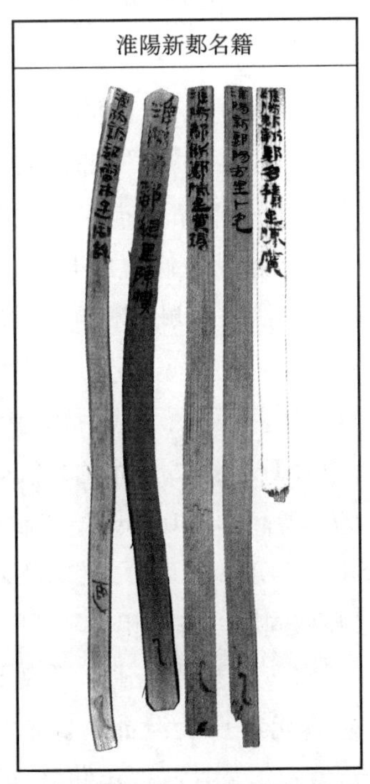

**圖 33　淮陽新郪名籍編聯圖**

## 十一　大河郡名籍

大河郡東平陸東平里孫遺年廿四　丿　73EJT24：258

大河郡東平陸合里單當時年卅六☐　73EJT24：550

大河郡東平陸禾成里夏樂年廿八☑　　73EJT24：974

第一，從出土地分析，三簡的出土地點相同，均是73EJT24，出土地同一。第二，從内容分析，三簡都屬於“名籍”，且籍貫相同，均是“大河郡東平陸”，内容相關。第三，從字體筆迹分析，選取相關字形，對比如下：

| 簡號 | 郡 | 東 | 平 | 陸 | 里 | 年 |
| --- | --- | --- | --- | --- | --- | --- |
| 73EJT24：258 | | | | | | |
| 73EJT24：550 | | | | | | |
| 73EJT24：974 | | | | | | |

對比可見三簡字形、書風一致，當由同一書手寫就。如“郡”字，三簡“君”的書寫“丿”均出頭，“口”都寫成“△”，且“阝”都在右下角。如“東”字，三簡末尾兩點的提筆、頓筆幾乎一致。如“平”字，第二、三筆的兩點三簡都寫成一條直綫貫通。再如“年”字尾筆的豎劃，三簡均向左側上揚。三簡書寫風格相同，均屬“隸書”。綜合比較分析，可知筆迹相同，成于一人之手。第四，從書寫格式分析，三簡都是簡首書寫，具有相同的範式。第五，從簡牘形制分析，三簡的材質相同，簡寬度也相差無幾，73EJT24：258 簡寬 1.0cm，73EJT24：550 號簡簡寬 0.9cm，73EJT24：974 號簡簡寬 0.9cm，形制相同。

綜上，73EJT24：258、73EJT24：550、73EJT24：974 號簡“出土地同一”“内容相關”“筆迹相同”“格式相同”“形制相同”，三簡當屬同一册書，可編聯復原。《漢書·地理志》載：“東平國，故梁國，景帝中六年别爲濟東國，武帝元鼎元年爲大河郡，宣帝甘露二年爲東平國。”① 黄浩波認爲此類簡爲“元鼎元年至甘露二年間之物”。② 可從。

---

① （東漢）班固：《漢書》，中華書局1962年版，第1637頁。

② 黄浩波：《〈肩水金關漢簡（壹）〉所見郡國縣邑鄉里》，2011年12月1日，簡帛網，http：//www.bsm.org.cn/？hanjian/5775.html。

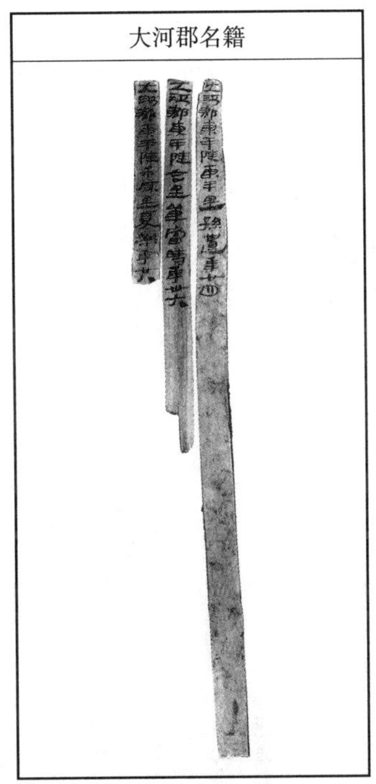


**圖 34　大河郡名籍編聯圖**

## 十二　錢出入簿

四月廿二日丙寅偃受長叔外長下四千　73EJT30：1

三月一日丙子偃受長叔十六萬五千　八月廿四日丙寅靳長叔入錢五千五百偃受　73EJT30：2

☐□月入錢千四百偃受☐　73EJT30：63

·靳君仲入錢卅二萬六千　此下後入錢十萬二□☐　73EJT30：136

☐八月廿四日丙寅李少兄入錢萬九千九百□☐　73EJT30：145

爲更加清晰觀察，將 73EJT30：1、73EJT30：2、73EJT30：63、73EJT30：136、73EJT30：145 五簡的紅外圖版制圖。

第一，從出土地分析，五簡的出土地點相同，均是 73EJT30，且前兩簡簡號相鄰，出土地同一；第二，從内容分析，五簡都屬於“錢出入簿”，包含有“偃”“長叔”“靳”“八月廿四日”等互證信息，内容相關；第三，從字體筆迹分析，五簡字形、書風一致，當由同一書手寫就，羅見今、關守義已辨别了 73EJT30：1、73EJT30：2、73EJT30：145 三簡，認爲爲同人所書,[①] 但他們遺漏了 73EJT30：63、73EJT30：136 號簡，兩簡與其他三簡一樣爲同一書手；第四，從書寫格式分析，五簡都是單行書寫，且存在分段書寫的情況，具有相同的範式；第五，從簡牘形制分析，五簡的材質相同，均是松木簡，73EJT30：136 號簡簡寬爲 1.7cm，其餘在 1.0—1.2cm 間，較爲接近，形制相同。此外，羅見今、關守義認爲 73EJT30：1、73EJT30：2、73EJT30：145 三簡的時間爲“元康元年”,[②] 可從。

錢出入簿

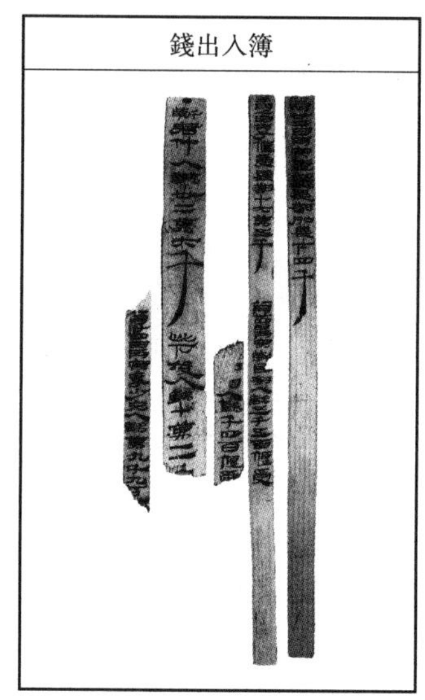

**圖 35　錢出入簿編聯圖**

綜上，73EJT30：1、73EJT30：2、73EJT30：63、73EJT30：145 四簡當屬同一册書，可編聯復原。73EJT30：136 號簡簡文“君仲”疑是“靳長叔”的字。暫排序如下：

·靳君仲入錢卌二萬六千　此下後入錢十萬二□☑　　73EJT30：136

☑□月入錢千四百偃受☑　　73EJT30：63

① 羅見今、關守義：《〈肩水金關漢簡（叁）〉曆簡年代考釋》，《敦煌研究》2015 年第 4 期。

② 羅見今、關守義：《〈肩水金關漢簡（叁）〉曆簡年代考釋》，《敦煌研究》2015 年第 4 期。

☑八月廿四日丙寅李少兄入錢萬九千九百□☑　　73EJT30：145

三月一日丙子偃受長叔十六萬五千　八月廿四日丙寅靳長叔入錢五千五百偃受　　73EJT30：2

四月廿二日丙寅偃受長叔外長下四千　　73EJT30：1

### 十三　魚出入簿

☑一頭　　五月丙午食尹府守庫丞豐一人三食　　73EJF3：105

出魚三頭　五月辛巳食奮怒□□王普掌簿□欣二人再食　73EJF3：146

出魚三頭　五月丙申食奮怒司馬駱褒官屬三人＝壹食　　73EJF3：147

出魚十頭　五月甲辰食奮怒司馬傳梁官屬八人＝再食　　73EJF3：355

爲更加清晰觀察，將73EJF3：105、73EJF3：146、73EJF3：147、73EJF3：355簡的紅外圖版紅外圖版制圖。

第一，從出土地分析，四簡的出土地點相同，均是73EJF3，且73EJF3：146、73EJF3：147號簡簡號相鄰，出土地同一。第二，從内容分析，四簡同屬稟食文書，都圍繞“魚”展開，且有遞進關係，如“壹食”“再食”“三食”等，内容相關。第三，從字體筆迹分析，四簡字體以及書寫風格亦相同，對比如下：

| 簡號 | 五 | 月 | 食 | 怒 |
|---|---|---|---|---|
| 73EJF3：105 |  |  |  | — |
| 73EJF3：146 |  |  |  |  |
| 73EJF3：147 |  |  |  |  |
| 73EJF3：355 |  |  |  |  |

四簡字體相同，書寫風格一致。如“五”字，四簡起筆、運筆、筆鋒走勢相同。如“月”字，書手寫作時均呈右傾。再如“食”字，書手起筆、收筆的筆劃均存在拖筆的情況。綜合分析來看，四簡是同一書手

所寫。第四，從書寫格式分析，四簡都是分欄書寫，具有相同的範式。第五，從簡牘形制分析，除 73EJF3：105 號簡外，其餘三簡材質相同，簡寬方面，四簡在 1.2—1.4cm 間，形制趨同。

綜上，73EJF3：105、73EJF3：146、73EJF3：147、73EJF3：355 四簡當屬同一册書，可編聯復原。此外，結合相伴出簡情況知“73EJF3”多是王莽“始建國”年間簡。從“五月”之中包含“丙午”“辛巳”“丙申”“甲辰”等日的情況推算，四簡最有可能是“始建國五年五月”。據此，按照時間差异，筆者對四簡排序如下：

出魚三頭　五月辛巳食奮怒□□王普掌簿□欣二人再食 73EJF3：146

出魚三頭　五月丙申食奮怒司馬駱襃官屬三人＝壹食　73EJF3：147

出魚十頭　五月甲辰食奮怒司馬傳梁官屬八人＝再食　73EJF3：355

（出魚）一頭　五月丙午食尹府守庫丞豐一人三食　73EJF3：105

從 73EJF3：146 號簡所載“再食”來看，簡文文意仍有斷裂，似還有進一步編聯復原的可能性。

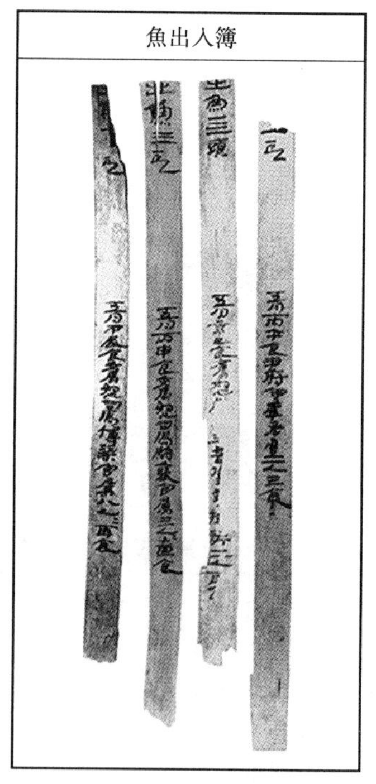


**圖 36　魚出入簿編聯圖**

# 第四節　其他性質簡牘的編聯

## 一　紀時

十六　□□　雞鳴　雞鳴　雞後鳴　雞後鳴　雞□　　73EJT33：19

十五　夜大半　夜過半　夜過半　雞前鳴　雞中鳴　　73EJT33：81

兩簡均無紋路，都是分欄書寫，字迹、字間距一致。字體以及書寫風格也是一致，對比如下：

| 簡號 | 雞 | 雞 | 鳴 |
|---|---|---|---|
| 73EJT33．19 |  |  |  |
| 73EJT33：81 |  |  |  |

對比可見字體一致，書寫風格相同，尤其是“雞”“鳴”兩字字形趨於一致，書手起筆、收筆比較吻合，當是同一書手所寫。此外，兩簡内容均是紀時，且具有連貫性。一是73EJT33：81號簡簡首書曰“十五”，73EJT33：19號簡書曰“十六”，可順序排列；二是計時具有連續性，如下：

夜大半（可能爲一時[①]）→夜過半＝雞前鳴（“雞前鳴”也即雞叫頭遍，與“夜過半”是同一時段名[②]）→雞中鳴＝雞鳴（“雞中鳴”與“雞鳴”當爲同一時段，[③] 約當今一點三十分至三點[④]）→雞後鳴

即兩簡可形成時間上的承接。綜上，兩簡屬於同一冊書，當可編聯，釋文作：

---

① 中國簡牘集成編輯委員會：《中國簡牘集成》第9册，敦煌文藝出版社2001年版，第28頁。

② 尚民杰：《居延汉简时制问题探讨》，《文物》1999年第11期。

③ 尚民杰：《居延汉简时制问题探讨》，《文物》1999年第11期。

④ 中國簡牘集成編輯委員會：《中國簡牘集成》第12册，敦煌文藝出版社2001年版，第167頁。

十五　夜大半　夜過半　夜過半　雞前鳴　雞中鳴

十六　□□　　雞鳴　　雞鳴　　雞後鳴　雞後鳴　雞□

73EJT33：81－19

從簡首“十五”“十六”的數序來看，這可能是一套完整的紀時文書，73EJT33：81、73EJT33：19 是其中的一部分。據張德芳披露，“懸泉漢簡有一塊詳細記錄一晝夜時稱的木牘，先後按順序列了 32 個名稱”。[1]核其内容與 73EJT33：81—19 幾乎一致，亦可爲佐證。

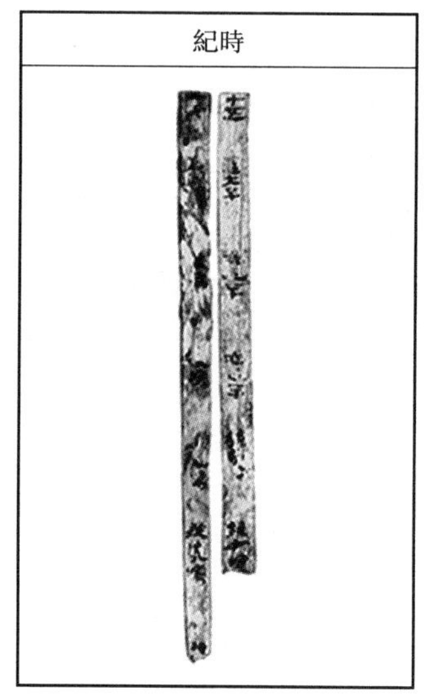


**圖 37　紀時簡編聯圖**

## 二　游所因宿

廿四日己卯食君游所因宿　　73EJT37：565[2]

廿五日庚戌食張君所因宿　出十五茭十束　廿五日己卯發宿貧民渠口　　73EJT37：263＋100[3]

---

① 張德芳：《簡論漢唐時期河西及敦煌地區的十二時制和十六時制》，《考古與文物》2005 年第 2 期。

② 簡首圖版作：［圖］，整理者釋作“十”，當“廿”字。

③ 許名瑲：《〈肩水金關漢簡（肆）〉綴合第 8 組》，2016 年 1 月 15 日，簡帛網，http：//www.bsm.org.cn/?hanjian/6600.html。

廿六日辛亥食張君游所宿泭上　廿六日庚辰發宿貧民落　出四買駱衆人共貸其餘　73EJT37：356＋150①

廿六日辛巳食張君游所因宿　出五十□一具　出卌□六封　出十九□一□　十八日癸卯　食張君游所因宿　出十發出□　十八日壬申風不行　73EJT37：980②

許名瑲在綴合73EJT37：263、73EJT37：100簡時，認爲兩簡與簡73EJT37：356＋73EJT37：150、簡73EJT37：565、簡73EJT37：980當爲同類相關簿籍。③ 我們觀察諸簡字迹、寫作風格等，知其不僅“同類”，而且出於同一書手，對比如下：

| 簡號 | 廿 | 食 | 君 | 宿 | 已 |
|---|---|---|---|---|---|
| 73EJT37：565 |  |  |  |  | |
| 73EJT37：263＋100 |  |  |  |  |  |
| 73EJT37：356＋150 | | |  |  | — |
| 73EJT37：980 | | 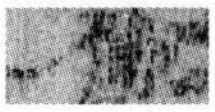 | |  | — |

對比可見諸簡字體及書寫風格相同，如“食”字，四簡起筆落筆保持一致；如“君”字，四簡對“尹”字的處理相同，均讓丿部出頭；再如“宿”字，四簡字形構造幾乎一致。綜合比較分析，四簡書風相同，字體一致，當是同一書手所寫。由此，四簡屬於同一册書，當可編聯。

① 顏世鉉：《〈肩水金關漢簡〉（肆）綴合第5—6組》，2016年1月14日，簡帛網，http：//www.bsm.org.cn/？hanjian/6597.html。綴合后，顏世鉉釋文作“張君游行宿泭上”，黄浩波指出“游”下一字當“所”，可從。

② 整理者作“廿六日癸巳”，許名瑲改釋作“廿六日辛巳”，從文意及字形看，改釋可從。（許名瑲：《〈肩水金關漢簡（肆）〉曆日校注》，2016年3月7日，簡帛網，http：//www.bsm.org.cn/？hanjian/6642.html。）

③ 許名瑲：《〈肩水金關漢簡（肆）〉綴合第8組》，2016年1月15日，簡帛網，http：//www.bsm.org.cn/？hanjian/6600.html。

至於編聯順序，可從簡文所列時間推出，製表如下（表1）：

**表1　　游所因宿信息**

<table>
<tr><th>簡號</th><th>日期</th><th>月朔</th><th>食宿</th><th>錢糧</th><th>備注</th></tr>
<tr><td>73EJT37：565</td><td>廿四日己卯</td><td>丙辰</td><td>食君游所因宿</td><td></td><td></td></tr>
<tr><td rowspan="2">73EJT37：263＋100</td><td>廿五日庚戌</td><td>丙戌</td><td>食張君所因宿</td><td>出十五茭十束</td><td></td></tr>
<tr><td>廿五日己卯</td><td>乙卯</td><td>發宿貧民渠口</td><td></td><td></td></tr>
<tr><td rowspan="2">73EJT37：356＋150</td><td>廿六日辛亥</td><td>丙戌</td><td>食張君游所宿泭上</td><td></td><td></td></tr>
<tr><td>廿六日庚辰</td><td>乙卯</td><td>發宿貧民落</td><td>出四買237<br>人共貸其餘</td><td></td></tr>
<tr><td rowspan="3">73EJT37：980</td><td>廿六日辛巳</td><td>丙辰</td><td>食張君游所因宿</td><td>出五十□一具<br>出卌□六封<br>出十九□一□</td><td></td></tr>
<tr><td>十八日癸卯</td><td>丙戌</td><td>食張君游所因宿</td><td>出十發出□</td><td></td></tr>
<tr><td>十八日壬申</td><td>乙卯</td><td></td><td></td><td>風不行</td></tr>
</table>

表中所列月朔有三個，分别是：丙辰、丙戌、乙卯，依據日期、簡文，編聯釋文如下：

廿四日己卯食君游所因宿

廿六日辛巳食張君游所因宿　出五十□一具　出卌□六封　出十九□一□

十八日癸卯食張君游所因宿　出十發出□

廿五日庚戌食張君所因宿　出十五茭十束

廿六日辛亥食張君游所宿泭上

十八日壬申風不行

廿五日己卯發宿貧民渠口

廿六日庚辰發宿貧民落　出四買239　衆人共貸其餘

73EJT37：565－980－263＋100－356＋150

編聯后形成一個相對完整的游行記録，時間長達三月之久，人數可能較多（簡文作“衆人”），扼要記載了他們的住宿、花費等情況。許名瑲推測得出兩個時間，他認定 73EJT37：565 號簡是綏和二年，認定 73EJT37：980 號簡是建平二年。[①] 同一事件，不可能出現二年同時存在的情況。“綏和二年”之説，是許名瑲依據“十四日”而非“廿四日”推測得出，固可廢止。“建平二年”是可能性之一，從 T37 肩水金關漢簡常出現年號看，其他如地節三年（前 67 年）、五鳳元年（前 57 年）、初元三年（前 46 年）、永始二年（前 15 年）等亦無法排除。

除去以上所列諸簡外，另有 73EJT37：1091 號簡，簡文也與此類似，如下：

廿七日己亥宿胡烏亭

但查内容、字體、書風與編聯諸簡存在差异，暫不列入。

游所因宿

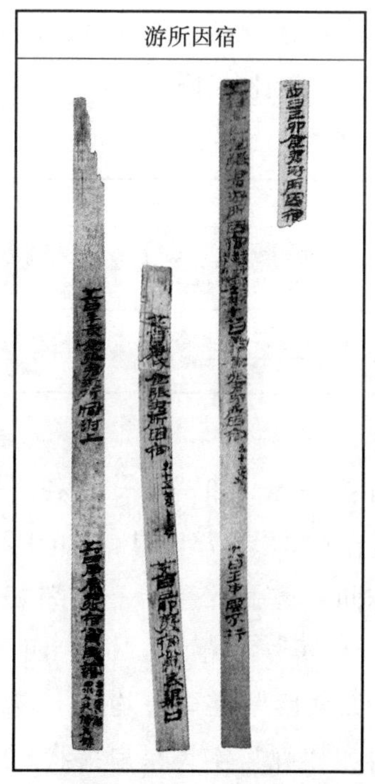

**圖 38　游所因宿簡編聯圖**

① 許名瑲：《〈肩水金關漢簡（肆）〉曆日校注》，2016 年 3 月 7 日，簡帛網，http：//www. bsm. org. cn/？hanjian/6642. html。

## 三　司馬從者

司馬從者二人　馬一匹案勒鞭各一劍大刀各一弓櫝丸矢

73EJT1：25 + 284

司馬　　　　　馬一匹案勒鞭各一劍大刀各一櫝丸☐

73EJT1：116 + 24

四簡均爲殘簡，由伊强綴合，① 從茬口、紋路看，綴合無誤，爲更加清晰觀察，將 73EJT1：25 + 284、73EJT1：116 + 24 簡的紅外圖版制圖。

第一，從出土地分析，73EJT1：25 + 284 與 73EJT1：116 + 24 號簡，都出自 T1，且 73EJT1：24 與 73EJT1：25 號簡簡號相鄰，出土地同一。第二，從内容分析，73EJT1：25 + 284 與 73EJT1：116 + 24 號簡都屬於"出入名籍"，73EJT1：116 + 24 號簡是司馬本人，73EJT1：25 + 284 號簡是司馬的從者，且出入關攜帶物品趨於一致，内容相關。第三，從字體筆迹分析，選取相關字形，對比如下：

| 簡號 | 司 | 馬 | 匹 | 鞭 | 各 | 丸 |
|---|---|---|---|---|---|---|
| 73EJT1：25 + 284 |  |  |  |  |  |  |
| 73EJT1：116 + 24 |  |  |  |  |  |  |

對比可見個别字存在差异，如"司""各"兩字中"口"的處理，73EJT1：25 + 284 簡寫作"厶"，73EJT1：116 + 24 寫作"口"。雖有差异，但總體比較，却像同一書手所書，一是字體一致均是隸書，二是書寫風格相同，且"馬""匹""鞭""丸"四字趨同，如"馬"字的"灬"均用横綫替代，如"匹"字尾筆均有上揚，如"鞭"字中"革"的位置均在左上角，再如"丸"字均呈扁平狀。綜合比較分析，可知筆迹相同，成于一人之手。第四，從書寫格式分析，73EJT1：25 + 284 與

① 伊强：《〈肩水金關漢簡（壹）〉綴合六則》，2015 年 10 月 6 日，簡帛網，http：//www.bsm.org.cn/？hanjian/6486.html。

73EJT1：116 +24 號簡都是簡的上部書寫，中間留有很大空間，然後再書寫簡文，具有相同的範式。第五，從簡牘形制分析，73EJT1：25 +284 與 73EJT1：116 +24 號簡材質相同，寬度也相差無幾，73EJT1：25 +284 簡寬 1. 1cm，73EJT1：116 +24 號簡簡寬 1. 2cm，形制相同。

綜上，73EJT1：25 +284 與 73EJT1：116 +24 號簡當屬同一册書，可編聯復原。從現存條件來看，編聯方式尚難判斷。依據簡文内容，暫排序如下：

司馬　　　　　　馬一匹案勒鞭各一劍大刀各一櫝丸☑

73EJT1：116 +24

司馬從者二人　馬一匹案勒鞭各一劍大刀各一弓櫝丸矢

73EJT1：25 +284

簡文中的“案勒”，居延新簡 EPT59：268 作“鞌勒”，是“鞍子和套在馬頭上帶嚼子的馬絡頭”。[①] 傳世文獻中作“鞍勒”，漢宣帝賞賜呼韓邪的物品中便有此物，《漢書・匈奴傳下》載：“安車一乘，鞍勒一具。”簡文中的“劍”“刀”是兵器，“櫝丸”是盛箭的器具。“司馬”屬武職，出行攜帶兵器，亦符合其身份。

司馬從者

**圖 39　司馬從者簡編聯圖**

① 肖從禮：《居延新簡集釋》第 5 册，甘肅文化出版社 2016 年版，第 320 頁。

### 四　四月詬火

四月丁酉雞鳴五分時肩水騂北亭受橐他莫當隊詬火一通　騂北亭長褒移　　73EJC：591

四月辛丑夜詬火天風填窅不知時騂北亭受橐他莫當隧　騂北亭長褒移　　73EJC：611

兩簡簡面均無紋路，木質相同；簡文内容相關，均是“四月”“騂北亭受橐他莫當隧”“騂北亭長褒移”；兩簡字迹、字間距、字體以及書寫風格亦相同，我們對比如下：

| 簡號 | 北 | 亭 | 褒 | 移 |
| --- | --- | --- | --- | --- |
| 73EJC：591 |  |  |  |  |
| 73EJC：611 |  |  |  |  |

對比可知兩簡字體相同，書寫風格一致。如“北”字，三簡起筆、運筆、筆鋒走勢相同；如“亭”字，形體趨於一致；再如“褒”字，書手起筆筆勢相同。綜合分析來看，兩簡是同一書手所寫，當屬於同一册書。

簡文内容是“詬火一通”“詬火天風填窅不知時”，語氣嚴厲，“是表示斥責、警告、責問某種錯誤或違法行動的信號。”[①] 經由“橐他莫當隧”→“騂北亭”郵書傳遞，再由“騂北亭”派送。侯旭東指出，騂北亭是“郵亭”，并考證了其與莫當隧的位置，“西漢時期肩水候官所轄的‘郵亭’——騂北亭位於金關内側的塢内，北距橐他候官的莫當隧四漢里，南距沙頭亭十一漢里”。[②] 可參看。

此外，與73EJC：591、73EJC：611號簡相似簡文又見於72EJC：3，如下：

① 薛英群、何雙全、李永良：《居延新簡釋粹》，蘭州大學出版社1988年版，第78頁。
② 侯旭東：《西漢張掖郡肩水候官騂北亭位置考》，《湖南大學學報》2016年第4期。

入詬火一通南　七月乙未夜蚤食六分騂北亭長褭受莫當隧長禹

72EJC：3

由此可知，73EJC：591、73EJC：611 簡中的“橐他莫當隧”的隧長也可能是“禹”。

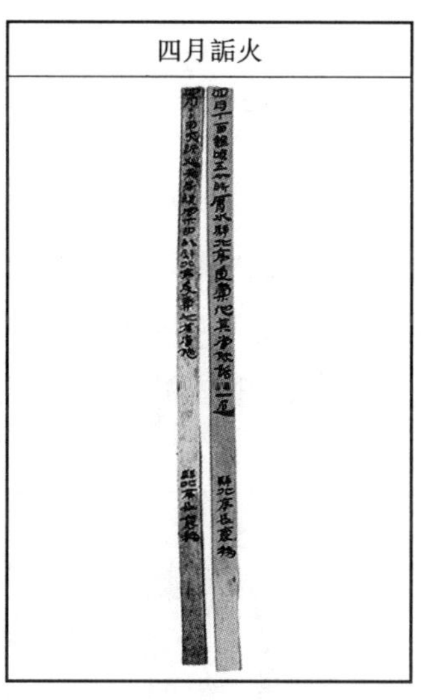


**圖 40　四月詬火簡編聯圖**

## 五　隧長

彊漢隧臨守執適隧長音笑問臨欲顧校就不即不顧欲☐　73EJT23：289

執適守隧長☐臨登山隧長王詡辭皆曰音前　73EJT23：408

署執適隧詡金☐　73EJT23：426

以上三簡簡面均無紋路，材質相同；字迹、字間距近乎一致，字體以及書寫風格亦相同，我們對比如下：

| 簡號 | 隧 | 執 | 適 | 詡 | 音 |
|---|---|---|---|---|---|
| 73EJT23：289 |  |  |  | — |  |
| 73EJT23：408 |  |  |  |  |  |
| 73EJT23：426 |  |  |  |  | — |

對比可知三簡字體、書風一致，比如“隧”字，三簡構型幾乎一致；如“適”字，三簡起筆、運筆、筆鋒走勢相同；再如“詡”“音”兩字，三簡字體也都一致。綜合比較分析，三簡當是同一書手所寫。此外，三簡内容亦具有關聯性，73EJT23：289 與 73EJT23：408 都出現有“臨”和“音”，73EJT23：408 與 73EJT23：426 都出現了“詡”。由此，懷疑三簡可能屬於同一册書。[①] 此外，73EJT23：408 號簡“臨”上一字整理者未釋，此字圖版作：，當是“彊”字，73EJT23：289 號簡“彊”字作：，可爲參考。

由 73EJT23：289 號簡我們知“臨”是彊漢隧長、“音”是暫時代理執適隧長。從而我們懷疑 73EJT23：408 號簡存在簡省，完整簡文疑是：“執適守隧長（音）彊（漢隧長）臨登山隧長王詡辭皆曰音前”。

**圖 41　隧長簡編聯圖**

① 張俊民有不同意見，他認爲“從文義上來看不容易編聯起來”。

## 六　盗竊

閱讀王錦城的《〈肩水金關漢簡〉校讀札記（三）》一文，[①] 對第四組編聯有一些補充，羅列如下，錯誤之處還請批評指正。

王錦城的第四則，似可補充73EJF3：417號簡，該簡釋文如下：

驩喜布蓬一持歸隧突中至　桼月中爲吏所□☒　　73EJF3：417

該簡在出土地點、内容、字體筆迹、書寫格式、簡牘形制方面與其他諸簡趨於一致，當可編入。我們依據簡文不同的時間，暫復原排序如下：

（1）始建國三年正月癸亥執　東望隧卒成循盗隧布蓬一盗第六隧鎧□☒　　73EJT7：50＋73EJF3：557

（2）林三五月二日盗萬福布韋　三└二十八日盗第六隧鎧裏二六月桼日☒　　73EJF3：242

（3）驩喜布蓬一持歸隧突中至　桼月中爲吏所□☒　　73EJF3：417

盗竊

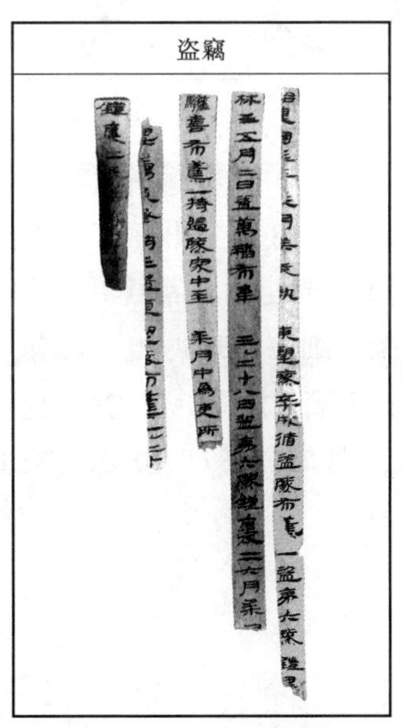

**圖42　盗竊簡編聯圖**

① 王錦城：《〈肩水金關漢簡〉校讀札記（三）》，2017年10月15日，簡帛網，http：//www.bsm.org.cn/？hanjian/7662.html。

73EJF3：455、73EJF3：567 兩簡由於殘缺，暫時還無法確定具體時間，暫不列入排序。全文圍繞盜竊展開，當是司法類文書。

## 七　右類

第1組

·右第九車十人　　73EJT37：435

·右第二車十人　　73EJT37：1090

兩簡均有紋路，簡首有墨點，形制相近。簡文内容關聯性很强，李天虹歸其爲“右類”，系戍卒赴役时所编。[①] 字體以及書寫風格也是一致，對比如下：

| 簡號 | 右 | 第 | 車 | 人 | 墨點 |
|---|---|---|---|---|---|
| 73EJT37：435 |  |  | 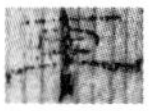 |  | 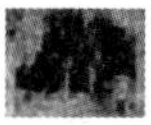 |
| 73EJT37：1090 |  |  |  | 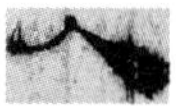 |  |

對比可見兩簡所書字體以及書寫風格相同，如“右”字，書手起筆落筆一致，對横的處理相同；再如“第”字，兩簡尾筆均存在拖筆上揚的情況；仔細分析，兩簡甚至連墨點都極爲近似，傾斜角度保持一致。綜合分析來看，書手粗筆、細筆處理得體，具有一定的書法造詣，無疑是同一書手所寫。由此，兩簡屬於同一册書。（見圖43“1”）

此外，還有一些簡，與73EJT37：1090、73EJT37：435兩簡簡文類同，如下：

右第卅六車廿人　　73EJT37：299

■右第六車十人　　73EJT37：619

■右第十三車九人　　73EJT37：954

雖然内容類同，但字體、書風不一致，形制上，簡首不是墨點而是塗黑，差异明顯，與73EJT37：1090、73EJT37：435非一人所書，暫不編入。

---

① 李天虹：《居延漢簡簿籍分類研究》，科學出版社2003年版，第22頁。

第 2 組

·右第三十人　　73EJT37：114

·右第七十人　　73EJT37：1012

兩簡均有紋路，形制相近。簡文内容類同，均是人員數目的匯總，關聯性很强，均屬“右類”。字體以及書寫風格也是一致，對比如下：

| 簡號 | 右 | 第 | 人 | 墨點 |
| --- | --- | --- | --- | --- |
| 73EJT37：114 |  |  |  | |
| 73EJT37：1012 | 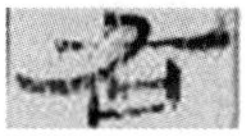 |  |  | 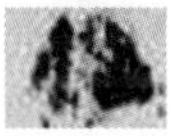 |

對比可見兩簡字體一致，如“第”字，兩簡對豎筆的處理一致，均存在右傾的情況；再如“人”字，兩簡對捺筆的處理相同，均存在不同情況的上揚。綜合比較分析，兩簡字體一致，書寫風格相同，當是同一書手所寫。由此，兩簡屬於同一册書。（見圖 43“2”）

第 3 組

■右第廿六車九人　　（竹簡）　　73EJT3：93

■右第十一車十人　　（竹簡）　　73EJT3：94

第一，從出土地分析，兩簡的出土地點相同，均是 73EJT3，且簡號相鄰，出土地同一；第二，從内容分析，兩簡都屬於“牛車名籍”，李天虹認爲“系戍卒赴役時所編”，[①] 内容相關；第三，從字體筆迹分析，兩簡字形、書風差异較大，當由不同書手寫就；第四，從書寫格式分析，兩簡都是簡首書寫、塗黑，具有相同的範式；第五，從簡牘形制分析，兩簡的材質相同，都是竹簡。簡寬方面，兩簡均是 0.6cm，簡長方面，兩簡都是 23.4cm，形制相同。

綜上，73EJT3：93 與 73EJT3：94 號簡雖筆迹不相同，但“出土地同一”“内容相關”“格式相同”“形制相同”，疑兩簡當屬同一册書，可編聯復原。（見圖 43“3”）

① 李天虹：《居延漢簡簿籍分類研究》，科學出版社 2003 年版，第 22 頁。

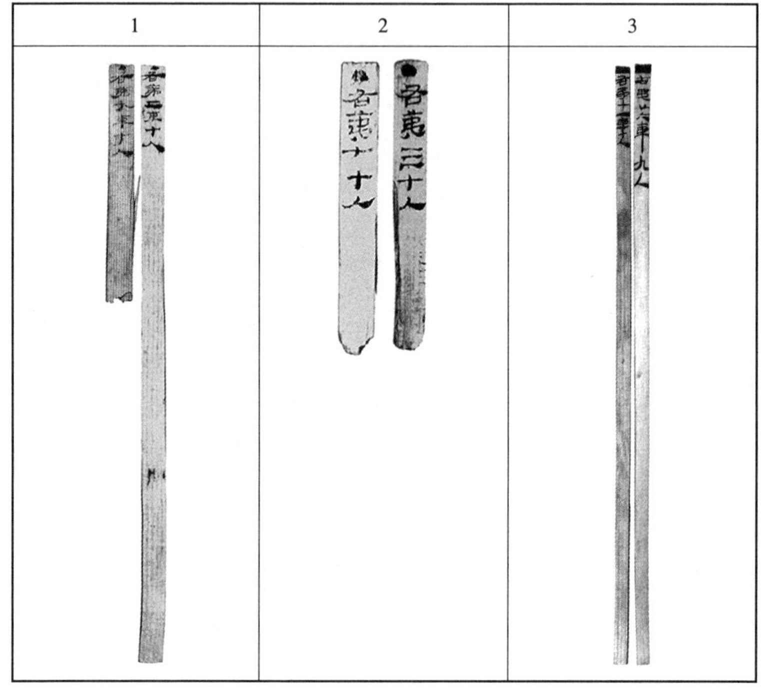


圖 43　右類簡編聯圖

## 第五節　編聯辨正

同誤綴相同，誤編是指把不應該編聯在一起的簡牘進行了編聯。相對誤綴，導致誤編產生的原因就更爲複雜，甄別更難。因爲綴合可復原殘簡，而編聯多數情況下并不能復原整個簡册，會有很多疑似簡牘的存在。編繩殘斷導致的信息缺失，使得編聯存在很多的不確定性。雖然完美狀態下的編聯，是“出土地”“内容”“筆迹”“格式”“形制”相同或一致，但簡牘實際情況更爲複雜。我們梳理出兩則復原册書時形成的“誤編”，不當之處還請方家指正。

第 1 組

·孔子知道之昜也昜昜雲省三日子曰此道之美也⧄　　73EJT22：6

·子曰自愛仁之至也自敬知之至也⧄　　73EJT31：139

鄔勖認爲："學者已指出文 1（73EJT22：6）可能就是《漢書·藝文志》論語類所載《齊論》二十二篇的《知道》篇首句，其説可從，故這里視此册爲《齊論》殘册。文 2（73EJT31：139）將'自愛仁之至也自敬知之至也'記爲孔子語，《荀子·子道》雲子曰：回！知者若何，仁者若何？顏淵對曰：知者自知，仁者自愛。子曰：可謂明君子矣。'又揚雄《法言·君子》雲：'自愛仁之至也，自敬禮之至也'，是此文雖不見載籍，但必有其淵源。文 1 簡端有塗黑的狹窄長條，這很可能是秦漢簡牘文本中常用於標記篇題或一篇之首的簡端墨塊的殘迹。文 2 有位於簡首的較大的墨釘'·'，則是用於標記一章之首的符號。由此可知文 1 應爲一篇之首章，可作爲該文爲《知道》篇首句之説的又一佐證。"①

按：73EJT22：6 號簡（鄔勖文 1）爲論語類所載《齊論》二十二篇的《知道》篇無誤，然把 73EJT31：139 號簡（鄔勖文 2）亦歸爲《齊論》殘册，"文 1 應爲一篇之首章"等結論，尚需進一步考證。

從書寫風格看，73EJT22：6、73EJT31：139 兩簡不是同一書手所書，而且字間距也不一致；從簡牘形制看，鄔勖所言"文 1 簡端有塗黑的狹窄長條"，圖版作：，當是整理者所釋讀的黑墨點而非"狹窄長條"；從格式看，兩簡的内容也不一致，一個是"孔子"爲始，一個是"子曰"爲始。此外，兩簡的出土地也存在差异，一個是 T22，一個是 T31。故 73EJT22：6、73EJT31：139 兩簡不能編聯在一起，"文 1 應爲一篇之首章"亦缺少足够的證據，恐不能成立。

第 2 組

☐遷怒不貳過不幸短命死矣今☐　　73EJT31：75

☐於齊冉子爲其母請粟　　73EJT31：77

子曰大伯其可☐　　73EJT15：20

鄔勖認爲："文 1、2 均見於今本《論語·雍也》，今本二句相接。文 3 見於今本《論語·泰伯》，簡端斷口整齊。文 2、3'子'字的寫法基本

① 鄔勖：《讀金關簡札記三則》，《出土文獻與法律史研究》第 4 輯，上海人民出版社 2015 年版。

相同，它們有相同的書手，屬同一種簡册的可能性很大。”①

按：73EJT31：75、73EJT31：77（鄔勖之文 1、文 2），從書寫風格、文意關聯、相同探方來看，可能是同一簡册，而鄔勖所論之“文 2、3‘子’字的寫法基本相同”，則存在問題。對比兩簡的“子”字如下：（73EJT31：77）、（73EJT15：20），可知 73EJT31：77 較爲規整，而 73EJT15：20 相對較草，且有頓筆現象。再比較兩簡的“其”字如下：（73EJT31：77）、（73EJT15：20），可以發現 73EJT15：20 中的“其”字起筆之横是貫通的，而 73EJT31：77 不是貫通的。從書寫風格看，73EJT15：20 與 73EJT31：75、73EJT31：77 兩簡差异較大，字間距也不一致。由此，鄔勖言“它們有相同的書手”這一論斷恐非，他“同一種簡册的可能性很大”的結論也不成立。

① 鄔勖：《讀金關簡札記三則》，《出土文獻與法律史研究》第 4 輯，上海人民出版社 2015 年版。

# 第三章　西北漢簡單册編聯

## 第一節　“通道厩穀出入簿”編聯

### 一　概述

“通道厩”是以“通道”爲名的“厩”。“通道”有大路、暢通之路之意。① 李均明稱其爲“河西走廊通向漠北的唯一孔道”。② 可見此“厩”的重要性。

學界一度把“通道厩”等同於金關，如甘肅居延考古隊所發布的簡報認爲：“金關地區早在武帝中期即有政治、軍事活動。昭帝時，已稱金關或金關隧，同時又名‘通道厩’。”③ 但從時間看通道厩和金關不能等同。學界也早有懷疑，薛英群指出：“金關或金關燧，又名‘通道厩’這是原《簡報》作者們的看法。還有一種觀點，認爲‘通道厩’并不能等同於金關或金關燧，所謂‘通道廄’，可能只是金關的一部分，也就是説是金關‘嗇夫’轄下專門負責郵驛差事的小部門；公元前83年至81年，時當河西建政不久，‘通道厩’是最初的建置，而後隨著交通咽喉地理地位的日漸重要，在此基礎上發展成建關、置燧，規模日大，地位遂顯，始稱金關，而‘通道厩’既不可能廢除，舊名依然沿用，這也是一家之言，值得考慮。”④ 吴礽驤認爲：“根據出土簡牘，此遺址至遲在昭帝時，

---

① 羅竹風主編：《漢語大詞典》，上海辭書出版社2007年版，第940頁。

② 李均明：《通道厩考——與敦煌懸泉厩的比較研究》，《出土文獻》第2輯，中西書局2011年版。

③ 甘肅居延考古隊：《居延漢代遺址的發掘和新出土的簡册文物》，《文物》1978年第1期。

④ 薛英群：《居延漢簡通論》，甘肅教育出版社1991年版，第91、92頁。

已稱‘金關’或‘金關隧’；同時設有‘通道厩’。”① 李均明做了更系統的對比研究，認爲：“‘金關’與‘通道厩’是同時存在的兩種稱謂，并非同一事物在不同時期的不同叫法，而且此狀况貫穿始終。”② 青木俊介則主張通道厩是附屬與橐他候官所屬的通道亭，是從外部向 A32 輸送的機構。③

“通道厩穀出入簿”（簡報稱“通道厩糧穀出入屬”），主要集中在 T10。④ 年份是漢昭帝元鳳五年（公元前 76）、元鳳六年（公元前 75）兩年。簡報已指出“通道厩穀出入簿”可以編聯成册，但是不易區分，屬於“散落近處可合爲一册”，“初步整理出的七十多個完整和較完整的簿册，有的出土就聯綴成册；有的編繩雖朽但保持册形，有的散落近處可合爲一册。這些多數有紀年，内容連貫。其中也有因不易區分，暫歸一册的，如元鳳五年、六年‘通道厩糧穀出入屬’（EJT10）共七十二枚，包括兩年的五個月簿。册的編綴，據編繩殘迹看，有二道、三道兩種。”⑤ 李均明也認爲：“此探方中有許多與穀出入相關的簡牘應當是從屬於這些標題和呈文的附件。”⑥

整理者簡報指出“通道厩穀出入簿”共有七十二枚，包括兩年的五個月簿，但没給出具體的簡號以及釋文。檢索相關信息，統計如下：⑦

（1）☑壬□通（道）厩（佐）敢言之謹移穀（出入簿）

73EJT10：3⑧

① 吴礽驤：《河西漢塞調查與研究》，文物出版社 2005 年版，第 162 頁。

② 李均明：《通道厩考——與敦煌懸泉厩的比較研究》，《出土文獻》第 2 輯，中西書局 2011 年版。

③ ［日］青木俊介：《漢代肩水地区 A32 所在機関とその業務関係—肩水金関と肩水東部を中心に—》，《周縁領域からみた秦漢帝國》，東京：六一書房 2017 年版；王蕾：《肩水金關的機構與職能考》，《敦煌研究》2020 年第 4 期，第 122 頁。

④ 73EJC：481 與 73EJT10：308 亦可綴合，這是采集簡與 T10 的綴合，疑“通道厩穀出入簿”比較零散，有散亂在其他探方的可能。

⑤ 甘肅居延考古隊：《居延漢代遺址的發掘和新出土的簡册文物》，《文物》1978 年第 1 期。

⑥ 李均明：《通道厩考——與敦煌懸泉厩的比較研究》，《出土文獻》第 2 輯，中西書局 2011 年版。

⑦ 釋文方面，魯家亮、伊强、曹方向、張俊民、魏振龍、馬智全、何茂活、李燁、黄艷萍、胡永鵬等做過修訂，他們的成果直接吸收在釋文中，參看本書頁下注，不再闡明。

⑧ 原整理者釋文作“☑壬□□□□富□敢言之謹移穀……”，依據圖版訂補。

（2）出粟小石二石五斗☐　73EJT10：11

（3）通道厩元鳳五年十月穀出入簿　73EJT10：62

（4）出穀小石卅四石四斗一升　其四石六斗五升粟　廿九石七斗六升麥　以食傳馬六匹一月其二匹縣馬　73EJT10：67

（5）凡穀小石七百八十八石四升　其四百一十八石六斗粟　三百七十石二斗四升麥　73EJT10：68

（6）出粟小石二石　爲御史張卿置豚二雞一隻南北食　73EJT10：69

（7）出粟小石三石　爲廷史田卿買豚二雞一隻南北食　73EJT10：70

（8）出粟小石一石五斗以食廷史田卿張掖卒史野凡三人往來五日食積十匹＝食四斗　73EJT10：71

（9）受二月餘穀五百八十石六斗九升　其二百一十石四斗五升粟　三百七十石二斗四升麥　73EJT10：73

（10）出粟小石九石　以食御同等三人＝一月食　73EJT10：74

（11）出粟小石六石六斗　以食御史張酒泉卒史二人　73EJT10：75

（12）出粟八斗　以護所卒史丁卿御一人　73EJT10：77

（13）出糜小石六石　史田卿乘張掖傳馬三匹往來五日食積十五匹＝食四斗　73EJT10：78①

（14）出粟小石十三石二斗　以食居延卒史單卿士吏得騎馬廿二匹＝三日食＝一斗　73EJT10：79

（15）出糜小石十二石　以食傳馬二匹一月食　73EJT10：80

（16）出粟小斗十斗　以食護府卒史徐卿御一人案事居延南北五日食日食二斗　73EJT10：81②

（17）凡穀八百六十七石二斗　其四百卅五石粟　三百七十石二斗四升麥　73EJT10：82

（18）出粟小石六石　以食廷史田卿乘張掖傳馬三匹往來五日食積十

① 馬智全：《〈肩水金關漢簡（壹）〉校讀記》，《考古與文物》2012年第6期；何茂活：《〈肩水金關漢簡（壹）〉釋文訂補》，2014年11月28日，復旦大學出土文獻與古文字研究中心網，http：//www. gwz. fudan. edu. cn/Web/Show/2392；張俊民：《肩水金關漢簡（壹）釋文補例》，2014年12月16日，簡帛網，http：//www. bsm. org. cn/? hanjian/6288. html。

② 魯家亮：《肩水金關漢簡釋文校讀六則》，《古文字研究》第29輯，中華書局2012年版。

五匹＝食四斗　73EJT10：83

（19）出粟小石二石五斗　73EJT10：84

（20）·凡出穀小石六石斗一升　其卅石八斗五升粟　·廿九石七斗六升麥　73EJT10：85

（21）出粟小石六石　以食吏一人一月食　73EJT10：86①

（22）出粟小石六石六斗　以食御史張卿酒泉卒史二人☑73EJT10：87

（23）出粟小斗九斗　以食詔醫所乘張掖傳馬一匹現三日食☑　73EJT10：88

（24）今餘穀五百卌九石四升　其二百八石八斗五升粟　三百卌石一斗九升糜　73EJT10：89②

（25）出粟小石十八石　以食官　73EJT10：90

（26）出粟小石六石　以食御同等二人＝一月食　73EJT10：91③

（27）☑小石四石　以食傳馬四匹一月食　73EJT10：92

（28）☑穀七百八石二斗九升　其三百卅八石五升粟　三百七十石二斗四升麥　73EJT10：94④

（29）出糜小石三石　以食厩佐一月食☑　73EJT10：95

（30）今餘穀五百卌九石四升　其二百八石八斗五升粟　三百卌石一斗九升糜☑　73EJT10：96

（31）……以食通道卒三人人一月食　73EJT10：97

（32）毋出入　73EJT10：98

（33）肩水穀已頗廩食過客傳馬御及當食者凡☑　73EJT10：99⑤

---

① 魯家亮：《肩水金關漢簡釋文校讀六則》，《古文字研究》第29輯，中華書局2012年版。

② 魯家亮：《肩水金關漢簡釋文校讀六則》，《古文字研究》第29輯，中華書局2012年版；魏振龍：《讀〈肩水金關漢簡（壹）〉札記二則》，2016年1月15日，復旦大學出土文獻與古文字研究中心網，http：//www. gwz. fudan. edu. cn/Web/Show/2726。

③ 張俊民：《肩水金關漢簡（壹）釋文補例》，2014年12月16日，簡帛網，http：//www. bsm. org. cn/? hanjian/6288. html；何茂活：《〈肩水金關漢簡（壹）〉釋文訂補》，2014年11月28日，復旦大學出土文獻與古文字研究中心網，http：//www. gwz. fudan. edu. cn/Web/Show/2392。

④ 魯家亮：《肩水金關漢簡釋文校讀六則》，《古文字研究》第29輯，中華書局2012年版。

⑤ 張俊民：《肩水金關漢簡（壹）釋文補例》，2014年12月16日，簡帛網，http：//www. bsm. org. cn/? hanjian/6288. html。

（34）▨□□五年九月穀出入簿　73EJT10：100

（35）今餘穀百七十七石二斗四升　其百六十八石二斗四升麥　九石粟▨　73EJT10：101①

（36）通道厩佐謹元鳳五年十一月穀出入簿　73EJT10：107

（37）受九月餘穀百七十三石二斗四升　其百六十四石二斗四升麥九石粟　73EJT10：113②

（38）今粟小石百六十一石二斗　元鳳五年十一月癸卯受紀子移　73EJT10：116

（39）▨餘穀小石六百卅八石四升其二百六十七石八斗粟　三百七十石二斗四升麥▨　73EJT10：117

（40）通道厩計餘元鳳六年四月穀出入簿▨　73EJT10：137

（41）▨以食護府卒史徐卿所乘張掖傳馬二匹南北五日食日食三斗　73EJT10：147③

（42）通道厩佐元鳳五年十二月穀出入簿▨　73EJT10：150

（43）出粟小石六石　以食御買等二人一月食▨　73EJT10：165④

（44）出粟八斗　以食天水卒史索虜▨　73EJT10：166

（45）出粟小石三石　以食御一人一月食　73EJT10：167＋93⑤

（46）出粟小石八石　以食廷史石卿張掖卒史□所乘張掖傳馬四匹十月壬子南北五日積廿匹＝四斗　73EJT10：168＋106⑥

---

① 馬智全：《〈肩水金關漢簡（壹）〉校讀記》，《考古與文物》2012年第6期；李燁：《〈肩水金關漢簡（壹）〉研究三題》，碩士學位論文，西南大學，2013年，第15頁；黄艷萍：《〈肩水金關漢簡〉（壹—肆）异體字研究》，博士學位論文，華東師范大學，2016年，第131頁。

② 魯家亮：《肩水金關漢簡釋文校讀六則》，《古文字研究》第29輯，中華書局2012年版。

③ 何茂活：《〈肩水金關漢簡（壹）〉釋文訂補》，2014年11月28日，復旦大學出土文獻與古文字研究中心網，http：//www. gwz. fudan. edu. cn/Web/Show/2392。

④ 黄艷萍：《初讀〈肩水金關漢簡（壹）〉札記》，2013年5月30日，復旦大學出土文獻與古文字研究中心網，http：//www. gwz. fudan. edu. cn/Web/Show/2058；何茂活：《〈肩水金關漢簡（壹）〉釋文訂補》，2014年11月28日，復旦大學出土文獻與古文字研究中心網，http：//www. gwz. fudan. edu. cn/Web/Show/2392；胡永鵬：《肩水金關漢簡校讀札記》，《漢字文化》2015年第3期。

⑤ 魯家亮：《肩水金關漢簡釋文校讀六則》，《古文字研究》第29輯，中華書局2012年版。

⑥ 伊强：《〈肩水金關漢簡（壹）〉綴合補遺二則》，2017年5月12日，簡帛網，http：//www. bsm. org. cn/？hanjian/7541. html。

（47）出粟小斗一斗　以食張掖卒史☑　　73EJT10：169

（48）出粟小石三石　以食吏一人一月食☑　　73EJT10：170

（49）出粟小石廿四石　以食傳馬四匹一月食☑　　73EJT10：171

（50）出粟小石三石　以食吏一人一月食☑　　73EJT10：172

（51）出粟小石二石　以食護府卒史丁卿傳馬二西往來五日積十匹＝
☑　　73EJT10：175＋160[①]

（52）受十一月餘穀七百五十五石六☑　　73EJT10：180

（53）毋出入☑　　73EJT10：186

（54）☑石　以食吏一人一月食☑　　73EJT10：187

（55）元鳳五年十二月乙巳朔癸卯通道厩佐敢言之謹移穀出入簿
一編敢言之　　73EJT10：200[②]

（56）元鳳五年十二月乙巳朔癸卯通道厩佐讓敢言☑
謹移穀出入簿一編敢言之　　73EJT10：203A
賦……　　73EJT10：203B[③]

（57）元鳳六年正月乙亥朔癸卯通道厩佐敢言之謹移穀出入
簿一編敢言之　　73EJT10：209

（58）入穀小石六百一十一石六斗　其四百九石六斗粟　二百二石麥
受紀子杜☑　　73EJT10：277＋174[④]

（59）通道厩佐元鳳五年十二月穀出入簿☑　　73EJT10：295

（60）出粟小石廿四石　以食傳馬四匹一月食☑　　73EJT10：296

（61）☑□小石卅七石三斗五升☑　　73EJT10：306

---

①　曹方向：《初讀〈肩水金關漢簡（壹）〉》，2011年9月16日，簡帛網，http：//www.bsm.org.cn/？hanjian/5740.html；魯家亮：《肩水金關漢簡釋文校讀六則》，《古文字研究》第29輯，中華書局2012年版。

②　曹方向：《初讀〈肩水金關漢簡（壹）〉》，2011年9月16日，簡帛網，http：//www.bsm.org.cn/？hanjian/5740.html。

③　曹方向：《初讀〈肩水金關漢簡（壹）〉》，2011年9月16日，簡帛網，http：//www.bsm.org.cn/？hanjian/5740.html；何茂活：《〈肩水金關漢簡（壹）〉釋文訂補》，2014年11月28日，復旦大學出土文獻與古文字研究中心網，http：//www.gwz.fudan.edu.cn/Web/Show/2392。

④　張顯成、張文建：《〈肩水金關漢簡（壹）〉綴合七則》，2017年1月20日，簡帛網，http：//www.bsm.org.cn/？hanjian/8643.html。疑“杜”可能是“移”字，書手誤書。（黄浩波認爲與73EJT10：116號簡“移”，二字當有一誤。）

（62）出粟小石三石　以食御一人一月食☐
73EJC：481＋73EJT10：308

（63）出粟小石三石　以食史一人☐　73EJT10：316

（64）☐以食吏一人一月☐　73EJT10：317

（65）☐以食御史☐　73EJT10：322①

（66）受八月餘穀十二石六斗五升☐　73EJT10：325

（67）通道厩元鳳六年四月穀出入簿☐　73EJT10：328

（68）元鳳五年十二月☐　73EJT10：341

（69）出粟小石廿［四］石　以食傳馬四匹一月食
73EJT10：342＋471②

（70）出粟小石廿二石　……　73EJT10：346

（71）☐一石四斗粟☐　☐一斗四升麥☐　73EJT10：356③

（72）☐年十月穀出入簿　☐六百一十一石六斗　其☐　二百二☐　☐
□百八十八石□□四十　其☐　（削衣）　73EJT10：397④

以上共統計到七十二組，計七十八枚簡，含學者在研究過程中綴合的六組：73EJT10：167＋93、73EJT10：168＋106、73EJT10：175＋160、73EJT10：277＋174、73EJC：481＋73EJT10：308、73EJT10：342＋471，超過整理者簡報所言的七十二枚。此外，尚有疑似簡如下：

（1）☐元鳳六年四月盡六月財物出入簿　73EJT10：65

（2）今餘廣漢八稯布卌九匹直萬一千一百廿七錢九分　73EJT10：72

（3）出穀一石八斗　以食使者八月食……　73EJT10：345＋496

（4）☐以食……六月食　73EJT10：347

---

① 何茂活：《〈肩水金關漢簡（壹）〉釋文訂補》，2014年11月28日，復旦大學出土文獻與古文字研究中心網，http：//www. gwz. fudan. edu. cn/Web/Show/2392；胡永鵬：《肩水金關漢簡校讀札記》，《漢字文化》2015年第3期；黄艷萍：《〈肩水金關漢簡〉（壹—肆）异體字研究》，博士學位論文，華東師范大學，2016年，第133頁。

② 伊强：《〈肩水金關漢簡（壹）〉綴合補遺二則》，2017年5月12日，簡帛網，http：//www. bsm. org. cn/？hanjian/7541. html。

③ 魏振龍：《讀〈肩水金關漢簡（壹）〉札記二則》，2016年1月15日，復旦大學出土文獻與古文字研究中心網，http：//www. gwz. fudan. edu. cn/Web/Show/2726。

④ 由於73EJT10：397號簡是“出入簿”，屬於匯總統計的性質，而73EJT10：277號簡的穀物數值又與其相同。

73EJT10：65 號簡上殘斷，無法確認爲“通道厩”。73EJT10：72 號簡疑和 73EJT10：65 屬於同一内容，爲從屬關係。73EJT10：345 + 496、73EJT10：347 號簡殘損嚴重，難以判定。

## 二 分類與編聯

對“通道厩穀出入簿”編聯，可以借鑒“永元器物簿”的編聯形式。“永元器物簿”是先承上月再記本月，過度關鍵字詞有“承上月”“今餘”“凡”等。此處節選其一個月的“簿”，簡文如下：

·廣地南部言永元五年六月官兵釜磑月言簿 1

承五月餘官弩二張箭八十八枚釜一口磑二合 2

今　　餘官弩二張箭八十八枚釜一口磑二合 3

　　赤弩一張力四石木關 4

　　陷堅羊頭銅鍭箭卅八枚 5

　　故釜一口鍉有錮口呼長五寸 6

　　磑一合上缺二所各大如踈 7

·右破胡兵物 8

　　·赤弩一張力四石五木破起繳往＝絶 9

　　盲矢銅鍭箭五十枚 10

　　磑一合敝盡不任用 11

·右澗上兵物 12

·凡弩二張箭八十八枚釜一口磑二合　毋入出 13

永元五年六月壬辰朔一日壬辰廣地南部 14

候長信叩頭死罪敢言之謹移六月見官兵物 15

月言簿一編叩頭死罪敢言之 16

從中可看出當時編聯“簿”的情形及其具體簡牘排序。

第 1 組

☑□□五年九月穀出入簿 73EJT10：100

受八月餘穀十二石六斗五升☑ 73EJT10：325

依據簡文内容，并借鑒“永元器物簿”的格式，兩簡當可前後編次，内容是“通道厩元鳳五年九月穀出入簿”。編聯後册書并不完整。兩簡之間當穿插有“出粟”或“入穀”數量的簡（見圖 44“通道厩穀出入簿”

編聯圖“1”)。

第2組

今餘穀百七十七石二斗四升　其百六十八石二斗四升麥　九石粟☑

73EJT10：101

受九月餘穀百七十三石二斗四升　其百六十四石二斗四升麥　九石粟　73EJT10：113

依據簡文内容，兩簡當可前後編次，即：

受九月餘穀百七十三石二斗四升　其百六十四石二斗四升麥　九石粟　73EJT10：113

今餘穀百七十七石二斗四升　其百六十八石二斗四升麥　九石粟☑

73EJT10：101

兩簡均是“九石粟”，餘穀數目趨於一致，相差是“四石麥”，疑在73EJT10：101簡後當有出麥數目在四石的簡文，遺憾的是現存簡中并未發現。依據73EJT10：113號簡“受九月”的記錄，兩簡的時間當都在“十月”。檢索出相關的簡文，如下：

通道厩元鳳五年十月穀出入簿　73EJT10：62

入穀小石六百一十一石六斗　其四百九石六斗粟　二百二石麥　受紀子杜☑　73EJT10：277+174

☑年十月穀出入簿　☑六百一十一石六斗　其☑　二百二☑　☑□百八十八石□□四十　其☑　（削衣）　73EJT10：397

簡文中73EJT10：62、73EJT10：397簡的簡文中均出現了“十月”，當有緊密聯繫。73EJT10：277+174與73EJT10：397號簡穀物數值相同，均是“六百一十一石六斗”，亦當納入同類，73EJT10：397號簡記載更爲詳細，可能是副本。依據簡文内容，并參照“永元器物簿”，暫排序如下：

通道厩元鳳五年十月穀出入簿　73EJT10：62

受九月餘穀百七十三石二斗四升　其百六十四石二斗四升麥　九石粟　73EJT10：113

今餘穀百七十七石二斗四升　其百六十八石二斗四升麥　九石粟☑

73EJT10：101

入穀小石六百一十一石六斗　其四百九石六斗粟　二百二石麥　受

紀子杜☐　　73EJT10：277＋174

可知諸簡的時間是“元鳳五年十月”，編聯後册書并不完整，諸簡之間當穿插有“出粟”或“入穀”數量的簡（見圖44“通道厩穀出入簿”編聯圖“2”）。

第3組

通道厩佐謹元鳳五年十一月穀出入簿　　73EJT10：107

今粟小石百六十一石二斗　元鳳五年十一月癸卯受紀子移

73EJT10：116

依據簡文内容，兩簡當可前後編次，内容是“通道厩元鳳五年十一月穀出入簿”。編聯後册書并不完整，兩簡之間當穿插有“出粟”或“入穀”數量的簡（見圖44“通道厩穀出入簿”編聯圖“3”）。

第4組

通道厩佐元鳳五年十二月穀出入簿☐　　73EJT10：150

受十一月餘穀七百五十五石六☐　　73EJT10：180

元鳳五年十二月乙巳朔癸卯通道厩佐敢言之謹移穀出入簿

一編敢言之　　73EJT10：200

元鳳五年十二月乙巳朔癸卯通道厩佐讓敢言☐

謹移穀出入簿一編敢言之　　73EJT10：203A

賦……　　73EJT10：203B

通道厩佐元鳳五年十二月穀出入簿☐　　73EJT10：295

元鳳五年十二月☐　　73EJT10：341

依據簡文内容，以上六簡當可前後編次，内容是“通道厩元鳳五年十二月穀出入簿”。從簡文内容看，疑有正、副兩本，存在多種編聯組合的形式，如下：

73EJT10：150 － 73EJT10：180 － 73EJT10：200/73EJT10：203/73EJT10：341

73EJT10：295 － 73EJT10：180 － 73EJT10：200/73EJT10：203/73EJT10：341

暫選取第一種排序，條列釋文如下：

通道厩佐元鳳五年十二月穀出入簿☐　　73EJT10：150

受十一月餘穀七百五十五石六☐　　73EJT10：180

元鳳五年十二月乙巳朔癸卯通道厩佐敢言之謹移穀出入簿一編敢言之　73EJT10：200

編聯後册書并不完整，諸簡之間當穿插有“出粟”或“入穀”數量的簡（見圖44“通道厩穀出入簿”編聯圖“4”）。

第5組

元鳳六年正月乙亥朔癸卯通道厩佐敢言之謹移穀出入簿一編敢言之　73EJT10：209

依據簡文内容，73EJT10：209號簡當是“通道厩元鳳六年正月穀出入簿”的尾簡，册書并不完整，有待進一步復原（見圖44“通道厩穀出入簿”編聯圖“5”）。

第6組

凡穀小石七百八十八石四升　其四百一十八石六斗粟　三百七十石二斗四升麥　73EJT10：68

凡穀八百六十七石二斗　其四百卅五石粟　三百七十石二斗四升麥　73EJT10：82

受二月餘穀五百八十石六斗九升　其二百一十石四斗五升粟　三百七十石二斗四升麥　73EJT10：73

☑穀七百八石二斗九升　其三百卅八石五升粟　三百七十石二斗四升麥　73EJT10：94

☑餘穀小石六百卅八石四升　其二百六十七石八斗粟　三百七十石二斗四升麥☑　73EJT10：117

五簡當可前後編次。原因有三，如下：

一是五簡内容趨於一致，都是關於“穀”數量的統計匯總；二是五簡簡文中均有“三百七十石二斗四升麥”，而“粟”的數量不斷變化，具有共性；三是有内在邏輯性，有“受”“餘”“凡”等字詞關聯。

由此，五簡前後編次當無問題。需要注意的是五簡之中有統計錯誤。73EJT10：68號簡統計有誤，“四百一十八石六斗粟”與“三百七十石二斗四升麥”合計爲“七百八十八石八斗四升”，而非“七百八十八石四升”。疑書手抄寫漏掉了“八斗”，釋文當爲“凡穀小石七百八十八石八斗四升”。73EJT10：82號簡也統計有誤，“四百卅五石粟”與“三百七十石二斗四升麥”合計爲“八百五石二斗四升”，而非“八百六十七石二斗”，疑核算錯誤，釋文當爲“凡穀八百五石二斗四升”。

參考“永元器物簿”的編聯，五簡可有六種情況排序，如下：

73EJT10：73 – 73EJT10：117 – 73EJT10：94 – 73EJT10：68 – 73EJT10：82

73EJT10：73 – 73EJT10：117 – 73EJT10：94 – 73EJT10：82 – 73EJT10：68

73EJT10：73 – 73EJT10：117 – 73EJT10：68 – 73EJT10：82 – 73EJT10：94

73EJT10：73 – 73EJT10：117 – 73EJT10：68 – 73EJT10：94 – 73EJT10：82

73EJT10：73 – 73EJT10：117 – 73EJT10：82 – 73EJT10：94 – 73EJT10：68

73EJT10：73 – 73EJT10：117 – 73EJT10：82 – 73EJT10：68 – 73EJT10：94

也即可確定73EJT10：73、73EJT10：117兩簡的位置較前，其他三簡位置不確定。暫選取第一種排序，條列釋文如下：

受二月餘穀五百八十石六斗九升　其二百一十石四斗五升粟　三百七十石二斗四升麥　73EJT10：73

☐餘穀小石六百卅八石四升　其二百六十七石八斗粟　三百七十石二斗四升麥☐　73EJT10：117

☐穀七百八石二斗九升　其三百卅八石五升粟　三百七十石二斗四升麥　73EJT10：94

凡穀小石七百八十八石八斗四升　其四百一十八石六斗粟　三百七十石二斗四升麥　73EJT10：68

凡穀八百五石二斗四升　其四百卅五石粟　三百七十石二斗四升麥　73EJT10：82

經計算，第一種排序中，五簡之間“穀”的差异主要體現在“粟”的不同上。差异如下：

（1）73EJT10：73與73EJT10：117號簡差“五十七石三斗五升”；

（2）73EJT10：117與73EJT10：94號簡差“七十石二斗五升”；

（3）73EJT10：94與73EJT10：68號簡差“八十石五斗五升”；

（4）73EJT10：68 與 73EJT10：82 號簡差“十六石四斗”。

按照簡文“粟”數量的差异，第一種排序中，五簡之間當穿插“出粟”或“入穀”數量的簡，也即 73EJT10：73 與 73EJT10：117 號簡之間穿插簡的數量和當是“五十七石三斗五升”，73EJT10：117 與 73EJT10：94 號簡之間穿插簡的數量和當是“七十石二斗五升”，以次類推。其他五種排序，大致和第一種近似。可惜的是，由於簡牘散亂，存在多種組合的可能。目前無法作出精確的編聯排序。

比照“永元器物簿”第 13 枚簡“・凡弩二張箭八十八枚釜一口磑二合　毋入出”。經檢索釋文，也找到兩枚簡，如下：

毋出入　73EJT10：98

毋出入☐　73EJT10：186

疑兩枚簡當在 73EJT10：94、73EJT10：68、73EJT10：82 三簡之間。

依據 73EJT10：73 號簡“二月”的記載，73EJT10：117、73EJT10：94、73EJT10：68、73EJT10：82 四簡的時間當都在“三月”。魯家亮認爲：“73EJT10：94 所缺兩字當爲‘今餘’，它應該是二月餘穀的記錄，而 73EJT10：73 則是發放二月餘穀的記錄。”[①] 如結合五簡内容及排序看，魯説當修訂。疑 73EJT10：73 號簡是二月餘穀的最終記錄，而 73EJT10：94 與 73EJT10：82、73EJT10：68、73EJT10：117 三簡一樣，是三月餘穀的某次記錄。所以 73EJT10：94 所缺字有可能是“凡”，而 73EJT10：117 號簡所缺字可能是“今”。

至於五簡的年份，推測是“元鳳六年”，原因是“通道厩出入簿”時間的連續性考慮，目前連續性的時間是：

元鳳五年九月→元鳳五年十月→元鳳五年十一月→元鳳五年十二月→元鳳六年正月→元鳳六年四月

如果把年份定在“元鳳五年”，五簡時間將是“元鳳五年三月”，“通道厩出入簿”的時間連續性將被打亂，而缺少元鳳五年四月、五月、六月、七月、八月的數據信息。反之，如果定五簡時間是“元鳳六年三月”，時間鏈則相對完整。由此，把五簡時間定爲“元鳳六年三月”較爲合適，也即“通道厩穀出入簿”至少包含了“兩年七個月”的“簿”

① 魯家亮：《肩水金關漢簡釋文校讀六則》，《古文字研究》第 29 輯，中華書局 2012 年版。

（元鳳五年九月、元鳳五年十月、元鳳五年十一月、元鳳五年十二月、元鳳六年正月、元鳳六年三月、元鳳六年四月），還缺“元鳳六年二月”的記錄（見圖44“通道厩穀出入簿”編聯圖“6”）。

第7組

通道厩計餘元鳳六年四月穀出入簿☐　73EJT10：137

通道厩元鳳六年四月穀出入簿☐　73EJT10：328

依據簡文内容，兩簡當可前後編次，内容是“通道厩元鳳六年四月穀出入簿”。編聯後册書并不完整，兩簡之間當穿插有“出粟”或“入穀”數量的簡（見圖44“通道厩穀出入簿”編聯圖“7”）。

第8組

肩水穀已頗稟食過客傳馬御及當食者凡☐　73EJT10：99

簡文爲標題簡，由於有“凡”字，疑是尾簡。“稟食過客傳馬御及當食者”似可斷讀作“稟食：過客、傳馬、御及當食者”，也即此簡應是糧食支出對象的記錄。通過對過客、傳馬、御及當食者諸簡的梳理。發現“過客”五枚簡，“傳馬”十二枚簡，“御”七枚簡，“當食者”八枚簡，合計三十二枚簡。73EJT10：99是以上諸簡的尾簡。三十三枚簡編聯成册，構成一個相對完整的稟食記錄（見圖44“通道厩穀出入簿”編聯圖“8”）。

第9組

☐壬□通（道）厩（佐）敢言之謹移穀（出入簿）　73EJT10：3

該簡是“通道厩穀出入簿”的標題，殘損不全，時間難以判定，無法精准歸入具體的“穀出入簿”。

第10組

出穀小石卅四石四斗一升　其四石六斗五升粟　廿九石七斗六升麥
以食傳馬六匹一月其二匹縣馬　73EJT10：67

·凡出穀小石六石斗一升　其卅石八斗五升粟　·廿九石七斗六升麥　73EJT10：85

兩簡都是“出穀”且都是“廿九石七斗六升麥”，故可前後編次。73EJT10：85號簡總數量存在問題。該簡的“卅石八斗五升粟”與“廿九石七斗六升麥”合計是“六十石六斗一升”而非“六石斗一升”。即73EJT10：85號簡簡文當是“·凡出穀小石六十石六斗一升”，疑書手寫作時存在錯誤。73EJT10：67 號簡出粟“四石六斗五升”，73EJT10：85 號簡出粟“卅石八斗五升”，相差“二十六石二斗”，即兩簡之間穿插簡的數量和當是“二十六石二斗”。可惜的是尚無法判定簡的時間，難以精准歸入具體的“穀出入簿”。

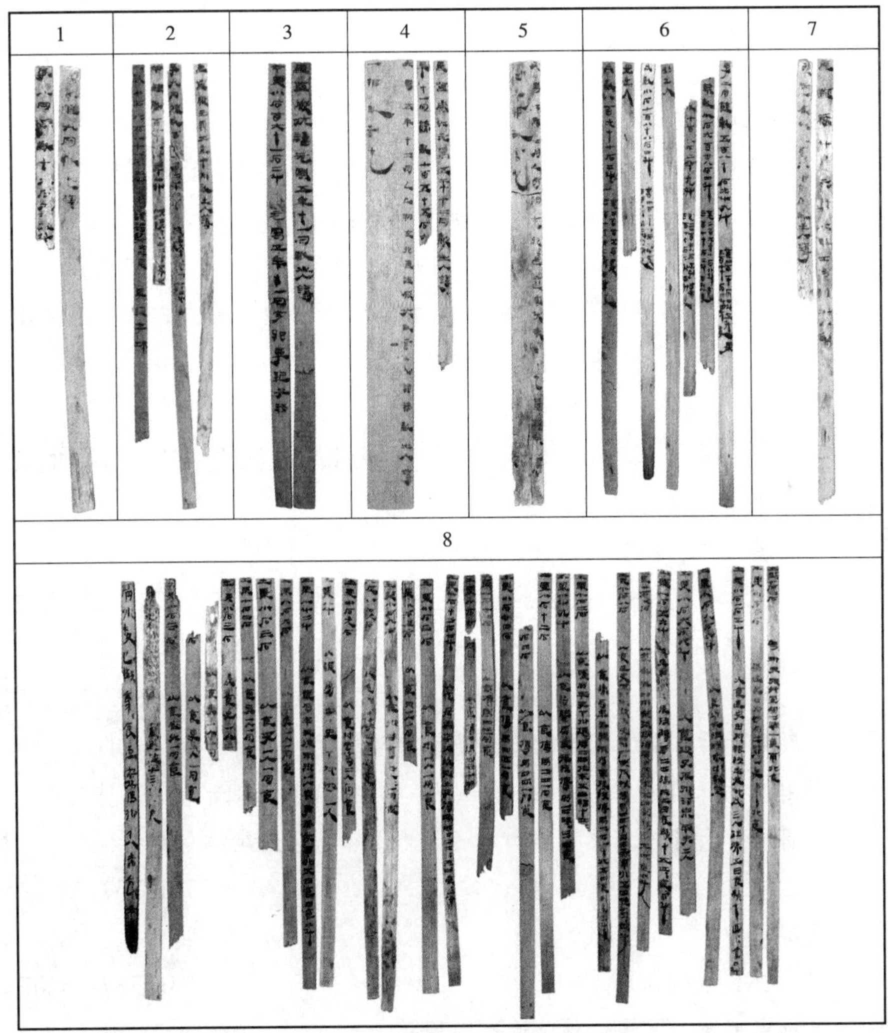


圖 44　“通道厩穀出入簿”編聯圖

第 11 組

今餘穀五百卌九石四升　其二百八石八斗五升粟　三百卌石一斗九

升糜　　73EJT10：89

今餘穀五百卌九石四升　其二百八石八斗五升粟　三百卌石一斗九升糜☐　　73EJT10：96

兩簡内容一致，疑是正本、副本的關係，特殊的是記載有"糜"，則是同類匯總簡所未見。可惜的是尚無法判定簡的時間，難以精准歸入具體的"穀出入簿"。

## 三　稟食的對象

在"通道厩穀出入簿"諸簡中，73EJT10：99號簡記載了稟食的對象——過客、傳馬、御、當食者。簡文如下：

肩水穀已頗稟食：過客、傳馬、御及當食者凡☐　　73EJT10：99

由於這是"通道厩"日常糧食的主要開支，較爲重要。故對簡文出現的過客、傳馬、御、當食者分别加以考釋。

1. 過客

關於"過客"，學界以往研究較少。① 肩水金關漢簡中"過客"的記載較多，彌補了這方面的不足。列舉釋文如下：

·七月戊午，關佐則所食過客簿　　73EJT1：295

☐食過客八斗一升·凡☐　　73EJT21：172

五千三百五十，以給置稍入，過客威未嘗署卒，卒不多錢得　　73EJT37：960

負鮑魚十斤　見五十頭橐敗　少三斤給過客　　73EJT33：88

神爵四年正月丙寅朔辛巳，居延丞奉光移肩水金關都尉府，移肩水候書曰：大守府調徒復作四人送往來過客，今居延調鬼新徒孫　　73EJT37：520A

居延丞印

正月壬辰董敞以來　　73EJT37：520B

置吏宋吏壽　掌廚、傳、過客、驛馬　　73EJF3：343

① 沈剛：《秦漢時期的客階層研究》，吉林文史出版社2003年版；王子今：《居延簡及敦煌簡所見"客"——漢代西北邊地流動人口考察札記》，《秦漢社會史論考》，商務印書館2006年版。

從 73EJT37：520 號簡看，邊地政府有人負責迎送“過客”，亦知“過客”流動性較强——“往來”。這也能與傳世文獻《漢書·武五子傳》所載“其謹備盗賊，察往來過客”形成印證。[①] 從 73EJT1：295、73EJT21：172、73EJT33：88 號簡看，“過客”有一定的糧食配給。從 73EJF3：343 號簡分析，過客的物資供應由“置吏”負責。[②]《漢書·劉彭祖傳》載：“諸使過客，以彭祖險陂，莫敢留邯鄲。”顔師古注曰：“使謂京師使人也。過客，行客從趙過者也。”[③] 由此，懷疑諸簡中的“過客”是指路過邊地的出行者。

懸泉漢簡中有“過長羅侯費用簿”，[④] 是懸泉置接待長羅侯來往軍士的一份帳單，對理解“過客”的食物配給具有重要作用。制表如下（表2）：

**表2　　“過長羅侯”費用明細**

| 序號 | 食物 | 人員 | 簡號 | 備注 |
|---|---|---|---|---|
| 1 | 羊五 | 軍長吏具 | Ⅰ90DXT0112③：62 | |
| 2 | 鷄十隻一枚 | 軍長吏二人、軍候丞八人、司馬丞二人 | Ⅰ90DXT0112③：68 | 九人再食<br>三人一食 |
| 3 | 牛肉百八十斤 | 軍長吏廿人、斥候五十人 | Ⅰ90DXT0112③：69 | |
| 4 | 魚十枚 | 軍長吏具 | Ⅰ90DXT0112③：70 | |
| 5 | 出粟四斗 | 都田佐宣 | Ⅰ90DXT0112③：71 | |
| 6 | 出豉一石二斗 | 施刑士 | Ⅰ90DXT0112③：72 | 和醬食 |
| 7 | 酒十八石 | 軍吏廿、斥候五人 | Ⅰ90DXT0112③：74 | |
| 8 | 出米廿八石八斗 | 亭長奉德、都田佐宣以食施刑士三百人 | Ⅰ90DXT0112③：77 | |

參照甘肅省文物考古研究所《敦煌懸泉漢簡釋文選》，《文物》2000 年第 5 期；張德芳《〈長羅侯費用簿〉及長羅侯與烏孫關係考略》，《敦煌懸泉漢簡釋粹》，上海古籍出版社 2001 年版，第 231—232 頁。

由表可知，懸泉置此次招待較爲豐盛，“置辦了牛、羊、雞、魚、

① （東漢）班固：《漢書》，中華書局 1962 年版，第 2767 頁。
② 郭偉濤：《漢代張掖郡肩水塞研究》，博士學位論文，清華大學，2017 年，第 180 頁。
③ （東漢）班固：《漢書》，中華書局 1962 年版，第 2420 頁。
④ 王子今：《〈長羅侯費用簿〉應爲〈過長羅侯費用簿〉》，《文物》2001 年第 6 期。

酒、豉、粟、米等各種食品”。[①] 從食物的價值分析，人員等級不同，食物配給也有差异。軍長吏、斥候明顯待遇較好（羊、鷄、牛、魚、酒），施刑士待遇最差（豉和醬食）。[②] 李均明認爲：“過往者僅食一餐或至多數日食。”[③] 參照“過長羅侯費用簿”，檢索相關信息，“通道厩穀出入簿”簡册中符合“過客”的簡文如下：

（1）出粟小石二石　爲御史張卿置豚二雞一隻南北食　73EJT10：69

（2）出粟小石三石　爲廷史田卿買豚二雞一隻南北食　73EJT10：70

（3）出粟小石一石五斗　以食廷史田卿張掖卒史野凡三人往來五日食積十匹＝食四斗　73EJT10：71

（4）出粟小石六石六斗　以食御史張酒泉卒史二人　73EJT10：75

（5）出粟小石六石六斗　以食御史張卿酒泉卒史二人☑　73EJT10：87

由於“過客”并不是長居在此，故其所食屬臨時性質，“僅食一餐或至多數日食”無疑是正確的論述。五簡的對象是御史張卿、廷史田卿、酒泉卒史以及張掖卒史，主要圍繞御史張卿、廷史田卿展開。簡文中的“御史”當是“侍御史”，據研究“‘侍御史’通稱‘御史’，爲漢代常態……大約稱‘侍御史’是爲區別於御史大夫直接領導的屬官，通常亦可不加‘侍’字”。[④]《漢書・百官公卿表》載：“御史大夫，秦官，位上卿，銀印青綬，掌副丞相。有兩丞，秩千石。一曰中丞，在殿中蘭台，掌圖籍秘書，外督部刺史，内領侍御史員十五人，受公卿奏事，舉劾按章。”[⑤] 簡文中的“廷史”是指“廷尉史”，《漢書・杜周傳》載：“始周爲廷史，有一馬，及久任事，列三公，而兩子夾河爲郡守，家訾累巨萬矣。”顔師古注曰：“廷史即廷尉史也。”[⑥]

可知御史張卿、廷史田卿均是中央官署的重要官員，一歸御史大夫，

---

① 張德芳：《〈長羅侯費用簿〉及長羅侯與烏孫關係考略》，《敦煌懸泉漢簡釋粹》，上海古籍出版社2001年版，第232—233頁。

② 初昉、世賓：《懸泉漢簡拾遺（七）》，《出土文獻研究》第15輯，中西書局2016年版，第333頁。

③ 李均明：《通道厩考——與敦煌懸泉厩的比較研究》，《出土文獻》第2輯，中西書局2011年版。

④ 代國璽：《説“制詔御史”》，《史學月刊》2017年第7期。

⑤ （東漢）班固：《漢書》，中華書局1962年版，第725頁。

⑥ （東漢）班固：《漢書》，中華書局1962年版，第2661頁。

一歸廷尉。《二年律令·傳食律》二三二、二三三號簡載："丞相、御史及諸二千石官使人若遣吏，新爲官及屬尉、佐以上徵若遷徙者，及軍吏、縣道有尤急言變事，皆得爲傳食。"① 御史張卿、廷史田卿屬於御史大夫以及廷尉（中二千石）差遣的吏，"只有丞相、御史和兩千石官這三類官員差遣的人或吏才能享受傳食"。② 由此張卿、田卿受到"通道厩"的接待，特爲兩人"買豚二、雞一隻"，待遇優渥。

從73EJT10：69、73EJT10：70兩簡看，御史張卿、廷史田卿兩人的接待標準存在差异。一爲"出粟小石二石"，另一爲"出粟小石三石"，疑書手寫作時錯誤。結合73EJT10：75、73EJT10：87兩簡，有可能都是"三石"。此外，簡文并未説明是一餐標準、一日標準還是數日標準。結合73EJT10：71號簡看，有可能是數日食。在同類簡中，可知御、厩佐、史一個月的糧食標準是"三石"。御史張卿、廷史田卿"數日食"的標準便是普通小吏一個月的食量。由此可看出等級差异在廩食時的差别較大。

從73EJT10：71、73EJT10：75、73EJT10：87三簡看，"御史張卿"是"酒泉卒史"陪同負責，"廷史田卿"是"張掖卒史"陪同負責。簡文中的"卒史"爲郡府屬吏，③ 據學者考證，"（卒史）是秦漢時期二千石左右官吏的高級屬吏，主要設於郡太守、都尉、屬國都尉、中央列卿等官府之中"。④"御史張卿""廷史田卿"分别由酒泉、張掖兩郡的"卒史"陪同負責，一方面説明兩人的身份地位較高，另一方面説明兩人公務的區域不同。"御史張卿"處理的是酒泉郡的事務，而"廷史田卿"處理的是張掖郡的事務。

73EJT10：75、73EJT10：87兩簡内容幾乎一致，疑是文書的正、副本。配給標準是御史、卒史兩人合計六石六斗，疑每人三石三斗。73EJT10：71號簡簡文存在書寫錯誤，一是簡文"廷史田卿張掖卒史野凡

① 張家山漢墓竹簡整理小組：《張家山漢墓竹簡［二四七號墓］：釋文修訂本》，文物出版社2006年版，第40頁。斷讀意見從魯家亮《張家山漢簡〈二年律令〉釋文補遺與相關問題研究》，博士學位論文，武漢大學，2008年，第32頁。

② 魯家亮：《張家山漢簡〈二年律令〉釋文補遺與相關問題研究》，博士學位論文，武漢大學，2008年，第32頁。

③ 孫富磊：《秦漢郡府卒史研究》，碩士學位論文，魯東大學，2015年，第6頁。

④ 李迎春：《論卒史一職的性質、來源與級别》，《簡牘學研究》第6輯，甘肅人民出版社2016年版。

三人”有誤，廷史田卿與張掖卒史野是“二人”，簡文當是“凡二人”；二是“出粟小石一石五斗”有誤，數目存在問題，“五日食積十匹＝食四斗”合計當是“四石”。[①] 此外，若對比 73EJT10：71 號簡二人五日食“四石”的標準，73EJT10：75、73EJT10：87 兩簡中御史張卿與酒泉卒史兩人“六石六斗”的標準也當是“數日食”，大約是八、九日。

2. 傳馬

“傳馬”是驛站所用的馬。檢索簡文，符合“傳馬”的簡文如下：

（1）出糜小石六石　史田卿乘張掖傳馬三匹往來五日食積十五匹＝食四斗　73EJT10：78

（2）出粟小石六石　以食廷史田卿乘張掖傳馬三匹往來五日食積十五匹＝食四斗　73EJT10：83

（3）出粟小石八石　以食廷史石卿張掖卒史□所乘張掖傳馬四匹十月壬子南北五日積廿匹＝四斗　73EJT10：168＋106

（4）☑以食護府卒史徐卿府乘張掖傳馬二匹南北五日食日食三斗　73EJT10：147

（5）出粟小石二石　以食護府卒史丁卿傳馬二西往來五日積十匹＝☑　73EJT10：175＋160

（6）出粟小斗九斗　以食詔醫所乘張掖傳馬一匹現三日食☑　73EJT10：88

（7）出糜小石十二石　以食傳馬二匹一月食　73EJT10：80

（8）☑小石四石　以食傳馬四匹一月食　73EJT10：92

（9）出粟小石廿四石　以食傳馬四匹一月食☑　73EJT10：171

（10）出粟小石廿四石　以食傳馬四匹一月食☑　73EJT10：296

（11）出粟小石廿（四）石　以食傳馬四匹一月食　73EJT10：342＋471

（12）出粟小石十三石二斗　以食居延卒史單卿士吏得騎馬廿二匹＝三日食＝一斗　73EJT10：79

73EJT10：78 與 73EJT10：83 號簡内容較爲一致，均是“田卿乘張掖轉馬三匹往來五日”的記錄，疑是文書的正、副本。但是兩者也存在差

① 魏振龍告知可能“書手誤將屬於‘傳馬’簡之‘積十匹＝食四斗’綴寫於‘過客’簡”。

异，73EJT10：78 是“出糜”而 73EJT10：83 是“出粟”，兩簡當一致。疑其中一枚書手書寫錯誤。73EJT10：88 號簡的“詔醫”，是國家徵召的醫者。《漢書·兩龔傳》載龔勝曰：“竊見國家徵醫巫，常爲駕，徵賢者宜駕。”① 可見被徵召的醫者是由政府提供車馬的。73EJT10：88 號簡的簡文亦印證了傳世文獻記載的真實性，而且提供了傳馬稟食的標準是每日三斗。73EJT10：92 號簡“四石食傳馬四匹一月食”的記載恐有誤。依據 73EJT10：171、73EJT10：296 兩簡的記載，當是“廿四石”。73EJT10：79 號簡的記載也有誤，“廿二匹＝三日食＝一斗”合計爲“六石六斗”，而非“十三石二斗”，“如果按照每日二斗的標準來算，則數值完全正確”。② 即簡文當是“三日食＝二斗”。依據諸簡，制表如下（表 3）：

**表 3　　馬匹口粮統計**

單位：石，一月按照三十天計算

| 簡號 | 日食 | 月食 | 飼料 | 馬匹種類 | 人員 |
|---|---|---|---|---|---|
| 73EJT10：78/73EJT10：83 | 0.4 | 12 | 糜/粟 | 張掖傳馬 | 廷史田卿 |
| 73EJT10：168＋106 | 0.4 | 12 | 粟 | 張掖傳馬 | 廷史石卿張掖卒史 |
| 73EJT10：88 | 0.3 | 9 | 粟 | 張掖傳馬 | 詔醫 |
| 73EJT10：147 | 0.3 | 9 | — | 張掖傳馬 | 護府卒史徐卿 |
| 73EJT10：175＋160 | 0.2③ | 6 | 粟 | 傳馬 | 護府卒史丁卿 |
| 73EJT10：92/73EJT10：171/73EJT10：296/73EJT10：342＋471 | 0.2 | 6 | —/粟/粟/粟 | 傳馬 | — |
| 73EJT10：80 | 0.2 | 6 | 糜 | 傳馬 | — |
| 73EJT10：79 | 0.2 | 6 | 粟 | 騎馬 | — |

由表 3 可知，“傳馬”所食均爲糧食類飼料：糜和粟。④ 日食標準分

①（東漢）班固：《漢書》，中華書局 1962 年版，第 3080 頁。

② 魯家亮：《肩水金關漢簡釋文校讀六則》，《古文字研究》第 29 輯，中華書局 2012 年版。

③ 魯家亮：《肩水金關漢簡釋文校讀六則》，《古文字研究》第 29 輯，中華書局 2012 年版。

④ 周峰：《西北漢簡中的馬》，碩士學位論文，西北師范大學，2013 年，第 25—27 頁。

爲二斗、三斗、四斗三種。出現的等級差异疑與用馬人員的等級以及馬匹的種類有關。《二年律令·金布律》四二五號簡載："□□馬日匹二斗粟、一斗叔（菽）。傳馬、使馬、都厩馬日匹叔（菽）一斗半斗。"[①] 這就反映出馬匹不同，糧食標準存在差异。懸泉漢簡Ⅱ0214②：556號簡載："未央厩、騎馬、大厩馬日食粟斗一升、叔（菽）一升。置傳馬粟斗一升，叔（菽）一升。其當空道日益粟，粟斗一升。長安、新豐、鄭、華陰、渭成（城）、扶風厩傳馬加食，匹日粟斗一升。車騎馬，匹日用粟、叔（菽）各一升。"[②] 這些規定反映出地理位置不同、所屬機構不同、傳馬用途不同，馬匹的口粮标准也不同。[③] 簡文中"廷史"高於"卒史"和"詔醫"，"張掖傳馬"高於"傳馬"和"騎馬"。73EJT10：147和73EJT10：175+160簡表現得最爲明顯：同等級情況下（均爲護府卒史），"張掖傳馬"高"傳馬"一斗。

3. 御

"御"是駕馭車馬的人，檢索簡文，符合"御"的簡文如下：

（1）出粟小石三石　以食御一人一月食　　73EJT10：167+93

（2）出粟小石三石　以食御一人一月食☑

73EJC：481+73EJT10：308

（3）出粟小石九石　以食御同等三人＝一月食　　73EJT10：74

（4）出粟小石六石　以食御同等二人＝一月食　　73EJT10：91

（5）出粟小石六石　以食御買等二人一月食☑　　73EJT10：165

（6）出粟八斗　以護所卒史丁卿御一人　　73EJT10：77

（7）出粟小斗十斗　以食護府卒史徐卿御一人案事居延南北五日食日食二斗　　73EJT10：81

從73EJT10：167+93、73EJC：481+73EJT10：308、73EJT10：74、73EJT10：91、73EJT10：165號簡計算，"御一人一月食"爲"三石"，日食則爲一斗。從73EJT10：81號簡知"護府卒史徐卿御"日食爲二斗，

① 張家山漢墓竹簡整理小組：《張家山漢墓竹簡［二四七號墓］：釋文修訂本》，文物出版社2006年版，第66頁。

② 胡平生、張德芳：《敦煌懸泉漢簡釋粹》，上海古籍出版社2001年版，第5頁。

③ 初世賓：《懸泉漢簡拾遺》，《出土文獻研究》第8輯，上海古籍出版社2007年版，第97—98頁；張俊民：《敦煌懸泉置出土文書研究》，甘肅教育出版社2013年版，第376頁。

月食則爲6石，是前者的兩倍。73EJT10：77號簡的日食標準也有可能是二斗，魯家亮認爲“丁卿御者此次外出的天數應該爲四天”。①

可知“御”的日食標準分爲一斗和二斗兩種。差异原因疑和“御”所服務的人員等級有關，如“卒史”之“御”日食二斗，普通的“御”日食一斗。

4. 當食者

《二年律令·傳食律》二三五、二三六號簡載：“食從者，二千石毋過十人，千石到六百石毋過五人，五百石以下到三百石毋過二人，二百石以下一人。”② 簡文依據官員秩級對其從者傳食人數的最高限額進行了規定。③ 懷疑73EJT10：99號簡的“當食者”不是《傳食律》中的“從者”。居延新簡EPT68：194號簡中有“當食者案”，廩食的對象是戍卒。EPF22：462號簡中又有“吏當食者”，廩食的對象是吏，兩者均非“從者”。由此，疑簡文中的“當食者”是指符合廩食條件的吏和戍卒。④ 檢索簡文，符合“當食者”的簡如下：

（1）出粟小石六石　以食吏一人一月食　73EJT10：86

（2）出粟小石三石　以食吏一人一月食☑　73EJT10：170

（3）出粟小石三石　以食吏一人一月食☑　73EJT10：172

（4）出粟小石三石　以食吏一人☑　73EJT10：316

（5）☑以食吏一人一月☑　73EJT10：317

（6）☑石　以食吏一人一月食☑　73EJT10：187

（7）出糜小石三石　以食厩佐一月食☑　73EJT10：95

（8）……以食通道卒三人人一月食　73EJT10：97

① 魯家亮：《肩水金關漢簡釋文校讀六則》，《古文字研究》第29輯，中華書局2012年版。

② 張家山漢墓竹簡整理小組：《張家山漢墓竹簡［二四七號墓］：釋文修訂本》，文物出版社2006年版，第40頁。

③ 陳偉：《〈二年律令〉新研》，《中國古代法律文獻研究》第5輯，社會科學文獻出版社2012年版。

④ ［日］鵜飼昌男：《〈始建國天鳳四年當食者案〉册書之考察——以漢代“案”字語義爲中心》，徐世虹譯，《簡帛研究二〇〇一》，廣西師範大學出版社2001年版，第699頁；李天虹：《居延漢簡簿籍分類研究》，科學出版社2003年版，第81頁；張德芳、韓華：《居延新簡集釋》第6册，甘肅文化出版社2016年版，第378頁。

從 73EJT10：170、73EJT10：172、73EJT10：316、73EJT10：97 等簡計算，“吏”的月食標準是“三石”。73EJT10：86 號簡所記“出粟小石六石”不符合“吏”的月食標準，魯家亮認爲系誤抄。①

## 四　書手的誤書

“通道厩穀出入簿”中有書手的誤書情況，擇其主要列表如下（表4）：

**表4**　　**誤書情況統計**

| 序號 | 簡號 | 錯誤簡文 | 正確簡文 | 備注 |
| --- | --- | --- | --- | --- |
| 1 | 73EJT10：68 | 七百八十八石四升 | 七百八十八石八斗四升 | 書手漏寫 |
| 2 | 73EJT10：69 | 小石二石 | 小石三石 | 標準不符 |
| 3 | 73EJT10：71 | 小石一石五斗 | 小石四石 | 誤算/抄 |
| 4 | 73EJT10：71 | 凡三人 | 凡二人 | |
| 5 | 73EJT10：78 | 小石五六斗 | 小石六石 | |
| 6 | 73EJT10：78 | 轉馬二匹 | 轉馬三匹 | |
| 7 | 73EJT10：79 | 一斗 | 二斗 | |
| 8 | 73EJT10：81 | 小斗二斗 | 小斗十斗 | |
| 9 | 73EJT10：82 | 八百六十七石二斗 | 八百五石二斗四升 | 誤算/抄 |
| 10 | 73EJT10：85 | 小石六石斗一升 | 小石六十石六斗一升 | 書手漏寫 |
| 11 | 73EJT10：86 | 小石六石 | 小石三石 | 標準不符 |
| 12 | 73EJT10：92 | 小石四石 | 小石廿四石 | 書手漏寫 |

由表4可以發現，書手寫作較爲粗心隨意，錯誤大致如下：

數字寫錯，如“二”錯寫成“一”（73EJT10：79），“十”錯寫成“二”（73EJT10：81），“三”錯寫成“六”（73EJT10：86）。尤其“三”和“二”的混用較爲明顯，如“三”錯寫成“二”　（73EJT10：69、73EJT10：78）、“二”錯寫成“三”（73EJT10：71）。

單位寫錯，如 73EJT10：78 號簡“石”錯寫成“五”。

① 魯家亮：《肩水金關漢簡釋文校讀六則》，《古文字研究》第 29 輯，中華書局 2012 年版。

漏寫多寫，如73EJT10：68號簡漏寫“八斗”，73EJT10：85號簡漏寫“十”和“六”，73EJT10：92號簡漏寫“廿”；73EJT10：78號簡多寫“五”。

誤算、誤抄，73EJT10：71、73EJT10：82兩簡最爲明顯。“四石”錯寫成“一石五斗”，“八百五石二斗四升”錯寫成“八百六十七石二斗”，不僅是抄寫的錯誤，還有核算的錯誤。

書手的誤書雖然較多，但較爲集中，主要排序在73EJT10：71號簡至73EJT10：86簡之間。誤書的集中出現説明書手在寫作時并不仔細，似也無人對書寫内容進行核查監管。據《二年律令》記載，“上書”時書寫錯誤會受到懲處。《二年律令・賊律》十二、十七號簡載：“諸上書及有言也而謾，完爲城旦舂。其誤不審，罰金四兩……誤多少其實，及誤脱字，罰金一兩。”[①] 簡文中的“誤多少其實”便是指“會計做賬時的誤多或誤少”的情况。[②]

由此，懷疑現存的“通道厩穀出入簿”并非用來“上計”，可能只是留存的副本。因爲不擔心受到上級核查，故書手寫作時才如此粗心。

## 第二節　“騎士名籍”編聯

### 一　概述

騎士即騎兵，是漢代常設兵種之一。《漢書・高帝紀》注引《漢儀注》云：“民年二十三爲正，一歲爲衛士，一歲爲材官騎士，習射御騎馳戰陳。”[③]《後漢書・光武帝紀》注引《漢官儀》曰：“高祖命天下郡國選能引關蹶張，材力武猛者，以爲輕車、騎士、材官、樓船，常以立秋後講肄課試，各有員數。”[④] 騎士是漢代邊軍的重要組成，故史籍常見動用騎士穩定邊塞的記載。如《漢書・武帝紀》載：“六年冬十月，發隴西、

---

① 張家山漢墓竹簡整理小組：《張家山漢墓竹簡［二四七號墓］：釋文修訂本》，文物出版社2006年版，第9、10頁。

② 李均明：《簡牘所反映的漢代文書犯罪》，《出土文獻研究》第6輯，上海古籍出版社2004年版，第73頁。

③ （東漢）班固：《漢書》，中華書局1962年版，第37—38頁。

④ （南朝宋）范曄：《後漢書》，中華書局1965年版，第51—52頁。

天水、安定騎士及中尉，河南、河内卒十萬人，遣將軍李息、郎中令自爲徵西羌，平之。"《漢書·五行志》載："詔丞相灌嬰發車騎士八萬五千人詣高奴，擊右賢王走出塞。"《漢書·西南夷兩粤朝鮮傳》載："更遣寧始將軍廉丹與庸部牧史熊大發天水、隴西騎士，廣漢、巴、蜀、犍爲吏民十萬人，轉輸者合二十萬人，擊之。"①

學界對騎士簡的研究多以居延漢簡爲主，代表性的學者有勞榦，魯惟一，大庭脩，徐元邦、曹延尊，李天虹，李均明，沈剛等。勞榦指出居延漢簡中的騎士籍貫來自邊郡，"漢代大約三輔和西邊北邊，即三輔，幽，并，涼各州的屬部大多爲騎士"。② 魯惟一把居延漢簡中的二十六枚騎士簡編爲 UD3，并按照出生地排序，認爲騎士名册"可能是爲設備支出而填寫的記録……這些騎士并不完全徵募自漢朝管轄區"。魯惟一還分析了騎士與戍卒、田卒的區別，如騎士未列出年齡、爵位等信息。③ 大庭脩在魯惟一的基礎上對二十六枚騎士簡進行了更細緻的研究，認爲這些騎士簡可能是一件或兩件以上的册書，是駐守在肩水候官的戰斗部隊的名册，并對册書上的職官進行了考訂。④ 徐元邦、曹延尊把居延漢簡中的騎士名籍和騎士有關的簡輯出，討論了騎士名籍的格式、内容，并對騎士的職責和馬匹問題進行了論述。⑤ 李天虹把騎士名籍的格式分爲三類，"正文（一）1 依次記載縣、里及名姓，（一）2 在名姓後附記編制，（一）3 注有不明意義的符號；正文（二）依次記載編制、里及名姓，但不記縣；正文（三）將編制、縣一并省略。所有騎士名籍均不録郡、爵位、年齡。"⑥ 李均明認爲居延漢簡"簡文所見爲邊郡騎兵，主要來自張掖郡所屬氐池、觻得、昭武縣，冠以縣名，或以縣爲單位組隊，此名籍

① （東漢）班固：《漢書》，中華書局 1962 年版，第 188、1391、3846 頁。

② 勞榦：《漢代兵制及漢簡中的兵制》，《中央研究院歷史語言研究所集刊》1948 年第 10 本。

③ ［英］魯惟一：《漢代行政記録》，于振波、車今花譯，廣西師範大學出版社 2005 年版，第 26、301、302 頁。

④ ［日］大庭脩：《漢簡研究》，徐世虹譯，廣西師范大學出版社 2001 年版，第 71—83 頁。

⑤ 徐元邦、曹延尊：《居延漢簡中所見的騎士》，《中國考古學研究——夏鼐先生考古 50 周年紀念論文集》，文物出版社 1986 年版。

⑥ 李天虹：《居延漢簡簿籍分類研究》，科學出版社 2003 年版，第 18 頁。

當爲過境時留下的登記名單”。[①] 沈剛把《肩水金關漢簡（壹）》的騎士簡和居延新簡、敦煌漢簡的相關簡文進行了對比研究，認爲竹質騎士簡可能是由外地輸入，并對騎士名籍的格式進行了探討。[②]

肩水金關“騎士名籍”出土於F3遺址，最早有甘肅居延考古隊的發掘簡報披露，[③] 指出：“同期的‘騎士名籍’（EJF3）六十二枚，上中下三排横寫，按軍營編隊，分别登記一百余名騎士的姓名、職務、籍貫。”但由於一直未對外公布更詳細的資料，故相關研究較爲缺乏。“惜迄今未見這册名籍的圖版和釋文，不知其格式是否與正文（二）有别。”[④]

“騎士名籍”的圖版、釋文收錄於《肩水金關漢簡（伍）》一書中。2016年資料公布後，李洪財、雷海龍、徐佳文等訂補了相關文字。[⑤] 郭偉濤在其博士論文中結合73EJF3：184號簡，對“騎士名籍”的年代、簡數等問題進行了研究。其結論是：“當爲始建國二年十二月三日入關而南……名籍簡按照原有的部曲卒伍編制記錄，每一枚簡記錄三人，當有40枚簡，目前共發現35枚。在這35枚簡中，幾乎每名騎士之下皆有勾畫符號，顯見當時應該是逐人查點通關。”[⑥]

## 二　分類與編聯

整理者簡報指出“上中下三排横寫”的“騎士名籍”共有簡六十二枚，但没給出具體的簡號以及釋文。郭偉濤博士學位論文中雖認定有三十五枚簡，但僅舉出73EJF3：3、73EJF3：11＋4、73EJF3：7＋360、73EJF3：273＋10、73EJF3：415＋33五例，亦未提供更爲詳細的簡號信

① 李均明：《秦漢簡牘文書分類輯解》，文物出版社2009年版，第354頁。

② 沈剛：《西北漢簡所見騎士簡二題》，《出土文獻研究》第11輯，中華書局2012年版。

③ 甘肅居延考古隊：《居延漢代遺址的發掘和新出土的簡册文物》，《文物》1978年第1期。

④ 李天虹：《居延漢簡簿籍分類研究》，科學出版社2003年版，第18頁。

⑤ 李洪財：《〈肩水金關漢簡〉（伍）校讀記（一）》，2017年2月25日，簡帛網，http://www.bsm.org.cn/?hanjian/7481.html；雷海龍：《〈肩水金關漢簡（伍）〉釋文補正及殘簡新綴》，《簡帛》第14輯，上海古籍出版社2017年版；徐佳文：《讀〈肩水金關漢簡（伍）〉札記》，2017年2月27日，簡帛網，http://www.bsm.org.cn/?hanjian/7482.html。

⑥ 郭偉濤：《漢代張掖郡肩水塞研究》，博士學位論文，清華大學，2017年，第262頁。本節所引郭偉濤觀點，均出自其博士學位論文，不再出注，特此説明。

息。列舉相關簡文，統計如下：[①]

（1）右前騎士關都里任憲卩　左前騎士陽里張嚴卩　中營右騎士中宿里鄭茂卩　73EJF3：3[②]

（2）右前騎士關都里趙嚴卩　左前騎士通澤里李嚴卩　中營右騎士安樂里范良　73EJF3：11＋4[③]

（3）右前騎士鳴沙里尚詡卩　左前☑　73EJF3：6

（4）右前騎士中宿里華賞卩　左前騎士當遂里蕭仁卩　中營左騎士廣郡里孫長　73EJF3：7＋360

（5）☑宋章卩　中營右騎士富里李立卩　73EJF3：8

（6）右前騎士仁里楊意卩　左前騎士廣都里馮恭卩　中營右騎士遮虜里戴林卩　73EJF3：273＋10

（7）右前騎士仁☑　73EJF3：12

（8）右前騎士安國里□☑　73EJF3：13

（9）右前騎士鳴☑　73EJF3：14

（10）☑永卩　左前騎士孤山里郭賀　中營右騎士安國里孫政卩　73EJF3：281＋18

（11）☑左前騎士累山里蘇慶　73EJF3：19

（12）右前騎士累中宿里鄭彭　左前騎士□☑　73EJF3：30＋21[④]

（13）☑里韓宫　73EJF3：22[⑤]

（14）右前騎士萬歲里衣戎　左前騎士廣都里任當卩　73EJF3：24

（15）右前騎士中宿里孫賞卩　左前騎士累山里下黨卩　中營左騎士鳴沙里☑　73EJF3：25＋543[⑥]

---

① 釋文方面的修訂成果直接吸收在釋文中，參看本書頁下注，不再一一闡明。

② 李洪財：《〈肩水金關漢簡〉（伍）校讀記（一）》，2017年2月25日，簡帛網，http：//www.bsm.org.cn/？hanjian/7481.html。

③ 李洪財：《〈肩水金關漢簡〉（伍）校讀記（一）》，2017年2月25日，簡帛網，http：//www.bsm.org.cn/？hanjian/7481.html。

④ 整理者原釋文作“右前騎士累中宿北鄉□　左前騎士□☑”。整理者所釋“北鄉”，恐非，此兩字圖版作殘缺，難以釋讀。若釋“北鄉”與文例不通，所釋“北”字更可能是“里”字殘筆。另結合73EJF3：399號簡，可補充騎士姓名“鄭彭”。

⑤ 結合73EJF3：230號簡看，有可能是“富里”。

⑥ 張再興、黃艷萍：《肩水金關漢簡校讀札記》，《中國文字研究》第26輯，上海書店出版社2017年版。

（16）右前騎士三十井里趙詡𠃊　　73EJF3：26

（17）右前騎士中宿里單崇𠃊　左前騎士廣☐　　73EJF3：27

（18）右前騎士富里周護　左前騎士陽里顔立𠃊　中營左騎士累山里☐　　73EJF3：28①

（19）☐左前騎士三泉里張建𠃊　中營右騎☐　　73EJF3：29

（20）☐騎士肩水里馮陽𠃊　　73EJF3：31

（21）右前騎士關都里李誼𠃊　左前騎士陽里張豐𠃊　中營左騎士安樂里李豐𠃊　　73EJF3：415＋33②

（22）☐左騎士昌里徐☐　　73EJF3：34

（23）右前騎士中宿里刑戎𠃊　左前騎士誠敖里馬護𠃊　中營左騎士富里宋多𠃊　　73EJF3：96

（24）右前騎士襍里刑禁𠃊　左前騎士安國里朱輔𠃊　中營左騎士千秋里孫章丿　　73EJF3：97

（25）右前騎士延年里楊放𠃊　左前騎士累山里許良𠃊　中營左騎士金城里左陽𠃊　　73EJF3：98

（26）☐𠃊　左前騎士累山里祝隆　𠃊☐　　73EJF3：280

（27）右前騎士襍里孫長　左前騎士累山里樊戎𠃊　中營左騎士白石里焦博𠃊　　73EJF3：359③

（28）右前騎士全稽里郭隆　左前騎士白石里鄭立𠃊　中營右騎士龍起里孫房𠃊　　73EJF3：361

（29）右前騎士全稽里成功恭𠃊　左前騎士安國里孫赦𠃊　中營左騎士陽里□□𠃊　　73EJF3：362

（30）右前騎士富里周并𠃊　左前騎士累山里蕭霸𠃊　中營右騎士安樂里房陽𠃊　　73EJF3：416＋364

---

①　雷海龍（落葉掃秋風）：《〈肩水金關漢簡（伍）〉釋文商補》，2016年8月2日，簡帛網簡帛論壇，http：//www. bsm. org. cn/bbs/read. php？ tid = 3389&keyword =% BC% E7% CB% AE% BD% F0；雷海龍：《〈肩水金關漢簡（伍）〉釋文補正及殘簡新綴》，《簡帛》第14輯，上海古籍出版社2017年版。

②　李洪財：《〈肩水金關漢簡〉（伍）校讀記（一）》，2017年2月25日，簡帛網，http：//www. bsm. org. cn/？ hanjian/7481. html。

③　整理者原釋文作"中營左騎士白石里侯博"。整理者所釋"侯"字，恐非，此字當"焦"字。

(31) ☐左前騎士孤山里張護卩 中營右騎士□□里朱嘉卩

73EJF3：365①

(32) 右前騎士長樂里莊成卩 左前騎士陽里張崇卩 中營右騎士富里任并 73EJF3：366

(33) 右前騎士中宿里蘇永卩 左前騎士通澤里張宗卩 73EJF3：413

(34) 右前騎士中宿里徐嚴卩 左前騎士富里韓慶☐ 73EJF3：414

(35) ☐前騎士肩水里刑并☐ 73EJF3：556

以上共統計到三十五組，計四十三枚簡，含學者在研究過程中綴合的八組：73EJF3：11＋4、73EJF3：7＋360、73EJF3：273＋10、73EJF3：281＋18、73EJF3：30＋21、73EJF3：25＋543、73EJF3：415＋33、73EJF3：416＋364。由此，整理者所言的"上中下三排横寫"共六十二枚簡并不符合事實。

諸簡的特點是上、中、下三欄書寫，其中上欄字間距較大，中、下兩欄字間距相對較小。從筆迹來看，除部份的刮削補字外，大體而言，書寫規整美觀，成於一人之手。書寫格式爲李天虹總結的"正文（二）型"，依次記載編制、里及名姓，但不記縣。書寫順序爲右前、左前、中營，且同簡不重里。爲方便起見，把此類稱爲"騎士名籍A型"，按照簡號排序制圖（見圖45"騎士名籍"編聯圖"1"）。

除以上四十三枚簡外，還有一些"騎士簡"與上述諸簡不同，具有自己的特點。條列如下：

(1) 右前騎士仁里李恭☐ 73EJF3：5

(2) 右前騎士富里鳳當☐ 73EJF3：9

(3) 中營左騎士富里宋多 □☐ 73EJF3：15

(4) 中營右騎士安樂里□☐ 73EJF3：16

(5) ☐中營右騎士平明里張宗 73EJF3：17

(6) 右前騎士安國里史永丿☐ 73EJF3：20

(7) 中營右騎士中宿里鄭戎· 73EJF3：23

---

① 整理者原釋文作"☐左前騎士孤山里張護□卩"。73EJF3：365號簡"護"下一字尚有墨迹，故整理者用"□"表示，仔細比較分析，此處可能是書手刮削後的殘留，故釋文中不應再保留，當删除。

(8) ☐騎士陽里張嚴☐ 73EJF3：32

(9) 右前騎士閶都里李誼　毋馬十二月壬戌北出☐ 73EJF3：47①

(10) 左前騎士陽里鄭馮・ 73EJF3：99②

(11) 中營左騎士白石里焦博 73EJF3：100③

(12) ☐孤山里張護 73EJF3：102④

(13) 左前騎士陽里張放 73EJF3：148

(14) 中營右騎士富里趙騰 73EJF3：151

(15) ☐富里韓宫 73EJF3：230

(16) 右前騎士中宿里單崇・ 73EJF3：241

(17) ☐士中宿里鄭忠・ 73EJF3：248

(18) 中營左騎士金城里左陽 73EJF3：351

(19) 右前騎士中宿里刑戎・☐ 73EJF3：358

(20) 右前騎士中宿里召永・☐ 73EJF3：363

(21) 左前騎士孤山里郭賀☐ 73EJF3：367

(22) 左前騎士陽里張豐 73EJF3：385

(23) ☐前騎士三泉里張建　閏月晦北出☐ 73EJF3：387

(24) 中營右騎士富里任并 73EJF3：398

(25) 右前騎士中宿里鄭彭□□ 73EJF3：399

(26) 右前騎士中宿里韓褒 73EJF3：406

(27) 中營右騎士富里李☐ 73EJF3：506⑤

(28) ☐□士富里鳳則 73EJF3：531⑥

---

① 李洪財：《〈肩水金關漢簡〉（伍）校讀記（一）》，2017年2月25日，簡帛網，http：//www. bsm. org. cn/？hanjian/7481. html。

② 簡文中的"・"原釋爲"丿"，李天虹告知"丿"可能是"・"。經查，此處圖版存在刮削，推測原圖當是"丿"，刮削後僅存一點。

③ 整理者原釋文作"中營左騎士白石里侯博"。整理者所釋"侯"字，恐非，此字當"焦"字。

④ 73EJF3：102號簡"孤"字，整理者原釋"纍"。結合73EJF3：365號簡，此字當爲"孤"。

⑤ 結合73EJF3：8號簡，有可能是"李立"。

⑥ 整理者原釋文作"☐□士曹里鳳則"。整理者所釋"曹"字恐非，此字圖版右側殘缺，疑爲"富"字殘筆，73EJT7：103號簡"富"字可爲參考。

（29）右前騎士富里周并☐　　73EJF3：554①

（30）中營左騎士鳴沙里尚尊☐　　73EJF3：586

以上共統計到三十組，計三十枚簡。② 諸簡的特點主要是單行書寫，并不分欄，③ 與“騎士名籍 A 型”的三欄書寫明顯不同。從筆迹來看，73EJF3：23、73EJF3：241、73EJF3：248、73EJF3：358、73EJF3：363五簡當爲同一書手，且都有墨點（見圖 45“騎士名籍”編聯圖“3”）。73EJF3：9、73EJF3：531 兩簡疑似爲同一書手（見圖 45“騎士名籍”編聯圖“4”）。其餘簡則書手各异，難以精准區分。

總體而言，這三十枚簡書寫并不規整，與“騎士名籍 A 型”書風差异較大。鑒於諸簡都出自 F3（出土地相同），一些簡號又相鄰近，④ 内容又都涉及到騎士（内容相關），故暫把此類三十枚簡稱爲“騎士名籍 B 型”（見圖 45“騎士名籍”編聯圖“2”）。

“騎士名籍 A 型”與“騎士名籍 B 型”簡數相加有七十三枚。除去一些殘斷簡和疑似簡外，大致接近整理者簡報指出的六十二枚。故簡報所言“‘騎士名籍’（EJF3）六十二枚，上中下三排横寫”可能便是 A 型與 B 型的相加，而非單指“上中下三排横寫”的 A 型。

73EJF3：184 號簡簡文如下：

☐□年十一月癸亥朔　壬辰，居延守宰城倉守宰　詡、守丞習移肩水金關，

遣騎士史永等百百二十人，以詔書持兵馬之西或，卒馬十二匹，名如牒，書到，出入如律令。　　73EJF3：184A

居延丞印

---

① 雷海龍（落葉掃秋風）：《〈肩水金關漢簡（伍）〉釋文商補》，2016 年 8 月 26 日，簡帛網簡帛論壇，http：//www. bsm. org. cn/bbs/read. php？ tid ＝ 3389&keyword ＝% BC% E7% CB% AE% BD% F0；雷海龍：《〈肩水金關漢簡（伍）〉釋文補正及殘簡新綴》，《簡帛》第 14 輯，上海古籍出版社 2017 年版。

② 另有 73EJF2：42 號簡釋文作“右前騎士廣都里陽城隆☐”形制頗與此類接近，但由於不同遺址，暫且存疑不録。

③ 73EJF3：47、73EJF3：387 兩簡的出入信息是分欄書寫。從字迹看，出入信息與名籍筆迹不同，顯屬後書。

④ 如 73EJF3：15、73EJF3：16、73EJF3：17；73EJF3：99、73EJF3：100、73EJF3：102；73EJF3：385、73EJF3：387；73EJF3：398、73EJF3：399。

☐月三日入　兼掾永守令史黨　73EJF3：184B

73EJF3：184A 號簡簡文中的“西或”即“西域”。[①]《廣雅·釋詁一》：“或，有也。”王念孫疏證：“或，即邦域之域。”[②] 據學者考證，“西域、東域、北域，新莽所設方域名，爲派遣五威將帥出巡而劃”。[③] 該簡交代了史永等一百二十名騎士入肩水金關的緣由——“以詔書持兵馬之西或”的情況。

“史永”又見於 73EJF3：20 號簡，編制是“右前騎士”，説明 73EJF3：184 號簡同騎士名籍具有緊密的聯繫。核查圖版，73EJF3：184 號簡兩道編繩所過之處，預留有位置，并未疊壓字迹，與“騎士名籍 A 型”相合，疑爲先編後寫。簡文中的“名如牒”是“附带寫有名字的牒”，[④] 即指“騎士名籍”。

郭偉濤認爲 73EJF3：184“所附 120 名騎士的‘名如牒’”是三欄書寫的“騎士簡”，且舉出 73EJF3：3、73EJF3：11 +4、73EJF3：7 +360、73EJF3：273 +10、73EJF3：415 +33 五例以説明。從 A 型簡所預留位置看，郭説可信。由此，73EJF3：184 號簡當與“騎士名籍 A 型”編聯在一起（見圖 45“騎士名籍”編聯圖“6”），是 A 類的標題簡。

從目前“騎士名籍 A 型”的簡文看，其中尚無 73EJF3：184 號簡的“史永”姓名。推測缺少的簡牘中應有史永的相關信息。鑒於“史永”屬標題簡中提出的人名，故在“騎士名籍 A 型”中其位置應在標題簡之後，其他騎士名籍之前。

結合 73EJF3：184 號簡分析，“騎士名籍 A 型”應是入肩水金關的騎士名册。從“騎士名籍 B 型”的 73EJF3：47、73EJF3：387 兩簡時間看，[⑤] 73EJF3：387 號簡的出關時間要早於 73EJF3：47 號簡。懷疑

① 郭偉濤：《漢代張掖郡肩水塞研究》，博士學位論文，清華大學，2017 年，第 262 頁。

② （清）王念孫：《廣雅疏證》，中華書局 2013 年版，第 7 頁。

③ 饒宗頤、李均明：《新莽簡輯證》，臺北：新文豐出版公司 1995 年版，第 172 頁。

④ ［日］藤田勝久：《金關漢簡的傳與漢代交通》，肖芸曉譯，《簡帛》第 7 輯，上海古籍出版社 2012 年版，第 206 頁。

⑤ 兩簡記録了具體的出關時間，73EJF3：47 號簡是“十二月壬戌北出”，73EJF3：387 號簡是“閏月晦北出”。由於騎士名籍的時間是在“始建國二年”（見下節“時間考察”），故 73EJF3：387 號簡的時間是“始建国二年閏十月壬戌”，73EJF3：47 號簡的出關時間是“始建国二年十二月壬戌”。

73EJF3：387 號簡在“騎士名籍 B 型”中的位置應當在前。由此，懷疑“騎士名籍 B 型”應是出肩水金關的騎士名册。

“騎士名籍 B 型”中 73EJF3：23、73EJF3：241、73EJF3：248、73EJF3：358、73EJF3：363 五簡爲同一書手寫就，格式亦相同（都有墨點），當可歸爲同類，編聯在一起（見圖 45“騎士名籍”編聯圖“3”）。73EJF3：9、73EJF3：531 兩簡書手相同，但又有殘斷，能否歸類編聯尚不能做出肯定的結論（見圖 45“騎士名籍”編聯圖“4”）。

我們在梳理“騎士名籍 B 型”時，發現 B 型的人名大量与 A 型重複。列表如下（表 5）：

**表 5　“騎士名籍”人名重複**

| 序號 | 編制 | 里 | 名 | 騎士名籍 A 型 | 騎士名籍 B 型 |
|---|---|---|---|---|---|
| 1 | 右前 | 闒都里 | 李誼 | 73EJF3：415 +33 | 73EJF3：47 |
| 2 | 左前 | 陽里 | 張豐 | 73EJF3：415 +33 | 73EJF3：385 |
| 3 | 左前 | 陽里 | 張嚴 | 73EJF3：3 | 73EJF3：32 |
| 4 | 右前 | 中宿里 | 單祟 | 73EJF3：27 | 73EJF3：241 |
| 5 | 右前 | 中宿里 | 刑戎 | 73EJF3：96 | 73EJF3：358 |
| 6 | 右前 | 中宿里 | 鄭彭 | 73EJF3：30 +21 | 73EJF3：399 |
| 7 | 中營左 | 富里 | 宋多 | 73EJF3：96 | 73EJF3：15 |
| 8 | — | 富里 | 韓宮 | 73EJF3：22 | 73EJF3：230 |
| 9 | 中營右 | 富里 | 任并 | 73EJF3：366 | 73EJF3：398 |
| 10 | 右前 | 富里 | 周并 | 73EJF3：416 +364 | 73EJF3：554 |
| 11 | 左前 | 孤山里 | 張護 | 73EJF3：365 | 73EJF3：102 |
| 12 | 左前 | 孤山里 | 郭賀 | 73EJF3：281 +18 | 73EJF3：367 |
| 13 | 左前 | 三泉里 | 張建 | 73EJF3：29 | 73EJF3：387 |
| 14 | 中營左 | 金城里 | 左陽 | 73EJF3：98 | 73EJF3：351 |
| 15 | 中營左 | 白石里 | 焦博 | 73EJF3：359 | 73EJF3：100 |

由表 5 可知，“騎士名籍 B 型”大量重複了“騎士名籍 A 型”中的騎士人名。這種姓名重複對應關係爲編聯復原整個簡册提供了新的思路。

經統計，“騎士名籍 A 型”簡文中有人名六十六個，分别是：

任憲、張嚴、鄭茂、趙嚴、李嚴、范良、尚詡、華賞、蕭仁、孫長、宋章、李立、楊意、馮恭、戴林、□永、郭賀、孫政、蘇慶、鄭彭、韓宫、衣戎、任當、孫賞、卞黨、趙詡、單崇、周護、顔立、張建、馮陽、李誼、張豐、李豐、徐□、刑戎、馬護、宋多、刑禁、朱輔、孫章、楊放、許良、左陽、祝隆、孫長、樊戎、焦博、郭隆、鄭立、孫房、成功恭、孫赦、周并、蕭霸、房陽、張護、朱嘉、莊成、張崇、任并、蘇永、張宗、徐嚴、韓慶、刑并。

“騎士名籍 B 型”簡文中有人名二十九個，分别是：

李誼、張嚴、鄭馮、張放、張豐、鄭戎、單崇、鄭忠、刑戎、召永、鄭彭、韓襃、尚尊、鳳當、宋多、趙騰、韓宫、任并、李□、鳳則、周并、李恭、史永、張護、郭賀、張建、左陽、焦博、張宗。

李誼、張嚴、張豐、單崇、刑戎、鄭彭、宋多、韓宫、任并、周并、張護、郭賀、張建、左陽、焦博十五人與 A 型重，① 約占總數的 52%。“騎士名籍 B 型”比“騎士名籍 A 型”多出人名十三人，分别是：鄭馮、張放、鄭戎、鄭忠、召永、韓襃、尚尊、鳳當、趙騰、鳳則、李恭、史永、張宗。

從現有資料看，B 型應是 A 型騎士人名的複製本。由於“騎士名籍 A 型”尚缺少五簡計十五人的姓名，加上現有“騎士名籍 A 型”的殘損，合計缺少人名五十四人。B 型比 A 型所多出的人名十三人，可在一定程度上復原出 A 型缺失的部份簡文信息。按照騎士編制，列文如下：

(1) 右前騎士仁里李恭☐　73EJF3：5

(2) 右前騎士富里鳳當☐　73EJF3：9

(3) 右前騎士安國里史永丿☐　73EJF3：20

(4) 右前騎士中宿里召永·☐　73EJF3：363

(5) 右前騎士中宿里韓襃　73EJF3：406

(6) 左前騎士陽里鄭馮·　73EJF3：99

(7) 左前騎士陽里張放　73EJF3：148

(8) ☐中營右騎士平明里張宗　73EJF3：17

(9) 中營右騎士富里趙騰　73EJF3：151

(10) 中營右騎士中宿里鄭戎·　73EJF3：23

① 73EJF3：506 號簡“李☐”存疑。

（11）中營左騎士鳴沙里尚尊▨　　73EJF3：586

（12）▨士中宿里鄭忠·　　73EJF3：248

（13）▨□士富里鳳則　　73EJF3：531

加上以上十三人後，“騎士名籍 A 型”中的騎士還缺少四十一人的信息。但這些簡文補入後，“騎士名籍 A 型”無疑更趨完備。結合騎士名籍的信息，疑“騎士名籍 A 型”按照編制順序排列，如下：

右前騎士某里某人→左前騎士某里某人→中營右騎士某里某人

此順序排列完後，再按照：

右前騎士某里某人→左前騎士某里某人→中營左騎士某里某人

排序，即右在前左在後。

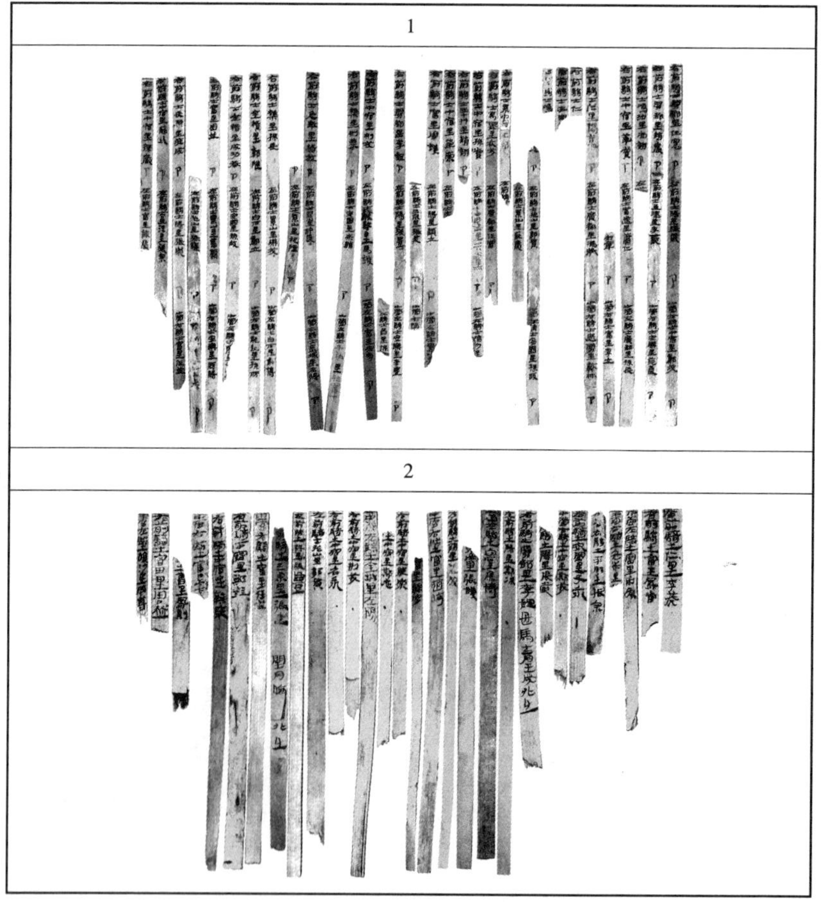

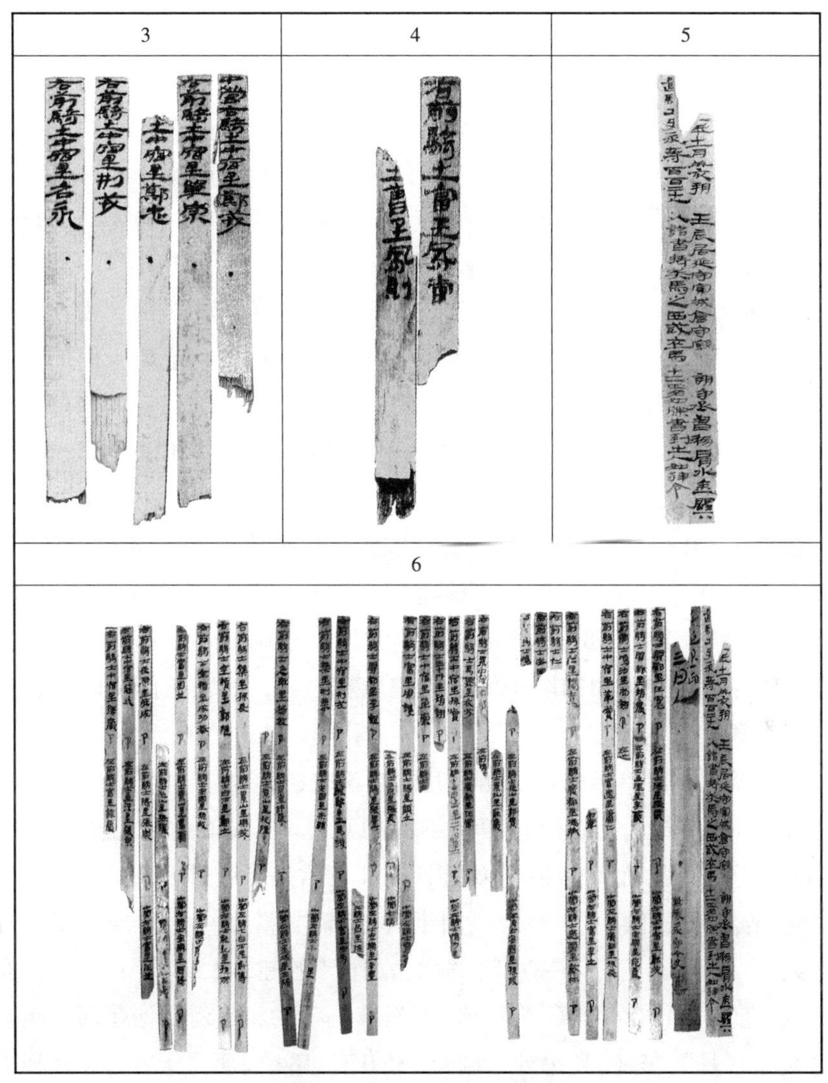

圖 45　“騎士名籍”編聯圖

## 三　編制年代和出入關時間

上文已述，73EJF3：184 號簡爲“騎士名籍 A 型”的標題簡。簡文如下：

☑□年十一月癸亥朔　壬辰，居延守宰城倉守宰　詡、守丞習移肩水金關，

遣騎士史永等百百二十人，以詔書持兵馬之西或，卒馬十二匹，名

如牒，書到，出入如律令。　73EJF3：184A

居延丞印

☐月三日入　兼掾永守令史黨　73EJF3：184B

如能明確73EJF3：184號簡的年代，騎士名籍的編制時間就可以確定下來。而關於73EJF3：184號簡的年代，則存在分歧。郭偉濤認爲在“始建国二年”（公元10年），許名瑲則認爲是“建武廿二年”（公元46年），① 兩人觀點的差异較大。由於73EJF3：24號簡所記載的“右前騎士萬歲里衣戎”曾出現在73EJF3：101號簡中，爲我們判定騎士簡的時間提供了很好的依據。簡文如下：

☐□粟大石二十五石。始建國二年十月甲寅，肩水掌官士吏惲受訾家居延萬歲里衣戎，就人西道里王竟。　73EJF3：101

依據73EJF3：101號簡的記載，“衣戎”出現於“始建國二年十月甲寅”（公元10年10月22日），距離建武廿二年（公元46年）相差甚遠。故郭偉濤把73EJF3：184號簡的時間定在“始建国二年”是合適的。由於73EJF3：184號簡和諸騎士簡可以編聯在一起，故騎士簡的時間也當在“始建国二年”。

以往學界在討論始建国二年閏月的情況時，有“閏十月”（癸亥朔）和“閏十一月”（壬辰朔）兩種不同的意見。② 馬怡結合額濟納漢簡2000ES9SF4：2號簡，推測：“始建國二年應當是十一月置閏，該月壬辰朔。”③ 結合曆法計算，如果是“閏十月”，簡文當作“始建国二年閏月癸亥朔”。如果是“閏十一月”，簡文當作“始建国二年年十一月癸亥朔”。從73EJF3：184號簡“年十一月癸亥朔”的記載看，始建国二年當是“閏十一月”無疑。④ 另外，結合73EJF3：184號簡“十一月癸亥朔壬辰”看，壬辰日是該月的第三十日，由此，十一月當是大月，即“閏十一月”的朔日當是“癸巳”而非“壬辰”。

騎士名籍的時間點以及騎士名籍中出現的人名，爲我們考察關聯簡

---

① 許名瑲：《〈肩水金關漢簡（伍）〉月朔簡考年》，2016年9月20日，復旦大學出土文獻與古文字研究中心網，http：//www. gwz. fudan. edu. cn/Web/Show/2900。

② 馬怡：《“始建國二年詔書”册所見詔書之下行》，《歷史研究》2006年第5期。

③ 馬怡：《“始建國二年詔書”册所見詔書之下行》，《歷史研究》2006年第5期。

④ 73EJF3：123A +561A號簡簡文作“始建國二年十一月癸亥朔”亦可爲佐證。

的年代提供了新的綫索。

我們曾綴合 73EJT37：401 +857 +1473 三簡，簡文如下：

……年□月□子朔戊寅，東鄉嗇夫宗敢言之：富里周護自言：爲金城允吾左尉樊立葆願……

與立俱之官，謹案：户籍護，士伍，年廿五，毋官獄徵事，當得以令……

……　73EJT37：401B +857A +1473A

居延丞印　73EJT37：401A +857B +1473B

綴合後三簡的具體時間一直無法斷定。依據 73EJT37：401 號簡殘存的“始建”字迹以及“富里周護”曾出現在“始建國二年”騎士簡來看，73EJT37：401B +857A +1473A 號簡的時間當爲“始建國二年九月”。九月朔“甲子”，“戊寅”爲該月十五日。“始建國二年”爲公元 10 年，此年周護二十五歲。由此推其出生年爲漢成帝永始三年（前 14 年）。

肩水金關 73EJC：471 號簡，簡文作：

安樂里范良☑　73EJC：471

簡文中的“安樂里范良”，又見於 F3 騎士名籍 73EJF3：11 +4 號簡中，作：

右前騎士關都里趙嚴卩　左前騎士通澤里李嚴卩　中營右騎士安樂里范良　73EJF3：11 +4

結合兩簡分析，兩簡中的“安樂里范良”當爲同一人。據此，73EJC：471 號簡的時間可能是在始建國二年。

居延新簡中亦有關聯簡文，如下：

粟石三斗　麥八斗　穬穬四斗三升　粟一斗　EPT65：317A

張崇　周并　鄭習　徐業不取　第四李業　EPT65：317B

居延新簡 EPT65：317 號簡出現的張崇、周并也在 F3 騎士名籍中得以出現，分別是：

右前騎士長樂里莊成卩　左前騎士陽里張崇卩　中營右騎士富里任并　73EJF3：366

右前騎士富里周并卩　左前騎士累山里蕭霸卩　中營右騎士安樂里房陽卩　73EJF3：416 +364

右前騎士富里周并☑　73EJF3：554

由此，EPT65：317 號簡可能同 F3 的騎士名籍簡的時間一致，均是在始建國二年。

需要注意的是騎士簡簡文中出現的幾個時間點，對於我們理解文意，瞭解史事具有重要的作用。條列如下：

（1）始建国二年十一月癸亥朔壬辰

（2）☑月三日入

（3）閏月晦北出

（4）十二月壬戌北出

簡文中的“始建国二年十一月癸亥朔壬辰”爲 73EJF3：184 號簡所記居延移書肩水金關的時間，“壬辰”日爲十一月的三十日，即月末晦日；簡文中的“月三日入”爲 73EJF3：184 號簡所記騎士入肩水金關的時間。由於簡文殘斷，郭偉濤認爲是“十二月三日入”。① 恐非。前文已述，始建国二年閏十一月。如果是十二月三日入肩水金關，騎士從居延至肩水金關的路程耗時將達三十多天，顯然過長。推測應爲“閏月三日入”，這樣用時四天到達肩水金關，較爲符合實際；簡文中的“閏月晦北出”爲 73EJF3：387 號簡所記“騎士三泉里張建”的出關時間，爲閏十一月的月末，即“始建国二年閏十一月辛酉”；簡文中的“十二月壬戌北出”爲 73EJF3：47 號簡所記“騎士闐都里李誼”的出關時間，“壬戌”日爲十二月的朔日，即該月初一。列表如下（表 6）：

**表 6　騎士簡時間節點**

| 年月日 | 月日 | 簡號 | 出入情況 | 類型 |
|---|---|---|---|---|
| 始建国二年十一月癸亥朔壬辰 | 11 月 30 日 | F3：184 | 騎士出居延 | A |
| 始建国二年閏月三日入 | 閏 11 月 3 日 | F3：184 | 騎士入肩水金關 | A |
| 始建国二年閏月晦 | 閏 11 月 29 日 | F3：387 | 張建出關 | B |
| 始建国二年十二月壬戌 | 12 月 1 日 | F3：47 | 李誼出關 | B |

由表 6 可知，騎士的入關時間較爲統一，出關時間則不一。這也印證了 A 型騎士名册是騎士的入關名册，B 型是騎士的出關名册的推測。

① 見郭偉濤博士學位論文第 262 頁。

張建在肩水金關滯留時間約二十六日，李詛滯留時間約二十七日。

## 四　"騎士名籍"所見詔書

史永等一百二十名騎士在始建国二年十一月"以詔書持兵馬之西或"，不見史書記載，是非常寶貴的資料。然騎士所持詔書内容，簡文未有披露。在閲讀額濟納漢簡時，發現有王莽頒發的"始建國二年十一月甲戌詔書"。[①] 十一月甲戌爲十一月十二日，時間上與73EJF3：184號簡所見的史永等騎士入居延的時間較爲接近，懷疑史永等騎士所持當即王莽"甲戌詔書"。爲此，把"始建國二年十一月甲戌詔書"簡文條列如下：[②]

（1）☑張掖大尹□虜皆背畔罪　皆罪……☑……塞守徼侵□□□將之日……　2000ES9SF4：12

（2）者之罪悪，深臧發之。□匈奴國土人民，以爲十五，封稽侯廄子孫十五人皆爲單乎，在致盧兒候山見在常安朝，郎南爲單乎郎，將作士大夫廄南【單】乎子藺苞副，有書 2000ES9SF4：11

（3）校尉苞□□度遠郡益壽塞，徼召餘十三人當爲單乎者。苞上書，謹□□爲單乎者十三人，其一人葆塞，稽朝候咸妻子家屬及與同郡虜智之將業　2000ES9SF4：10

（4）大且居蒲妻子人衆，凡萬餘人皆降。餘覽喜，拜之□□□□□□符蒲等，其□□□□質修待子入，餘□□入居……伋奏辯，詔命宣揚威□，安雜□　2000ES9SF4：9

（5）邊竟永寧，厥功伋焉。已封□苞爵宣公，即拜爲虎耳將軍；封伋爲揚威公，即拜爲虎賁將軍，使究其業。今詔將軍典五將軍，五道并出，或潰虜智皆匈腹，或斷絶其兩肩，拔抽

2000ES9SF4：8

（6）兩脅。諸發兵之郡，雖當校，均受重當［賞］，亦應其勞大尹。

① 李均明：《額濟納漢簡法制史料考》，《額濟納漢簡》，廣西師範大學出版社2005年版，第57—58頁；鄔文玲：《始建國二年新莽與匈奴關係史事考辨》，《歷史研究》2006年第2期；馬怡：《"始建國二年詔書"册所見詔書之下行》，《歷史研究》2006年第5期。

② 孫家洲主編：《額濟納漢簡釋文校本》，文物出版社2007年版，第83—85頁。

大悪及吏民諸有罪大逆無道、不孝子絞，蒙壹功［無］治其罪，因徙［遷］皆以此詔書到大尹府日，以…… 2000ES9SF4：7

（7）咸得自薪，同心并力除滅胡寇逆虜，爲故購賞科條，將轉下之，勉府稽吏民，其□□□□□務賞。堇其當上二年計最及級，專心焉。上吏民大尉以下得蒙壹功無治其罪，吏坐2000ES9SF4：6

（8）因騎置以聞。符第一。 2000ES9SF4：5

（9）始建國二年十一月甲戌下

十一月壬午，張掖大尹良、尹部騎司馬武行丞事、庫丞習行丞事下部大尹官縣丞書從事下當用者。明白 2000ES9SF4：4

由簡文可知，王莽分匈奴以爲十五，并封稽侯廄子孫十五人皆爲單于，藺苞、戴級因爲這次活動受到了獎勵。在 2000ES9SF4：8 號簡中，王莽下達了新的對匈作戰詔令："今詔將軍典五將軍，五道并出，或潰虜智皆匈腹，或斷絶其兩肩，拔抽兩脅。諸發兵之郡，雖當校，均受重賞，亦應其勞大尹。"爲了招募更多兵士，還赦免有罪之人，詔令"蒙壹功［無］治其罪"，并鼓勵他們"同心并力除滅胡寇逆虜"。73EJF3：24 號簡的"右前騎士萬歲里衣戎"，在十月二十二日的身份還是"貲家"（見 73EJF3：101 號簡），[①] 在十一月便被編爲騎士從軍，無疑正是"始建國二年十一月甲戌詔書"的緣故。

傳世文獻也記載了此時的相關情況，亦能同出土文獻形成印證。王莽登基稱帝後，欲立威匈奴，廢"匈奴單于璽"爲"新匈奴單于章"，從而導致匈奴不滿，引發民族衝突。在始建国二年十一月前，即史永等一百二十名騎士到肩水金關前，"匈奴單于求故璽，莽不與，遂寇邊郡，殺略吏民"。[②]

面對匈奴的"寇邊"，王莽也采取了一定的舉措。[③] 一是"更名匈奴

---

① 肖從禮認爲是指用自家車輛爲官府輸穀的人。肖從禮：《漢代居延鄉里及人物概述》，《"中國秦漢史研究會第十五屆年會暨海昏歷史文化"國際學術研討會論文集》，江西師範大學 2017 年版，第 1070 頁。

② （東漢）班固：《漢書》，中華書局 1962 年版，第 4119 頁。

③ 《漢書》認爲在十二月，結合"始建國二年十一月甲戌詔書"分析，《漢書》記載有誤。李均明：《額濟納漢簡政務文書述略》，《周秦漢唐文化研究》第 4 輯，三秦出版社 2006 年版，第 132 頁；鄔文玲：《始建國二年新莽與匈奴關係史事考辨》，《歷史研究》2006 年第 2 期。

單于曰‘降奴服于’”，二是“命遣立國將軍孫建等凡十二將，十道并出”，三是“募天下囚徒、丁男、甲卒三十萬人，轉衆郡委輸五大夫衣裘、兵器、糧食，長吏送自負海江淮至北邊，使者馳傳督趣，以軍興法從事，天下騷動。先至者屯邊郡，須皆具乃同時出”。① 《漢書》記載王莽采取“十道并出”，而額濟納漢簡 2000ES9SF4：8 記載却是“五道并出”。二者存在較大差异。李均明認爲：“或指藺苞、戴級局部所率軍隊，非指全局。”② 可備一説。在《漢書》記載的“十道并出”措施中，其中一道爲“奮武將軍王駿、定胡將軍王晏出張掖，及偏裨以下百八十人”。在地點、人數方面，此道與 F3 騎士簡較爲接近，可能存在某種關聯。

在“騎士名籍 A 型”中，人名後基本都有勾校符號“卩”，但孫長（廣郡里）、郭賀、蘇慶、鄭彭、衣戎、周護、孫長（襍里）、郭隆、任并、張宗十人没有加勾校符號進行核實，懷疑他們十人可能并未入關。由此，史永等一百二十名騎士并未集合完畢，便已入關。從張建、李誼入關再到出關的時間近一月分析，知其滯留時間較久，可能是在等待進一步的集結。這也與《漢書·王莽傳》“先至者屯邊郡，須皆具乃同時出”的記載相吻合。③

在“騎士名籍 B 型”中，加勾校符號的僅有七人，分别是：史永、鄭戎、鄭馮、單崇、鄭忠、刑戎、召永。明確出關日期的僅有兩人，分别是張建、李誼，也即核實出關的可能有九人，占總數的 31%。排除重複姓名，A、B 兩種類型的騎士簡共有八十三名騎士。④ 其中既入關又出關的僅有四人，分别是單崇、刑戎、張建、李誼，占騎士總數的 4.8%。結合這些數據看，王莽“募天下囚徒、丁男、甲卒三十萬人”的效果看來十分有限。這也印證了《漢書·匈奴傳》嚴尤“兵先至者聚居暴露，师老械弊，势不可用，此一难也”的谏言。⑤

此外，73EJF3：184 號簡記載史永等一百二十名騎士僅有“卒馬十

---

① （東漢）班固：《漢書》，中華書局 1962 年版，第 4121 頁。

② 李均明：《額濟納漢簡政務文書述略》，《周秦漢唐文化研究》第 4 輯，三秦出版社 2006 年版，第 132 頁。

③ （東漢）班固：《漢書》，中華書局 1962 年版，第 4121 頁。

④ 騎士名均是單名，疑與王莽推行的“去二名”有關。

⑤ （東漢）班固：《漢書》，中華書局 1962 年版，第 3824 頁。

二匹”，而且73EJF3：47號簡記載“右前騎士關都里李誼”出關時“毋馬”。關於騎士所用的馬匹，徐元邦、曹延尊認爲應當是“官馬”，[①] 但也存在“部分騎士的馬匹自備，以私財物買馬”的情況。[②] 無論所用馬匹爲“官馬”還是“私馬”，騎士一百二十人，僅有馬十二匹，以至於騎士出關無馬可用，頗顯窮迫。嚴尤曾道：“邊既空虛，不能奉軍糧，内調郡國，不相及屬。”[③] 若如此，足見邊塞空虛，軍用物資調配困難，騎士生活困苦。王莽的“轉衆郡委輸五大夫衣裘、兵器、糧食”之策亦見失敗。

## 五　“騎士名籍”所見里名

騎士簡簡文中出現的里名，也比較多，按照類型，列表如下（表7、表8）：

**表7**　　**騎士名籍A型所見里名**

| 序號 | 里名 | 簡號 | 姓名 | 次數 |
| --- | --- | --- | --- | --- |
| 1 | 關都里 | 73EJF3：3、73EJF3：11＋4、73EJF3：415＋33 | 任憲、趙嚴、李誼 | 3 |
| 2 | 陽里 | 73EJF3：3、73EJF3：28、73EJF3：415＋33、73EJF3：362、73EJF3：366 | 張嚴、顔立、張豐、張崇 | 5 |
| 3 | 中宿里 | 73EJF3：3、73EJF3：7＋360、73EJF3：30＋21、73EJF3：25＋543、73EJF3：27、73EJF3：96、73EJF3：413、73EJF3：414 | 鄭茂、華賞、鄭彭、孫賞、單崇、刑戎、蘇永、徐嚴 | 8 |
| 4 | 通澤里 | 73EJF3：11＋4、73EJF3：413 | 李嚴、張宗 | 2 |
| 5 | 安樂里 | 73EJF3：11＋4、73EJF3：415＋33、73EJF3：416＋364 | 范良、李豐、房陽 | 3 |
| 6 | 鳴沙里 | 73EJF3：6、73EJF3：14、73EJF3：25＋543 | 尚詡 | 3 |

---

① 徐元邦、曹延尊：《居延漢簡中所見的騎士》，《中國考古學研究——夏鼐先生考古50周年紀念論文集》，文物出版社1986年版，第241頁。

② 張俊民：《敦煌懸泉置出土文書研究》，甘肅教育出版社2015年版，第339頁。

③ （東漢）班固：《漢書》，中華書局1962年版，第3824頁。

續表

| 序號 | 里名 | 簡號 | 姓名 | 次數 |
|---|---|---|---|---|
| 7 | 當遂里 | 73EJF3：7＋360 | 蕭仁 | 1 |
| 8 | 廣郡里 | 73EJF3：7＋360 | 孫長 | 1 |
| 9 | 富里 | 73EJF3：8、73EJF3：28、73EJF3：96、73EJF3：416＋364、73EJF3：366、73EJF3：414 | 李立、周護、宋多、周并、任并、韓慶 | 6 |
| 10 | 仁里 | 73EJF3：273＋10、73EJF3：12 | 楊意 | 2 |
| 11 | 廣都里 | 73EJF3：273＋10、73EJF3：24 | 馮恭、任當 | 2 |
| 12 | 遮虜里 | 73EJF3：273＋10 | 戴林 | 1 |
| 13 | 安國里 | 73EJF3：13、73EJF3：281＋18、73EJF3：97、73EJF3：362 | 孫政、朱輔、孫赦 | 4 |
| 14 | 孤山里 | 73EJF3：281＋18、73EJF3：365 | 郭賀、張護 | 2 |
| 15 | 累山里 | 73EJF3：19、73EJF3：25＋543、73EJF3：98、73EJF3：280、73EJF3：359、73EJF3：416＋364 | 蘇慶、卞黨、許良、祝隆、樊戎、蕭霸 | 6 |
| 16 | 萬歲里 | 73EJF3：24 | 衣戎 | 1 |
| 17 | 三十井里 | 73EJF3：26 | 趙詡 | 1 |
| 18 | 三泉里 | 73EJF3：29 | 張建 | 1 |
| 19 | 肩水里 | 73EJF3：31、73EJF3：556 | 馮陽、刑并 | 2 |
| 20 | 昌里 | 73EJF3：34 | 徐☒ | 1 |
| 21 | 誠敖里 | 73EJF3：96 | 馬護 | 1 |
| 22 | 襍里 | 73EJF3：97、73EJF3：359 | 刑禁、孫長 | 2 |
| 23 | 千秋里 | 73EJF3：97 | 孫章 | 1 |
| 24 | 延年里 | 73EJF3：98 | 楊放 | 1 |
| 25 | 金城里 | 73EJF3：98 | 左陽 | 1 |
| 26 | 白石里 | 73EJF3：359、73EJF3：361 | 焦博、鄭立 | 2 |
| 27 | 會稽里 | 73EJF3：361、73EJF3：362 | 郭隆、成功恭 | 2 |
| 28 | 龍起里 | 73EJF3：361 | 孫房 | 1 |
| 29 | 長樂里 | 73EJF3：366 | 莊成 | 1 |

表8 騎士名籍B型所見里名

| 序號 | 里名 | 簡號 | 姓名 | 次數 |
| --- | --- | --- | --- | --- |
| 1 | 闟都里 | 73EJF3：47 | 李誼 | 1 |
| 2 | 陽里 | 73EJF3：32、73EJF3：99、73EJF3：148、73EJF3：385 | 張嚴、鄭馮、張放、張豐 | 4 |
| 3 | 中宿里 | 73EJF3：23、73EJF3：241、73EJF3：248、73EJF3：358、73EJF3：363、73EJF3：399、73EJF3：406、 | 鄭戎、單崇、鄭忠、刑戎、召永、鄭彭、韓褒 | 7 |
| 4 | 安樂里 | 73EJF3：16 | — | 1 |
| 5 | 鳴沙里 | 73EJF3：586 | 尚尊 | 1 |
| 6 | 富里 | 73EJF3：9、73EJF3：15、73EJF3：151、73EJF3：230、73EJF3：398、73EJF3：506、73EJF3：531、73EJF3：554 | 鳳當、宋多、趙臈、韓宮、任并、李☒、鳳則、周并 | 8 |
| 7 | 仁里 | 73EJF3：5 | 李恭 | 1 |
| 8 | 安國里 | 73EJF3：20 | 史永 | 1 |
| 9 | 孤山里 | 73EJF3：102、73EJF3：367、 | 張護、郭賀 | 2 |
| 10 | 三泉里 | 73EJF3：387 | 張建 | 1 |
| 11 | 金城里 | 73EJF3：351 | 左陽 | 1 |
| 12 | 白石里 | 73EJF3：100 | 焦博 | 1 |
| 13 | 平明里 | 73EJF3：17 | 張宗 | 1 |

由表7、表8可知，騎士來源於三十個里，分別是：

闟都里、陽里、中宿里、通澤里、安樂里、鳴沙里、當遂里、廣郡里、富里、仁里、廣都里、遮虜里、安國里、孤山里、累山里、萬歲里、三十井里、三泉里、肩水里、昌里、誠敖里、襍里、千秋里、延年里、金城里、白石里、全稽里、龍起里、長樂里、平明里。

三十個里中，A型二十九里，B型十三里。B型的里除“平明里”外，其餘都與A型重複。這些里名除“仁里”無法證明歸屬外，其他二十九里均有資料可以證明屬於張掖郡居延。① 故推測“仁里”也當屬居延。由此，居延可增補一里。

A 型中出騎士最多的是中宿里，其次是富里、累山里、陽里，B 型中出騎士最多的是富里，其次是中宿里、陽里、孤山里。對比可以發現，中宿里和富里所出騎士最多。累山里在 B 型中缺失，疑現存 B 型騎士簡并不完整。

居延漢簡中的騎士簡，主要來自張掖郡所屬的氐池、觻得、昭武。② 居延新簡的騎士簡則有少部份來自居延的，且書寫格式與始建國二年“騎士名籍”一致，如下：

右前騎士全稽里李□　EPT14：13

左前騎士鞮汗里楊政　EPT27：19

中營右騎士三十井里閻賞☑　EPT59：237

中營右騎士安國里馮詡　ESC：75

EPT59：237 號簡“卅”寫成“三十”，可知爲新莽簡，時間上與始建國二年“騎士名籍”也較爲接近，懷疑它們可歸爲同一類研究。

## 第三節　“莫當隧守衙器簿”編聯

### 一　概述

西北邊塞在應對匈奴的過程中，構築有防御工事。烽燧配備有防守之用的設施與器具，稱爲“守衙器”。“衙，假借爲御。”③ 故又稱“守御

① 吴昌廉：《居延漢簡所見郡國縣邑鄉里統屬表》，《簡牘學報》1980 年第 7 期；何雙全：《〈漢簡·鄉里志〉及其研究》，《秦漢簡牘論文集》，甘肅人民出版社 1989 年版；周振鶴：《新舊漢簡所見縣名和里名》，《歷史地理》第 12 輯，上海人民出版社 1995 年版；晏昌貴：《增補漢簡所見縣名與里名》，《歷史地理》第 26 輯，上海人民出版社 2012 年版；馬孟龍：《〈新舊漢簡所見縣名和里名〉訂補》，《歷史地理》第 30 輯，上海人民出版社 2014 年版；黄浩波：《〈肩水金關漢簡（壹）〉所見郡國縣邑鄉里》，2011 年 12 月 1 日，簡帛網；黄浩波：《〈肩水金關漢簡（貳）〉所見郡國縣邑鄉里》，2013 年 9 月 18 日，簡帛網；黄浩波：《〈肩水金關漢簡（叁）〉所見郡國縣邑鄉里》，2014 年 7 月 22 日，簡帛網，黄浩波：《〈肩水金關漢簡（肆）〉所見郡國縣邑鄉里表》，2016 年 3 月 9 日，簡帛網；黄浩波：《〈肩水金關漢簡（伍）〉所見郡國縣邑鄉里表》，2016 年 9 月 7 日，簡帛網。

② 李均明：《秦漢簡牘文書分類輯解》，文物出版社 2009 年版，第 354 頁。

③ （清）朱駿聲：《説文通訓定聲》，武漢古籍書店 1983 年版，第 391 頁。

器”。“守衙器”屬公共物品，其性質主要是防守性的，不包含戍卒自身佩帶的刀劍、弓矢、鎧甲等兵器。[①] 爲方便查核，“守衙器”會登記造册形成“守衙器簿”。這在漢簡中較爲常見。

肩水金關“莫當隧守衙器簿”出土於T37遺址。相關報導最早見於甘肅居延考古隊的發掘簡報。[②] 簡報提供了全部簡牘的圖版，指出：“始建國二年‘槖他塞莫當隧守御器簿’（EJT37：1537－1558），報告所存四十八種防守器械的名稱、數字。”[③]

徐元邦、曹延尊依據簡報的圖版，提供了“守衙器簿”的釋文，且與“候史广德坐不循行部”檄以及居延漢簡506.1做了對比研究，并對“守衙器簿”中的器物進行了考釋。裘錫圭撰有《守御器雜考》一文，考釋了與“守御器”相關的字詞，其間也涉及到了“莫當隧守衙器簿”，認爲“樓”當釋“桵”，“芀”當釋“刈”，“煙造”應讀爲“煙竈”。[④] 初師賓對漢邊塞守御器進行了梳理，把此類文書歸爲“守御裝備檔案文簿”，認爲莫當隧守衙器簿是“現知具列守御裝備最多的一個簿册”，并對編聯次序進行了新的調整。[⑤] 李天虹指出守御器簿以燧爲單元編制，呈報有不同的規定，邊塞每隧所裝備的守御器種類和數目大體一致，且時代變化不大。[⑥] 李均明認爲守御器簿所登錄之器材是依據守御器品配置的，并舉《墨子·備城門》各篇所見守城器具與漢簡守御器簿進行了比對。[⑦] 侯旭東對73EJT37：1537號簡在“莫當隧守衙器簿”中的位置與

① 中國簡牘集成編輯委員會：《中國簡牘集成》第11册，敦煌文藝出版社2001年版，第13頁；李天虹：《居延漢簡簿籍分類研究》，科學出版社2003年版，第90、113頁。

② 甘肅居延考古隊：《居延漢代遺址的發掘和新出土的簡册文物》，《文物》1978年第1期。

③ 甘肅居延考古隊：《居延漢代遺址的發掘和新出土的簡册文物》，《文物》1978年第1期。

④ 裘錫圭：《漢簡零拾》，《裘錫圭學術文集》，復旦大學出版社2012年版。另，尉侯凱認爲：“疑‘芀’爲‘芀’字之訛。”尉侯凱：《漢簡零拾（六則）》，2016年8月25日，簡帛網，http：//www. bsm. org. cn/？hanjian/7367. html。後以“《讀〈肩水金關漢簡〉零札七則》”爲名，發表於《西華大學學報》2017年第1期。

⑤ 初師賓：《漢邊塞守御器備考略》，《漢簡研究文集》，甘肅人民出版社1984年版。

⑥ 李天虹：《居延漢簡簿籍分類研究》，科學出版社2003年版，第112、113頁。

⑦ 李均明：《秦漢簡牘文書分類輯解》，文物出版社2009年版，第306、307頁。

EPT68：194 號簡在“始建國天鳳三年當食者案”的位置進行了比較研究。①

爲方便研究，依據《肩水金關漢簡（肆）》，特將“莫當隧守衙器簿”簡文條列如下：

(1) 始建國二年五月丙寅朔丙寅橐他守候義敢言之謹移莫當
隧守衙器簿一編敢言之　73EJT37：1537A
令史恭　73EJT37：1537B

(2) ·橐他莫當隧始建國二年五月守　衙器簿　73EJT37：1538

(3) 驚米一石　深目六　大積薪三　73EJT37：1539

(4) 長斧四　沙二石　瓦�醫二　73EJT37：1540

(5) 驚糒三石　草𦮼一　汲器二　73EJT37：1541

(6) 皮冒草革各一　瓦枓二　73EJT37：1542②

(7) 承纍四　瓦箕二　73EJT37：1543

(8) 𦮼火圖板一　煙造一　畚一　73EJT37：1544③

(9) 馬矢橐一　布表一　儲水罌二　73EJT37：1545

(10) ·橐他莫當隧始建國二年五月　守衙器簿　73EJT37：1546

(11) 茹十斤　鼓一　木椎二　73EJT37：1547

(12) 木面衣二　破釜一　鐵戊二　73EJT37：1548

(13) 刈橐一　布𦮼三　塢户上下級各一　73EJT37：1549

(14) 長枓二　槍卌　狗籠二　73EJT37：1550

(15) 連梃四　芮薪二石　狗二　73EJT37：1551＋1555

(16) 布緯三糒九斗　轉射十一　小積薪三　73EJT37：1552

(17) 長棓四　木薪二石　小苣二百　73EJT37：1553

(18) 長椎四　馬矢二石　程苣九　73EJT37：1554

(19) ☐二具　𦮼干二　椄楪四　73EJT37：1556＋1558

(20) 弩長臂二　羊頭石五百　塢户關二　73EJT37：1557

簡報認爲莫當隧守御器簿共有二十二枚。“册的編次應爲：1、3、4、

① 侯旭東：《西北所出漢代簿籍册書簡的排列與復原——從東漢永元兵物簿説起》，《史學集刊》2014 年第 1 期。

② 張再興、黄艷萍：《肩水金關漢簡校讀札記》，《中國文字研究》2017 年第 26 輯。

③ 王錦城：《肩水金關漢簡校讀札記（一）》，2017 年 7 月 13 日，簡帛網，http：//www.bsm.org.cn/？hanjian/7577.html。

17、6、10、14、22、16、15、20、18、19、5、12、9、13、7、8、22、23、11。”① 初師賓對“莫當隧守衙器簿”的簡數有過調整，“糾正誤綴一條（1551），新綴合三條，補1558簡‘出火遂’三字，實得二十簡，共五十一種守衙器”。② 對於初師賓的調整，馬怡持有不同意見，認爲：“初文對該守御器簿諸簡的編排似未盡妥當。”③ 對照簡報圖版，初師賓、馬怡編聯意見以及《肩水金關漢簡（肆）》圖版，梳理有關莫當隧守御器簿的信息，列表如下（表9）：

**表9　“莫當隧守御器簿”簡號、編聯信息**

| 序號 | 《肩（肆）》編號 | 簡報 | | 初師賓 | | 馬怡④ | |
|---|---|---|---|---|---|---|---|
| | | 編號 | 排序 | 編號 | 排序 | 期刊排序⑤ | 網絡排序⑥ |
| 1 | T37：1537A | 1 | 1 | 1537A | 20 | 未編入 | 未編入 |
| 2 | T37：1537B | 2 | | 1537B | | 未編入 | 未編入 |
| 3 | T37：1538 | 3 | 2 | 1538 | 1 | 1 | 1 |
| 4 | T37：1539 | 4 | 3 | 1539 | 3 | 12 | 11 |
| 5 | T37：1540 | 5 | 14 | 1540 | 9 | 2 | 未編入 |
| 6 | T37：1541 | 6 | 5 | 1541 | 4 | 13 | 12 |
| 7 | T37：1542 | 7 | 18 | 1542 | 17 | 17 | 16 |
| 8 | T37：1543 | 8 | 19 | 1543 | 18 | 18 | 17 |
| 9 | T37：1544 | 9 | 16 | 1544 | 16 | 9 | 8 |
| 10 | T37：1545 | 10 | 6 | 1545 | 5 | 14 | 13 |
| 11 | T37：1546 | 11 | 22 | 1546 | 19 | 19 | 18 |
| 12 | T37：1547 | 12 | 15 | 1547 | 8 | 15 | 14 |
| 13 | T37：1548 | 13 | 17 | 1548 | 15 | 8 | 7 |

① 甘肅居延考古隊：《居延漢代遺址的發掘和新出土的簡册文物》，《文物》1978年第1期，第24頁。

② 初師賓：《漢邊塞守御器備考略》，《漢簡研究文集》，甘肅人民出版社1984年版，第148頁。

③ 馬怡：《漢代的計時器及相關問題》，《中國史研究》2006年第3期。

④ 簡牘編號參照初師賓一文，此處省略。

⑤ 馬怡：《漢代的計時器及相關問題》，《中國史研究》2006年第3期。

⑥ 馬怡：《漢代的計時器及相關問題（連載一）》，2006年10月29日，簡帛網，http：//www. bsm. org. cn/show_ article. php？ id =445。

續表

| 序號 | 《肩（肆）》編號 | 簡報 | | 初師賓 | | 馬怡 | |
|---|---|---|---|---|---|---|---|
| | | 編號 | 排序 | 編號 | 排序 | 期刊排序 | 網絡排序 |
| 14 | T37：1549 | 14 | 7 | 1549 | 6 | 10 | 9 |
| 15 | T37：1550 | 15 | 10 | 1550 | 13 | 6 | 5 |
| 16 | T37：1557 | 22/16 | 兩次/8、20；9 | 1557、1551 | 14 | 7 | 6 |
| 17 | T37：1552 | 17 | 4 | 1552 | 2 | 11 | 10 |
| 18 | T37：1553 | 18 | 12 | 1553 | 11 | 4 | 3 |
| 19 | T37：1554 | 19 | 13 | 1554 | 10 | 3 | 2 |
| 20 | T37：1551 + 1555 | 20/無對應 | 11 | 1555、1551 | 12 | 5 | 4 |
| 21 | T37：1556 + 1558 | 23/21 | 21/未出現 | 1558、1556 | 7 | 16 | 15 |

由表9可知，“莫當隧守衙器簿”共有二十組簡，計二十二枚，含學者在研究過程中綴合的兩組：73EJT37：1551 + 1555、73EJT37：1556 + 1558。另有73EJT37：1537號簡有A、B兩面。諸簡的特點是上、中、下三欄書寫。從筆迹來看，書寫規整美觀，成於一人之手。

簡報、初師賓、馬怡和《肩（肆）》整理者在編號、排序方面存在一定的分歧，個別可能存在錯誤。如下：

第一，《肩（肆）》73EJT37：1551 + 1555號簡中的“73EJT37：1555”號簡與簡報公布的圖無對應，簡報公布的二十二枚圖版中，并不包含《肩（肆）》所提到的“73EJT37：1555”。

第二，《肩（肆）》的73EJT37：1557號簡，實際上是由簡報公布的編號爲16和22的兩枚簡綴合而成。《肩（肆）》并未提及綴合情況。

第三，簡報所排序中，編號22出現了兩次，一次是排序到8時，一次是排序到20時，而編號21却未有出現。疑第二次出現（排序到20時）的編號22應是編號21，即排序20所對應的應是編號21的簡。

第四，初師賓對73EJT37：1551號簡的處理存在問題。該簡出現在兩次綴合中，分別同73EJT37：1557、73EJT37：1555兩簡進行綴合。《肩（肆）》整理者删除了與73EJT37：1557號簡的綴合。

第五，馬怡未把73EJT37：1537A和73EJT37：1537B號簡編入“莫當隧守衙器簿”。排序從1538號簡始，終於1558號簡。73EJT37：1540號簡在其後來修訂的網絡版中也被删除，未予編入。

## 二　分類與編聯

“守衙器簿”或“守御器簿”在居延漢簡、居延新簡、敦煌漢簡中均有出現。舉例如下：

·肩水候官元康四年十月守御器簿　126.11

·甲渠候官建平二年闰月守衙器簿　EPT55：5

三十井當谿隧始建國天凡一年六月守御簿　E.S.C：22

☑守御器簿一编敢言之　《敦》665[①]

其中居延漢簡506.1號簡與“莫當隧守衙器簿”内容上更爲接近，“兩簿所記每種守御器的數目基本相合”，[②] 可爲參考借鑒。釋文如下：

守御器簿

長斧三皆缺頓 A1

長椎三丿 A2

長棓三丿 A3

長枓二丿 A4

木面衣二丿 A5

弩長檗二丿 A6

艾馬矢槖各一毋 B1

茹十斤丿 B2

出火遂二具 B3

皮冒草革各一毋冒 B4

承纍三丿 B5

破釜一丿 B6

芮薪木薪各二石 C1

瓦箕枓各二斗少一 C2

---

① 甘肅省文物考古研究所編：《敦煌漢簡》，中華書局1991年版，第244頁。

② 李天虹：《居延漢簡簿籍分類研究》，科學出版社2003年版，第113頁。

沙馬矢各二石丿C3

羊頭石五百丿C4

槍三十丿C5

小苣三百丿C6

程苣九丿D1

轉射八丿D2

深目三丿D3

布篷三└一白不毋丿D4

布表一丿D5

鼓一丿D6

狗籠二丿毋E1

狗二少一E2

户關二丿E3

椄楪三丿E4

木椎二丿E5

户戊二丿E6

龠一丿E7

闐户墼三百F1

户上下合各一F2

儲水甖二F3

汲落二F4

大積薪三F5

藥咸一橐三F6

按照守御器的功效，初師賓將其劃分爲十二類。李天虹亦有介紹，如A欄主要是“防守城鄣門墻的器具”，B欄則與火具有關，C欄大體相當於“諸用具”。[①] 從中可看出守御器簿以類相聚。另敦煌漢簡中有“守御器品”，簡文作：

---

① 初師賓：《漢邊塞守御器備考略》，《漢簡研究文集》，甘肅人民出版社1984年版；李天虹：《居延漢簡簿籍分類研究》，科學出版社2003年版，第114、116頁。

郡都尉、候鄣、亭隧守御器品　　《敦》1390①

簡文中出現的"守御器品"是關於"守御器具數量、品種的規定"。② 可知守御器的配備也有制度性的規定。鑒於守御器以類相聚，又有數量、品種制度性的規定，這爲編聯"莫當隧守衙器簿"提供了很好的條件。"莫當隧守衙器簿"雖然和506.1號簡極爲接近，但仍有一些細節的不同，如食用器物布緯、驚米、驚糒等，506.1號簡并無登錄，故它們如何排序便存在不確定性。簡報以及初師賓雖把它們置於簡册前列，但并未給出理由。我們可利用506.1號簡尾欄（F）的簡文内容進行排序。列舉相關信息，如下（表10）：

**表10　　506.1號簡與莫當隧守衙器簿對比（一）**

| 506.1號簡 | | 莫當隧守衙器簿 | |
|---|---|---|---|
| 簡文 | 位置 | 簡文 | 簡號 |
| 户上下合各一 | F2 | 刈橐一　布𥹋三　塢户上下級各一 | 73EJT37：1549 |
| 儲水甖二 | F3 | 馬矢橐一　布表一儲水罌二 | 73EJT37：1545 |
| 汲落二 | F4 | 驚糒三石　草𥹋一　汲器二 | 73EJT37：1541 |
| 大積薪三 | F5 | 驚米一石　深目六大積薪三 | 73EJT37：1539 |

由表10可知，506.1號簡的四種器物可與"莫當隧守衙器簿"實現一一對應。由於506.1號簡把這四種器物置於尾欄（F），故其在"莫當隧守衙器簿"的位置也當居後，即73EJT37：1549、73EJT37：1545、73EJT37：1541、73EJT37：1539四簡的位置應當次序排列而靠後。有意思的是，四簡内容正好涉及到驚米、驚糒等食用物品。由此可知簡報、初師賓把它們置於簡册前列并不合適。另有73EJT37：1552號簡釋文作：

布緯三糒九斗　轉射十一　小積薪三　　73EJT37：1552

簡文第三欄的"小積薪"與73EJT37：1539號簡的"大積薪"緊密相關，故73EJT37：1552號簡的位置當在73EJT37：1539號簡之後。方便起見，把五簡順序排列如下（表11）：

---

① 甘肅省文物考古研究所編：《敦煌漢簡》，中華書局1991年版，第272頁。

② 李均明：《秦漢簡牘文書分類輯解》，文物出版社2009年版，第228頁。

表 11 “莫當隧守衙器簿”編聯表（一）

| 莫當隧守衙器簿 | |
|---|---|
| 簡文 | 簡號 |
| 刈㯤一 布𦆽三 塢户上下級各一 | 73EJT37：1549 |
| 馬矢㯤一 布表一 儲水罌二 | 73EJT37：1545 |
| 驚糒三石 草𦆽一 汲器二 | 73EJT37：1541 |
| 驚米一石 深目六 大積薪三 | 73EJT37：1539 |
| 布緯三糒九斗 轉射十一 小積薪三 | 73EJT37：1552 |

從 506.1 號簡釋文可以看出，排名靠前居於 A 欄的是長斧、長椎、長棓等器物，亦可以在“莫當隧守衙器簿”找出對應器物。列表如下（表 12）：

表 12 506.1 號簡與莫當隧守衙器簿對比（二）

| 506.1 號簡 | | 莫當隧守衙器簿 | |
|---|---|---|---|
| 簡文 | 位置 | 簡文 | 簡號 |
| 長斧三 | A1 | 長斧四 沙二石 瓦帚二 | 73EJT37：1540 |
| 長椎三 | A2 | 長椎四 馬矢二石 程苣九 | 73EJT37：1554 |
| 長棓三 | A3 | 長棓四 木薪二石 小苣二百 | 73EJT37：1553 |
| 長枓二 | A4 | 長枓二 槍卌 狗籠二 | 73EJT37：1550 |
| 木面衣二 | A5 | 木面衣二 破釜一 鐵戊二 | 73EJT37：1548 |
| 弩長臂二 | A6 | 弩長臂二羊頭石五百 塢户關二 | 73EJT37：1557 |

由表 12 可看出諸器物的對應關係。由於 506.1 號簡把這六種器物置於第一欄（A），故其在“莫當隧守衙器簿”的位置也當居前，即 73EJT37：1540、73EJT37：1554、73EJT37：1553、73EJT37：1550、73EJT37：1548、73EJT37：1557 簡的位置應當排列居前。簡報、初師賓把它們置於中間偏後的位置是不合適的。另有 73EJT37：1551＋1555 號簡釋文作：

連梃四 芮薪二石 狗二　　73EJT37：1551＋1555

簡文中的“連梃”在 506.1 號簡中并未出現，排序也存在不確定性。初師賓把其與長斧、長椎、長棓、連棓等器物歸爲同一類，“爲守衛城障樓堞，與攀城之敵交拒格斗的斗具。"① 據此，可把“連梃”與它們歸集在一起。又73EJT37：1551+1555號簡第二欄、第三欄釋文分别爲“芮薪”和“狗”。而在506.1號簡中，“芮薪”“狗”分别和“木薪”（C1）“狗籠”（E1）相鄰。故73EJT37：1551+1555號簡當在73EJT37：1553、73EJT37：1550兩簡之間。此外，506.1號簡槍與羊頭石，户關與狗籠、狗相鄰。故73EJT37：1548、73EJT37：1557號簡的位置宜對調。方便起見，把七簡順序排列如下（表13）：

**表13　“莫當隧守衙器簿”編聯表（二）**

| 莫當隧守衙器簿 | |
|---|---|
| 簡文 | 簡號 |
| 長斧四　沙二石　瓦帚二 | 73EJT37：1540 |
| 長椎四　馬矢二石　程苣九 | 73EJT37：1554 |
| 長棓四　木薪二石　小苣二百 | 73EJT37：1553 |
| 連梃四　芮薪二石　狗二 | 73EJT37：1551+1555 |
| 長枓二　槍卌　狗籠二 | 73EJT37：1550 |
| 弩長臂二　羊頭石五百　塢户關二 | 73EJT37：1557 |
| 木面衣二　破釜一　鐵戊二 | 73EJT37：1548 |

從506.1號簡釋文看，排名居中，位於B欄的茹、出火遂等器物，亦可以在“莫當隧守衙器簿”找出對應器物。列表如下（表14）：

**表14　506.1號簡與莫當隧守衙器簿對比（三）**

| 506.1號簡 | | 莫當隧守衙器簿 | |
|---|---|---|---|
| 簡文 | 位置 | 簡文 | 簡號 |
| 茹十斤 | B2 | 茹十斤　鼓一　木椎二 | 73EJT37：1547 |
| 出火遂二具 | B3 | ☑二具　蓬干二　椄楪四 | 73EJT37：1556+1558 |
| 皮冒草萆各一 | B4 | 皮冒草萆各一　瓦科二 | 73EJT37：1542 |
| 承纍三 | B5 | 承纍四　瓦箕二 | 73EJT37：1543 |

① 初師賓：《漢邊塞守御器備考略》，《漢簡研究文集》，甘肅人民出版社1984年版，第173頁。

據此，可把 73EJT37：1547、73EJT37：1556 + 1558、73EJT37：1542、73EJT37：1543 四簡歸集在一起。又 73EJT37：1556 + 1558、73EJT37：1547 號簡第三欄簡文分別爲“椄楪”和“木椎”，而在 506.1 號簡中“椄楪”“木椎”又相鄰排序（E4、E5），故把 73EJT37：1556 + 1558 簡的位置置於 73EJT37：1547 號簡之前。73EJT37：1542、73EJT37：1543 號簡“瓦枓”“瓦箕”在 506.1 號簡中距“破釜”較近，故兩簡的位置當在 73EJT37：1548 號簡之後，73EJT37：1556 + 1558 號簡前。另有 73EJT37：1544 號簡釋文作：

羨火圖板一　煙造一　畚一　　73EJT37：1544[①]

簡文中的“畚一”即 506.1 號簡中的“𠎤一”，[②] 在 506.1 號簡中位置在“椄楪”“木椎”後，故 73EJT37：1544 號簡當在 73EJT37：1547 號簡之後。方便起見，把諸簡順序排列如下（表 15）：

**表 15　“莫當隧守衙器簿”編聯表（三）**

| 莫當隧守衙器簿 | |
|---|---|
| 簡文 | 簡號 |
| 皮冒草萆各一　瓦枓二 | 73EJT37：1542 |
| 承纍四　瓦箕二 | 73EJT37：1543 |
| ☐二具　羨干二　椄楪四 | 73EJT37：1556 + 1558 |
| 茹十斤　鼓一　木椎二 | 73EJT37：1547 |
| 羨火圖板一　煙造一　畚一 | 73EJT37：1544 |

至於 73EJT37：1537 號簡的位置，參照“永元器物簿”的編聯，應當編入，須後移至册書的末尾。至於 73EJT37：1538、73EJT37：1546 兩簡，内容一致，格式相同。按照整理者編號排序，73EJT37：1538 號簡居前，73EJT37：1546 號簡在後。諸簡重新編聯排序如下（表 16）：

① 王錦城：《肩水金關漢簡校讀札記（一）》，2017 年 7 月 13 日，簡帛網，http：//www.bsm.org.cn/？hanjian/7577.html。

② 初師賓：《漢邊塞守御器備考略》，《漢簡研究文集》，甘肅人民出版社 1984 年版，第 145 頁。

**表 16　　“莫當隧守御器簿”編聯表（四）**

| 序號 | 簡文 | 簡號 |
|---|---|---|
| 1 | ·槖他莫當隧始建國二年五月守　御器簿 | 73EJT37：1538 |
| 2 | 長斧四　沙二石　瓦帚二 | 73EJT37：1540 |
| 3 | 長椎四　馬矢二石　程苣九 | 73EJT37：1554 |
| 4 | 長棓四　木薪二石　小苣二百 | 73EJT37：1553 |
| 5 | 連梃四　芮薪二石　狗二 | 73EJT37：1551＋1555 |
| 6 | 長枓二　槍卌　狗籠二 | 73EJT37：1550 |
| 7 | 弩長臂二　羊頭石五百　塢户關二 | 73EJT37：1557 |
| 8 | 木面衣二　破釜一　鐵戊二 | 73EJT37：1548 |
| 9 | 皮冒草萆各一　瓦枓二 | 73EJT37：1542 |
| 10 | 承纍四　瓦箕二 | 73EJT37：1543 |
| 11 | ▨二具　𥻆干二　椄楪四 | 73EJT37：1556＋1558 |
| 12 | 茹十斤　鼓一　木椎二 | 73EJT37：1547 |
| 13 | 𥻆火圖板一　煙造一　畚一 | 73EJT37：1544 |
| 14 | 刈槖一　布𥻆三　塢户上下級各一 | 73EJT37：1549 |
| 15 | 馬矢槖一　布表一　儲水罌二 | 73EJT37：1545 |
| 16 | 驚糒三石　草𥻆一　汲器二 | 73EJT37：1541 |
| 17 | 驚米一石　深目六　大積薪三 | 73EJT37：1539 |
| 18 | 布緯三糒九斗　轉射十一　小積薪三 | 73EJT37：1552 |
| 19 | ·槖他莫當隧始建國二年五月　守御器簿 | 73EJT37：1546 |
| 20 | 始建國二年五月丙寅朔丙寅槖他守候義敢言之謹移莫當<br>隧守御器簿一編敢言之 A<br>令史恭 B | 73EJT37：1537 |

爲更加清晰觀察，將諸簡的紅外圖版，依據編聯排序的順序，進行了制圖（見圖 46“莫當隧守御器簿”編聯圖）。核查可知，73EJT37：1538、73EJT37：1546、73EJT37：1537 等標題簡兩道編繩所過之處，預留有位置，并未疊壓字迹，疑爲先編後寫。[①] 在對莫當隧守御器簿編聯進行一番梳理後，對守御器也有了更深的認知。它們按照一定類别排序，“所裝備的守御器種類和數目大體一致”。

① 蒙雷海龍提醒指出。

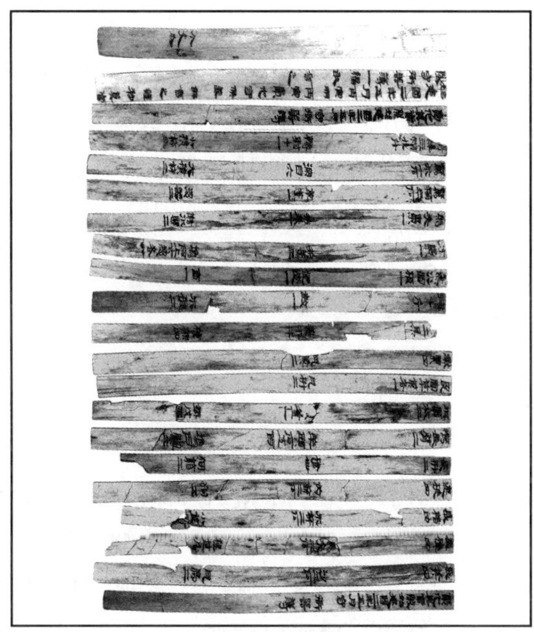

**圖 46　"莫當隧守衙器簿"編聯圖**

## 三　守御器簿的查核、呈報與移送

前文已述，爲方便上級查核"守御器"，烽燧會登記造册形成"守御器簿"。漢簡中也有這方面的查核記錄。如下：

行塞擧如牒，候長，候史追逐什器、亭隧守御具常設備，今或毋或不　　99ES16SF5：1①

兵守御器，弩折傷梟弦，韉少，甲鞮瞀毋裹，皆不應薄。記到，以所擧見吏備償。從可　　《敦》1036②

額濟納漢簡 99ES16SF5：1 簡文出現了"行塞擧"，這是"對所發現問題以書面形式進行責問及編制名錄"，③ 其中便涉及到"守御器"的查核。由敦煌漢簡 1036 簡文知，上級機構在核對守御器時發現器物有損傷"皆不应薄"，要求涉事吏員進行賠償。

---

① 孫家洲主編：《額濟納漢簡釋文校本》，文物出版社 2007 年版，第 18 頁。

② 張德芳：《敦煌馬圈灣漢簡集釋》，甘肅文化出版社 2013 年版，第 635 頁。

③ 李均明：《額濟納漢簡政務文書述略》，《周秦漢唐文化研究》第 4 輯，三秦出版社 2006 年版，第 137 頁。

既然存在嚴密的查核制度，“守御器簿”必然要定期呈報給上級機構。初師賓認爲：“定期地統計、呈報，是守御器備管理方面的一項制度。”至於呈報的時間，初師賓認爲均在月初或第一月之初。[①] 從肩水金關漢簡所存“守御器簿”分析，定期地呈報確有可能是在每個月的月初進行。肩水金關漢簡中有例證如下：

河平三年正月庚寅朔庚寅，騂北亭長章☐

守御器簿一編，敢言之　73EJT30：34A[②]

始建國二年五月丙寅朔丙寅，槖他守候義敢言之：謹移莫當

隧守衙器簿一編，敢言之　73EJT37：1537A

令史恭　73EJT37：1537B

由73EJT30：34、73EJT37：1537兩簡可知，在當月的初一（朔日），騂北亭長章、槖他守候義呈文上報轄域内的“守御器簿”。但由於目前漢簡中標記時間的“守御器簿”還比較少，完整地梳理其信息尚有難度。邊塞是否一直是“月初呈報”還難以判斷，因爲敦煌漢簡中有月底呈報的記錄，如下：

元始三年四月庚午，閬胡隧長鳳敢言之：謹移兵守御器、戍卒名籍一編，敢言之。　《敦》793[③]

元始三年四月朔丙午，庚午是該月的二十五日，可知《敦》793號簡所記的守御器是在月底進行的呈報。據此似説明呈報時間較爲靈活，月底、月初并存。

至於守御器的移送，從現存材料分析，應是烽燧登記造册後逐級上呈。從73EJT30：34、73EJT37：1537兩簡已知，騂北亭長章、槖他守候義呈文上報所轄烽燧的“守御器簿”，另有73EJD：17號簡，也記載了移送的相關情況。簡文如下：

居延都尉守屬居延累山里公乘誠常富年五十三　移守御器薄　軺車一乘用馬一匹騂牝齒八歲高六尺　73EJD：17[④]

---

① 初師賓：《漢邊塞守御器備考略》，《漢簡研究文集》，甘肅人民出版社1984年版，第149頁。

② 簡文中的“章”字整理者未釋，依據圖版補釋。

③ 張德芳：《敦煌馬圈灣漢簡集釋》，甘肅文化出版社2013年版，第582頁。

④ 簡文“屬”下兩字“居延”整理者未釋，依據殘留字迹訂補。

從 73EJD：17 號簡推測守御器薄的移送應是在居延都尉的監管下進行，居延都尉會派遣專門的屬吏負責。

此外，大灣出土的 506.1 號簡“據簡文‘四’字寫作‘亖’，可定在王莽時期。”[①] 其和肩水金關出土的“莫當隧守衙器簿”的時間相同，只不過後者的時間更加具體，是始建國二年五月丙寅。始建國二年邊塞局勢緊張，“匈奴單于求故璽，莽不與，遂寇邊郡，殺略吏民”。[②] 此時出現的“守衙器簿”無疑更具大戰前督查工事的意義。

## 第四節　《永始三年詔書》編聯

《永始三年詔書》1973 年在肩水金關遺址發掘出土，共 16 枚簡。[③] 出土時編繩已朽，内容是西漢成帝永始三年的詔書以及傳遞情況。資料公布後，引起學界高度重視。伍德煦、大庭脩、薛英群、李均明、胡平生、王彦輝、張顯成、張俊民、馬怡、駢宇騫等均有論述，甘肅省文物考古研究所編的《居延新簡釋粹》也有專門考釋。[④] 學界已有研究涉及文字考訂、簡文釋讀、扁書性質、文書傳遞、編聯排序等方面。由於條件

① 初師賓：《漢邊塞守御器備考略》，《漢簡研究文集》，甘肅人民出版社 1984 年版，第 149 頁。

② （東漢）班固：《漢書》，中華書局 1962 年版，第 4119 頁。

③ 甘肅省文物工作隊居延簡整理組：《居延簡〈永始三年詔書〉册釋文》，《敦煌學輯刊》1984 年第 2 期。一説 1974 年，見於甘肅省博物館漢簡整理組《〈永始三年詔書〉簡册釋文》一文。另，本書把甘肅省文物工作隊居延簡整理組、甘肅省博物館漢簡整理組稱爲“原整理者”。

④ 伍德煦：《新發現的一份西漢詔書——〈永始三年詔書簡册〉考釋和有關問題》，《西北師院學報》1983 年第 4 期；［日］大庭脩：《論肩水金關出土的〈永始三年詔書〉簡册》，姜鎮慶譯，《敦煌學輯刊》1984 年第 2 期；［日］大庭脩：《漢簡研究》，徐世虹譯，廣西師範大學出版社 2001 年版，第 22 頁；薛英群：《居延新獲〈永始三年詔書〉册初探》，《秦漢史論叢》第 3 輯，陝西人民出版社 1986 年版；甘肅省文物考古研究所編：《居延新簡釋粹》（簡稱《釋粹》），蘭州大學出版社 1988 年版，第 102—108 頁；李均明：《秦漢簡牘文書分類輯解》，文物出版社 2009 年版，第 30 頁；王彦輝：《漢代豪民研究》，東北師範大學出版社 2001 年版，第 191 頁；張顯成：《簡帛文獻學通論》，中華書局 2004 年版，第 230—231 頁；張俊民：《居延漢簡册書復原研究緣起》，《簡牘學研究》第 4 輯，甘肅人民出版社 2004 年版，第 98 頁；馬怡：《扁書試探》，《簡帛》第 1 輯，上海古籍出版社 2006 年版，第 418 頁；駢宇騫、段書安編著：《二十世紀出土簡帛綜述》，文物出版社 2006 年版，第 301—302 頁；駢宇騫：《簡帛文獻綱要》，北京大學出版社 2015 年版，第 336—337 頁。

所限，原整理者公布的圖版并不清晰，這給文本釋讀帶來了很大的困難，從而導致學者們在字詞考訂上意見分歧很大。《肩水金關漢簡（肆）》公布了更爲清晰的紅外照片，爲我們考釋文字、研究内容帶來了便利。[①] 我們不揣冒昧，寫成小文，敬請方家指正。

## 一　文字考釋

### 1. 條對

73EJF1：2 號簡第一列"條"字下一字，圖版作：，原整理者未釋，《肩（肆）》釋作"封"，作"條封"。

《肩（肆）》把 73EJF1：2 號簡中的字釋作"封"字恐非，疑此字乃"對"字。我們條列肩水金關漢簡中的"封""對"兩字如下：

| | | | | | |
|---|---|---|---|---|---|
|  | 對 | |  |  |  |
| 待考 | | 73EJF1：2 | 73EJT37：454 | 73EJT14：30 | 73EJT37：118 |
|  | 封 |  |  |  |  |
| 待考 | | 73EJT1：124 | 73EJT10：319 | 73EJT37：715 | 73EJT37：745 |

對比可知字與"對"字字形近似，此字左上部作：，约略可見有兩筆。當是"對"字。

此外，"條對"一詞見於《漢書・梅福傳》，曰："詣行在所條對急政，輒報罷。"顔師古曰："條對者，一一條録而對之。"[②] 同簡第二列曰"臣方進臣光前對問上計"，73EJF1：3 號簡曰"令堪對曰"，暗示詔書存在顔師古所述"條録而對之"的情況，亦可爲佐證。

綜上，73EJF1：2 號簡當作"條對"而非"條封"。

---

① 本文圖版、釋文來源：甘肅簡牘博物館等編《肩水金關漢簡（肆）》（簡稱《肩（肆）》），中西書局 2015 年版。不另注。

② （東漢）班固：《漢書》，中華書局 1962 年版，第 2917 頁。

2. 既

73EJF1：4號簡第一列“輔”下一字，圖版作：，原整理者釋作“既”字，作“既言民所疾苦”。[①] 伍德煦、大庭脩、《釋粹》、薛英群等從之。[②]《肩（肆）》則改釋作“預”，作“預言”。此字又見於73EJF1：7號簡，圖版作：，原整理者釋作“既”字，作“既可”，伍德煦、大庭脩、李均明等從之。[③] 薛英群則釋作“即”字，作“即可”。[④]《肩（肆）》仍改釋作“預”，作“預可”。

當是“既”字，原整理者所釋可從。我們條列既、即、預三字在漢簡中的字形如下：

|  | 既 | | 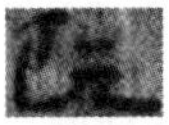 | | |
|---|---|---|---|---|---|
| 待考 | | 73EJT24：568 | 103.46B⑤ | 206.28⑥ | EPT20：9⑦ |
|  | 即 | |  |  |  |
| 待考 | | 46.28⑧ | 73EJT37：61 | 73EJT37：163 | 73EJT9：264 |
|  | 預 | | | | |
| 待考 | | 東76⑨ | | | |

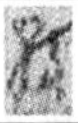

① 甘肅省博物館漢簡整理組：《〈永始三年詔書〉簡册釋文》，《西北師院學報》1983年第4期；甘肅省文物工作隊居延簡整理組：《居延簡〈永始三年詔書〉册釋文》，《敦煌學輯刊》1984年第2期。

② 伍德煦：《新發現的一份西漢詔書——〈永始三年詔書簡册〉考釋和有關問題》，《西北師院學報》1983年第4期；［日］大庭脩：《論肩水金關出土的〈永始三年詔書〉簡册》，姜鎮慶譯，《敦煌學輯刊》1984年第2期；甘肅省文物考古研究所編：《居延新簡釋粹》，蘭州大學出版社1988年版，第105頁；薛英群：《居延漢簡通論》，甘肅教育出版社1991年版，第203頁。

③ 伍德煦：《新發現的一份西漢詔書——〈永始三年詔書簡册〉考釋和有關問題》，《西北師院學報》1983年第4期；［日］大庭脩：《論肩水金關出土的〈永始三年詔書〉簡册》，姜鎮慶譯，《敦煌學輯刊》1984年第2期；李均明：《秦漢簡牘文書分類輯解》，文物出版社2009年版，第30頁。

④ 薛英群：《居延漢簡通論》，甘肅教育出版社1991年版，第203頁。

⑤ 簡牘整理小組編：《居延漢簡（貳）》，“中研院”歷史語言研究所2015年版，第7頁。

⑥ 簡牘整理小組編：《居延漢簡（貳）》，“中研院”歷史語言研究所2015年版，第253頁。

⑦ 白海燕：《“居延新簡”文字編》，博士學位論文，吉林大學，2014年，第336頁。

⑧ 簡牘整理小組編：《居延漢簡（壹）》，“中研院”歷史語言研究所2014年版，第153頁。

⑨ 長沙市文物考古研究所、中國文物研究所編：《長沙東牌樓東漢簡牘》，文物出版社2006年版，第40頁。

對比三字字形知，該字與 103.46B、EPT20：9 號簡的“既”字在字形上較爲一致，當是同一字，原整理者所釋可信。此外，從文意分析，73EJF1：2 號簡簡文曰“調有餘給不足不民所疾苦也”，73EJF1：4 號簡若作“既言民所疾苦”，亦能形成文意上的貫通。

3. 便安

73EJF1：4 號簡第一列尾字圖版作：，字殘損，原整理者釋作“安”字，作“民所疾苦可以便安”。[①] 伍德煦、大庭脩、《釋粹》、薛英群等從之。[②]《肩（肆）》則改釋作“宜”，作“民所疾苦可以便宜”。

此字殘損，原不易識別，我們傾向是“安”字，也即認同原整理者的釋讀。原因在於 73EJF1：2 號簡有相同簡文，可以形成互證，如下：

民所疾苦也可以便安百姓者

此外，73EJF1：2 號簡中的“安”字，圖版作：，從書寫風格來看，與 73EJF1：4 號簡第一列尾字字形也較爲接近。

《漢書·成帝紀》記永始二年詔書也有相似語句，載：“二月癸未夜，星隕如雨。乙酉晦，日有蝕之。詔曰：‘乃者，龍見於東萊，日有蝕之。天著變异，以顯朕郵，朕甚懼焉。公卿申敕百寮，深思天誡，有可省減便安百姓者，條奏。所振貸貧民，勿收。’”[③]

《肩（肆）》所改釋“便宜”一詞，多指“便宜事”或“便宜從事”，如《漢書·張釋之傳》曰：“釋之既朝畢，因前言便宜事。”[④] 再如《漢書·常惠傳》道：“大將軍霍光風惠以便宜從事。”[⑤] 我們從簡文分析，《永始三年詔書》意在安撫百姓，而非給予官員以便宜從事之權。由此，我們認爲把此字釋作“安”字是合適的。

---

① 甘肅省博物館漢簡整理組：《〈永始三年詔書〉簡册釋文》，《西北師院學報》1983 年第 4 期；甘肅省文物工作隊居延簡整理組：《居延簡〈永始三年詔書〉册釋文》，《敦煌學輯刊》1984 年第 2 期。

② 伍德煦：《新發現的一份西漢詔書——〈永始三年詔書簡册〉考釋和有關問題》，《西北師院學報》1983 年第 4 期；［日］大庭脩：《論肩水金關出土的〈永始三年詔書〉簡册》，姜鎮慶譯，《敦煌學輯刊》1984 年第 2 期；甘肅省文物考古研究所編：《居延新簡釋粹》，蘭州大學出版社 1988 年版，第 102 頁；薛英群：《居延漢簡通論》，甘肅教育出版社 1991 年版，第 203 頁。

③ （東漢）班固：《漢書》，中華書局 1962 年版，第 321 頁。

④ （東漢）班固：《漢書》，中華書局 1962 年版，第 2307 頁。

⑤ （東漢）班固：《漢書》，中華書局 1962 年版，第 3004 頁。

4. 農業

73EJF1：6 號簡第一列“農”下一字圖版作：[image]，原整理者初未釋，後釋作“桑”字，作“廣農桑”①。《釋粹》《肩（肆）》從之。② 伍德煦、大庭脩、薛英群等未釋。③

從字形分析，疑是“業”字，我們列舉漢簡中業、桑兩字的字形如下：

| [image] | 業 | [image] | [image] | [image] | [image] |
|---|---|---|---|---|---|
| 待考 | | 73EJT21：96 | 73EJT37：855 | 73EJT24：160 | 73EJT26：36 |
| [image] | 桑 | [image] | [image] | [image] | [image] |
| 待考 | | 108.5④ | 胥 101・15⑤ | 武醫 75⑥ | E. P. W：67⑦ |

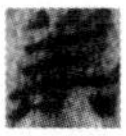

對比知，此字字形與“桑”字差距較大，近似“業”字。“農業”一詞，漢代典籍也較爲常見。如《漢書・宣帝紀》載：“蓋聞農者興德之本也，今歲不登，已遣使者振貸困乏。其令太官損膳省宰，樂府減樂人，使歸就農業。”⑧《漢書・王莽傳》載：“諸侯、闢、任、附城、群吏亦各

① 甘肅省博物館漢簡整理組：《〈永始三年詔書〉簡册釋文》，《西北師院學報》1983 年第 4 期；甘肅省文物工作隊居延簡整理組：《居延簡〈永始三年詔書〉册釋文》，《敦煌學輯刊》1984 年第 2 期。

② 甘肅省文物考古研究所編：《居延新簡釋粹》，蘭州大學出版社 1988 年版，第 102 頁。

③ 伍德煦：《新發現的一份西漢詔書——〈永始三年詔書簡册〉考釋和有關問題》，《西北師院學報》1983 年第 4 期；［日］大庭脩：《論肩水金關出土的〈永始三年詔書〉簡册》，姜鎮慶譯，《敦煌學輯刊》1984 年第 2 期；薛英群：《居延漢簡通論》，甘肅教育出版社 1991 年版，第 203 頁。

④ 簡牘整理小組編：《居延漢簡（貳）》，“中研院”歷史語言研究所 2015 年版，第 11 頁。

⑤ 李洪財：《漢簡草書整理與研究》，博士學位論文，吉林大學，2014 年，下編，第 261 頁。

⑥ 李洪財：《漢簡草書整理與研究》，博士學位論文，吉林大學，2014 年，下編，第 261 頁。

⑦ 白海燕：《“居延新簡”文字編》，博士學位論文，吉林大學，2014 年，第 406 頁。

⑧ （東漢）班固：《漢書》，中華書局 1962 年版，第 245 頁。

保其災害。几上下同心，勸進農業，安元元焉。”[①] 由此，此字當是“業”字，作“廣農業”。

5. 得貸錢

73EJF1：7 號簡第一列“官”下三字圖版作：（A）、（B）、（C），字殘損，原整理者初未釋，后釋出前兩字作：“得”“取”，第三字則未釋。[②] 《釋粹》從之。[③] 伍德煦、大庭脩、薛英群對三字均未釋。[④]《肩（肆)》則改釋作“得”“假”“貸”。[⑤]

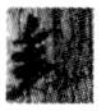

A 字近似于“得”，原整理者釋讀可從；B 字從字形分析，疑是“貸”字，C 字疑是“錢”字，我們把肩水金關漢簡中取、假、貸、錢四字的字形列舉如下：

| | | | | | |
|---|---|---|---|---|---|
| 待考 | 取 | 73EJF1：6 | 73EJT37：52 | 73EJT37：377 | 73EJT37：637 |
| 待考 | 假 | 73EJF1：16 | 73EJT3：98 | 73EJT21：23 | 73EJT21：47 |
| 待考 | 貸 | 73EJF1：3 | 73EJF1：6 | 73EJF1：7 | 73EJF1：7 |
| 待考 | 錢 | 73EJF1：7 | 73EJT37：1442 | 73EJT37：1481 | 73EJT37：1525 |

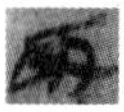

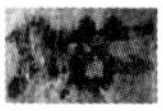

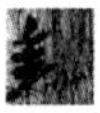

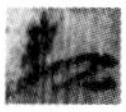

① （東漢）班固：《漢書》，中華書局 1962 年版，第 4143 頁。

② 甘肅省博物館漢簡整理組：《〈永始三年詔書〉簡册釋文》，《西北師院學報》1983 年第 4 期；甘肅省文物工作隊居延簡整理組：《居延簡〈永始三年詔書〉册釋文》，《敦煌學輯刊》1984 年第 2 期。

③ 甘肅省文物考古研究所編：《居延新簡釋粹》，蘭州大學出版社 1988 年版，第 103 頁。

④ 伍德煦：《新發現的一份西漢詔書——〈永始三年詔書簡册〉考釋和有關問題》，《西北師院學報》1983 年第 4 期；［日］大庭脩：《論肩水金關出土的〈永始三年詔書〉簡册》，姜鎮慶譯，《敦煌學輯刊》1984 年第 2 期；薛英群：《居延漢簡通論》，甘肅教育出版社 1991 年版，第 203 頁。

⑤ 《肩水金關漢簡（肆)》完整釋作“得”“假”“貸”“錢”，疑《肩（肆)》多認了一“假”字，從而導致順序有誤。

對比知，B 字字形與取、假兩字均存在差距，與“貸”字則近似。原整理者所釋“取”，《肩（肆）》所釋“假”，均不合適。C 字則與“錢”字字形近似，與《肩（肆）》所釋“貸”字不合。此外，從簡文分析，把 B、C 兩字釋作“貸錢”亦能貫通文意。

由此 A、B、C 三字當作：得、貸、錢。

6. 譚

73EJF1：13 號簡第一列“守”下一字圖版作：，原整理者釋作“譚”，作“十月己亥張掖大守譚”。[①] 伍德煦、《釋粹》、薛英群、《肩（肆）》等從之。[②] 大庭脩初改釋作“譚”，作“十月己亥張掖大守譚”，[③] 後廢前釋，從整理者原釋，作“譚”。[④]

73EJF1：14 號簡“尉”下一字圖版作：，原整理者釋作“譚”，作“十一月己酉張掖肩水都尉譚”。[⑤] 伍德煦、大庭脩、薛英群、李均明、《肩（肆）》等從之，作“譚”。[⑥]

73EJF1：14 號簡字，原整理者所釋“譚”可從，然 73EJF1：13 號簡字，原整理者所釋“譚”字恐非。我們列舉“譚”字不同字形，將此字與肩水金關漢簡中的“譚”字作對比如下：

---

① 甘肅省博物館漢簡整理組：《〈永始三年詔書〉簡册釋文》，《西北師院學報》1983 年第 4 期；甘肅省文物工作隊居延簡整理組：《居延簡〈永始三年詔書〉册釋文》，《敦煌學輯刊》1984 年第 2 期。

② 伍德煦：《新發現的一份西漢詔書——〈永始三年詔書簡册〉考釋和有關問題》，《西北師院學報》1983 年第 4 期；甘肅省文物考古研究所編：《居延新簡釋粹》，蘭州大學出版社 1988 年版，第 103 頁；薛英群：《居延漢簡通論》，甘肅教育出版社 1991 年版，第 203 頁。

③ ［日］大庭脩：《論肩水金關出土的〈永始三年詔書〉簡册》，姜鎮慶譯，《敦煌學輯刊》1984 年第 2 期。

④ ［日］大庭脩：《漢簡研究》，徐世虹譯，廣西師範大學出版社 2001 年版，第 37 頁。

⑤ 甘肅省博物館漢簡整理組：《〈永始三年詔書〉簡册釋文》，《西北師院學報》1983 年第 4 期；甘肅省文物工作隊居延簡整理組：《居延簡〈永始三年詔書〉册釋文》，《敦煌學輯刊》1984 年第 2 期。

⑥ 伍德煦：《新發現的一份西漢詔書——〈永始三年詔書簡册〉考釋和有關問題》，《西北師院學報》1983 年第 4 期；［日］大庭脩：《論肩水金關出土的〈永始三年詔書〉簡册》，姜鎮慶譯，《敦煌學輯刊》1984 年第 2 期；薛英群：《居延漢簡通論》，甘肅教育出版社 1991 年版，第 203 頁；李均明：《秦漢簡牘文書分類輯解》，文物出版社 2009 年版，第 30 頁。

| 譚 |  |  |  | 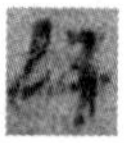 |
|---|---|---|---|---|
| | 73EJH2：40 | 73EJT37：404 | 73EJT33：37 | 73EJT26：94 |

對比可知，字與“譚”字形上存在較大差异，當非“譚”字，原整理者釋讀存在問題。

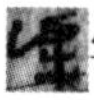

此外，我們從簡文意分析，若把73EJF1：13號簡的字釋爲“譚”，73EJF1：13、73EJF1：14兩簡將同時出現了在張掖任職的“譚”，一個是“十月已亥張掖大守譚”（73EJF1：13），一個是“十一月己酉肩水都尉譚”（73EJF1：14），由於時間相差僅僅十天，兩簡中的“譚”當是二人，雖然職位有別，但也容易引起很大的誤解，從而會影響文書的準確傳遞。

居延漢簡中有“都尉譚”的相關信息，如下：

永始二年三月辛亥居延城司馬譚以秩次行都尉事

當舍傳舍從者如律令／□□□□　　140.2A①

140.2號簡中的“譚”由“司馬”行“都尉事”，時間是在永始二年，與73EJF1：14號簡永始三年緊鄰，且職務皆與軍事相關，據此我們推測140.2、73EJF1：14兩簡中的“譚”當是同一人。結合兩簡信息，我們大致可以梳理出“譚”的任職脈絡，如下：

？—永始二年三月，職務：居延城司馬

永始二年三月—永始三年十一月，職務：肩水都尉

由上可知，時間上，“譚”不可能在永始三年十月出任張掖大守；職務上，“譚”也不會變動如此之快。我們核查出土以及傳世文獻，也没找到相關“張掖大守譚”的信息。

綜上，73EJF1：13號簡原整理者釋作“譚”不妥，暫存疑待考，作：十月己亥張掖大守□。

7. 哀閔元元

73EJF1：1號簡第二列“哀”字下有字，原整理者釋爲“安”

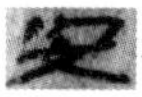

① 簡牘整理小組編：《居延漢簡（貳）》，“中研院”歷史語言研究所2015年版，第95頁。

字，作“哀安元元”。[①] 伍德煦、大庭脩、《釋粹》、薛英群等從之。[②]《肩（肆）》改釋爲“閔”字，作“哀閔元元”。

《肩（肆）》改釋“閔”字可從。閔，《説文·門部》：“从門文聲。”[③] 73EJF1：2號簡有“問”字，其中“門”字圖版作：，與字一致，“門”字的此種寫法也見於其他漢簡材料中，如：（敦540[④]）、（EPT2：5B[⑤]），對比可知，字從門從文，當是“閔”字。

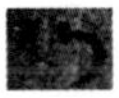

傳世文獻亦可爲佐證，“哀閔元元”一詞見於《漢書·匡衡傳》，文曰：“陛下祇畏天戒，哀閔元元。”[⑥] 又見於《漢書·薛宣傳》，文曰：“陛下至德仁厚，哀閔元元。”[⑦]“元元”，民也，“兩漢書多用之”。[⑧]“哀閔元元”意哀憐、憐憫百姓之意。

8. 冬無大雪

73EJF1：1號簡第二列“大”字下有字，原整理者初釋作“䨮”，後改釋作“䨲”，作“冬無大䨲”。[⑨] 伍德煦釋作“䨮”，認爲即雪字之章草體。[⑩] 薛英群、《釋粹》從之，[⑪]《肩（肆）》亦從之，作“冬無大雪”。

---

① 甘肅省博物館漢簡整理組：《〈永始三年詔書〉簡册釋文》，《西北師院學報》1983年第4期；甘肅省文物工作隊居延簡整理組：《居延簡〈永始三年詔書〉册釋文》，《敦煌學輯刊》1984年第2期。

② 伍德煦：《新發現的一份西漢詔書——〈永始三年詔書簡册〉考釋和有關問題》，《西北師院學報》1983年第4期；［日］大庭脩：《論肩水金關出土的〈永始三年詔書〉簡册》，姜鎮慶譯，《敦煌學輯刊》1984年第2期；甘肅省文物考古研究所編：《居延新簡釋粹》，蘭州大學出版社1988年版，第104頁；薛英群：《居延漢簡通論》，甘肅教育出版社1991年版，第202頁。

③ （東漢）許慎：《説文解字》，中華書局1963年版，第249頁。

④ 李洪財：《漢簡草書整理與研究》，博士學位論文，吉林大學，2014年，下編，第500頁。

⑤ 白海燕：《“居延新簡”文字編》，博士學位論文，吉林大學，2014年，第796頁。

⑥ （東漢）班固：《漢書》，中華書局1962年版，第3337頁。

⑦ （東漢）班固：《漢書》，中華書局1962年版，第3386頁。

⑧ （宋）洪邁：《容齋隨筆》，上海古籍出版社1978年版，第915頁。

⑨ 甘肅省文物工作隊居延簡整理組：《居延簡〈永始三年詔書〉册釋文》，《敦煌學輯刊》1984年第2期。

⑩ 伍德煦：《新發現的一份西漢詔書——〈永始三年詔書簡册〉考釋和有關問題》，《西北師院學報》1983年第4期。

⑪ 薛英群：《居延新獲〈永始三年詔書〉册初探》，《秦漢史論叢》第3輯，陝西人民出版社1986年版，第362頁；甘肅省文物考古研究所編：《居延新簡釋粹》，蘭州大學出版社1988年版，第104頁。

伍德煦之説可從，此處簡文可處理作：往秋郡被霜，冬無大雪（雪）。“冬無大雪”是災异，氣候不合之像，不利農業。《漢書·平當傳》亦載：“朕選于衆，以君爲相，視事日寡，輔政未久，陰陽不調，冬無大雪，旱氣爲災，朕之不德，何必君罪？”① 簡文中的“被霜”一詞又見於《淮南子》《鹽鐵論》等典籍，意遭霜害。《淮南子·人間訓》載：“同日被霜，蔽者不傷。”②《鹽鐵論·非鞅》曰：“譬若秋蓬被霜，遭風則零落，雖有十子産，如之何？”③ 如若“霜害”程度較大，則不利農業生産，且影響社會穩定。據《漢書·五行志》載：“元帝永興元年三月，隕霜殺桑；九月二日，隕霜殺稼，天下大饑。”④

73EJF1：1 號簡言“往秋郡被霜，冬無大雪”可知永始二年秋、冬季節接連發生自然災害。漢成帝賜翟方進的册書也曾説：“惟君登位，於今十年，災害并臻，民被饑餓”。⑤ 李均明引《漢書·成帝紀》三年春正月“天災仍重，朕甚懼焉”。認爲“永始二、三年秋冬間曾發生較嚴重的自然災害，故下詔撫民”。⑥ 可從。

9. 浮食者浸

73EJF1：5 號簡第一列“者”下一字圖版作：，簡文焚壞，原整理者未釋，⑦ 伍德煦、大庭脩、《釋粹》、薛英群等從之。⑧《肩（肆）》釋作“浸”，作“離本逐末浮食者浸”。

字殘損，不易識別，然“氵”依稀尚見，《肩（肆）》釋“浸”可從。傳世文獻有“浮食者”的記載，如《漢書·地理志》曰：“又郡國

① （東漢）班固：《漢書》，中華書局 1962 年版，第 3051 頁。

② 何寧：《淮南子集釋》，中華書局 1998 年版，第 1279 頁。

③ 王利器：《鹽鐵論校注》，中華書局 1992 年版，第 95 頁。

④ （東漢）班固：《漢書》，中華書局 1962 年版，第 1427 頁。

⑤ （東漢）班固：《漢書》，中華書局 1962 年版，第 3422 頁。

⑥ 李均明：《秦漢簡牘文書分類輯解》，文物出版社 2009 年版，第 31 頁。

⑦ 甘肅省博物館漢簡整理組：《〈永始三年詔書〉簡册釋文》，《西北師院學報》1983 年第 4 期；甘肅省文物工作隊居延簡整理組：《居延簡〈永始三年詔書〉册釋文》，《敦煌學輯刊》1984 年第 2 期。

⑧ 伍德煦：《新發現的一份西漢詔書——〈永始三年詔書簡册〉考釋和有關問題》，《西北師院學報》1983 年第 4 期；［日］大庭脩：《論肩水金關出土的〈永始三年詔書〉簡册》，姜鎮慶譯，《敦煌學輯刊》1984 年第 2 期；甘肅省文物考古研究所編：《居延新簡釋粹》，蘭州大學出版社 1988 年版，第 102 頁；薛英群：《居延漢簡通論》，甘肅教育出版社 1991 年版，第 203 頁。

輻湊，浮食者多，民去本就末，列侯貴人車服僭上，衆庶放傚，羞不相及，嫁娶尤崇侈靡，送死過度。”① 再如《後漢書·王符傳》載：“今舉俗舍本農，趨商賈，牛馬車輿，填塞道路，游手爲巧，充盈都邑，務本者少，浮食者衆。”② 也即“浮食者”后應跟“多”或“衆”。我們梳理史料，發現有“浸多”一詞。《漢書·劉屈氂傳》載：“丞相附兵浸多，太子軍敗，南奔覆盎城門，得出。”顔師古注曰：“浸，漸也。”③《漢書·尹賞傳》曰：“長安中奸猾浸多，閭里少年群輩殺吏，受賕報仇，相與探丸爲彈，得赤丸者斫武吏，得黑丸者斫文吏，白者主治喪。”④ 由此，簡文可能是“離本逐末浮食者浸多”，意爲“弃農經商不事耕作而食者漸多”。⑤

10. 民辨鬬

73EJF1：11 號簡第一列“令”下三字圖版作：（D）、（E）、（F），字殘損，原整理者初釋“使”“郡”“縣”，后廢前釋，將D字改釋爲“民”，對E、F兩字并未釋讀。⑥《釋粹》從之。⑦ 伍德煦、薛英群從原整理者初釋。⑧《肩（肆）》釋作“民”“辦”“鬬”。張俊民釋作“民”“辨”“鬬”。⑨

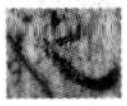

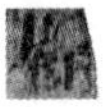

原整理者把D字改釋“民”字可從，E、F兩字我們與漢簡中的郡、縣、辦、辨、鬬等字做一對比，如下：

① （東漢）班固：《漢書》，中華書局1962年版，第1642、1643頁。

② （南朝宋）范曄：《後漢書》，中華書局1965年版，第1633頁。

③ （東漢）班固：《漢書》，中華書局1962年版，第2881、2882頁。

④ （東漢）班固：《漢書》，中華書局1962年版，第3673頁。

⑤ 此則蒙馬智全幫助，對圖像進行處理，并提供相關辭例，謹致謝忱。

⑥ 甘肅省博物館漢簡整理組：《〈永始三年詔書〉簡册釋文》，《西北師院學報》1983年第4期；甘肅省文物工作隊居延簡整理組：《居延簡〈永始三年詔書〉册釋文》，《敦煌學輯刊》1984年第2期。

⑦ 甘肅省文物考古研究所編：《居延新簡釋粹》，蘭州大學出版社1988年版，第103頁。

⑧ 伍德煦：《新發現的一份西漢詔書——〈永始三年詔書簡册〉考釋和有關問題》，《西北師院學報》1983年第4期；［日］大庭脩：《論肩水金關出土的〈永始三年詔書〉簡册》，姜鎮慶譯，《敦煌學輯刊》1984年第2期；薛英群：《居延漢簡通論》，甘肅教育出版社1991年版，第203頁。

⑨ 蒙張俊民交流中告知，謹致謝忱。

| | | | | |
|---|---|---|---|---|
| 郡 | 73EJF1：1 | 73EJF1：4 | 73EJF1：10 | 73EJF1：12 |
| 縣 | 73EJF1：5 | 73EJF1：7 | 73EJF1：7 | 73EJT1：101 |
| 辦 | 73EJT23：196 | 73EJT28：26 | 73EJT30：139 | 73EJT37：762 |
| 辨 | 73EJT21：131 | 73EJT21：239 | 73EJT24：58 | 72ECC：3 |
| 鬭 | 73EJT7：75 | EPT40：207① | EPT59：142② | EPT68：22③ |

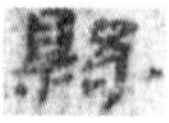

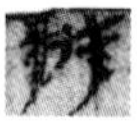

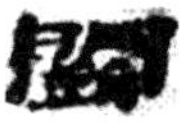

對比可知，E與“郡”字差距很大，當非“郡”，其與“辦”或“辨”字左側近似；F與“縣”字差异也很大，當可排除，與“鬭”字形上則較爲接近。

《後漢書·劉盆子傳》載：“大司農楊音按劍罵曰：‘諸卿皆老傭也！今日設君臣之禮，反更殽亂，兒戲尚不如此，皆可格殺！’更相辯鬭。而兵衆遂各踰宮斬關，入掠酒肉，互相殺傷。”④ 古書中“辨”亦通“辯”，⑤“辨鬭”即“辯鬭”，綜上，簡文作：民辨（辯）鬭。

11. 部司馬

73EJF1：13號簡第一列“司”上一字圖版作：，字殘損，原整理者釋作“郡”，作“張掖大守譚守郡司馬宗行長史”。⑥ 伍德煦、《釋

① 白海燕：《“居延新簡”文字編》，博士學位論文，吉林大學，2014年，第203頁。

② 白海燕：《“居延新簡”文字編》，博士學位論文，吉林大學，2014年，第203頁。

③ 白海燕：《“居延新簡”文字編》，博士學位論文，吉林大學，2014年，第203頁。

④ （南朝宋）范曄：《後漢書》，中華書局1965年版，第482頁。

⑤ 王輝：《古文字通假字典》，中華書局2008年版，第756頁。

⑥ 甘肅省博物館漢簡整理組：《〈永始三年詔書〉簡册釋文》，《西北師院學報》1983年第4期；甘肅省文物工作隊居延簡整理組：《居延簡〈永始三年詔書〉册釋文》，《敦煌學輯刊》1984年第2期。

粹》、薛英群等從之。[1] 大庭脩改釋作“部”，作“守部司馬宗行長史”，[2] 後廢前釋，從整理者原釋，作“郡”。[3]《肩（肆）》從大庭脩原釋，作“部”。與此字相同的還有居延漢簡 505.3，圖版作：，[4] 字亦殘損，《居延漢簡甲乙編》釋作“郡”，作“張掖大守奉世守郡司馬行長史事”。[5]《居延漢簡釋文合校》《中國簡牘集成》等從之。[6] 陳夢家曾結合居延漢簡 505.3，推測：“丞、長史之下似有‘郡司馬’，表、志所未述。”[7]

此字當是“部”字，肩水金關漢簡有辭例可爲佐證，如下：

二張掖守部司馬行大守事詣居延都尉七月丁未起　七月

一安定大守府章詣居延都尉六月己丑起□□　　73EJT37：908

73EJT37：908 號簡中出現的“部司馬”，其中“部”字圖版作：，清晰可辨。“部司馬”一詞，肩水金關漢簡較爲常見，如：

□都尉屬陳恭中功一勞三歲十月　北部司馬令史樂音中功一勞三月廿四日　　73EJT30：29A

建平三年六月壬寅　六月丁未北嗇夫□□出　張掖大守業右部司馬章行長史　　73EJT37：97

其中 73EJT37：97 號簡簡文“張掖大守業右部司馬章行長史”與 73EJF1：13 號簡“張掖大守譚守郡司馬宗行長史”、居延漢簡 505.3“張掖大守奉世守郡司馬行長史事”辭例近似，亦可爲佐證。

由此，肩水金關 73EJF1：13 以及居延漢簡 505.3，當均是“部

① 伍德煦：《新發現的一份西漢詔書——〈永始三年詔書簡册〉考釋和有關問題》，《西北師院學報》1983 年第 4 期；甘肅省文物考古研究所編：《居延新簡釋粹》，蘭州大學出版社 1988 年版，第 103 頁；薛英群：《居延漢簡通論》，甘肅教育出版社 1991 年版，第 203 頁。

② ［日］大庭脩：《論肩水金關出土的〈永始三年詔書〉簡册》，姜鎮慶譯，《敦煌學輯刊》1984 年第 2 期。

③ ［日］大庭脩：《漢簡研究》，徐世虹譯，廣西師範大學出版社 2001 年版，第 37 頁。

④ “中研院”漢代簡牘數位典藏，http：//ndweb. iis. sinica. edu. tw/woodslip_ public/System/Search/View_ Left_ Image. jsp? f_ name = H11634BIWA. JPG。

⑤ 中國社會科學院考古研究所編：《居延漢簡甲乙編》，中華書局 1980 年版，下册，第 258 頁。

⑥ 謝桂華、李均明編：《居延漢簡釋文合校》，文物出版社 1987 年版，第 603 頁；中國簡牘集成編輯委員會：《中國簡牘集成》第 8 册，敦煌文藝出版社 2001 年版，第 125 頁。

⑦ 陳夢家：《漢簡綴述》，中華書局 1980 年版，第 38 頁。

司馬”。

12. 明扁鄉亭

73EJF1：13 號簡第二列“明”下兩字圖版作：(G)、(H)，G 字原整理者釋作“扁”字，伍德煦、大庭脩、《肩（肆)》等從之。[①]《釋粹》釋作“篇”字，[②] 薛英群釋作“編”字。[③] 對於 H 字，原整理者初釋作“懸”，後改釋作“卬”[④]《釋粹》從改釋作“卬”。[⑤] 伍德煦、大庭脩、薛英群等皆從初釋作“懸”。[⑥] 李均明未釋，[⑦]《肩（肆)》改釋作“鄉”。

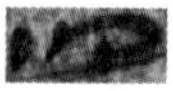

G 字當是“扁”字，原整理者所釋可信。H 字《肩（肆)》改釋可從，此字是“鄉”字的草書寫法，我們列舉肩水金關漢簡中類似的“鄉”字如下：

| 鄉 |  |  |  | 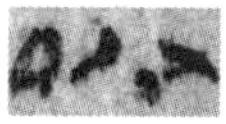 |
|---|---|---|---|---|
| | 73EJT9：29 | 73EJT10：121 | 73EJT37：617 | 73EJT37：644 |

對比字形可知，此字是“鄉”字無疑。此外，居延漢簡中也有相似的辭例可爲佐證，如下：

十一月丙戌宣德將軍張掖大守苞長史丞放告督郵掾□□移部□都尉

① 伍德煦：《新發現的一份西漢詔書——〈永始三年詔書簡冊〉考釋和有關問題》，《西北師院學報》1983 年第 4 期；［日］大庭脩：《論肩水金關出土的〈永始三年詔書〉簡册》，姜鎮慶譯，《敦煌學輯刊》1984 年第 2 期。

② 甘肅省文物考古研究所編：《居延新簡釋粹》，蘭州大學出版社 1988 年版，第 103 頁。

③ 薛英群：《居延漢簡通論》，甘肅教育出版社 1991 年版，第 203 頁。

④ 甘肅省博物館漢簡整理組：《〈永始三年詔書〉簡册釋文》，《西北師院學報》1983 年第 4 期；甘肅省文物工作隊居延簡整理組：《居延簡〈永始三年詔書〉册釋文》，《敦煌學輯刊》1984 年第 2 期。

⑤ 甘肅省文物考古研究所編：《居延新簡釋粹》，蘭州大學出版社 1988 年版，第 103 頁。

⑥ 伍德煦：《新發現的一份西漢詔書——〈永始三年詔書簡冊〉考釋和有關問題》，《西北師院學報》1983 年第 4 期；［日］大庭脩：《論肩水金關出土的〈永始三年詔書〉簡册》，姜鎮慶譯，《敦煌學輯刊》1984 年第 2 期；薛英群：《居延漢簡通論》，甘肅教育出版社 1991 年版，第 203 頁。

⑦ 李均明：《秦漢簡牘文書分類輯解》，文物出版社 2009 年版，第 30 頁。

官縣寫移書到扁

□鄉亭市里顯見處令民盡知之商□考察有毋四時言如治所書律令

16.4[1]

五月甲戌居延都尉德庫丞登兼行丞事下庫城倉居

用者書到令長丞候尉明白大扁書鄉市里門亭顯見　　139.13[2]

對比居延漢簡139.13簡文，知73EJF1：13號簡存在簡省。相對完整的文書格式應是“明白大扁書鄉市里門亭”，73EJF1：13簡省作“明扁鄉亭”。胡平生認爲：“‘明扁’應當是‘明白扁書’之省，‘扁’在這里用作爲動詞了，意思是‘明白（清楚醒目）’地做成扁。……‘扁書’是將文書寫在‘扁’上。”[3] 可從。

13. 明扁亭隧關

73EJF1：15號簡第一列“隧”下一字圖版作：，[4] 圖版不清，原整理者未釋，作“明扁亭隧□”。[5] 伍德煦、大庭脩、《釋粹》、薛英群、李均明等從之。[6]《肩（肆）》改釋作“關”，作“明扁亭隧關”。

《肩（肆）》改釋“關”字可從，此字雖不清，但上半部分筆畫尚可識別，同簡“關”字圖版作：，可爲參考。

此外，亦可通過文意推測此字。冨谷至曾考證漢簡中“扁書”的句式，認爲：“簡牘所見的具體語句包括：‘明白大扁書鄉市里門亭顯’、‘扁書亭燧顯處’、‘明白大扁書市里官所寺舍門亭隧’、‘明白扁書亭關處’、‘明白大扁書鄉亭市里門外謁舍顯見處’、‘明白扁書亭隧

---

① 簡牘整理小組編：《居延漢簡（壹）》，“中研院”歷史語言研究所2014年版，第55頁。

② 簡牘整理小組編：《居延漢簡（貳）》，“中研院”歷史語言研究所2015年版，第92頁。

③ 胡平生：《“扁書”“大扁書”考》，《敦煌懸泉月令詔條》，中華書局2001年版，第51頁。

④ 蒙馬智全幫助，對圖像進行處理，謹致謝忱。

⑤ 甘肅省博物館漢簡整理組：《〈永始三年詔書〉簡册釋文》，《西北師院學報》1983年第4期；甘肅省文物工作隊居延簡整理組：《居延簡〈永始三年詔書〉册釋文》，《敦煌學輯刊》1984年第2期。

⑥ 伍德煦：《新發現的一份西漢詔書——〈永始三年詔書簡册〉考釋和有關問題》，《西北師院學報》1983年第4期；［日］大庭脩：《論肩水金關出土的〈永始三年詔書〉簡册》，姜鎮慶譯，《敦煌學輯刊》1984年第2期；甘肅省文物考古研究所編：《居延新簡釋粹》，蘭州大學出版社1988年版，第103頁；薛英群：《居延漢簡通論》，甘肅教育出版社1991年版，第203頁；李均明：《秦漢簡牘文書分類輯解》，文物出版社2009年版，第31頁。

顯見處’等等。”① 其中“明白扁書亭關處”可爲參考，由此，作：明扁亭隧關。

## 二　分類與編聯

關於簡次的排序，大致有四種排法：

第一種，原整理者排序爲：73EJF1：1－73EJF1：2－73EJF1：4－73EJF1：3－73EJF1：6－73EJF1：5－73EJF1：7－73EJF1：8－73EJF1：9－73EJF1：12－73EJF1：10－73EJF1：11－73EJF1：13－73EJF1：14－73EJF1：15②

第二種，伍德煦排序爲：73EJF1：1－73EJF1：4－73EJF1：2－73EJF1：3－73EJF1：5－73EJF1：6－73EJF1：7－73EJF1：8－73EJF1：9－73EJF1：12－73EJF1：10－73EJF1：11－73EJF1：13－73EJF1：14－73EJF1：15③

第三種，大庭脩排序爲：73EJF1：1－73EJF1：4－73EJF1：2－73EJF1：3－73EJF1：5－73EJF1：6－73EJF1：7－73EJF1：8－73EJF1：9－73EJF1：12－73EJF1：13－73EJF1：14－73EJF1：15④

第四種，薛英群排序爲：73EJF1：1－73EJF1：7－73EJF1：8－73EJF1：6－73EJF1：5－73EJF1：3－73EJF1：11－73EJF1：4－73EJF1：2－73EJF1：9－73EJF1：12－73EJF1：10－73EJF1：13－73EJF1：14－73EJF1：15⑤

詔書中存在簡首留有空白的情況，伍德煦曾指出：“有七枚簡在書寫時均在簡首留有約 2 公分的空白，另有八枚簡均爲頂格書寫，不在簡首

① ［日］冨谷至：《文書行政的漢帝國》，劉恒武、孔李波譯，江蘇人民出版社 2013 年版，第 104 頁。

② 甘肅省文物工作隊居延簡整理組：《居延簡〈永始三年詔書〉册釋文》，《敦煌學輯刊》1984 年第 2 期。

③ 伍德煦：《新發現的一份西漢詔書——〈永始三年詔書簡册〉考釋和有關問題》，《西北師院學報》1983 年第 4 期。

④ ［日］大庭脩：《論肩水金關出土的〈永始三年詔書〉簡册》，姜鎮慶譯，《敦煌學輯刊》1984 年第 2 期。

⑤ 薛英群：《居延漢簡通論》，甘肅教育出版社 1991 年版，第 202—204 頁。

保留空白。”[①] 大庭脩分析原因認爲：“這種簡首留空白的寫法，能使制可的制字有比奏文高一格之效。制字也就自然形同抬了頭。”[②] 我們認可大庭脩的解讀，學界也多是依據簡首是否留有空白對詔書進行最初的分類，大致而言：簡首留有空白（73EJF1：1－73EJF1：7）是一個層次的内容，無空白則屬於其他層次的内容。

四種排序中，焦點在於 73EJF1：2 與 73EJF1：4，73EJF1：5 與 73EJF1：6，73EJF1：10 與 73EJF1：11 這 6 枚簡的順序。綜合比較内容、筆迹等，我們傾向於原整理者的排序。對於第 16 號簡，原整理者認爲：“另有原始編號的第十六簡上、下皆殘，通體燒焦變黑，只隱若可辨有墨迹兩行。據其長度，估計可能是原始編號第三或第六號簡的下半段，但不能肯定，暫附於最後。”[③] 伍德煦、大庭脩、《釋粹》、薛英群等未排列第 16 號簡。[④]《肩（肆）》從原整理者，把 16 號簡附於最後。

原整理者從簡的長度出發，認爲 16 號簡可能是第三或第六號簡的下半段，恐非。簡牘綴合除考慮長度外，寬度也很重要，甚至起着更爲重要的作用。此外，殘斷位置、殘斷原因等也是重要的因素。我們把這 16 枚簡的相關信息，製表如下（表 17）：

**表 17　　《永始三年詔書》簡牘信息　　单位：cm**

| 簡號 | 長 | 寬 | 行數 | 殘斷位置 | 是否火毁 |
| --- | --- | --- | --- | --- | --- |
| 73EJF1：1 | 18.3 | 1.8—1.9 | 2 | 下 | 是 |
| 73EJF1：2 | 17.5 | 1.5—2.0 | 2 | 下 | 是 |

---

① 伍德煦：《新發現的一份西漢詔書——〈永始三年詔書簡册〉考釋和有關問題》，《西北師院學報》1983 年第 4 期。

② ［日］大庭脩：《論肩水金關出土的〈永始三年詔書〉簡册》，姜鎮慶譯，《敦煌學輯刊》1984 年第 2 期。

③ 甘肅省文物工作隊居延簡整理組：《居延簡〈永始三年詔書〉册釋文》，《敦煌學輯刊》1984 年第 2 期。

④ 伍德煦：《新發現的一份西漢詔書——〈永始三年詔書簡册〉考釋和有關問題》，《西北師院學報》1983 年第 4 期；［日］大庭脩：《論肩水金關出土的〈永始三年詔書〉簡册》，姜鎮慶譯，《敦煌學輯刊》1984 年第 2 期；甘肅省文物考古研究所編：《居延新簡釋粹》，蘭州大學出版社 1988 年版，第 103 頁；薛英群：《居延漢簡通論》，甘肅教育出版社 1991 年版，第 203 頁；李均明：《秦漢簡牘文書分類輯解》，文物出版社 2009 年版，第 31 頁。

續表

| 簡號 | 長 | 寬 | 行數 | 殘斷位置 | 是否火毁 |
|---|---|---|---|---|---|
| 73EJF1：3 | 9.2 | 1.6—1.7 | 2 | 下/左 | 否 |
| 73EJF1：4 | 15.5 | 2.1—2.3 | 2 | 下 | 是 |
| 73EJF1：5 | 13.1 | 1.7—2.1 | 2 | 下 | 是 |
| 73EJF1：6 | 12.5 | 1.7—1.9 | 2 | 下 | 是 |
| 73EJF1：7 | 17.5 | 1.6—2.0 | 2 | 下 | 是 |
| 73EJF1：8 | 19.3 | 1.6—2.2 | 1 | 下 | 是 |
| 73EJF1：9 | 19.9 | 1.5—2.1 | 1 | 下 | 是 |
| 73EJF1：10 | 14.8 | 1.8—2.0 | 2 | 下 | 是 |
| 73EJF1：11 | 13.0 | 1.6—1.8 | 2 | 下 | 是 |
| 73EJF1：12 | 20.6 | 1.5—2.0 | 2 | 下 | 是 |
| 73EJF1：13 | 15.3 | 1.8—2.0 | 2 | 下 | 是 |
| 73EJF1：14 | 15.4 | 1.8—1.9 | 2 | 下 | 不明 |
| 73EJF1：15 | 22.4 | 1.3—1.6 | 2 | 下 | 是 |
| 73EJF1：16 | 9.6 | 1.2—1.5 | 2 | 上/下 | 上端否/下端是 |

由表17可知，73EJF1：16號簡與73EJF1：3、73EJF1：6號簡的寬度并不一致，如果再結合殘斷位置以及殘斷原因來分析，73EJF1：16號簡與73EJF1：3、73EJF1：6號簡亦多不合。由此，16號簡可能是第三或第六號簡的下半段的推測，并不合適。

從16號簡“長假貧民物”的内容看，簡文仍在强調與“民”有關的問題，與73EJF1：1（“恐民”）、73EJF1：2（“民所疾苦”）、73EJF1：3（“富民”）、73EJF1：4（“民所疾苦”）、73EJF1：6（“治民之道”）有一定的關聯，尤其是與73EJF1：3號簡的“富民”形成文意的相對。若從詔書安撫百姓，强調民生疾苦來看，似“貧民”不易在前，而“富民”不法在後。由此，推測73EJF1：16號簡排列應當前移至73EJF1：3號簡前。

綜上，我們對16枚簡的排序如下：

73EJF1：1－73EJF1：2－73EJF1：4－73EJF1：16－73EJF1：3－73EJF1：6－73EJF1：5－73EJF1：7－73EJF1：8－73EJF1：9－73EJF1：12－73EJF1：10－73EJF1：11－73EJF1：13－73EJF1：14－73EJF1：15

簡文復原如下：

丞相方進御史臣光昧死言

明詔哀閔元＝臣方進御史臣光往秋郡被霜冬無大䨮（雪）不利宿麥恐民☐　73EJF1：1

調有餘給不足不民所疾苦也可以便安百姓者問計長吏守丞條對

臣光奉職無狀頓＝首＝死＝罪＝臣方進臣光前對問上計弘農大守丞☐　73EJF1：2

郡國九穀最少可豫稍爲調給立輔既言民所疾苦可以便安

弘農大守丞立山陽行大守事湖陵☐☐上谷行大守事　73EJF1：4

☐作宜可益倍其☐☐☐

……長假貧民物☐☐　73EJF1：16

令堪對曰富民多畜田出貸☐

……　73EJF1：3

治民之道宜務興本廣農業☐☐☐☐

來出貸或取以賈販愚者苟得逐利☐　73EJF1：6

來去城郭流亡離本逐末浮食者浸……

與縣官并税以成家致富開并兼之路陽朔年间　73EJF1：5

言既可許臣請除貸錢它物律詔書到縣道官得貸錢☐☐

縣官還息與貸者它不可許它別奏臣方進臣光愚戇頓＝首＝死＝罪＝

73EJF1：7

制　可　73EJF1：8

永始三年七月戊申朔戊辰御

下當用者　73EJF1：9

七月庚午丞相方進下小府衛將＝軍＝二＝千＝石＝部刺史郡大守諸侯……

下當用者書到言　73EJF1：12

八月戊戌丞相方進重令長安男子李參索輔等自言占租貸

又聞三輔豪黠吏民復出貸受重質不止疑郡國亦然書到　73EJF1：10

賞得自責母（毋）息毋令民辨（辯）鬬相殘賊務禁絶息貸

令　73EJF1：11

十月己亥張掖大守☐守部司馬宗行長史……

書從事下當用者明扁鄉亭顯處令吏民皆知之如詔書　73EJF1：13

十一月己酉張掖肩水都尉譚丞平下官下當用者如　　73EJF1：14

十一月辛亥肩水候憲下行尉事謂關嗇夫吏承書從事明扁亭隧關

處如詔書　　　　士吏猛　　73EJF1：15

圖47　《永始三年詔書》編聯圖

## 三　書手與書風

伍德煦在分析73EJF1：10、73EJF1：11號簡時認爲："字體的書勢大小都反映出是由一人書寫完成的。"① 大庭脩認爲："伍先生第一個根據是，他觀察了簡册實物後，認爲簡的長度、筆法、墨色等等都出於同一個人之手，他的這個意見我是尊重的。"② 我們從筆迹、字體、寫作風格來看，簡首留有空白的七枚簡當是同一人所書，其他八枚簡是否爲一人所書還有探討的空間。

從形制、内容以及書寫風格來看，73EJF1：1－73EJF1：7號簡，當爲同一人書寫（暫稱爲"書手甲"），與73EJF1：8、73EJF1：9、

① 伍德煦：《新發現的一份西漢詔書——〈永始三年詔書簡册〉考釋和有關問題》，《西北師院學報》1983年第4期。

② ［日］大庭脩：《論肩水金關出土的〈永始三年詔書〉簡册》，姜鎮慶譯，《敦煌學輯刊》1984年第2期。

73EJF1：10、73EJF1：11、73EJF1：12、73EJF1：13、73EJF1：14、73EJF1：15號簡不同。

如“郡”字，73EJF1：1圖版作：，73EJF1：4圖版作：，書手在處理左側部首“君”字上，幾乎一致；而73EJF1：12號簡“郡”字寫作：，與73EJF1：1、73EJF1：4形體存在較大差异，自非一人所書；如“者”字，73EJF1：2號簡寫作：，73EJF1：6號簡寫作：，形體趨於一致，而73EJF1：9號簡“者”字寫作：，與73EJF1：2、73EJF1：6形體差异較大；如“方”字，73EJF1：1號簡圖版作：，73EJF1：7圖版作：，除去墨迹粗細的差异外，風格是很接近的，而73EJF1：12號簡“方”字圖版作：，與73EJF1：1、73EJF1：7形體差异較大；如“長”字，73EJF1：2圖版作：，73EJF1：10圖版作：，二者字體不一；再如“守”字，73EJF1：4圖版作：，73EJF1：12圖版作：，從書風以及字體來看，亦非一人所書寫。

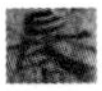

73EJF1：10、73EJF1：11、73EJF1：12、73EJF1：13、73EJF1：14、73EJF1：15從筆迹、書風、字間距、走勢等方面來看，當是同一書手所寫（暫稱爲“書手乙”）。我們懷疑73EJF1：8、73EJF1：9號簡，是既不同於“書手甲”，也不同於“書手乙”的另一個“書手”。兩簡寫作規整，字體間距很大，風格上有别於“書手甲”和“書手乙”。如73EJF1：8號簡“刂”寫作：，而73EJF1：1作：，73EJF1：7作：，73EJF1：10作：，73EJF1：12作：，73EJF1：8與73EJF1：1、73EJF1：7、73EJF1：10、73EJF1：12號簡在筆勢走向以及書寫風格等方面存在差异。再如73EJF1：9號簡“女”寫作：，而73EJF1：2號簡“女”字作：、，在起筆、落筆、走勢等方面，亦存在不小差异。據此，我們暫把73EJF1：8、73EJF1：9號簡的書手稱爲“書手丙”。

綜上，我們認爲詔書可能有三個書手寫就，73EJF1：1－73EJF1：7號簡是第一個書手，所記内容主要是丞相和御史大夫的請詔文；73EJF1：8、73EJF1：9是第二個書手，所記内容主要是皇帝的批文；73EJF1：10－73EJF1：15是第三個書手，所記内容主要是文書的傳遞過程。

# 第四章　肩水金關漢簡家屬出入資料研究

## 第一節　概述

肩水金關漢簡中保留有許多的出入關信息，其中有一部份屬於吏或卒的家屬出入記錄。大體而言，這方面的記錄可分爲兩部份，一是記錄在家屬符上，一是記錄在出入名籍上。

關於“符”，《説文》：“符，信也。漢制以竹，長六寸，分而相合。”① 《玉篇・竹部》：“符，符節也，分欲兩邊，各持其一，合之爲信。”② 符的種類有很多，常見的有虎符、出入符、詣官符、日迹符、警候符、竹使符等。李均明認爲：“簡牘所見符，通常爲具有某種權利或執行某項任務的信用憑證。”③ 出入符是進出津關的重要憑證，一般分爲序號符和家屬符兩種。④ 家屬符是家屬在出入關卡時所需出示的憑證。郭偉濤界定其爲：“所謂家屬符，主要源於這類符的自稱及其使用者的身份多爲符主親屬、葆使。”⑤

目前出土的家屬出入符都是吏員的家屬，卒類家屬則無。雖然尚未發現士卒的家屬出入符，但并不代表士卒無家屬探訪。肩水金關漢簡中有這方面的記錄，如下：

---

① （東漢）許慎：《説文解字》，中華書局 1963 年版，第 96 頁。

② （梁）顧野王：《大廣益會玉篇》，中華書局 1987 年版，第 70 頁。

③ 李均明：《秦漢簡牘文書分類輯解》，文物出版社 2009 年版，第 432 頁。

④ 郭偉濤：《漢代張掖郡肩水塞研究》，博士學位論文，清華大學，2017 年，第 188 頁。

⑤ 郭偉濤：《漢代張掖郡肩水塞研究》，博士學位論文，清華大學，2017 年，第 191 頁。

勇士隧卒昭武長壽里大夫庾普年二十八　普弟當年二十

大車一兩　用牛一頭　　　　　　　　　　　　　　　73EJF3：130

由73EJF3：130號簡可知，勇士隧卒庾普的弟弟"當"便是來訪被登記在册。至於士卒無家屬出入符的原因，可能與普通士卒的權限較少有關，① 也即家屬符屬於吏員的特權。

家屬出入符被關注較早，最初的研究是圍繞出自A32的29.1、29.2號簡展開。李均明、劉軍，大庭脩，李天虹，汪桂海，趙寵亮等均有討論。② 肩水金關漢簡出版以來，提供了更多關於家屬出入符的資料。學者圍繞家屬出入符的形制、内容及其所反映的出行、家庭、社會歷史信息等展開研究。張俊民，藤田勝久，袁延勝，黄艷萍，鷹取祐司，郭偉濤，魏學宏、侯宗輝，鍾良燦等均有論述。③

家屬出入符的類型，郭偉濤曾依據書式進行過分類，共分爲五種：

Ⅰ型以73EJT37：758號簡爲代表，特點是自名家屬符，均注明"出入盡十二月"；Ⅱ型以29.2號簡爲代表，特點是除73EJT28：9自名家屬符，其餘皆爲"××符"；Ⅲ型以73EJT3：89號簡爲代表，特點是均自名家屬符，具體到月份，未記時效；Ⅳ型以73EJT37：175號簡爲代表，特點是均自名家屬符，未記制作日期；Ⅴ型以73EJT29：43＋33號簡爲代

① 黄艷萍：《漢代邊境的家屬出入符研究——以西北漢簡爲例》，《理論月刊》2015年第1期。

② 李均明、劉軍：《簡牘文書學》，廣西教育出版社1999年版，第420頁；李均明：《秦漢簡牘文書分類輯解》，文物出版社2009年版，第434頁；［日］大庭脩：《漢簡研究》，徐世虹譯，廣西師范大學出版社2001年版，第140頁；汪桂海：《漢符餘論》，《簡牘學研究》第3輯，甘肅人民出版社2002年版，第295頁；李天虹：《居延漢簡簿籍分類研究》，科學出版社2003年版，第159頁；趙寵亮：《行役戍備——河西漢塞吏卒的屯戍生活》，科學出版社2012年版。

③ 主要成果有：張俊民：《新、舊居延漢簡校讀二例》，《考古與文物》2009年第2期；［日］藤田勝久：《肩水金關與漢代交通——傳與符之用途》，《金塔居延遺址與絲綢之路歷史文化研究》，甘肅教育出版社2014年版；袁延勝：《肩水金關漢簡家屬符探析》，《金塔居延遺址與絲綢之路歷史文化研究》，甘肅教育出版社2014年版；袁延勝：《肩水金關漢簡家屬符探析》，《甘肅省第三届簡牘學國際學術研討會論文集》，上海辭書出版社2017年版；黄艷萍：《漢代邊境的家屬出入符研究——以西北漢簡爲例》，《理論月刊》2015年第1期；［日］鷹取祐司：《肩水金関遺址出土の通行証》，《古代中世東アジアの関所と交通制度》，東京：汲古書院2017年版；郭偉濤：《漢代張掖郡肩水塞研究》，博士學位論文，清華大學，2017年，第184—210頁；魏學宏、侯宗輝：《肩水金關漢簡中的"家屬"及其相關問題》，《敦煌研究》2017年第4期；鍾良燦：《西北漢簡所見吏卒家屬研究》，《簡帛研究》2017春夏卷，廣西師范大學出版社2017年版。

表，特點是上端大書地名，如“廣地”，下端記隧長及家屬信息，未見具體時間，但記載了使用者的年齡。①

爲對照研究，特把郭偉濤劃分的五種家屬符類型制圖如下（圖48）：

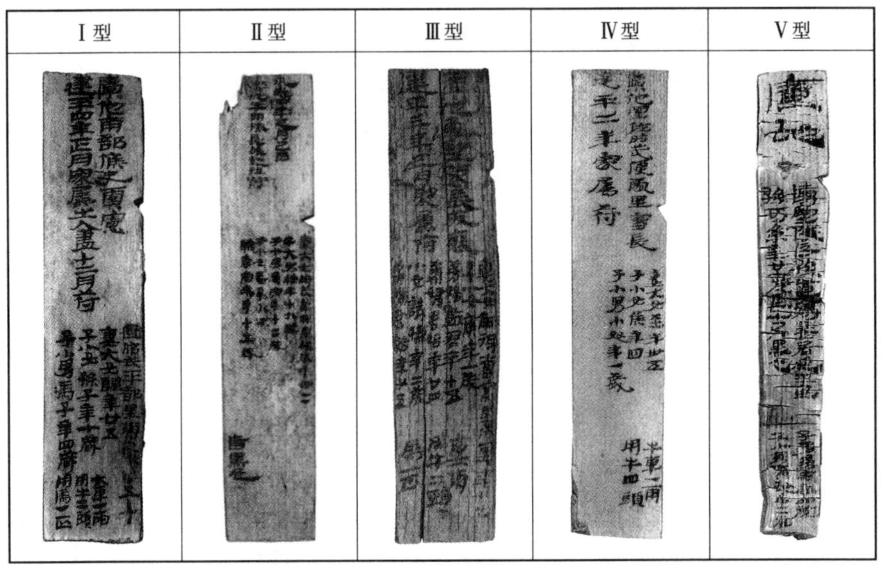


**圖48　家屬符五種類型圖**

鷹取祐司《肩水金関遺址出土の通行証》一文以“符”爲切入點，對家屬符也進行了分類，但不及郭文細緻。對於郭偉濤劃分的Ⅰ、Ⅱ型，鷹取祐司也有分類研究，Ⅲ、Ⅳ型鷹取祐司視爲一類，認爲是年月日記載形式上的差异。

分類的焦點在於郭偉濤“Ⅴ型家屬符”的認定。袁延勝、黄艷萍、鍾良燦未把Ⅴ型列入家屬符。② 藤田勝久認爲Ⅴ型“隸屬於候官的官吏及

---

① 郭偉濤：《漢代張掖郡肩水塞研究》，博士學位論文，清華大學，2017年，第191—195頁。

② 袁延勝：《肩水金關漢簡家屬符探析》，《金塔居延遺址與絲綢之路歷史文化研究》，甘肅教育出版社2014年版；袁延勝：《肩水金關漢簡家屬符探析》，《甘肅省第三届簡牘學國際學術研討會論文集》，上海辭書出版社2017年版；黄艷萍：《漢代邊境的家屬出入符研究——以西北漢簡爲例》，《理論月刊》2015年第1期；鍾良燦：《西北漢簡所見吏卒家屬研究》，《簡帛研究》2017春夏卷，廣西師范大學出版社2017年版。

其家屬通行的證明符，記有名字和身體相貌特徵，其使用者是有限定的。”① 鷹取祐司認爲V型：“與家屬符格式是不同的，但内容功能跟家屬符一樣”。② 魏學宏、侯宗輝認爲：“簡文中雖未見‘家屬符’的字樣，但據其書寫格式、出土地點、留存的文字内容或簡體形制看，當屬於‘家屬符’類簡。”③

V型雖無“家屬符”之名，但實際起著和家屬符相同的作用，故也應列入考察。由於V型并不自稱爲“家屬符”，故不當以家屬符稱之，可稱爲“家屬出入類簡”。爲區别於家屬符，暫把郭偉濤前四種類型稱爲“家屬出入A類簡”，第五種類型暫稱爲“家屬出入B類簡”。

出入名籍中的家屬記録，一般是通關時被關吏留下的。在形制和寫作内容上，與家屬符截然不同。但也包含了許多重要的信息，是家屬出入的重要資料。

## 第二節　A類簡内容和形制

經查，家屬出入A類簡共計三十枚。④ 簡文如下：

（1）永光四年正月己酉　橐佗延壽隧長孫晦符
妻大女昭武萬歲里孫第卿年廿一
子小女王女年三歲
弟小女耳年九歲
皆黑色　29.1

（2）永光四年正月己酉　橐佗吞胡隧長張彭祖符
妻大女昭武萬歲里張春年卌二
子大男輔年十九歲

---

① ［日］藤田勝久：《肩水金關與漢代交通——傳與符之用途》，《金塔居延遺址與絲綢之路歷史文化研究》，甘肅教育出版社2014年版。

② ［日］鷹取祐司：《肩水金関遺址出土の通行証》，《古代中世東アジアの関所と交通制度》，東京：汲古書院2017年版。日文翻譯爲鷹取祐司2018年1月30日郵件中告知。

③ 魏學宏、侯宗輝：《肩水金關漢簡中的“家屬”及其相關問題》，《敦煌研究》2017年第4期。

④ 73EJT5：16、73EJT37：37、73EJT11：24、73EJT37：538、73EJT37：846、73EJT37：855等簡有殘損，暫存疑不録。

子小男廣宗年十二歲

子小女=足年九歲

輔妻南來年十五歲

皆黑色　　29.2

（3）槖他通望隧長成褒　建平三年正月家屬符

妻大女觻得當富里成虞年廿六

子小女侯年一歲　弟婦監君年十五　弟婦君始年廿四　小女請

卿年二歲　弟婦君給年廿五車二兩　用牛二頭　馬一匹

73EJT3：89①

（4）槖他通望隧長成褒　建平四年正月家屬出入盡十二月符

弟大男□年廿　弟婦始年廿　子小女請卿年三歲

牛二頭　車一兩　　73EJT37：176②

（5）肩水候　永光四年正月壬辰符

候平陵歸□里公大夫☑

大女□□長七尺……　　73EJT6：40③

（6）槖他勇士隧長井臨　建平元年家屬符

兄妻屋蘭宜衆里井君任年廿一　子小男習年七歲

兄妻君之年廿三　子大男義年十　子小男馮一歲

車一兩用□☑（右齒）　　73EJT6：42④

（7）槖佗呑胡隧　永光二年正月庚午☑

子男□☑　子小女□☑　子男□☑　　73EJT7：128⑤

---

① “建平三年”下一字整理者原作“五”，當是“正”字。李燁、張顯成：《〈肩水金關漢簡（壹）〉校勘記》，《古籍整理研究學刊》2015年第4期。簡文中的“請卿”，整理者原釋作“護惲”。依據73EJT37：176號簡改釋。

② 整理者原釋作“槖他□望隧長□□”。依據圖版并結合73EJT3：89號簡，補釋作“槖他通望隧長成褒”。

③ 邢義田：《〈肩水金關漢簡（壹）〉初讀札記之一》，《簡帛》第7輯，上海古籍出版社2012年版。

④ 邢義田：《〈肩水金關漢簡（壹）〉初讀札記之一》，《簡帛》第7輯，上海古籍出版社2012年版。

⑤ 何茂活：《〈肩水金關漢簡（壹）〉殘斷字釋補》，《中國文字（新四十二期）》，臺北：藝文印書館2016年版。

（8）五鳳四年八月庚戌　橐他石南亭長符

亭長利主妻觻得定國里司馬服年卅二歲

子小女自爲年六歲

皆黑色　入出止（左齒）　73EJT9：87

（9）橐他恒宜亭長張譚符　永光二年……

妻大女觻得安□☑

□大女……　73EJT9：275①

（10）橐他上利隧長家屬　建始四年正月己丑符

子小男恭年六歲☑

子小女君俠年四歲☑

子小男相年二歲☑　73EJT28：9A

金關　73EJT28：9B

（11）初元四年正月癸酉　橐佗殄虜隧長符

隧長奉妻觻得常樂里大女葉中孫年廿五歲　子小女疌年五歲

子小男忠年一歲

奉弟輔年十七歲　奉弟婦婢年十六歲

·皆黑色　73EJT30：62②

（12）初元四年正月庚申　橐佗駮馬亭長孫猛符

兄子昭武萬歲里☑

□妻觻得□☑

子小女□耳年☑

子小男建□☑　73EJT31：40③

（13）建平四年正月家屬出入盡十二月符

① 羅見今、關守義：《〈肩水金關漢簡（壹）〉紀年簡考釋》，《敦煌研究》2013年第5期；黄艷萍：《〈肩水金關漢簡（壹）〉紀年簡校考》，《敦煌研究》2014年第2期；何茂活：《〈肩水金關漢簡（壹）〉釋文訂補》，2014年11月28日，復旦大學出土文獻與古文字研究中心網，http：//www.gwz.fudan.edu.cn/Web/Show/2392。

② 工錦城：《〈肩水金關漢簡〉校讀札記（二）》，2017年10月15日，簡帛網，http：//www.bsm.org.cn/?hanjian/7662.html。

③ 郭偉濤在博士學位論文“附表7—1”中，歸納73EJT31：40號簡橐佗駮馬亭長“孫猛”的“家屬”人員有“妻子”，恐非。簡文“妻”前一字明顯不是“猛”字，也即不是孫猛的妻。從簡文的邏輯順序看，最有可能是“兄子”的妻。

□年十三　常年五歲
用馬二匹　73EJT37：142

（14）橐他置佐昭武便處里審長　建平二年家屬符
妻大女至年卅五　子小女佞年四　子小男小奴年一歲
牛車一兩　用牛四頭　73EJT37：175

（15）……
建平四年正月家屬符出入盡十二月
妻大女昭武宜春里辛遷年廿七
子男詡年九
子小男黨年七
子小男級年二
葆弟昭武宜春里辛昌年廿四歲
車二兩　牛二頭　73EJT37：177＋687

（16）橐他曲河亭長昭武宜春里□永
妻大女陽年廿一
子小女頃閭年一歲
牛車一兩　用牛二頭　73EJT37：178①

（17）橐他曲河亭長昭武宜春里　□永家屬符
妻大女陽年廿三
子小女頃閭年三歲
車牛一兩　用牛二頭　73EJT37：761②

（18）建平四年正月家屬符☐　73EJT37：625

（19）五鳳四年六月戊申　橐他故駮亭長符
亭長閻得葆昭武破胡里公乘王延年＝廿八歲長七尺五寸
葆觻得承明里大夫王賢年十五歲長七尺
葆昭武破胡里大女秋年十八歲

① 整理者原釋作“隆永”，恐非，黄浩波認爲是“鄂”，暫存疑；整理者原釋“妻大女陽年卅”，恐非，當是“廿一”。黄浩波：《肩水金關漢簡文字釋讀札記五則》，《第七屆出土文獻研究與比較文字學全國博士生論壇論文集》，重慶，2017年10月。

② 整理者原釋作“陸永”，恐非，黄浩波認爲是“鄂”，暫存疑。

皆黑色

入出止　　73EJT37：656＋1376①

（20）橐他沙上隧長魯欽　建平元年正月家屬符

妻昭武便處里魯請年十九　　73EJT37：754

（21）建平二年家屬符

子男臨年十六　子女召年廿子女青年二歲

子女驕年十三　子婦君陽年廿三子女君乘年八子男欽年三歲

73EJT37：755

（22）橐他收降隧長陳建　建平二年正月家屬符

妻大女觻得安成里陳自爲年卌四　子小男惲年九歲　子小女護□年□□

車一兩　　73EJT37：756

（23）橐他南部候史虞憲　建平四年正月家屬出入盡十二月符

母昭武平都里虞儉年五十　妻大女丑年廿五　子小女孫子年七歲

子小男馮子年四歲

大車一兩　用牛二頭　用馬一匹　　73EJT37：758②

（24）橐他石南亭長王并　建平四年正月家屬出入盡十二月符

妻大女昭武宜衆里王辦年五十

子男嘉年十一歲

大車一兩　用牛二頭　用馬一匹　　73EJT37：762

（25）橐他駮南亭長孫章　陽朔三年正月家屬符

妻大女觻得壽貴里孫遷年廿五　子小男自當年二

皆黑色　　73EJT37：1007③

（26）橐他候史氏池千金里張彭　建平四年正月家屬符

母居延庰庭里徐都君年五十　男弟觻得當富里張惲年廿

男弟臨年十八

① 謝坤：《讀肩水金關漢簡札記（三）》，2016 年 1 月 13 日，簡帛網，http：//www. bsm. org. cn/? hanjian/6587. html。

② 虞憲另見於 73EJT37：1514 號簡。

③ 橐他駮南亭長孫章另見於居延漢簡 75. 1 號簡。

女弟來侯年廿五

女弟驕年十五

彭妻大女陽年廿五

車二兩　用牛四頭　馬三匹　　73EJT37：1058

（27）槖他通道亭長宋捐之　永始四年家屬符盡十二月

妻大女觻得常樂里宋待君年廿二

子小男自當年九　子小女廉年六　　73EJT37：1059

（28）槖他□□隧……

建平四年家屬符　　73EJT37：1112

（29）槖他中部候長程忠　建平四年正月家屬出入盡十二月符

妻大女觻得富安□里程昭年廿八

子小女買年八歲

子小女遷年三歲

子小女來卿年二歲

弟小男音年十八

……

小奴滿

牛車一兩牛二頭

軺車一用馬二匹　　73EJT37：1528＋280＋1457

（30）建平四年正月家屬出入盡十二月☑　　73EJT37：1562

依據家屬出入A類的簡文内容，爲更加方便直觀，特制作了“家屬出入A類簡内容信息”表。如下（表18）：

**表18　　家屬出入A類簡内容信息**

| 序號 | 户主 | 職位 | 人員① | 妻名 | 籍貫 | 年代 | 簡號 | 備注 |
|---|---|---|---|---|---|---|---|---|
| 1 | 閻得 | 槖他故駮亭長 | —② | — | — | 五鳳四年六月戊申 | T37：656＋1376 | 槖他故駮亭長符 |

① 本章表格中“子”是指兒子，“女”是指女兒，不另注。

② 簡文記載分别是昭武破胡里公乘王延年、觻得承明里大夫王賢、昭武破胡里大女秋。推測三者應具有緊密的關聯，尤其是王延年和秋，都是“昭武破胡里”。然從簡文上看不出三者和閻得的具體關係，暫存疑。

續表

| 序號 | 户主 | 職位 | 人員 | 妻名 | 籍貫 | 年代 | 簡號 | 備注 |
| --- | --- | --- | --- | --- | --- | --- | --- | --- |
| 2 | 利主 | 槖他石南亭長 | 妻、女 | 司馬服 | 妻觻得定國里 | 五鳳四年八月庚戌 | T9：87 | 槖他石南亭長符 |
| 3 | 奉 | 槖佗殄虜隧長 | 妻、子、女、弟、弟婦 | 葉中孫 | 妻觻得常樂里 | 初元四年正月癸酉 | T30：62 | 槖佗殄虜隧長符 |
| 4 | 孫猛 | 槖佗駮馬亭長 | 侄、侄妻、女、子 | — | 兄子昭武萬歲里 | 初元四年正月庚申① | T31：40 | 槖佗駮馬亭長孫猛符 |
| 5 | — | 槖佗吞胡隧 | 子、女 | — | — | 永光二年正月庚午 | T7：128 | — |
| 6 | 張譚 | 槖他恒宜亭長 | 妻、女 | — | 妻觻得安□ | 永光二年 | T9：275 | — |
| 7 | — | 肩水候 | 妻 | — | — | 永光四年正月壬辰 | T6：40 | 永光四年正月壬辰符 |
| 8 | 孫晦 | 槖佗延壽隧長 | 妻、女、妹 | 孫第卿 | 妻昭武萬歲里 | 永光四年正月己酉 | 29.1 | 槖佗延壽隧長孫晦符 |
| 9 | 張彭祖 | 槖他吞胡隧長 | 妻、子、女、兒媳 | 張春 | 妻昭武萬歲里 | 永光四年正月己酉 | 29.2 | 槖佗吞胡隧長張彭祖符 |
| 10 | — | 槖他上利隧長 | 子、女 | — | — | 建始四年正月己丑 | T28：9 | 建始四年正月己丑符 |
| 11 | 孫章 | 槖他駮南亭長 | 妻、子 | 孫遷 | 妻觻得壽貴里 | 陽朔三年正月 | T37：1007 | 陽朔三年正月家屬符 |
| 12 | 宋捐之 | 槖他通道亭長 | 妻、子、女 | 宋待君 | 妻觻得常樂里 | 永始四年 | T37：1059 | 永始四年家屬符盡十二月 |
| 13 | 井臨 | 槖他勇士隧長 | 兄妻、兄子 | — | 兄妻屋蘭宜衆里 | 建平元年 | T6：42 | 建平元年家屬符 |
| 14 | 魯欽 | 槖他沙上隧長 | 妻 | 魯請 | 妻昭武便處里 | 建平元年 | T37：754 | 建平元年正月家屬符 |
| 15 | 審長 | 槖他置佐 | 妻、女、子 | 至 | 夫昭武便處里 | 建平二年 | T37：175 | 建平二年家屬符 |
| 16 | — | — | 子、女、兒媳 | — | — | 建平二年 | T37：755 | 建平二年家屬符 |
| 17 | 陳建 | 槖他收降隧長 | 妻、子、女 | 陳自爲 | 妻觻得安成里 | 建平二年正月 | T37：756 | 建平二年正月家屬符 |

① 初元四年正月朔辛亥，無庚申日，疑書寫有誤。

續表

| 序號 | 户主 | 職位 | 人員 | 妻名 |籍貫 | 年代 | 簡號 | 備注 |
|---|---|---|---|---|---|---|---|---|
| 18 | 成褒 | 橐他通望隧長 | 妻、女、弟婦、弟 | 成虞 | 妻觻得當富里 | 建平三年正月 | T3：89 | 建平三年正月家屬符 |
| | | | 女、弟婦、弟 | | | 建平四年 | T37：176 | 建平四年正月家屬出入盡十二月符 |
| 19 | 程忠 | 橐他中部候長 | 妻、女、弟 | 程昭 | 妻觻得富安□里 | 建平四年 | T37：1528＋280＋1457 | 建平四年正月家屬出入盡十二月符 |
| 20 | — | — | 妻、子 | 辛遷 | 妻/弟昭武宜春里 | 建平四年 | T37：177＋687 | 建平四年正月家屬符出入盡十二月 |
| 21 | 虞憲 | 橐他南部候史 | 母、妻、女、子 | 丑 | 母昭武平都里 | 建平四年 | T37：758 | 建平四年正月家屬出入盡十二月符 |
| 22 | 王并 | 橐他石南亭長 | 妻、子 | 王辦 | 妻昭武宜衆里 | 建平四年 | T37：762 | 建平四年正月家屬出入盡十二月符 |
| 23 | 張彭 | 橐他候史 | 母、弟、妹、妻 | 陽 | 母居延庰庭里徐都君 | 建平四年 | T37：1058 | 建平四年正月家屬符 |
| 24 | — | — | — | — | — | 建平四年 | T37：142 | 建平四年正月家屬出入盡十二月符 |
| 25 | — | — | — | — | — | 建平四年 | T37：625 | 建平四年正月家屬符 |
| 26 | — | 橐他□□隧 | — | — | — | 建平四年 | T37：1112 | 建平四年家屬符 |
| 27 | — | — | — | — | — | 建平四年 | T37：1562 | 建平四年正月家屬出入盡十二月 |
| 28 | □永 | 橐他曲河亭長 | 妻、女 | 陽 | 夫昭武宜春里 | —① | T37：178 | □永家屬符 |
| | | | | | | | T37：761 | |

① 時間無法確定，從相伴出簡分析，疑在漢哀帝建平年間。

由表18可知，出行人籍貫均來自張掖郡下的屬縣：觻得、昭武、屋蘭、居延，又以觻得、昭武爲多。據此推測家屬出入符的適用對象是邊地的吏員。從任職區域看，吏員均出自橐他塞。從職位看，吏員的職位等級一般都不高，以橐他塞的亭長、隧長爲主，如橐他故駮亭長、橐他石南亭長、橐佗駮馬亭長、橐他恒宜亭長、橐他駮南亭長、橐他石南亭長、橐他曲河亭長，橐佗殄虜隧長、橐佗吞胡隧長、橐佗延壽隧長、橐他吞胡隧長、橐他上利隧長、橐他勇士隧長、橐他沙上隧長、橐他收降隧長、橐他通望隧長等。

在表18的基礎上，以時間爲序，截取相關信息，列表如下（表19）：

**表19　　家屬出入A類簡時間信息**

| 時期 | 簡數 | 年月 | 簡號 | 自名 |
|---|---|---|---|---|
| 漢宣帝 | 2 | 五鳳四年六月和八月 | T37：656＋1376、T9：87 | 符 |
| 漢元帝 | 7 | 初元四年正月、永光二年正月、永光四年正月 | T30：62、T31：40、T7：128、T9：275、T6：40、29.1、29.2 | 符 |
| 漢成帝 | 3 | 建始四年正月、陽朔三年正月、永始四年 | T28：9、T37：1007、T37：1059 | 符、家屬符 |
| 漢哀帝 | 16 | 建平元年、建平二年、建平二年正月、建平三年正月、建平四年 | T6：42、T37：754、T37：175、T37：755、T37：756、T3：89、T37：176、T37：1528＋280＋1457、T37：177＋687、T37：758、T37：762、T37：1058、T37：142、T37：625、T37：1112、T37：1562 | 家屬符、家屬出入盡十二月符 |

由表19可知，肩水金關漢簡的家屬出入符的使用時間跨度較長。從漢宣帝五鳳四年一直到漢哀帝建平四年，歷時五十二年。

以時間爲綫索，可以看出家屬出入符變化發展的過程。漢宣帝時期的家屬出入符發放還無固定的時期。73EJT37：656＋1376號簡是在五鳳四年六月，73EJT9：87號簡是在五鳳四年八月，此時也不叫“家屬符”，只是稱爲“符”。漢元帝時期的明顯變化是形成了正月發放家屬出入符的規制，73EJT30：62號簡是初元四年正月癸酉，73EJT31：40號簡是初元四年正月庚申，73EJT7：128號簡是永光二年正月庚午。漢成帝時期是一個較爲明顯的轉折點，從73EJT37：1007號簡分析，遲至漢成帝陽朔三年有了“家屬符”的稱謂，從73EJT37：1059號簡分析，遲至永始四年有了“盡十二月”的時效限制。漢哀帝時期保留的家屬出入信息最豐富，有十六枚簡之多，正月發放，可用一年的家屬符成爲了常態（家屬出入盡十二月）。

忽視時間綫索會帶來結論的偏差。如郭偉濤博士學位論文所言“家屬符一般在正月製作”的結論并不嚴謹，因爲正月製作是漢元帝以後之事。再如他“家屬符有效期爲一年”的説法，應是漢成帝以後事。

關於家屬出入A類的形制信息，依據出版的圖版也做了統計。列表如下（表20）：

**表20　　家屬出入A類簡形制信息　　单位：cm**

| 序號 | 簡號 | 長 | 寬 | 刻齒位置① | 書寫格式 | 備注 |
|---|---|---|---|---|---|---|
| 1 | 29.1 | 14.7 | 2.6 | 右上刻齒 | 上中下三欄 | — |
| 2 | 29.2 | 14.5 | 3.0 | 右上刻齒 | 上中下三欄 | — |
| 3 | T3：89 | 15.1 | 3.3 | 右上刻齒 | 上中下三欄 | — |
| 4 | T37：176 | 15.9 | — | — | 上中下三欄 | 左右殘 |
| 5 | T6：40 | 14.3 | 2.9 | 右上刻齒 | 上下兩欄 | — |
| 6 | T6：42 | 14.0 | 2.8 | 右上刻齒 | 上中下三欄/車馬居下 | — |
| 7 | T7：128 | 6.5 | 1.0 | — | 兩蘭 | 殘 |
| 8 | T9：87 | 17.3 | 2.8 | 左上刻齒 | 上下兩蘭 | — |
| 9 | T9：275 | 11.3 | 2.4 | 右上刻齒② | 兩蘭 | 有鑽孔 |
| 10 | T28：9 | 10.7 | 2.3 | — | 兩欄 | 右/下殘 |
| 11 | T30：62 | 15.2 | 2.8 | — | 上中下三欄 | 左殘 |
| 12 | T31：40 | 7.9 | 2.4 | 右上刻齒 | 上下兩蘭 | 下殘 |
| 13 | T37：142 | 15.2 | 0.8 | — | 上中下三欄 | 右殘 |
| 14 | T37：175 | 14.7 | 3.0 | 右上刻齒 | 上中下三欄 | — |

① 參照整理者的方法，依據在書寫面的左右而定。

② 整理者無注釋，依據圖版增補。

續表

| 序號 | 簡號 | 長 | 寬 | 刻齒位置 | 書寫格式 | 備注 |
| --- | --- | --- | --- | --- | --- | --- |
| 15 | T37：177 +687 | 13.9 | 3.0 | 左上刻齒 | 上中下三欄 | 右上殘 |
| 16 | T37：178 | 14.7 | 1.4 | — | 上中下三欄 | 左殘 |
| 17 | T37：761 | 13.5 | 3.3 | 右上刻齒 | 上中下三欄 | — |
| 18 | T37：625 | 7.0 | 1.3 | 左上刻齒① | — | 右/下殘 |
| 19 | T37：656 +1376 | 19.4 | 2.4 | 左上刻齒 | 上中下三欄 | — |
| 20 | T37：754 | 14.8 | 3.0 | 右上刻齒 | 兩欄 | — |
| 21 | T37：755 | 14.7 | 2.2 | 左上刻齒 | 兩欄 | 右殘 |
| 22 | T37：756 | 15.4 | 2.5 | 右上刻齒 | 上中下三欄 | — |
| 23 | T37：758 | 14.2 | 3.1 | 右上刻齒 | 上中下三欄 | — |
| 24 | T37：762 | 14.3 | 4.0 | 右上刻齒 | 上中下三欄 | — |
| 25 | T37：1007 | 13.9 | 3.1 | 右上刻齒 | 兩欄 | — |
| 26 | T37：1058 | 15.1 | 3.1 | 右上刻齒 | 上中下三欄 | — |
| 27 | T37：1059 | 13.6 | 2.0 | 左上刻齒 | 三欄 | — |
| 28 | T37：1112 | 14.2 | 1.9 | — | — | 右殘 |
| 29 | T37：1528 +280 +1457 | 16.1 | 2.2 | — | 上中下三欄 | 左殘 |
| 30 | T37：1562 | 7.0 | 1.2 | — | — | 右/下殘 |

通過對三十枚簡的形制分析，知此類簡分欄書寫。簡長度不一，最短11.3cm，最長19.4cm，平均約14.8cm；寬度也有差异，在2.0—4.0cm間，平均2.9cm。藤田勝久曾對漢符的長度有過研究，認爲："漢簡之符，非竹制，比傳稍短，木簡所制，長約14.60厘米。"② A類簡的平均值與此較爲接近。③ 另外，A類簡的左上或右上部位有刻齒。從現存情況看，刻齒在右上的有十五枚，刻齒在左上的有六枚，也即以"右上刻齒"爲主。籾山明依據敦煌漢簡1393號簡（81. D38：39），認爲在書

① 整理者無注釋，依據圖版增補。

② ［日］藤田勝久：《肩水金關與漢代交通——傳與符之用途》，《金塔居延遺址與絲綢之路歷史文化研究》，甘肅教育出版社2014年版。

③ 《説文》認爲符長六寸（約14cm），A類簡約高一些。

寫面的右側有刻齒的“稱爲‘左’券”。[①] 據此，現存家屬出入A類簡以“符之左”爲主。對於符的使用，有“左居官，右移金關”的原則。[②] 如：

槖佗候官與肩水金關爲吏妻子葆庸出入符齒十從一

至百左居官右移金關符合以從事（右側有刻齒） 73EJT22：99

槖他候官與肩水金關爲吏妻子葆庸出入符齒十

從第一至百左居官右移金關葆合以從事 第卌一（左側有刻齒）

73EJT24：19

元鳳二年二月癸卯居延與金關爲出入六寸符券齒百

從第一至千左居官右移金關符合以從事第九百五十九（右側有刻齒）

73EJT26：16

如此，現存家屬出入A類簡“符之左”的情況爲多，這些應是通關者所持有的符。前文已論，吏員均出自槖他塞，他們的故縣觻得、昭武、居延、屋蘭，又都在南部。[③] 故肩水金關是其必經之地，持符前往通關亦合實際情況。[④]

## 第三節 B類簡内容和形制

經查，家屬出入B類簡共計八枚。[⑤] 簡文如下：

（1）槖他

莫當隧長董去疾妻昭武安漢里董第卿

年廿七歲黑色 73EJT5：78[⑥]

（2）廣地

後起隧長逢尊妻居延廣地里逢廉年卅五

① ［日］籾山明：《刻齒簡牘初探——漢簡形態論》，胡平生譯，《簡帛研究譯叢》第2輯，湖南人民出版社1995年版。

② 籾山明認爲“符之左”應是通關者所持有的符，“符之右”應是由肩水金關保管的符。

③ 吴礽驤：《河西漢塞調查與研究》，文物出版社2005年版，第158—159頁。

④ 刻齒在左上的還有六枚，這些“符之右”可能屬於肩水金關保管的符，用來合驗。

⑤ 73EJT37：759、73EJT37：1057兩簡郭偉濤博士學位論文中也有列入，但兩簡均是葆人出行，出行者不是家屬，適用對象不一致，當排除。

⑥ 原釋文作“童去疾”，當爲“董去疾”。

子小女君曼年十一歲

葆觻居延龍起里王都年廿二

大車一兩　用馬二匹　用牛二（左齒）　73EJT6：41①

（3）廣地

博望隧長孫道得子女居延平里孫女年十二歲

長五尺黑色　73EJT10：201②

（4）槖他③

累山亭長楊親妻居延肩水里召眇年卌

子男□年十四

……

大車一兩　73EJT23：763④

（5）廣地⑤

望遠隧長奴子小女居延城勢里郭婢年十歲

長五尺黑色　73EJT24：296

（6）廣地

博望隧長孫道得妻居延平里

孫可枲年廿七歲長七尺黑色

子男□□年四歲

子小男璜□年二歲　73EJT29：43+33

（7）廣地

累下隧長張壽王子大女來君居延千秋里年十八歲

長七尺黑色

子小男長樂年一歲

子小男捐之年七歲　73EJT37：757

---

① 邢義田：《〈肩水金關漢簡（壹）〉初讀札記之一》，《簡帛》第7輯，上海古籍出版社2012年版。

② 郭偉濤博士學位論文中無列入，當補充。

③ 依據殘字補釋。

④ 整理者原釋作"累山亭長楊親堯居延肩水里召眇年卌"，"堯"當是"妻"字。郭偉濤博士學位論文中無列入，當補充。

⑤ 整理者釋文作"四年"，郭偉濤改釋。

（8）廣地……

子小女奈年七☑

……　　72EJC：217

依據家屬出入B類的簡文内容，爲更加方便直觀，制作了“家屬出入B類簡内容信息”表。如下（表21）：

**表21　　家屬出入B類簡内容信息**

| 序號 | 户主 | 職位 | 人員 | 妻 | 籍貫 | 簡號 | 備注 |
|---|---|---|---|---|---|---|---|
| 1 | 董去疾 | 莫當隧長 | 妻 | 董第卿 | 妻昭武安漢里 | T5：78 | 橐他 |
| 2 | 逢尊 | 後起隧長 | 妻、女、聟 | 逢廉 | 妻居延廣地里 | T6：41 | 廣地 |
| 3 | 孫道得 | 博望隧長 | 女 | — | 子女居延平里 | T10：201 | 廣地① |
|  |  |  | 妻、子 | 孫可臬 | 妻居延平里 | T29：43+33 |  |
| 4 | 楊親 | 累山亭長 | 妻、子 | 召眇 | 妻居延肩水里 | T23：763 | 橐他 |
| 5 | 奴 | 望遠隧長 | 女 | — | 小女居延城勢里 | T24：296 | 廣地 |
| 6 | 張壽王 | 累下隧長 | 女、子 | — | 大女居延千秋里 | T37：757 | 廣地 |
| 7 | — | — | 女 | — | — | C：217 | 廣地 |

由表21可知吏員和出行人員同A類簡相同，來自張掖郡的屬縣居延和昭武，但數目不如A類多。A類以觻得、昭武兩縣的爲多，B類却以居延爲主導。從任職區域看，A類簡中吏員均出自橐他塞，B類以廣地塞爲主，橐他塞爲輔。肩水金關漢簡中有記錄有廣地塞移送家屬名籍的相關文書，可以與此印證。簡文如下：

☑辰朔癸巳，廣地候官欽移居延卅井縣索肩水金關，部吏所葆家屬爲

73EJT23：15A

甘露元年十一月壬辰朔戊午，廣地士吏護兼行塞尉事

敢言之，謹移家屬出入金關名籍一編，敢言之　　73EJT37：96

73EJT23：15號簡無法判定時代，幸運的是73EJT37：96號簡所記甘

① 73EJT28：77號簡與73EJT10：201、73EJT29：43+33號簡記載相同，博望隧屬廣地塞，然73EJT7：5號簡記載博望隧屬橐他塞。推測博望隧可能在不同歷史時期歸屬不同。

露元年是漢宣帝年號。據此推知至少是在漢宣帝時期，廣地塞便已開始辦理家屬出入的事務。考慮到廣地塞主要利用B類簡進行吏家屬的出入，推測B類在漢宣帝時期就已經存在。

從職位看，吏員的職位等級大致和A類相同，是廣地、橐他兩塞的亭長、隧長。從八枚簡的内容看，B類類并不自稱爲家屬符，也不標記具體的年月時間。出行人員的數目少，僅限妻及子女，内涵較A類縮小了很多。

由此，從現有資料分析，懷疑家屬出入B類簡是爲了方便來自居延縣的吏員和他們的妻、子女出行而發放的一種臨時憑證。不標記時間説明此類簡無固定的核發月份，推測也和簡的時效性短暫有關。A類簡中有僅能使用一次的“入出止”，B類有可能也屬於此類。

73EJT10：201號簡記載孫道德的女兒孫女年十二歲，73EJT24：296號簡記載奴的女兒郭婢年十歲。兩人的年齡都較小，還不具備獨立出行的能力。而且兩簡中除各自父親外，無其他成年監護人陪同出行，故懷疑兩人可能是在父親的陪同下出入關塞。由此，可以判定兩簡屬於吏和家屬一起出行。

關於家屬出入B類的形制信息，依據出版的圖版也做了統計。列表如下（表22）：

**表22　　家屬出入B類簡形制信息　　单位：cm**

| 序號 | 簡號 | 長 | 寬 | 刻齒 | 書寫格式 | 備注 |
|---|---|---|---|---|---|---|
| 1 | T5：78 | 15.1 | — | 右上刻齒 | 上下兩欄 | 有鑽孔/左残 |
| 2 | T6：41 | 12.7 | 3.5 | 左上刻齒 | 上中下三欄 | — |
| 3 | T10：201 | 14.8 | 2.2 | 右上刻齒 | 上下兩欄 | — |
| 4 | T23：763 | 14.1 | 1.9 | — | 上中下三欄 | 左殘 |
| 5 | T24：296 | 15.6 | 1.8 | 右上刻齒① | 上下兩欄 | 有鑽孔/右残 |
| 6 | T29：43+33 | 9.9 | 1.6 | 右上刻齒 | 上中下三欄 | 有鑽孔 |
| 7 | T37：757 | 14.0 | 2.0 | 右上刻齒 | 上中下三欄 | 有鑽孔 |
| 8 | C：217 | 7.6 | 1.0 | — | 上下兩欄 | 下/右残 |

① 整理者無注釋，依據圖版增補。

通過對八枚簡的形制分析，知其和 A 類簡一樣也有刻齒，現有資料看，均是“右上刻齒”。依據籾山明的判定，現存家屬出入 B 類簡是“符之左”，應屬通關者所持有的符。

B 類簡也是分欄書寫，簡長度不一，最短 9.9cm，最長 15.6cm，平均約 13.0cm；寬度也有差异，在 1.6—3.5cm 間，平均 2.0cm。對比 A 類，B 類無疑更加短小易攜。簡上大多數有鑽孔。鑽孔的設置，對照敦煌漢簡 1393 號簡看，可能是爲了穿入麻繩，從而方便把簡系在身上。如圖 49 所示：

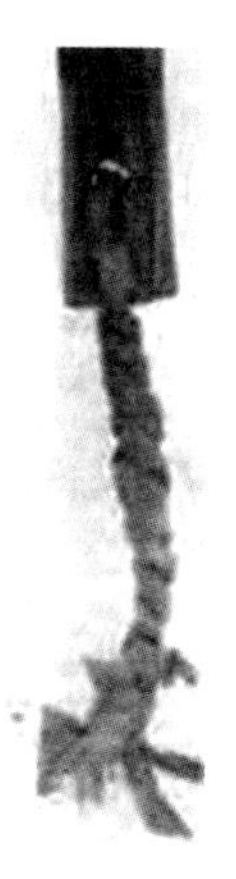

**圖 49　敦煌漢簡 1393 號簡**

綜上，通過簡文和形制分析，懷疑“家屬出入 B 類簡”是對家屬符的一種臨時替代。因爲家屬符在漢元帝以後便是在正月製作核發，而 B 類上無年月日信息，説明此類簡無固定的核發月份。此外，家屬符上無鑽孔，B 類則普遍有鑽孔，形制方面更加短小易攜。故 B 類可能是爲了方便臨時出入，而做的一種变通性質的憑證。吏或家屬攜帶在身上，僅在一定區域内使用。①

① 大書的地名，如“廣地”，可能是限定區域。

## 第四節　出入名籍所見家屬信息

經查，出入名籍簡中，有家屬出入記錄的簡共計四十八枚。① 簡文如下：

（1）橐他博望隧長解憂　弟大男觻得壽光里孫青劍一　　73EJT7：5

（2）橐他令觻得常利里王福　子男王未央年十五歲　　73EJT21：15

（3）廣利隧長妻大女夫　牛車一兩☑　　73EJT21：420

（4）觻得千乘里孫陽年廿五觻得丞印　弟胥年十八　右二人　鄭程葆　　73EJT23：341＋813②

（5）廣地士吏陳廣□子小女負年五歲☑　　73EJT23：562

（6）☑□□□年廿六　妻大女君年廿　子小男客子年一　丿七月丁未出　出　　73EJT23：670③

（7）廣地受延隧長徐壽光妻氏池富昌里徐公君年廿八黑色
子小男賀年三歲　牛車一兩　　73EJT23：977

（8）☑吴子小女都年一　牛車一兩　用馬一騂牡齒四歲　載米卅石
九月十四日入　　73EJT24：206

（9）橐他候長吕漢昌妻觻得樂就里大女吕貞年廿六歲黑色牛車二兩
·子小女□☑　　73EJT24：333＋73EJT23：818

（10）☑□守令史焦賢
子男累山里焦詡年廿六　軺車一乘馬二匹
正月廿一日北出　　73EJT24：411＋150

（11）觻得廣窮里公乘虞良年卌　葆兄子嘉年十五　方箱車一乘馬一匹騂牝齒十歲高六尺二寸三月辛未北嗇夫豐出　　73EJT30：20

---

① 還有一些簡殘損嚴重，無法核實屬性，暫不歸入，如 73EJT37：1135、73EJT37：1574、73EJF1：98、73EJT4H：32 等。

② 曹方向（魚游春水）：《肩水金關漢簡（貳）偶讀》，2013 年 5 月 21 日，簡帛網簡帛論壇，http：//www. bsm. org. cn/bbs/read. php? tid = 3095&keyword =% BC% E7% CB% AE% BD% F0。

③ 73EJT23：670 與 73EJT23：822、73EJT24：467 號簡聯繫緊密，疑三簡“出”字存在同一書手的可能。

（12）平樂隧長毛武　葆子男觻得敬老里公乘毛良年廿三丿

出入　三月癸丑北出　三月癸酉南入　73EJT37：83

（13）候長程忠　遣弟觻得步利里程普年□☐　73EJT37：459＋1174①

（14）☐子男壽年十三　見將車丿

正月庚午出正月壬辰入　73EJT37：484＋481②

（15）南部候長薛鳳

校郵書表火肩水界中出入盡十二月

子男觻得安國里薛級年十五

軺車一乘用馬二匹·其一匹騧牡齒七歲

一馬駹牝齒八歲　73EJT37：779

（16）居延令温君

兄子禄福嘉平里温普年十三

馬一匹騮牡齒七歲高五尺七寸半　十二月庚午南嗇夫豐入

73EJT37：785

（17）駮馬亭長封并

葆孫昭武久長里小男封明年八歲　明弟乃始年四　三月甲子入

73EJT37：787

（18）☐弟豐年十七　字少平　八月乙酉北出　73EJT37：810

（19）觻得樂就里女子徐女止年十八　長七尺黑色　子小女來卿年二歲　卩　73EJT37：1028＋1208＋371

（20）關嗇夫居延金城里公乘李豐卌八

妻大女君信年卌五　子大女疌年十五　子小女倩年□☐

·送迎收責　槖他界☐　73EJT37：1105＋1315③

（21）府守屬臧護　妻觻得長壽里大女臧服君年卌五　子小男憲年十四卩

---

① 73EJT37：1528＋280＋1457 號簡有“槖他中部候長程忠”，和 73EJT37：459＋1174 簡不知是否爲同一人，暫存疑。

② 73EJT37：484 號簡整理者原釋“四月庚午出”，恐非，結合字形以及文意看，當爲“正”字。

③ 伊强：《〈肩水金關漢簡（肆）〉綴合（四）》，2016 年 1 月 18 日，簡帛網，http：//www. bsm. org. cn/? hanjian/6606. html。

用牛二　牛車一兩　正月戊寅出　二月癸卯入　73EJT37：1150

（22）☑子男觻得步利里張林年十三黑色長五尺七寸☑

73EJT37：1238＋1323

（23）☑更左戎年廿五　兄子□樂里左褒年十七

軺車一乘二月乙卯出

馬一匹　牡齒七歲高五尺一寸　73EJT37：1242＋20

（24）橐他却適隧長孟聚子男奉等十二人牛車廿三兩

73EJT37：1425＋1347＋1142

（25）橐佗却適隧長孟冣妻忩年五十八歲黑色　男孫武牛　車一兩

十二月壬午出　十二月　丿　73EJT37：81

（26）肩水庫嗇夫王護

妻大女君以年卌☑

子大男鳳年十七☑

子大男褒年十六☑　73EJT37：1406

（27）橐他隧長吾惠葆

妻屋蘭宜春里大女吾阿年□□　阿父昭武萬歲里大男胡良年六十九

車二兩　牛二頭

十一月己酉□出□□　73EJT37：1463＋402

（28）通道亭長虞憲　母昭武平都里虞儉年五十

十一月壬寅候史□□　十二月丁巳北嗇夫豐出73EJT37：1514①

（29）廣地閣都亭長蘇安世妻居延鉼庭里薛存年廿九長☑73EJH1：25

（30）居延丞婦觻得定安里姚枚　私馬一匹軺□☑　73EJF2：38

（31）功曹史宋敞葆

觻得定國里楊孫☑　子小男小子□☑　同縣成□☑　73EJF3：65

（32）要害隧長張順保　妻請年卅五　牛車一兩　用牛三頭

73EJF3：89

（33）勇士隧卒昭武長壽里大夫戾㬈年二十八　㬈弟當年二十

大車一兩　用牛一頭　73EJF3：130

① 整理者原釋“虞俠”，恐非，“俠”字當“儉”字，73EJT37：758號簡可爲佐證。

（34）常安善居里大女汪就年二十八　子男張年十三　子男元年六

73EJF3：131

（35）常安善居里公乘汪尚年三十八　十月十一日入　73EJF3：133①

（36）觻得常樂里公乘丁□年六十　子上造奴年十五　牛車一兩一黑犗齒十歲一黄犗齒十歲　73EJF3：135②

（37）廣土隧長孫黨　小母居延＝年里□憲　子女及年十三

73EJF3：138③

（38）累山亭長富隆葆

昭武安信里房君實年三十五丿　子女遠年十二丿　子女置年三歲丿

大車一兩　用牛二頭　73EJF3：140

（39）茂縣長壽里趙詡年二十二　丿　弟博年年十九丿

軺車一乘　用馬一匹　大車一兩

用牛二頭　八月十六日北嗇夫博出　73EJF3：172

（40）右大尉書吏耿昌葆　妻昭武久長里耿經年二十　八月十六日北嗇夫博出　73EJF3：245＋497

（41）長安張里□萌年卅八

酒泉右農　右丞

萌婕遷☐　子女□☐　子男☐　73EJF3：252④

（42）葆子男觻汗里上造鄭并年十三☐　73EJF3：255

（43）居延西道里男子王放年十七　步廣地遮隊長王弘子也弘葆　八月己丑南嗇☐　73EJF3：271＋473

---

① 雷海龍（落葉掃秋風）：《〈肩水金關漢簡（伍）〉釋文商補》，2016年8月25日，簡帛網簡帛論壇，http：//www. bsm. org. cn/bbs/read. php? tid = 3389&keyword =% BC% E7% CB% AE% BD% F0。

② 雷海龍（落葉掃秋風）：《〈肩水金關漢簡（伍）〉釋文商補》，2016年8月25日，簡帛網簡帛論壇，http：//www. bsm. org. cn/bbs/read. php? tid = 3389&keyword =% BC% E7% CB% AE% BD% F0。

③ 雷海龍（落葉掃秋風）：《〈肩水金關漢簡（伍）〉釋文商補》，2016年8月25日，簡帛網簡帛論壇，http：//www. bsm. org. cn/bbs/read. php? tid = 3389&keyword =% BC% E7% CB% AE% BD% F0。

④ “婕”同“嫂”。

（44）廣利隧長魯武葆　徒弟昭武便處里魯豐年卅丿　73EJF3：278[①]

（45）·右大尉屬韓況葆

昭武便處里公乘韓放年五十丿

母廉年三十五丿　普弟玄年十二丿

況弟普年十五丿　羊二入丿

大車一兩　用牛二頭　牛二入丿

二月一日卒李譚入　73EJF3：326

（46）☑年正月乙丑北出

☑騂牡齒□歲高六尺二寸

子女　子男詡出☑　十二月壬午出☑　73EJF3：442

（47）居延計掾王宗年卅六　子男尊年十四□☑　73EJD：229

（48）☑子小男捐之年七軺車一乘馬一匹　73EJC：570[②]

依據出入名籍所見家屬出入記錄，爲更加方便直觀，制作了“出入名籍所見家屬内容信息”表。如下（表23）：

**表23　出入名籍所見家屬内容信息**

| 序號 | 户主 | 職位 | 人員 | 妻 | 籍貫 | 簡號 | 備注 |
|---|---|---|---|---|---|---|---|
| 1 | 解憂 | 橐他博望隧長 | 弟 | — | 弟觻得壽光里 | T7：5 | 弟孫青—姓氏异 |
| 2 | 王福 | 橐他令 | 子 | — | 觻得常利里 | T21：15 | 王未央年十五 |
| 3 | — | 廣利隧長 | 妻 | 夫 | — | T21：420 | — |
| 4 | 孫陽 | — | 弟 | — | 觻得千乘里 | T23：341 + 813 | 鄭程葆 |
| 5 | 陳廣 | 廣地士吏 | 女 | — | — | T23：562 | 小女負年五歲 |
| 6 | — | — | 妻、子 | 君 | — | T23：670 | 七月丁未出 |

① 雷海龍（落葉掃秋風）：《〈肩水金關漢簡（伍）〉釋文商補》，2016年8月25日，簡帛網簡帛論壇，http：//www.bsm.org.cn/bbs/read.php？tid = 3389&keyword =% BC% E7% CB% AE% BD% F0。

② 整理者作“十”，當“七”。

續表

| 序號 | 户主 | 職位 | 人員 | 妻 | 籍貫 | 簡號 | 備注 |
| --- | --- | --- | --- | --- | --- | --- | --- |
| 7 | 徐壽光 | 廣地受延隧長 | 妻、子 | 徐公君 | 妻氏池富昌里 | T23：977 | — |
| 8 | 吴 | — | 女 | — | — | T24：206 | 載米卅石 |
| 9 | 吕漢昌 | 橐他候長 | 妻、女 | 吕貞 | 妻觻得樂就里 | T24：333＋T23：818 | — |
| 10 | 焦賢 | 守令史 | 子 | 焦詡 | 子累山里 | T24：411＋150 | — |
| 11 | 虞良 | — | 侄 | — | 觻得廣穿里 | T30：20 | 北嗇夫豐出 |
| 12 | 毛武 | 平樂隧長 | 子 | — | 子觻得敬老里 | T37：83 | 平樂隧屬東部塞① |
| 13 | 程忠 | 候長 | 弟 | — | 弟觻得步利里 | T37：459＋1174 | — |
| 14 | — | — | 子 | — | — | T37：484＋481 | — |
| 15 | 薛鳳 | 南部候長 | 子 | — | 子觻得安國里 | T37：779 | 校郵書表火肩水界中出入盡十二月 |
| 16 | 温君 | 居延令 | 侄 | — | 兄子禄福嘉平里 | T37：785 | 南嗇夫豐入 |
| 17 | 封并 | 駮馬亭長 | 孫 | — | 孫昭武久長里 | T37：787 | 封明八歲　明弟乃始年四 |
| 18 | — | — | 弟 | — | — | T37：810 | — |
| 19 | — | — | — | — | 觻得樂就里 | T37：1028＋1208＋371 | 觻得樂就里女子徐女止 |
| 20 | 李豐 | 關嗇夫 | 妻、女 | 君信 | 居延金城里 | T37：1105＋1315 | 送迎收責橐他界 |
| 21 | 臧護 | 府守屬 | 妻、子 | 臧服君 | 妻觻得長壽里 | T37：1150 | — |
| 22 | — | — | 子 | — | 子觻得步利里 | T37：1238＋1323 | — |

① 郭偉濤：《漢代張掖郡肩水塞研究》，博士學位論文，清華大學，2017 年，第 43、44 頁。

續表

| 序號 | 户主 | 職位 | 人員 | 妻 | 籍貫 | 簡號 | 備注 |
| --- | --- | --- | --- | --- | --- | --- | --- |
| 23 | 左戎 | — | 侄 | — | 兄子□樂里 | T37：1242 + 20 | — |
| 24 | 孟冣 | 槖他却適隧長 | 妻、子、孙 | 衾 | — | T37：81 | 十二月壬午出 |
|  |  |  |  |  |  | T37：1425 + 1347 + 1142 | 十二人牛車廿三兩① |
| 25 | 王護 | 肩水庫嗇夫 | 妻、子 | 君 | — | T37：1406 | — |
| 26 | 吾惠 | 槖他隧長 | 妻、岳父 | 吾阿 | 妻屋蘭宜春里 | T37：1463 + 402 | 阿父昭武萬歲里 |
| 27 | 虞憲 | 通道亭長 | 母 | — | 母昭武平都里 | T37：1514 | 北嗇夫豐出 |
| 28 | 蘇安世 | 廣地鬮都亭長 | 妻 | 薛存 | 妻居延鉼庭里 | H1：25 | — |
| 29 | — | 居延丞 | 婦 | 姚枚 | 婦觻得定安里 | F2：38 | — |
| 30 | 宋敞 | 功曹史 | — | — | — | F3：65 | — |
| 31 | 張順 | 隧長 | 妻 | 請 | — | F3：89 | 牛車一兩用牛三頭 |
| 32 | 戾普 | 勇士隧卒 | 弟 | — | 昭武長壽里 | F3：130 | — |
| 33 | 汪尚 | — | 妻、子 | 汪就 | 常安善居里 | F3：131 | — |
| 34 | 丁□ | — | 子 | — | 觻得常樂里 | F3：135 | — |
| 35 | 孫黨 | 廣土隧長 | 小母、女 | — | 小母居延延年里 | F3：138 | 疑廣地 |
| 36 | 富隆 | 累山亭長 | — | — | — | F3：140 | — |
| 37 | 趙詡 | — | 弟 | — | 茂縣長壽里 | F3：172 | 八月十六日北嗇夫博出 |
| 38 | 耿昌 | 右大尉書吏 | 妻 | 耿經 | 妻昭武久長里 | F3：245 + 497 | 八月十六日北嗇夫博出 |
| 39 | □萌 | — | 嫂、子、女 | — | 長安張里 | F3：252 | 酒泉右農　右丞 |
| 40 | — | — | 子 | — | 子男鞮汗里 | F3：255 | — |

① 可能書寫有誤。

續表

| 序號 | 户主 | 職位 | 人員 | 妻 | 籍貫 | 簡號 | 備注 |
| --- | --- | --- | --- | --- | --- | --- | --- |
| 41 | 王弘 | 廣地遮隊長 | 子 | — | 子居延西道里 | F3：271 + 473 | — |
| 42 | 魯武 | 廣利隧長 | 弟 | — | 弟昭武便處里 | F3：278 | — |
| 43 | 韓況 | 右大尉屬 | 母、弟 | — | 昭武便處里 | F3：326 | 昭武便處里公乘韓放① |
| 44 | — | — | 子、女 | — | — | F3：442 | — |
| 45 | 王宗 | 居延計掾 | 子 | — | — | D：229 | — |
| 46 | — | — | 子 | — | — | C：570 | — |

由表 23 可知户主一般爲吏，普通人的出行需要吏員作葆。從出行人的籍貫看，多來自張掖郡的屬縣觻得、昭武、氐池、居延、屋蘭，又以觻得爲多。此外，酒泉郡的禄福，京兆尹的長安（常安），右扶風的茂縣也有一定的分布。從任職區域看，主要來自槖他塞、廣地塞，相比較家屬出入 A 類簡和家屬出入 B 類簡，多了東部塞。從職位看，家屬出入 A 類簡和家屬出入 B 類簡主要是廣地、槖他兩塞的亭長、隧長，而出入名籍中的職位更加多元，還包括了很多的屬吏。

所列簡文包含有出入名籍和葆出入名籍兩類。李均明認爲："出入名籍之應用或有兩種形式：一爲出入關門時進行登録……二是預先送達關門處，猶如漢代官廷之門籍。"② 上文所列這些出入名籍可能兩種情況都存在。又簡文中出入者多爲吏員及其家屬，不排除一些吏員使用家屬符時，在通關時被留下了相關記録。

73EJT7：5 號簡知解憂和其弟孫青并不同姓，其中緣由并不清楚；73EJT37：785 號簡温普年十三，73EJT37：787 號簡封明年八歲、弟乃始年四歲，73EJD：229 號簡尊年十四，無疑不具備獨立出行能力，可以判定當屬於吏和家屬一起出行。另有 73EJT37：1028 + 1208 + 371 號簡，徐女止年十八，其女年二歲，單獨出行的可能較小，疑也當有人陪同出行。

① 韓放身份無法確定。

② 李均明：《秦漢簡牘文書分類輯解》，文物出版社 2009 年版，第 388 頁。

對於73EJT37：1105＋1315號簡，黄浩波認爲："此簡格式、内容屬習見的'家屬符'，亦曰'家屬出入符'，殘缺部分當還有年度。"① 恐非。此簡不符合家屬符的常見格式，當是出入名籍簡。該簡記載李豐的職責"送迎收責"，即李豐任務在身，家屬可能是陪同李豐一起出行。相關簡文如下：

建平四年正月丁未朔癸丑肩水候憲謂關嗇夫吏據書葆　妻子收責橐他界中名縣爵里官除年姓各如牒書到出入盡十二月如律令

73EJT37：1378＋1134

73EJT37：1378＋1134號簡是建平四年肩水候憲發給關嗇夫的通關致書，而此時的關嗇夫正是李豐。② 簡文涉及到妻子和收責，明顯可與73EJT37：1105＋1315號簡聯繫起來。由此，73EJT37：1378＋1134號簡是上級的批復文件，而且標注了有效時間是從正月到十二月；73EJT37：1105＋1315號簡可能是"預先送達關門處"時留下的記録。出行時，懷疑73EJT37：1105＋1315、73EJT37：1378＋1134兩簡需要結合在一起使用。相似簡見73EJT37：779號簡。薛鳳"校郵書表火肩水界中出入盡十二月"，其子薛級陪同出行。

冣、聚相通，段玉裁《説文解字注》："冣與聚音義皆同……冣之爲言聚……冣一作聚。"③ 73EJT37：81號簡中的"孟冣"和73EJT37：1425＋1347＋1142號簡的"孟聚"自當爲同一人。結合兩簡，可復原其家庭關係：户主孟冣（孟聚）、妻忿、子孟奉、孫孟武。此外，73EJT37：1425＋1347＋1142號簡"十二人"用"牛車廿三兩"的記載較爲費解。牛車爲牛拉大車，多用之爲軍運，通常兵員運輸中"以十人爲編組，配備一輛牛車前往"。④ 由此懷疑"十二人"用"牛車廿三兩"的記載可能有誤。

---

① 黄浩波：《肩水金關關嗇夫李豐簡考》，2016年2月26日，簡帛網，http：//www. bsm. org. cn/？hanjian/6636. html。

② 黄浩波：《肩水金關關嗇夫李豐簡考》，2016年2月26日，簡帛網，http：//www. bsm. org. cn/？hanjian/6636. html；馬智全：《肩水金關關嗇夫紀年考》，《首屆絲綢之路（敦煌）國際文化博覽會系列活動——簡牘學國際學術研討會》，蘭州，2016年8月；郭偉濤：《漢代張掖郡肩水塞研究》，博士學位論文，清華大學，2017年，第304頁。

③ 段玉裁：《説文解字注》，上海古籍出版社1981年版，353頁。

④ 李均明：《漢簡所見車》，《簡牘學研究》第1輯，甘肅人民出版社1997年版。

73EJT37：758號簡與73EJT37：1514號簡的“虞憲”當爲同一人。結合兩簡内容看，“虞憲”在其母五十歲這一年（建平四年）職務有所調整，從“通道亭長”變更爲“南部候史”。據學者考證：“候史與隧長雖然俸錢相等，均爲六百，但就實際地位而言，候史要略高於隧長。”① 由於通道亭又稱“通道隧”（73EJT26：121），屬於陳夢家論及的“隧、亭同名同實”。可知“虞憲”的職務調整屬於升遷任用。

73EJF3：245+497與73EJF3：172號簡均爲“八月十六日北嗇夫博出”，日期以及嗇夫名字均相同，疑兩簡關係緊密，或本就編聯在一起。②73EJF3：140號簡依據常見格式，73EJF3：140號簡中的“房君實”當爲累山亭長富隆的妻子。

73EJF3：131、73EJF3：133兩簡簡號相鄰，又同出自常安善居里，而且73EJF3：131號簡大女又姓“汪”，據此懷疑73EJF3：131號簡汪就與73EJF3：133號簡的汪尚是夫妻關係。簡文應是常安善居里公乘汪尚攜妻子與十月十一日入關。另，常安當長安，爲王莽所改，兩簡當是新莽簡。

## 第五節　家庭結構與家屬構成

### 一　家庭結構

西漢盛行小家庭，③ 同居的大家庭較少，④ 學界的研究成果也很多。如葛劍雄認爲：“西漢沿襲秦代習俗，一般都是小家庭，標準的家庭是五口，但實際并未達到五口……大家庭僅限於少數士大夫家庭或富户。”⑤許倬雲指出：“由於秦人遺風及秦律遺留的限制，西漢大約以小家庭，即核心家庭爲多。”⑥ 喻長詠認爲：“西漢沿襲秦代習俗，一般都是小家

---

①　高榮、張榮芳：《漢簡所見的“候史”》，《中國史研究》2004年第2期。

②　73EJC：519號簡記載嗇夫博的任職時間在建昭三年，可參。

③　小家庭是指夫妻二人及未婚子女組成的核心家庭。

④　大家庭是指主幹家庭（父母和一個已婚子女或未婚兄弟姐妹）和聯合家庭（家庭中任何一代含有兩對以上夫妻的家庭）。姚慧琳、高凱：《漢代居延地區家庭規模及結構淺析》，《魯東大學學報》2016年第4期。

⑤　葛劍雄：《西漢人口地理》，商務印書館2014年版，第54—55頁。

⑥　許倬雲：《漢代家庭的大小》，《求古編》，商務印書館2014年版。

庭……在西漢小型家庭階段，兄弟結婚後普遍地自立門户，有著獨立的家庭經濟，各自獨立地向政府承擔經濟、政治義務。”① 閻愛民認爲：“從親屬範圍和代際上説，漢人的家庭可小到夫妻及幼小兩代人，供養的家庭，也僅向上延伸一代，兄弟的同居家庭一般也不出同父（母）即後人所謂‘期親’的範圍。”② 姚慧琳、高凱認爲：“居延地區的家庭以 3 人户與 4 人户居多，核心家庭占大多數。”③

在解讀邊地家庭結構時，鍾良燦把吏和卒進行區分，其發現了吏家屬出入符上家屬人員較多的現象，認爲邊地吏員是聯合家庭爲主。“戍吏的家屬構成與戍卒最大的不同之處在於：由妻、子女組成的家屬并不占據主流……從戍吏的家屬情況看，漢代居延地區的家庭結構可能比較複雜，其家庭規模可能也較大。戍吏的家庭形態以主干家庭與聯合家庭爲主，這與我們所知漢代内地家庭形態以核心家庭爲主的情況有所不同……漢代居延地區本地戍吏的家庭結構，以父母妻子組成的主干家庭以及父母妻子同産組成的聯合家庭爲主。”④ 這和學界已有的研究結論出現了較大差异。

通過分析家屬出入 A 類簡、B 類簡的内容，鍾良燦的説法較爲可疑。經查，吏家屬出入符上多列家屬人員的現象，僅出現在家屬出入 A 類簡上，B 類簡則無。此外，在 A 類簡中，户主所列家屬中并無父兄的記録，却有母親、兄子、兄妻、弟婦、侄妻、子妻、兄妻、子婦等。如 73EJT37：758 號簡虞憲母虞儉、73EJT37：1058 號簡張彭母徐都君、73EJT31：40 號簡的兄子、73EJT6：42 號簡的兄妻、73EJT30：62 號簡的奉弟婦婢等。如果不列家庭中的骨干成員父兄，只列女性家屬，明顯不符合聯合家庭的人員構成。

小家庭的廣泛存在，正是導致家屬符中無父兄記録的原因。因爲男子成年後，便獨立成户屬於不同家庭的户主，有不同的户籍。由此，家

① 喻長詠：《西漢家庭結構和規模初探》，《社會學研究》1992 年第 1 期。

② 閻愛民：《漢晋家族研究》，上海人民出版社 2005 年版，第 275—276 頁。

③ 姚慧琳、高凱：《漢代居延地區家庭規模及結構淺析》，《魯東大學學報》2016 年第 4 期。

④ 鍾良燦：《西北漢簡所見吏卒家屬研究》，《簡帛研究》2017 春夏卷，廣西師范大學出版社 2017 年版。

屬符中的家屬記錄明顯受到了户籍的影響，父兄不能列入家屬中便可理解。如73EJT37：1058號簡中，户主張彭是氐池千金里，其弟張惲是觻得當富里，其母徐都君是居延庰庭里，張彭的母親和弟弟便屬於不同的居住地。

分析母親、兄子、兄妻、弟婦、侄妻、子妻、兄妻、子婦在家屬符中出現的原因，就比較容易理解多列家屬的原因。郭偉濤認爲："家屬符記載家庭人員衆多，力求齊備，其作用在於擴大使用者群體，實際上未必每次通關均全體出動，很可能符主家庭内需要出行者才攜符過關"。①郭偉濤"擴大使用者群體"的分析是對的。由於普通士卒的權限較少，家屬符又僅屬於吏員的特權。如果一家之中有一人爲吏，自然會出現掛靠出行的情況，這樣非吏的家屬便可出行探視。比如兄妻、弟婦她們在家屬符中的出現，更可能是爲了探視户主的兄、弟，而非户主本人。如73EJT3：89號簡户主成褒，家屬符簡文中有弟婦監君、弟婦君始、弟婦君給三人，并不見成褒弟弟。故三弟婦的出行，當是探望成褒其弟。由此，他們雖然均出現在家屬符中，但并不意味著他們還屬於一個同居共産的家庭。

至於邊地的家庭結構，可能像家屬出入B類簡那樣，是由妻和子女構成的小家庭，即以配偶與未成年子女所構成的核心家庭爲主，與内地并無不同，符合學界已有研究情況。"以父母妻子組成的主干家庭以及父母妻子同産組成的聯合家庭爲主"的結論恐不符合事實。

## 二 家屬構成

羅布淖尔漢簡中有兩枚簡記錄了"家屬"，對解釋家屬的内涵，具有重要的作用。簡文如下：

☑里公乘史隆家屬畜産衣器物籍 L27

□□□□□家屬六人，官駝二匹，食率匹二斗 L41②

由L27號簡知家屬、畜产和衣器物屬并列關係，并不統屬。由L41號簡可知某人的家屬有六人，數目上超過標準的"五口之家"。

---

① 郭偉濤：《漢代張掖郡肩水塞研究》，博士學位論文，清華大學，2017年，第203頁。

② 兩簡圖版釋文收録於"中研院"簡牘整理小組編《居延漢簡（肆）》。

居延漢簡、居延新簡中的“省卒家屬名籍”“家屬居署名籍”“卒家屬名籍”以及“累重訾直簿”也能反映家屬的人員構成情況。[①] 經查，在這些簿籍中，卒的“家屬”主要由妻、子女、父、母、兄弟、姊妹組成。[②]

除去家屬符外，肩水金關漢簡中也有相關的“家屬”簡文，對理解“家屬”具有重要的作用。列舉如下：

☑彊、守丞普移卅井縣索肩水金關，觻得男子趙☑

☑□籍與家屬、賤奴縣，名如牒，書到入，如律令☑　　73EJC：446A

……/掾宗守令史豐　　73EJC：446B

由73EJC：446號簡知賤奴并未被歸入家屬中，而是在家屬後單獨列出。由此，奴婢并不算是家屬。在西北漢簡中，奴婢一般是被視作財物出現，可以買賣贈予。簡文如下：

候長觻得廣昌里公乘禮忠年卅

小奴二人直三萬　大婢一人二萬　軺車二乘直萬

用馬五匹直二萬　牛車二兩直四千　服牛二六千

宅一區萬　田五頃五萬　·凡貲直十五萬　　37.35

☑絳百匹，雜繒百匹，又以其所捕斬馬牛羊、奴婢、財物盡予之　　EPT52：569

舉籍吏民奴婢畜産財物訾直　　73EJT27：2B

從37.35號簡可知奴婢都是有價商品，從EPT52：569號簡知奴婢可以像馬牛羊等牲畜一樣被賜予，從73EJT27：2B號簡看奴婢與畜産等同，算作是吏民的財務。

還有一些簡文記載了奴婢的出入情況，有助於理解奴婢的身份和地位。列舉如下：

地節二年五月壬申張掖大守客大原中都里邯鄲張占田居延

① 賈麗英：《秦漢家庭法研究：以出土簡牘爲中心》，中國社會科學出版社2015年版，第11頁。

② 李天虹：《居延漢簡簿籍分類研究》，科學出版社2003年版，第69、149頁；賈麗英：《秦漢家庭法研究：以出土簡牘爲中心》，中國社會科學出版社2015年版，第11、217頁。

與金關爲出入符＝齒第一　　小奴富主　　73EJT28：12①

五鳳元年六月戊子朔己亥，西鄉嗇夫樂敢言之：大昌里趙延自言：爲家私使居延，與妻平、子小男偃登、大奴同、婢瓅緑，謹案延、

平、偃登、便同、緑毋官獄徵事，當得取傳，乘家所占用馬五匹，軺車四乘，謁移過所肩水金關居延，敢言之。

六月己亥，屋蘭守丞聖光移過所肩水金關居延，毋苛留，如律令。／掾賢守令史友　　73EJT37：521

·元始三年七月，玉門大煎都萬世候長馬陽，所齎操妻子、從者、奴婢出關致藉　　《敦》795②

73EJT28：12 號簡是進出肩水金關的出入符，小奴富主被單獨列出位於簡的左下角。由 73EJT37：521 號簡知大奴同、婢瓅緑與户主及其家屬一起"私使居延"，奴婢同、瓅緑在此處并没當作財物對待，而是和户主一樣進行了身份的驗證，并確認"毋官獄徵事"。敦煌漢簡 795 號簡記載萬世候長馬陽帶著妻子、從者、奴婢一起出關。結合三簡看，在出現户主的出入簡中，從者、奴婢均是陪同出行人員，排名靠後，地位低下。由此，郭偉濤把 73EJT37：1528＋280＋1457 號簡"小奴滿"歸到"家屬"中，③ 恐非。

關於漢代的家屬構成，學界也一直有討論。陳垣指出："《漢》亦有稱'父母妻子'者，則此乃家屬統稱，非必各有其人也。"④ 閻愛民認爲："漢人對家庭的親屬界定，不像魏晋常以服制來區别，不常用'期親'、'大功'這樣的概念。漢人是以己身爲始，用'妻子'、'父母妻子，和'父母兄弟妻子'這樣直接的概念，來作爲家庭的親屬範圍。"⑤ 家屬出入符中有很多的家屬組成人員，無疑豐富了家屬的外延。通過家屬出入 A 類簡、B 類簡以及出入名籍的梳理，在"父母兄弟妻子"基礎上，可新增弟婦、兄妻、子妻、侄妻、侄、女婿、孫子、岳父、小母

① 張俊民：《〈肩水金關漢簡（叁）〉釋文獻疑》，2015 年 1 月 19 日，簡帛網，http：//www. bsm. org. cn/？hanjian/6313. html。

② 張德芳：《敦煌馬圈灣漢簡集釋》，甘肅文化出版社 2013 年版，第 583 頁。

③ 郭偉濤：《漢代張掖郡肩水塞研究》，博士學位論文，清華大學，2017 年，第 212 頁。

④ 陳垣：《陳垣史源學雜文》，人民出版社 1980 年版，第 17 頁。

⑤ 閻愛民：《漢晋家族研究》，上海人民出版社 2005 年版，第 268 頁。

九種。

綜上，家屬是血緣與姻親的結合體。數目因人而异，不包含奴婢、牲畜、器物，構成有妻、子女、父、母、兄、弟、姊妹、弟婦、兄妻、子妻、侄妻、侄、女婿、孫子、岳父、小母等。妻和子女是家屬的核心構成。①

① 漢代的“家屬”問題是十分重要的議題，本書寫作後也有不同的意見。見劉國勝、馮西西《漢代“家屬”辨析》，《簡帛》第21輯，上海古籍出版社2020年版。

# 第五章　肩水金關漢簡戍卒、田卒研究

## 第一節　概述

戍卒，一般認爲是邊地戍邊者的統稱。如勞榦認爲："戍卒也是一生服役一年，一種是在京師屯戍，稱做衛士，另一種是在邊郡屯戍，稱爲戍卒。"① 大庭脩認爲："屯戍邊郡，稱戍卒。"② 若從職責區分，戍卒又是邊地戍邊者的一種，和田卒、治渠卒等地位等同。如永田英正認爲："在居延，分别把從事前綫警備的人稱爲戍卒，而把從事屯田等農耕的人叫著田卒。"③ 爲此，沈剛對以往的戍卒"統稱説"有過修訂，認爲："田卒、戍卒、治渠卒是從其工種進行的分類，似乎這説明這些'卒'在派發到邊地前已經進行了分工，儘管分工的依據并不清楚。以前我們將漢代西北邊地的戍邊者統稱爲戍卒，似乎也不够準確。"④ 沈剛的論斷可從，傾向"戍卒"有廣、狹兩義。廣義的戍卒包含所有的邊地戍邊者，狹義的戍卒是執行防守、候望等軍事任務的一種。"田卒"屬"廣義戍卒"中的一類，其職責主要從事農業産生勞作。據史料記載，"田卒"是西漢經營西部邊陲，實行屯田制度的産物。《漢書·西域傳》載有桑弘羊對漢武帝的上書，文曰："臣愚以爲可遣屯田卒詣故輪台以東，置校尉三

① 勞榦：《漢代兵制及漢簡中的兵制》，《"中研院"歷史語言研究所集刊》1948 年第 10 本。

② ［日］大庭脩：《漢簡研究》，徐世虹譯，廣西師范大學出版社 2001 年版，第 72 頁。

③ ［日］永田英正：《居延漢簡烽燧考》，那向芹譯，《簡牘研究譯叢》第 2 輯，中國社會科學出版社 1987 年版，第 265 頁。

④ 沈剛：《漢代西北邊地出土竹簡問題》，《金塔居延遺址與絲綢之路歷史文化研究》，甘肅教育出版社 2014 年版，第 99 頁。

人分護，各舉圖地形，通利溝渠，務使以時益種五穀。張掖、酒泉遣騎假司馬爲斥候，屬校尉，事有便宜，因騎置以聞。”① 從中可見“田卒”設置的相關背景。

肩水金關漢簡中戍卒、田卒簡文較多。爲方便研究，按照郡國順序，分類條列了戍卒、田卒簡文，見“戍卒簡文輯錄”以及“田卒簡文輯錄”。通過對比研究，發現戍卒、田卒簡文的主要構成是簿籍類文書。如下：

第一類是戍卒名籍，記載了戍卒、田卒的基本信息。舉例如下：

（1）戍卒河東蒲子上函里公乘謝詡年廿五　73EJT33：84

（2）戍卒上党郡長子鼿里公士趙安世　73EJH1：52

（3）戍卒河南郡熒陽郎陰里晏充年廿四（竹簡）　73EJC：351

（4）戍卒穎川定陵陽里不更許賢年卅　丿　（竹簡）　73EJT9：117

（5）戍卒氐池安利里公乘田成年卌五　73EJC：610

（6）田卒河南郡密邑宜利里公乘鄭不侵　73EJT37：766

（7）田卒河南郡密邑東平里陳憙年卅四　73EJT37：1415

（8）田卒河南郡密邑長明里杜賢年卅　卩

73EJT37：1258＋1291＋1392

第二類類是庸卒名籍，記載了戍卒、田卒雇庸他人的情況。舉例如下：

（1）戍卒穎川郡定陵德里公乘秦霸年五十　庸池里公乘陳寬年卅四☑

73EJT6：93

（2）戍卒趙國邯鄲東趙里士伍道忠年卅　庸同縣臨川里士伍郝□年卅　73EJT7：42

（3）戍卒淮陽郡陳安衆里不更舒畢年廿四　庸同里不更夏歸來年廿六　73EJT30：12

（4）戍卒淮陽郡陳高里不更宋福年廿四　庸張過里不更孫唐得年卅

73EJT30：13

（5）戍卒淮陽郡陳逄卿里不更許陽年廿七　庸進賢不更□常年卅三

73EJT30：15

（6）田卒貝丘莊里大夫成常幸年廿七　庸同縣厝期里大大張收年卅長七尺☑　73EJT29：100

① （東漢）班固：《漢書》，中華書局1962年版，第3912頁。

（7）田卒淮陽郡長平北親里不更費畢年卌五　庸西陽里不更莊登年卌八　73EJT30：263

（8）田卒淮陽郡長平高閭里不更李范年廿六　庸南垣不更費充年廿五　73EJT30：267

第三類是被兵名籍，記載了戍卒兵器裝備的情況。[①] 舉例如下：

（1）戍卒濟陰郡定陶常富里董安定　三石具弩一完　承弦二完　靳干幡各一完
稾矢五十完　弩楯一完　蘭冠各一完　73EJT23：145

（2）戍卒濟陰郡定陶商里爰横　三石具弩一　楯一稾矢五十　73EJT30：113

（3）戍卒伯人宜利里董安世　四石具弩一　蘭一冠一　稾矢銅鍭五十　73EJT28：6

（4）廣漢隧戍卒趙國邯鄲平阿里公乘吴傳孺　三石具弩一　弩循一完　絲偉同幾郭軸辟完　稾矢銅鍭五十其卌二完十八庠雫蘭＝冠各一負索完　73EJT23：532＋768

（5）禽寇隧戍卒梁國蒙宜故里丁疐　三石具弩一完☐
弩楯一完☐　73EJT29：71

第四類是出入關名籍，記載了戍卒、田卒的出入關信息。舉例如下：

（1）戍卒上黨郡襄垣石成里大夫李輔功　年廿四長七尺二寸黑色☐　73EJT23：163

（2）戍卒上黨郡穀遠爵氏里公乘高安平　年廿五長七尺一寸黑色丿　73EJT37：1492

（3）戍卒隱强始昌里公乘朱定年廿九　八月癸亥北出☐73EJT37：888

（4）戍邊乘橐他曲河亭南陽郡葉邑安都里柏尚年卅五會赦事已　軺車一乘　牛一頭　二月乙丑南入　73EJT37：870

（5）田卒平明里陳崇年三十　大車一兩用牛二頭丿　73EJF3：346

（6）田卒居延富里張惲年三十五　大車一兩用牛二頭　九月戊戌出丿　73EJF3：371

---

① 田卒簡文尚無這方面的記録。

第五類是貰買名籍，記載了戍卒的賒貸信息。[①] 舉例如下：

（1）累山戍卒淮陽郡陽夏平里夏尊自言貸騂北亭卒同縣孟閭人字中君錢五百五十　73EJT30：102

（2）建始二年七月丙戌朔壬寅觻得□佗里秦俠君貰買沙頭戍卒梁國下邑水陽里孫忠布值□☒　73EJT24：28

（3）肩水戍卒梁國睢陽同廷里任輔　自言貰賣白布復袍一領直七百五十故要虜隧長□□縣遮里衛覓所論在觻得

73EJT3：104＋105

除簿籍外，還有書檄和符券類文書。符券類有戍卒的通關符，如下：

初元二年　正月　騂北亭　戍卒符

戍卒淮陽國陳莫勢里許湛舒年卌一

戍卒淮陽國陳大宰里陳山年卅一

戍卒淮陽國陳桐陵里夏寄年廿四　73EJT27：48

書檄類文書中有很多涉及到了戍卒、田卒的相關信息，如下：

（1）陽朔五年正月乙酉朔庚戌，犁陽丞臨移過所遣廚佐

閭昌，爲郡送遣戍卒張掖居延，當舍傳舍，從者如律令

73EJT6：23A

犁陽丞印　/　掾譚令史賞　73EJT6：23B

（2）禁姦隧戍卒觻得悉意里公乘王鳳年五十行書橐他界中　盡五年二月止　73EJT37：628＋658

（3）以所帶劍首歐（毆）重（中）戍卒王奉親肩背皆青黑雍（臃）種（腫）廣袤各半所得以會　73EJT5：73

（4）河平四年二月甲申朔丙午，倉嗇夫望敢言之：故魏郡原城陽宜里王禁自言：二年戍屬居延犯法論，會正月甲子赦

令，免爲庶人，願歸故縣，謹案：律曰：徒事已，毋糧，謹故官爲封偃檢，縣次續食給法所當得。謁移過所津關，毋

苛留止，原城收事，敢言之。

二月丙午，居令博移過所，如律令。掾宣嗇夫望佐忠

73EJT3：55

① 田卒簡文尚無這方面的記録。

（5）初元三年三月乙卯朔甲申，倉嗇夫明以官行尉事，敢言之，遣竹亭長楊渠爲郡迎三年罷戍田卒張掖　73EJT11：31A＋10＋3

（6）五鳳二年五月壬子朔辛巳，武安左尉德調爲郡送戍田卒張掖郡　73EJT37：1099

綜上，肩水金關漢簡中保留著豐富的戍卒、田卒史料信息，爲我們探求西北邊地的歷史提供了較好的條件。

## 第二節　戍卒、田卒的籍貫

肩水金關漢簡中戍卒、田卒資料較爲豐富。依據戍卒、田卒簡文，制作了“戍卒信息統計”表（表27）和“田卒信息統計”表（表28）。在此基礎上梳理戍卒、田卒的籍貫信息如下：

### 一　戍卒

（1）河東郡　4縣8里

臨汾：□里、奇利里；皮氏：平居里、富里；北屈：陰平里；蒲子：陽阿里、上函里、好宜里。

（2）上黨郡　6縣7里

長子：齔里；屯留：案里；銅鞮：中人里；襄垣：石成里；壺關：雒東里、上瓦里；穀遠：爵氏里。

（3）河南郡　2縣2里

熒陽：郎陰里；穀成：吉平里。

（4）東郡　5縣8里

畔：大麯里；茌平：□里、東樂里；東武陽：陽城里；東阿：高丘里、延年里、臨利里；離狐：富聚里。

（5）陈留郡　1縣1里

外黄：□里

（6）穎川郡　8縣13里

陽翟：陽郵里；定陵：德里、陽里；長社：重里；郟：東☒、□里、翟里；穎陰：真定里、西時里；許：廣德里；傿陵：步里、臺里；周子南國：西便里。

(7) 汝南郡 4 縣 8 里

隱强：廣里、始昌里、成陽里；召陵：倉里、始成里、陽里；長平：緹里；西平：中信里。

(8) 南陽郡 12 縣 15 里

宛：道□；杜衍：□里；陰：臨定里；山都：他陵里；新野：稷里；棘陽：楊里；武當：樂安里；舞陰：辜里；冠軍：長里；葉：平定里、昌里、安都里；魯陽：鄧里；博望：徐孤里、度里。

(9) 濟陰郡 5 縣 12 里

定陶：常富里、商里、漢里；冤句：庠復里、亭里、利里、義陽里、南昌里、廣里；乘氏：敬事里；成武：高里；桂邑：千秋里。

(10) 魏郡 8 縣 14 里

鄴：吕廣里；斥丘：廣德里；内黄：光都里、中□里；魏：利陽里；繁陽：靈里、宜秋里、宜里、安里；元城：多禾里、陽宜里；梁期：來趙里；武安：宜里、富貴里。

(11) 钜鹿郡 3 縣 17 里

南䜌：元里、延年里、朝歌里、右陽里、杏里、莪里、榑里、西始里、杞里、武安里、横里、□里；廣阿：秋華里；曲周：孝里、□里、東渠里、迎利里。

(12) 會稽郡 1 縣 3 里

鄞：許商里、高成里、□里。

(13) 隴西郡 1 縣 1 里

襄武：承反里。

(14) 張掖郡 3 縣 25 里

觻得：成漢里、萬歲里、敬兄里、廣昌里、市陽里、悉意里、定國里、富安里、新都里、壽貴里、千秋里、當成里、孝仁里；昭武：宜衆里、樂歲里、擅利里、宜春里、對市里、便處里、步廣里、市陽里、安國里、千秋里；氐池：廣漢里、安利里。

(15) 趙國 5 縣 24 里

邯鄲：上里、侍里、臺郵里、東趙里、臨川里、廣陽里、樂中里、鹿里、東召里、曲里、棘里、平阿里、陽陵里；易陽：侯里、南實里、□里；柏人：希里、宜利里、廣樂里、曲周里、高望里、陽春里；襄國：

公社里、犁楚里、下廣里；□陵：萬歲里。

（16）淮陽　　12 縣 47 里

陳：陵里、作汜里、大楊里、宜民里、安衆里、高里、張過里、逢卿里、進賢里、隱丘里、思孝里、安夷里、莫勢里、大宰里、桐陵里、□里、□里、司馬里；苦：集里、上里、宜房里、魯里、平陽里、平川里、會里、□里；陽夏：高里、平里、□里、木里；甯平：□城里、宜春里、故市里；扶溝：桐里；固始：南高里；傿：北張里、信☑、陵里；西華：田里、南川里；長平：夕陽里、西原里；譙：西成里、胡里；城父：楊里、道成、甯里；贊：匠里。

（17）梁國　　7 縣 35 里

甾：亭陵、市陽里、直里、東昌里、板里、樂陽里、□中里；杼秋：東平里、敬上里；蒙：宜故里；己氏：泗亭里、官里、陽垣里、顯陽里、高里；虞：宜年里；下邑：水陽里；睢陽：秩里、駝詔里、丞筐里、中丘里、宜安里、曲陽里、同廷里、□□里、華里、東方里、貲陽里、宜受里、牛里、長年里、董父里、張里、馳☑、新樂里。

統計可知，肩水金關漢簡所見的戍卒來自 17 郡國 87 縣 243 里。

戍卒來源以中部地區爲多，西到邊地張掖，東到會稽郡均有戍卒分布。“兩漢守邊戍卒主要由邊疆附近的成年男子擔任”的説法，① 似有進一步商榷的餘地。“戍卒籍貫，以汝南、淮陽二郡人民爲最多”的論斷，② 亦不合肩水金關漢簡所透露出的信息。在 243 個里中，淮陽、梁國、趙國排名靠前，陳留郡、隴西郡、會稽郡排名靠後，處於邊疆的張掖郡排名居中上的位置。

梁國和趙國戍卒所占的比重比較大。肩水金關漢簡中記錄有二條信息，“梁國卒千九十五人戍張掖郡會甘露三年六月朔日”（73EJT25：86）“戍卒趙國柏人希里馬安漢等五百六十四人戍詣張掖署肩水部”（73EJT28：63）。一個是梁國“千九十五人”、一個是趙國“五百六十四人”。黎明釗認爲：“戍卒是以郡國爲單位，征發後統一前來邊區，西漢

① 王萬盈：《兩漢守邊戍卒管理初探》，《簡牘學研究》第 3 輯，甘肅人民出版社 2002 年版，第 274 頁。

② 陳直：《居延漢簡研究》，中華書局 2009 年版，第 17 頁。

平帝時趙國有四縣，户數逾八萬四千，口數接近35萬，四縣共出五百多名戍卒前來張掖戍守，爲數不少。”① 此外，還出現了以梁國爲範本的文書，簡文作“戍卒梁國睢陽某里公乘王甲年若干”（73EJT21：255），梁國戍卒的影響力更得以顯現。

需要説明的是，并未發現有來自“河内郡”的戍卒簡。故一些簡文雖然涉及到河内郡的相關人員，輯録釋文時也未將其列入其中。如下：

河内郡温倚林里楊衆五十五☑ 73EJT4：19

河内温市昌里杜明年廿二歲 73EJT9：363

河内郡周圍郡國都有戍卒分布，并且河内郡與邊地來往較爲繁多（尤其是河内的“温縣”），如下：

三月辛巳，温丞湯謁移過所縣邑侯國，如律令，掾輔令史☑

73EJH2：5A

河内温丞印 73EJH2：5B

正月辛卯，温令敞移過所☑ 73EJT9：144

五月丙辰，温丞譚移過所縣邑侯國，如律令 掾輔令史□☑

73EJT10：236

正月丙寅，温守丞禹移過所縣邑侯國河津關，如律令 / 令史常喜/令敞 73EJT21：104

南書六封 其五封居延令印

一詣屋蘭運，一詣日勒運，一詣温運，一詣右扶風，一詣河内大守府 73EJT28：61

居延新簡中亦有來自河内郡的戍卒記録，如下：

戍卒河内郡共昌國里薛毋危年卅一 三石承弩一 靳干一 有方一…… EPT58：31

故懷疑河内郡應當有戍卒在邊郡戍邊。現存肩水金關漢簡有簡省“戍卒”兩字情況的可能。

## 二 田卒

(1) 上黨郡 5縣7里

屯留：□里、新利里；涅：蒲里、磨焦里；壺關：東陽里；泫氏：

① 黎明釗：《肩水金關漢簡的趙地戍卒》，《邯鄲學院學報》2014年第4期。

□里；高都：水東里。

（2）河南郡　　7 縣 18 里

京：從里；陽武：昌安里、臨水里、園里、□里；緱氏：□里；原武：饒安里；密：西游里、宜年里、發武、宜利里、東平里、長明里；菀陵：□□里；新鄭：富里、武成里、章陽里、東成里。

（3）東郡　　3 縣 7 里

畔：昌里、利里；清：大里、靈星里；東阿：增野里、當夏里、昌國里。

（4）陳留郡　　1 縣 1 里

濟陽：臨里。

（5）穎川郡　　2 縣 2 里

臨穎：鄭里；長杜：穎里。

（6）濟陰郡　　2 縣 6 里

定陶：宜慶里、西牢里、西洲里、虞里、前安里；冤句：昌成里。

（7）魏郡　　9 縣 22 里

鄴：遇里；斥丘：曲里；内黄：長里、博望里、西好駕、廣昌里、□里、□里；繁陽：鉅當里、昌平里；犁陽：南利里、臨里、當市里、北市里；武始：金年里；武安：壽☐里、□里；㢈：平陽里、期里；貝丘：□里、宜春里、莊里。

（8）張掖郡　　2 縣 3 里

觻得：樂安里；居延：平明里、富里。

（9）趙國　　3 縣 7 里

柏人：南蒲里；襄國：長安里、下廣里、恩☐、陳西里、齋里；尉文：翟里。

（10）平干國　　3 縣 4 里

廣平：澤里；張：榆里；南和：□里、□里；

（11）淮陽　　8 縣 15 里

陳：□里、上雍里；陽夏：富陵里、安成里；寧平：駟里；扶溝：樂成里；固始：步昌里、成安里；圉：翟里、君里；新平：景里；長平：南莊里、東陽里、北親里、高閭里。

（12）梁國　　2 縣 14 里

蒙：新成里、市陰里；睢陽：平居里、朝里、丞筐里、汴陽里、竹陽里、館里、南里、東弓里、彭里、富樂里、斛陽里、石里。

（13）大河郡　　1縣2里

東平陸：巨丘里、陵里。

統計可知，肩水金關漢簡所見田卒來自13郡國48縣108里。

田卒來源區域以黄淮平原爲主，來源較多的是魏郡、河南郡、淮陽、梁国。[①] 依據現存的肩水金關漢簡簡文，出自魏郡、河南郡的田卒甚至超過了該郡戍卒的人員規模，而張掖郡、陳留郡、颍川郡、大河郡較少。區域分布不均衡。其中平干國、大河郡（東平國）僅見田卒，而無戍卒記錄；河东郡、南阳郡、钜鹿郡、會稽郡、隴西郡、僅見戍卒，而無田卒記錄。由於邊地張掖郡亦有田卒分布，以往依据旧史料認爲“田卒的籍貫都是内郡”的説法，[②] 應可更改。

需要特別注意的是，趙爾陽指出73EJT37：1205、73EJF3：346、73EJF3：371三簡中的“田卒”釋文當爲“甲卒”，[③] 頗有啓發意義，值得我們重視。[④] 傳世文獻中有“甲卒”的記載，袁延胜認爲：“甲卒，應指服兵役的士卒。”[⑤] 地灣漢簡中亦出現了“甲卒”的簡文，高村武幸認爲是“戰時編組方式駐屯的戰斗部隊……包含了材官在内、或應被釋爲與之相當的主力兵種”。[⑥] 山東青島土山屯漢墓“堂邑元壽二年要具薄”有“見甲卒萬九千五百卅四”的簡文，而堂邑所有的卒“凡卒二万一千六百廿九”，另有“罢癃晥老卒二千九十五”。[⑦] “甲卒”與“罢癃晥老卒”合起來正好是“二万一千六百廿九”，足見“甲卒”是漢時現役適齡兵卒的統稱。

此外，也有學者認爲籍貫分布和農耕技術有關，如尾形勇認爲：“田

① 大灣所出漢簡中田卒多來自淮陽郡、昌邑國、汝南郡、大河郡等地。陳公柔、徐蘋芳：《大灣出土的西漢田卒簿籍》，《考古》1963年第3期。

② ［日］尾形勇：《漢代屯田制的幾個問題——以武帝、昭帝時期爲中心》，吕宗力譯，《簡牘研究譯叢》第1輯，中國社會科學出版社1983年版，第264頁。

③ 趙爾陽：《淺談肩水金關漢簡中涉及張掖郡籍“田卒”的幾則簡文》，2018年8月25日，簡帛網，http：//www.bsm.org.cn/？hanjian/7944.html。

④ 我曾在2021年中國歷史地理學國際學術研討會上選讀此文，馬孟龍認爲零星記載有誤書的可能。

⑤ 袁延勝：《懸泉漢簡養老簡與漢代養老問題》，《史學月刊》2021年第11期，第35頁。

⑥ ［日］高村武幸：《甲卒小考——據地灣出土的甲卒簡牘》，《法律史譯評（第九卷）》，中西書局2021年版，第150頁。

⑦ 青島市文物保護考古研究所、黄島區博物館：《山東青島土山屯墓群四號封土與墓葬的發掘》，《考古學報》2019年第3期，第427頁。

卒很可能是以他們農耕技術的高低爲標準而編成的，結果在田卒的分布上就表現出籍貫劃一的特點。”① 楊芳認爲：“田卒大多來自淮陽郡、大河郡、濟陰郡、昌邑國等農業經濟發達的關東各郡國。”② 這種説法雖有一定的道理，但細思之下，亦有商榷的餘地。如果結合戍卒的籍貫構成、田卒的年齡結構、耕作方式以及西北邊陲的氣候條件來看，實際上很難判定田卒“農耕技術”的高低（即田卒并非比戍卒農耕技術高）。③ 由此，米田賢次郎“把上述地區習慣於高度精耕細作的人，作爲屯田卒使用，可知居延的農業，不是采用粗放的旱耕法，而是屬於緑洲農業，産量、品質并不低於内地”的結論，④ 缺乏足够的史料支撑。這是因爲“産量、品質”取決於多種因素，遠來耕種的田卒只是因素的一環，能否適應邊塞氣候條件，耕種出産量高、品質好的農作物，并非只由田卒決定。

## 第三節　戍卒、田卒的爵位、年齡

依據簡文資料，共統計到有效戍卒信息 263 例。戍卒有爵位的共計 131 個，⑤ 約占總數的 49. 8%。爵位分别是公乘、不更、大夫、上造、公士、公大夫、官大夫、簪褭八種。其中以公乘、不更、大夫爲多，官大夫、公大夫、公士較少見。上文所列文書範本“戍卒梁國睢陽某里公乘王甲年若干”，便是以“公乘”爲例。經統計，戍卒年齡在 20—55 歲之間，平均約 31 歲。⑥ 具體數據如下（表 24）：

---

① ［日］尾形勇：《漢代屯田制的幾個問題——以武帝、昭帝時期爲中心》，吕宗力譯，《簡牘研究譯叢》第 1 輯，中國社會科學出版社 1983 年版，第 280 頁。

② 楊芳：《漢簡所見河西邊塞軍屯人口來源考》，《中國邊疆史地研究》2009 年第 1 期。

③ 因爲田卒、戍卒來源地有很大一部份是重合的，甚至梁國的“丞筐里”和趙國的“下廣里”既出戍卒又出田卒，所以在籍貫上區别不大。此外，戍卒、田卒平均年齡也偏年輕，且西北氣候條件也與中原有差异。

④ ［日］米田賢次郎：《秦漢帝國的軍事組織》，余太山譯，《簡牘研究譯叢》第 2 輯，中國社會科學出版社 1987 年版，第 185 頁。

⑤ 不包含“士伍”。

⑥ 鈴木直美對居延漢簡、居延新簡、肩水金關漢簡匯總研究後，認爲“戍卒”的平均年齡爲30. 2 歲，卒的平均年齡爲29. 7 歲。［日］鈴木直美：《漢代フロンティア形成者のプロフィール—居延漢簡・肩水金関漢簡にみる卒の年齡に着目して—》，《周縁領域からみた秦漢帝國》，東京：六一書房 2017 年版，第 144 頁。由此觀之，肩水金關漢簡的“戍卒”平均年齡要高一些。

表 24　**戍卒爵位、年齡信息**　單位：歲

| 身份 | 個數 | 占比 | 最小年齡 | 最大年齡 | 平均年齡 |
|---|---|---|---|---|---|
| 公乘 | 63 | 48.0% | 23 | 50 | 33.8 |
| 公大夫 | 2 | 1.53% | 27 | 45 | 36.0 |
| 官大夫 | 3 | 2.30% | 29 | 29 | 29.0 |
| 大夫 | 24 | 18.3% | 20 | 45 | 28.5 |
| 不更 | 24 | 18.3% | 23 | 48 | 28.9 |
| 簪裹 | 2 | 1.53% | 20 | 20 | 20.0 |
| 上造 | 9 | 6.87% | 23 | 26 | 24.4 |
| 公士 | 4 | 3.05% | 25 | 35 | 29.3 |
| 士伍 | 11 | — | 23 | 55 | 31.9 |
| 合計 | 142 | — | 20 | 55 | 31.0 |

經統計，高於平均年齡的郡國有：穎川郡、南陽郡、濟陰郡、魏郡、钜鹿郡、趙國；低於平均年齡的郡國有：河東郡、上黨郡、河南郡、汝南郡、張掖郡、淮陽、梁國。淮陽戍卒平均年齡（29.2 歲）最接近總的平均值。趙國戍卒年齡偏大（平均 37 歲），高於總的平均值。梁國和河南郡戍卒年齡偏小（平均 27.6、27.5 歲），低於總的平均值。《漢書·高帝紀》顔師古注引《漢官儀》載："民年二十三爲正。"[①]《鹽鐵論·未通篇》載："今陛下哀憐百姓，寬力役之政，二十三始傅，五十六而免，所以輔耆壯而息老艾也。"[②] 以上肩水金關戍卒的年齡信息，與傳世文獻所載大體上是一致的。能確定 20 歲的兩例出現在邊郡張掖"昭武對市里"（73EJT37：118）以及淮陽國"甯平宜春里"（73EJT37：866 +580）。王震亚、張小鋒認爲："大概是在邊陲地帶并不嚴格按照國家規定的服役年齡。"[③] 可備一説。

依據簡文資料，共統計到有效田卒信息 110 例，不及戍卒規模。田卒

① （東漢）班固：《漢書》，中華書局 1962 年版，第 37 頁。

② 王利器：《鹽鐵論校注》，天津古籍出版社 1983 年版，第 192 頁。

③ 王震亚、張小鋒：《漢簡中的戍卒生活》，《簡牘學研究》第 2 輯，甘肅人民出版社 1998 年版，第 128 頁。

有爵位的共計 59 個,[①] 約占總數的 53.6%，大致與戍卒爵位比例相一致。爵位分別是公乘、不更、大夫、上造、公士、公大夫、官大夫、簪褭八種。其中以公乘、大夫、不更爲多，官大夫、公大夫、公士較少見。[②] 經統計，田卒年齡在 23—49 歲之間，平均約 29.4 歲。[③] 具體數據分布如下（表 25）：

**表 25　　田卒爵位、年齡信息　　單位：歲**

| 身份 | 個數 | 占比 | 最小年齡 | 最大年齡 | 平均年齡 |
|---|---|---|---|---|---|
| 公乘 | 17 | 28.8% | 29 | 43 | 32.7 |
| 公大夫 | 2 | 3.39% | 28 | 28 | 28.0 |
| 官大夫 | 2 | 3.39% | 26 | 26 | 26.0 |
| 大夫 | 15 | 25.4% | 23 | 49 | 31.8 |
| 不更 | 11 | 18.6% | 24 | 45 | 28.7 |
| 簪褭 | 4 | 6.78% | 25 | 42 | 31.0 |
| 上造 | 5 | 8.47% | 24 | 26 | 24.8 |
| 公士 | 3 | 5.08% | 25 | 36 | 30.5 |
| 士伍 | 1 | — | 30 | 30 | 30.0 |
| 合計 | 60 | — | 23 | 49 | 29.4 |

經統計，高於平均年齡的郡國有：河南郡、濟陰郡、張掖郡、趙國、平干國，其中濟陰郡戍卒年齡也高於平均值；低於平均年齡的郡國有：上黨郡、東郡、陳留郡、潁川郡、魏郡、淮陽、梁國。其中上黨郡、淮陽、梁國戍卒年齡也低於平均值，魏郡田卒平均年齡（29 歲）最爲接近總的平均值，濟陰郡田卒年齡偏大（平均 38 歲），高於總的平均值，梁

① 不包含“士伍”。

② 大灣出土漢簡中的田卒“公士”居多。陳公柔、徐蘋芳：《大灣出土的西漢田卒簿籍》，《考古》1963 年第 3 期。

③ 鈴木直美對居延漢簡、居延新簡、肩水金關漢簡匯總研究後，認爲“田卒”的平均年齡爲 29 歲，卒的平均年齡爲 29.7 歲。［日］鈴木直美：《漢代フロンティア形成者のプロフィールー居延漢簡・肩水金関漢簡にみる卒の年齢に着目してー》，《周緣領域からみた秦漢帝國》，東京：六一書房 2017 年版，第 144 頁。由此觀之，肩水金關漢簡的“田卒”平均年齡要高一些。

國和潁川郡田卒年齡偏小（平均 25. 9、24 歲），低於總的平均值。田卒以青壯年爲主，最小年齡 23 歲，符合“民年二十三爲正”的法令。① 爵位分布并不均衡，存在較大差异。

## 第四節　戍卒、田卒的身高、膚色

關於戍卒的身高、膚色，肩水金關漢簡也有記載。戍卒身高有七尺一寸、七尺二寸、七尺三寸、七尺四寸四種，如下：

戍卒汝南郡西平中信里公乘李參年廿五　長七尺一寸　15. 22

河東皮氏富里公乘孫蓋年廿八　長七尺二寸☑　73EJT14：5

戍卒鉅鹿郡南䜌西始里孫義年卌四　長七尺三寸黑色　大刀一　有方一　73EJT21：99

戍卒潁川郡傿陵邑步里公乘舞聖年卅黑色長七尺四寸～（竹簡）　73EJT3：95

經查，四種身高中以七尺二寸爲多，約 7. 26 漢尺。按每尺 23cm 計算，約合今 166. 9cm。2015 年國家衛生計生委公布“全國 18 歲及以上成年男性和女性的平均身高分别爲 167. 1cm 和 155. 8cm”。② 對比發現，戍卒身高與當今中國男性居民身高比較接近。張春樹認爲：“在身高這個題目内另有兩個題目頗值得一提：一爲身高與地域的關聯，一爲身高與身份的關係。”③ 但資料不足，目前還不能多作分析。田卒的身高、膚色資料并不多。提供田卒身高信息的主要是東郡、濟陰、魏郡三個郡，且田卒身高均是“七尺二寸”，而戍卒尚有七尺一寸、七尺二寸、七尺三寸、七尺四寸四種。由此看，似乎對田卒身高有一定要求。

現存肩水金關漢簡記載戍卒、田卒膚色的資料并不多。其中戍卒占

① 大灣出土漢簡中的田卒最小年齡 22 歲。陳公柔、徐蘋芳：《大灣出土的西漢田卒簿籍》，《考古》1963 年第 3 期。

② 中華人民共和國國家衛生和計劃生育委員會：《國新辦〈中國居民營養與慢性病狀況報告（2015）〉新聞發布會文字實録》，2015 年 6 月 30 日，中華人民共和國國家衛生和計劃生育委員會官網，http：//www. nhfpc. gov. cn/xcs/s3574/201506/6b4c0f873c174ace9f57f11fd4f6f8d9. shtml。

③ 張春樹：《居延漢簡中所見的漢代人的身型與膚色》，《漢代邊疆史論集》，臺北：食貨出版社 1977 年版，第 194 頁。

比约3.93%，田卒占比约7.07%。有簡文記載的一般是“黑色”，且往往與身高相伴出現。[①] 關於漢簡中的“黑色人”問題，學界討論已久，但并未形成統一意見。争論的焦點在於他們是否爲异族人。

一些學者認爲“黑色人”是异族人，但存在觀點差异。楊希枚認爲：“我們應可合理的推論漢簡黑膚人應極可能是來自异域（縱非即非洲）的特殊種族的人……居延漢簡及《易林》所載見的黑色、深目且嗜欲异於一般漢族的人或即來自异域的部分特殊種族的僑民；尤可能是來自西域的僑民。”[②] 永田英正認爲：“在年齡之下有時還記有‘黑色’，這有可能是指頭發或眼睛、皮膚的顔色。這或許是爲了區别漢民族和其他民族的相貌特徵。”[③] 陳健文認爲：“至於在漢簡及漢代史料《易林》中所出現的黑色人問題，個人認爲這些黑色人可能大部分與月氏人有關。”[④]

一些學者認爲“黑色人”有一部分是异族人。汪受寬認爲：“肩水金關‘黑色’人的身高資料，與現代非洲純正黑色人種的身高資料頗爲接近，説明金關‘黑色’人群體至少有部分系黑色人種。總之，通過研究和比較，我們認爲，以肩水金關簡文記録爲節點的‘黑色’人群體，有一部分是黑種人。”[⑤]

一些學者認爲“黑色人”非异族人，但觀點差异比較大。張春樹認爲：“對於漢代人形貌黑的問題有兩個可能的解釋：一爲當時黑字的涵義與現在有些出入；一爲兩千多年前的中國人確實比現代的中國人在膚色上深得多。”[⑥]《中國簡牘集成》一書認爲：“黑色，指人之臉色膚色較深，久經風雨暴曬所致……黑色，人常年經日曬風塵所致，非人種顔

① 張珂認爲：“説明黝黑膚色的吏卒民衆占了絶大多數”。張珂：《漢代西北邊塞戍卒境遇淺析——以考古遺迹與簡牘爲中心》，碩士學位論文，山東大學，2017年，第49頁。恐非，由於戍卒、田卒記載膚色的資料占比太少，并不能以此作爲論據，去論述當時的人都爲黑色。

② 楊希枚：《論漢簡及其他漢文獻所載的黑色人問題》，《“中研院”歷史語言研究所集刊》1969年第39本。

③ ［日］永田英正：《居延漢簡研究》，張學鋒譯，廣西師範大學出版社2007年版，第197頁。

④ 陳健文：《月氏的名稱、族屬以及漢代西陲的黑色人問題》，《1994年敦煌學國際研討會文集：紀念敦煌研究院成立五十周年》，甘肅民族出版社2000年版，第94頁。

⑤ 汪受寬：《肩水金關漢簡“黑色”人群體研究》，《中華文史論叢》2014年第3期。

⑥ 張春樹：《居延漢簡中所見的漢代人的身型與膚色》，《漢代邊疆史論集》，臺北：食貨出版社1977年版，第198頁。

色。……黑色，非今天所謂人種膚色之義。實爲漢時曆風雨日曬所形成的膚色。”① 曾磊認爲：“不能以黑色黯黑作爲鑒定人種的標準……可以肯定的説，异色人確是中原傳統民族的後裔，來自西方的説法不能成立。黑色皮膚的形成，與這些人的遺傳基因、生活習慣等因素有關。而漢代以白爲美的膚色觀，也容易將膚色偏黯之人認定爲黑色人。”②

對“黑色”或“黑色人”的討論，應從簡牘文本自身出發，不應做過多引申。以肩水金關漢簡中的黑色戍卒爲例，其籍貫來源於上黨郡、潁川郡、汝南郡、南陽郡、濟陰郡、鉅鹿郡等内地郡國；年齡在20—45歲之間，平均31.8歲；身高七尺一寸、七尺二寸、七尺三寸、七尺四寸不等；姓名也比較普通有李輔功、高安平、司馬始、鄭未央、舞聖、李參、張舜、許毋傷、左實、孫義、楊庇、陳得、宋善、陳護等。從目前史料看，無法辨别出他們與其他戍卒在種族上的區别。

此外，在簡牘上標注膚色，也很正常。不但有“黑色”，還有其他膚色，如：

……時年可廿三、四歲，至今年可六十，所爲人中狀，黃色……

73EJT1：1

☑上年五歲，長四尺五寸，青色☑　　73EJT37：340＋385③

☑黄色，八月辛酉出　　62.33

☑面青色，細身，少髮，結衣絣　　EPT20：17

里耶秦簡中，膚色就更多，有赤色（8—537）、白皙色（8—534）、皙色（8—550）、黄皙色（8—894）等。如此種種，説明標注某種膚色是正常的文書格式，旨在强調某人膚色比較特殊，故加以標注。并且“黑色”戍卒所占比重很少，約6.32%。這也説明戍卒中膚色“黑”的人并不多。

至於簡文言某人“黑”的原因，可能比較復雜，需要結合每位戍卒

① 中國簡牘集成編輯委員會：《中國簡牘集成》第5册、6册、8册，敦煌文藝出版社2001年版，第32、287、245頁。

② 曾磊：《西北漢簡所見人種膚色再探討》，《簡帛研究》2010，廣西師范大學出版社2012年版。

③ 雷海龍：《〈肩水金關漢簡（肆）〉斷簡試綴（一）》，2016年2月8日，簡帛網，http：//www.bsm.org.cn/？hanjian/6624.html。

的身體情況而定。有些人可能確實是經日曬風塵、遺傳或生活習慣所致，但也要考慮到不同戍卒身體條件的復雜性。

一些年齡偏大的戍卒膚色“顯黑”是正常的。王充《論衡·無形篇》載：“人生至老，身變者，髮與膚也。人少則髮黑，老則髮白，白久則黄。髮之變，形非變也。人少則膚白，老則膚黑，黑久則黯，若有垢矣。”① 科學研究也表明：“中國成人不同年齡膚色色度的比較表明，隨著年齡的增大，色度的差别略有增加，老年人偏於更黄些黑些。”② 一些人身體如果有病也會“顯黑”。中醫便有膚色“黑”的理論，認爲：“黑色主腎虚證、水飲證、寒證、痛證及瘀血證。黑爲陰寒水盛之色。由於腎陽虚衰，水飲不化，氣化不行，陰寒内盛，血失温養，經脈拘急，氣血不暢，故面色黧黑。面黑而焦干，多爲腎精久耗，虚火灼陰；目眶周圍色黑，多見於腎虚水泛的水飲證；面色青黑，且劇痛者，多爲寒凝瘀阻。”③ 此外，一些人可能確實是因爲長得不符合當時的審美標準，而被歸之爲“黑”。據彭衛研究，漢代“膚白亦是男性美的一項重要指標”，④ 簡文言“黑”實質就是説“丑”。王充在《論衡·自紀篇》載：“使面黝而黑丑，垢重襲而覆部，占射之者，十而失九。”⑤ 就把黑丑歸爲一類。

## 第五節　戍卒、田卒的征發

### 一　戍卒的征發

在論及漢代戍邊士兵籍貫時，何雙全認爲：“有一個村里出一人者，也有出二人以上者，以一里一人爲多。”⑥ 核查肩水金關漢簡，亦符合何雙全的論斷。戍卒來源的 243 里中，僅有 7 個里出了二人以上，如下（表 26）：

① 黄暉：《論衡校釋》，中華書局 1990 年版，第 66 頁。
② 林仲賢、彭瑞祥等：《中國成人膚色色度的測定》，《科學通報》1979 年第 10 期。
③ 楊永慶主編：《中醫護理》，華中科技大學出版社 2013 年版，第 56 頁。
④ 彭衛：《漢代社會風尚研究》，三秦出版社 1998 年版，第 112 頁。
⑤ 黄暉：《論衡校釋》，中華書局 1990 年版，第 1196 頁。
⑥ 何雙全：《漢代戍邊士兵籍貫考述》，《西北史地》1989 年第 2 期。

**表 26　　戍卒所出兩人以上里名信息統計**

<table>
<tr><th>序號</th><th>郡國</th><th>縣</th><th>里</th><th>出人數目</th><th>爵位</th><th>姓名</th><th>年齡</th><th>簡號</th></tr>
<tr><td rowspan="2">1</td><td rowspan="2">穎川郡</td><td rowspan="2">穎陰</td><td rowspan="2">真定里</td><td rowspan="2">2</td><td>公乘</td><td>仁青跗</td><td>34</td><td>T8：7</td></tr>
<tr><td>公乘</td><td>司馬始</td><td>34</td><td>T8：73</td></tr>
<tr><td rowspan="3">2</td><td rowspan="7">張掖郡</td><td rowspan="5">觻得</td><td rowspan="3">成漢里</td><td rowspan="3">3</td><td>大夫</td><td>成頭</td><td>—</td><td>T8：95</td></tr>
<tr><td>公乘</td><td>聊廣德</td><td>36</td><td>T14：1</td></tr>
<tr><td>公乘</td><td>田褒</td><td>50</td><td>F3：462</td></tr>
<tr><td rowspan="2">3</td><td rowspan="2">千秋里</td><td rowspan="2">2</td><td>上造</td><td>□常</td><td>—</td><td>F3：215</td></tr>
<tr><td>公乘</td><td>江永</td><td>30</td><td>F3：423</td></tr>
<tr><td rowspan="2">4</td><td rowspan="2">昭武</td><td rowspan="2">宜衆里</td><td rowspan="2">2</td><td>公乘</td><td>孫□已</td><td>26</td><td>T7：151</td></tr>
<tr><td>上造</td><td>王武</td><td>23</td><td>T37：1153</td></tr>
<tr><td rowspan="2">5</td><td rowspan="2">趙國</td><td rowspan="2">邯鄲</td><td rowspan="2">平阿里</td><td rowspan="2">2</td><td>公乘</td><td>吴傳孺</td><td>—</td><td>T23：532 + 768</td></tr>
<tr><td>—</td><td>吴世</td><td>—</td><td>T37：1317</td></tr>
<tr><td rowspan="2">6</td><td rowspan="4">梁國</td><td rowspan="4">甾</td><td rowspan="2">板里</td><td rowspan="2">2</td><td>大夫</td><td>華定</td><td>24</td><td>T37：849</td></tr>
<tr><td>—</td><td>董□</td><td>—</td><td>H2：94</td></tr>
<tr><td rowspan="2">7</td><td rowspan="2">樂陽里</td><td rowspan="2">2</td><td>大夫</td><td>陳德</td><td>24</td><td>T37：1005</td></tr>
<tr><td>大夫</td><td>周利</td><td>25</td><td>T37：1111</td></tr>
</table>

經統計，一里出二人以上者僅占總里數的 2.89%，可知“一里出一人”無疑是主導。由此戍卒亦形成“同縣不同里”的人員構成格局。推測當時戍卒征發的指導原則應是“一里出一人”。出現這種情況的原因，值得探尋。

第一，“一里出一人”應與里的規模有關。傳世文獻關於漢代一里的户數，記載不一。《漢書·食貨志》載：“在野曰廬，在邑曰里。五家爲鄰，五鄰爲里”，① 是一里 25 家。《漢書·張湯傳》載：“‘其爲故掖廷令張賀置守塚三十家。’上自處置其里”，② 是一里 30 家。《風俗通義·佚文》載：“里者，止也。里有司，司五十家，共居止”，③ 是一里 50 家。東漢何休在《公羊傳》宣公十五年注中記：“在田曰廬，在邑曰里。一里

① （東漢）班固：《漢書》，中華書局 1962 年版，第 1121 頁。

② （東漢）班固：《漢書》，中華書局 1962 年版，第 2651 頁。

③ 王利器：《風俗通義校注》，中華書局 1981 年版，第 493 頁。

八十户，八家共一巷"[①]，是一里 80 户。成書于東漢的《太平經》載："今一大里有百户，有百井"[②]，是一里 100 户。據此，《秦漢官制史稿》一書認爲："一里最少是二十五家，最多是百家。"[③] 此外，邢義田依據《漢書·平帝紀》"又起五里于長安城中，宅二百區，以居貧民"的記載，認爲"一里應有四十户。這是漢代規劃性城邑之一里户數可以參考的數位"。[④] 當然，傳世文獻記載的每里户數如此的整齊劃一，定與實際不符，應是約數。由此可知，里的户數不一，百户爲大里，中里是標準，小里也廣泛存在。

從出土文獻看，里的規模有大有小，以中里、小里爲主，户數也非整數。里耶秦簡載啓陵鄉成里 27 户；嶽麓書院藏秦簡以每里 30 户爲標準；《漢侍廷里父老僤買田約束石券》載侍廷里 25 户；湖北江陵鳳凰山 10 號漢墓載鄭里 25 户，平里 19 户，高上里 13 户；長沙馬王堆帛書載大里 108 户，小里 12 户，以 30—50 户居多，每里約 42 户；依據居延漢簡推算居延縣每里約 56 户，觻得縣西漢 41 個里、東漢 26 個里；依據尹灣漢墓木牘《集薄》推算每里約 105 户；依據四川郫縣漢代殘碑推算每里約 18 户；吴簡中的里，其規模多在 20—50 户之間，如高遷里 38 户，平陽里、吉陽里 36 户。[⑤] 還要考慮到各地區的人口密度以及當時的南北差异。楊際平認爲："江南大部分地區，一里通常不超過三五十户。"[⑥]

總之，里的規模不一，南北存在差异，大里約百户，中里幾十户，小里十幾户。總體而言，每里 20—50 户較爲普遍。對於"大里"，要求他們"一里出多人"是有可能的。但由於里的規模普遍不大，爲保證農

---

① （漢）公羊壽傳、何休解詁；（唐）徐彦疏：《春秋公羊傳注疏》，北京大學出版社 1999 年版，第 360 頁。

② 羅熾主編：《太平經注譯》，西南師範大學出版社 1996 年版，第 204 頁。

③ 安作璋、熊鐵基：《秦漢官制史稿》，齊魯書社 2007 年版，第 185 頁。

④ 邢義田：《治國安邦：法制、行政與軍事》，中華書局 2011 年版，第 294 頁。

⑤ 楊劍虹：《從簡牘看秦漢時期的鄉與里組織》，《陝西歷史博物館館刊》1996 年第 3 輯；王愛清：《秦漢里制研究》，碩士學位論文，蘇州大學，2005 年，第 10—14 頁；于振波：《走馬樓吴簡所見户與里的規模》，《江漢考古》2009 年第 1 期；張信通：《秦漢鄉里賦稅制度和賦稅徵收》，《中國經濟史研究》2012 年第 1 期；楊際平：《秦漢財政史》，湖南人民出版社 2015 年版，第 214 頁；符奎：《秦漢閭里户數初探》，《中國農史》2016 年第 1 期；符奎：《秦簡所見里的拆并、吏員設置及相關問題》，《安徽史學》2017 年第 2 期。

⑥ 楊際平：《秦漢財政史》，湖南人民出版社 2015 年版，第 214 頁。

業生産以及其他徭役的履行，要求中里、小里“一里出多人”不大可能實現。

第二，“一里出一人”應與里的數目有關。正是因爲每里户數較少，從而使得里的數目很多。依據尹灣漢墓中出土的東海郡《集簿》統計，東海郡下轄170個鄉，2534個里，平均約合15個里爲1鄉。① 依據懸泉漢簡的記載，效穀縣有3個鄉，有45個里名。按照這一數字，基本上與東海郡的狀況類似。②《漢書·百官公卿表》記載：“凡縣、道、國、邑千五百八十七，鄉六千六百二十二。”③ 考慮到每個鄉存在的差异，若以10里1鄉作標準的話，漢代全國則約有66220個里，若以15里1鄉做標準，則約有99330個里。如果每里出二人，其範圍在132440—198660之間，將超過實際戍邊的需要。

以甲渠候官爲例，戍卒人員并不多。李均明認爲：“甲渠候官戍卒總數在240至300餘人之間”。④ 整個邊境戍卒數量的規模也不大，《漢書·趙充國傳》載：“竊見北邊自敦煌至遼東萬一千五百餘里，乘塞列隧有吏卒數千人，虜數大衆攻之而不能害。”⑤ 邢義田認爲：“戍卒的數量也不大。兩漢邊防一向以北方與西北方最吃緊，可是從居延和敦煌等邊陲遺址以及文獻上估計，部署在北方約三千五百公里防綫上的戍守兵力不會超過一萬人。”⑥ 臧知非認爲：“如果按照五里或十里一個烽燧計算，從西北敦煌到遼東一萬一千五百余里的邊防綫，應當有一萬一千五百或者二萬三百多個烽燧，按照每烽五人計算，有戍卒六萬或者一萬兩千左右，和趙充國説的漢宣帝時從敦煌到遼東有戍卒數千人大體相近。”⑦ 由此，每里出一人，已滿足戍邊要求。

第三，“一里出一人”應與漢代的徭役制度有關。勞榦結合漢簡以及

---

① 謝桂華：《尹灣漢墓所見東海郡行政文書考述（上）》，《尹灣漢墓簡牘綜論》，科學出版社1999年版，第23頁。

② 張俊民：《懸泉漢簡所見西漢效穀縣的“里”名》，《敦煌研究》2012年第6期。

③ （東漢）班固：《漢書》，中華書局1962年版，第742—743頁。

④ 李均明：《漢代甲渠候官規模考（上）》，《文史》第34輯，中華書局1992年版，第29頁。

⑤ （東漢）班固：《漢書》，中華書局1962年版，第2989頁。

⑥ 邢義田：《治國安邦：法制、行政與軍事》，中華書局2011年版，第663頁。

⑦ 臧知非：《秦漢賦役與社會控制》，三秦出版社2012年版，第174頁。

傳統文獻認爲："如果作衛士，便不戍邊。"①也即一里之民，并非一定要去邊郡作戍卒，也可作衛士。臧知非認爲："衛士與戍卒在法理上是每一個正卒都要盡的義務，二者必居其一。衛士是郡縣服役於宫廷和中央各官府的正卒，史書上稱之爲'給中都官'。"②由於衛士地位的特殊性，待遇也較戍卒好。在一定程度上削減了戍卒的數量。

第四，"一里出一人"有利於里的生産、生活的和諧穩定。睡虎地秦簡《戍律》曰："同居毋并行，縣嗇夫、尉及士吏行戍不以律，貲二甲。"整理者釋大意爲："同居者不要同時徵服邊戍，縣嗇夫（縣令）、縣尉和士吏如不依法征發邊戍，罰二甲。"③錢劍夫認爲"同居"當即指全户人家，并進一步解釋道："凡屬服行戍卒徭役，不應該全户人家同去，否則的話，主管行政的官吏都要懲罰。這是因爲，戍邊固然重要，但又要留下一部分勞動力進行生産；同時，也防止主管役政人員弄虚作假，貪贓舞弊，或者是故意欺壓貧民。"④漢時"一里出一人"的征發模式，可能也與此有關，有利於里中居民的生活穩定。

此外，考慮到後勤的補給供應能力，戍卒規模也不會太大。"邊地如有重大軍事行動，往往由中央調集内地軍隊出徵，戰争結束立即返回，不在邊地常駐。"⑤這便是由當時的供應能力决定的，"受限於當時的生産力，兩漢的後方運輸困難重重，耗費人力物力却效率低下。并且，因爲路途遥遠、艱難險阻不斷，轉輸中損耗奇高，待到邊疆地區所剩無多"。⑥故戍卒的規模不會太大，否則會超越後勤的供需實際。

戍卒征發"一里出多人"的情況，也應具體分析。核查肩水金關漢簡出3人的"張掖郡觻得成漢里"。簡文相關信息如下：

戍卒觻得成漢里大夫成頊年□□☑　　73EJT8：95

戍卒觻得成漢里公乘聊廣德年卅六　　73EJT14：1

① 勞榦：《漢代兵制及漢簡中的兵制》，《"中研院"歷史語言研究所集刊》第10册，中華書局1987年版，第35頁。

② 臧知非：《秦漢賦役與社會控制》，三秦出版社2012年版，第167頁。

③ 睡虎地秦墓竹簡整理小組：《睡虎地秦墓竹簡》，文物出版社1990年版，第89頁。

④ 錢劍夫：《秦漢賦役制度考略》，湖北人民出版社1984年版，第207頁。

⑤ 白壽彝主編：《中國通史》第4卷，上海人民出版社2007年版，第907頁。

⑥ 江娜：《漢代邊防體系研究》，博士學位論文，華中師範大學，2013年，第64頁。

戍卒觻得成漢里公乘田褒年五十〼　73EJF3：462

簡文中的“張掖郡觻得成漢里”在居延漢簡和居延新簡中也有出現，可見此里屬於“一里出多人”的典型。如：

俱起隧戍卒觻得成漢里徐偃　有方一〼　33.12

〼卒觻得成漢里淳于□〼　EPT59：838

居延漢簡中，邊郡“一里出多人”較爲普遍。以“張掖郡居延當遂里”爲例，如：

戍卒張掖郡居延當遂里大夫殷則年卌五〼　133.9

戍卒張掖郡居延當遂里大夫淳于竟〼　188.15

戍卒張掖郡居延當遂里公士張褒年卅　194.18

“張掖郡觻得成漢里”無疑也屬於邊郡，可知戍卒“同縣同里”的情況在邊郡較爲普遍。當然，也非所有邊郡都“一里出多人”。邊郡“一里出多人”情況的出現，可能與某些里是“大里”有關，楊際平依據《居延新簡》EPT50：3簡推算，有些邊陲縣每里約181户，這無疑是大里。①“穎川郡穎陰邑真定里”等内郡有可能便是上文所述的“大里”，因而“一里出多人”。

總之，“一里出一人”符合當時里的實際情況，既能滿足戍邊需求，也能照顧到農業生産以及里中居民的生活。至於“一里出多人”，可能更多的是對“大里”的要求，因此并不普遍。

戍卒的征發原則可能還與“爵位”有關，我們發現某些地區征發戍卒時，更傾向於那些擁有特定爵位的人，比如大夫、不更。肩水金關漢簡中梁國菑地傾向于征發“大夫”，如：

梁國戍卒菑直里大夫陳延年＝廿五〼　73EJT37：699

梁國戍卒菑東昌里大夫桐汙虜年廿四丿　73EJT37：750

梁國戍卒菑板里大夫華定年廿四〼　73EJT37：849

梁國戍卒菑樂陽里大夫陳德年廿四　丿丿〼　73EJT37：1005

梁國戍卒菑樂陽里大夫周利年五十二〼　73EJT37：1111

梁國戍卒菑□中里大夫桓志年卌五丿丿　73EJT37：1497

濟陰郡冤句亦是征發“大夫”，如：

① 楊際平：《秦漢財政史》，湖南人民出版社2015年版，第214頁。

戍卒濟陰郡冤句義陽里大夫晋横年卅　長☑　　73EJT37：306＋267

戍卒濟陰郡冤句南昌里大夫許毋傷年卅八長七尺二寸黑色　〳

73EJT37：987

戍卒濟陰郡冤句廣里大夫☑　　73EJT37：1335＋1359

而淮陽郡陳地傾向于征發“不更”，如：

戍卒淮陽郡陳大楊里不更☑　　73EJT24：990

戍卒淮陽郡陳宜民里不更苛城年廿四　　73EJT30：3

戍卒淮陽郡陳安衆里不更舒畢年廿四　庸同里不更夏歸來年廿六

73EJT30：12

戍卒淮陽郡陳高里不更宋福年廿四　庸張過里不更孫唐得年卅

73EJT30：13

戍卒淮陽郡陳逢卿里不更許陽年廿七　庸進賢不更□常年卅三

73EJT30：15

戍卒淮陽郡陳隱丘里不更趙從年卅　　73EJT30：118

戍卒淮陽郡陳思孝里不更蓋寬年卌八　□☑　　73EJT30：135

戍卒淮陽郡陳安夷里不更鄴盧年廿四　　73EJT30：262

當然也有一些地方，傾向征發没有爵位的人，比如鉅鹿南䜌，除73EJT5：15號簡爵位爲不更外，其他均無爵位。我們推測這種征發原則可能與受爵者的數量、時間、爵制以及當地的現實存在某種關聯。

戍卒征發時，可能也和年齡有關，除去政府規定的“二十三始傅，五十六而免”的起始和結束時間外，我們發現一些特定年齡較常出現，比如戍卒潁川郡潁陰傾向征發34歲的戍卒，如下：

戍卒潁川郡潁陰邑真定里公乘仁青跗年卅四　丿　　73EJT8：7

戍卒潁川潁陰邑真定里公乘司馬始年卅四長七尺二寸丿☑73EJT8：73

戍卒潁川郡潁陰邑西時里鄭未央年卅四長七尺二寸丿☑　73EJT8：33

此外，經統計，24歲占比最大，在有年齡信息的135例中，24歲的戍卒就有23例，占比17%，其次是25和30歲的戍卒，兩者占比約15%。

綜上，戍卒征發時會考慮里、爵位、年齡等因素，他們主導著戍卒的征發。

## 二　田卒的征發

目前田卒資料中“一里出两人”或“一里出多人”的情況較爲少見，田卒 109 里中僅見梁國東弓里與彭里存在“一里出两人”這種情況，占比僅 1.8%。可知当时在进行“田卒”徵发以及分配时，“一里出一人”应是徵发原则之一。需要注意的是，一些地區的戍卒、田卒會有相同爵位積聚的現象。戍卒方面如梁國菑縣大量出現大夫，濟陰郡冤句、淮陽郡陳縣大量出現不更。田卒方面如河南郡新鄭大量出現公乘，濟陰郡定陶大量出現大夫，淮陽郡長平，上黨郡的壺關、涅縣大量出現不更。不僅肩水金關漢簡，大灣漢簡中也出現了相同爵位聚集的情況，“40 根田卒簡中，記載田卒身份的共 24 根，其中稱爲‘公士’的計 22 根。”① 爵位無疑是征發的重要指標，這在各地征發“田卒”時表現的尤爲明顯。河南郡新鄭征發“公乘”充當“田卒”，如：

田卒河南新鄭富里公乘孫章年廿九　73EJT37：452

田卒河南郡新鄭武成里公乘左奉年卅　卩　73EJT37：982

田卒河南郡新鄭章陽里公乘朱兄年卅　73EJT37：1459

東郡東阿征發“官大夫”充當“田卒”，如：

田卒東郡東阿增野里官大夫騶明年　73EJT5：19

田卒東郡東阿當夏里官大夫丁龐年廿六長七尺二寸黑色　73EJT9：90

濟陰郡定陶征發“大夫”充當“田卒”，如：

田卒濟陰郡定陶宜慶里大夫陳……長七尺二寸黑　73EJT25：137

田卒濟陰郡定陶西牢里大夫王廣年廿八　長七尺二寸黑色　73EJT25：162

田卒濟陰郡定陶西洲里大夫陳　73EJT25：164

田卒濟郡定陶虞里大夫戴充年卅七　長七尺二寸黑色　有罪　73EJT37：76

淮陽郡長平，上黨郡的壺關、涅、高都等地征發“不更”充當“田卒”，如：

田卒淮陽郡長平南莊里不更扈惡子年廿五　73EJT28：30

---

① 陳公柔、徐苹芳：《大灣出土的西漢田卒簿籍》，《考古》1963 年第 3 期。

田卒淮陽長平東陽里不更鄭則年卅八　73EJT30：8

田卒淮陽郡長平北親里不更費畢年卌五　73EJT30：263

田卒淮陽郡長平高閭里不更李範年廿六　73EJT30：267

田卒上黨郡壺關東陽里不更莊耐年廿五　73EJT23：922

田卒上党郡涅蒲里不更童豹年廿五　73EJT23：920

田卒上黨郡涅磨焦里不更李過程年廿五　73EJH2：1

田卒上党郡高都水東里不更甘□　73EJH2：81

平干國的張、廣平等地征發“簪褭”充當“田卒”，如：

田卒平干國張榆里簪褭吕儋年卌二　73EJT1：5

田卒平干國廣平澤里簪褭李田利里年廿六　73EJT1：73

淮陽郡的固始征發“上造”充當“田卒”，如：

田卒淮陽郡固始步昌里上造朱寬年廿五　73EJT9：83

田卒淮陽郡固始成安里上造陳外年廿五　73EJT21：121

朱紹侯曾指出：“從漢簡中反映的公士當兵者多，任官者少；公乘任官者多，當兵者少的對比來分析，説明民爵的高低在社會上還有一定的影響。”① 此處田卒按照爵位征發，應是對朱紹侯此論的有力印證。

綜上，説明戍卒、田卒征發時確實同爵位有一定的關聯。朱紹侯曾指出：“從漢簡中反映的公士當兵者多，任官者少；公乘任官者多，當兵者少的對比來分析，説明民爵的高低在社會上還有一定的影響。”② 結合戍卒、田卒的征發看，此説可信。推測這種征發原則可能與受爵者的數量、時間、爵制以及當地的現實存在某種關聯。

上文已述，戍卒征發與年齡有關，田卒也較爲相似。經統計，田卒25歲占比最大。在有年齡信息的64例中，25歲的田卒就有12例，占比18.8%。其次是24和30歲的田卒，兩者占比約28.1%。由此，年齡在戍卒、田卒征發時無疑是重要的考量因素。

---

① 朱紹侯：《從居延漢簡看漢代民爵八級的政治地位》，《南都學壇》2012年第4期。

② 朱紹侯：《從居延漢簡看漢代民爵八級的政治地位》，《南都學壇》2012年第4期。

## 第六節　戍卒、田卒的日常細節

### 一　勞作

田卒的日常勞作，肩水金關漢簡中也有體現，但并不是很多，如：

爲田七十五畝　　73EJT1：77

·居延延水本始四年涇渠延袤溉田簿　　73EJT3：57

延延水丞就迎鐵器大司農府移肩水金關□□□　　73EJT37：182

73EJT1：77 號簡記載的“爲田七十五畝”由於簡文殘缺，并不能十分確指，有可能是田卒屯田的數目。73EJT3：57 號簡的“涇渠延袤溉田簿”，則和溉田有關，應是田卒勞作的重要內容。73EJT37：182 號簡所載的“鐵器”有可能是田卒進行勞作的工具。

候望是戍守吏卒的主要工作，“查看是否有敵情如北邊少數民族入侵的情況，以及時傳遞烽火，進行通報”。[①] 肩水金關漢簡中亦有關於“候望”的記載，如下：

主卒二人以候望爲職至今年五月壬辰乘隧戍卒許朔望見隧北彊落上有不知何　　72EJC：146 + 73EJC：613

……苦候望事冬時伏願子元近衣進……　　73EJT1：217

☑□□善毋恙幸甚苦候望□□□書記　　73EJT26：20

從 72EJC：146 + 73EJC：613 號簡知許朔在值班期間發現了异常情況“隧北彊落上有不知何”，於是記錄了下來；73EJT1：217、73EJT26：20 號簡是書信的內容，從中可看出“候望”并不是一件容易的事，較爲辛苦。

### 二　飲食

田卒的飲食由國家配給，肩水金關漢簡中也有記錄，如：

出麥六斗六升以食罷田卒病留□　　73EJT24：957

出麥二斛二斗　　以食右農田卒魏謁正月廿七日□　　73EJT21：122

大灣漢簡中“對於麥的出入，記載次數較多，或是其地宜於種麥”。[②]

① 趙寵亮：《行役戍備——河西漢塞吏卒的屯戍生活》，科學出版社 2012 年版，第 79 頁。

② 陳公柔、徐蘋芳：《大灣出土的西漢田卒簿籍》，《考古》1963 年第 3 期。

肩水金關漢簡與其相同。

## 三　出行

戍卒的出行較爲常見，如：

廣利隧戍卒梁國己氏陽垣里公乘閻誼年卅三　省府九月乙丑出 73EJT7：6

戍卒隱强始昌里公乘朱定年廿九　八月癸亥北出　73EJT37：888

戍卒魏郡斥丘廣德里公乘張安世年卅　八月庚戌出　卩 73EJT32：74

而我們檢索肩水金關漢簡，田卒出行較爲少見。我們推測，田卒出行管理有可能較戍卒嚴格。此外，也有吏員迎送田卒的記錄：

亭長楊渠爲郡迎三年戍田卒張掖　73EJT11：3

五鳳二年五月壬子朔辛巳武安左尉德調爲郡送戍田卒張掖郡

73EJT37：1099

## 四　學習

肩水金關漢簡中有很多典籍簡，這些典籍應是戍邊將士日常學習的重要内容，戍卒、田卒自然包含在内。如：

□之法言不□　73EJT14：42

子曰大伯其可　73EJT15：20

行葦則兄弟具尼矣故曰先之以博愛而民莫遺其親·百廿七字

73EJT31：141

治民之道宜務興本廣農業□□□□　73EJF1：6

73EJT14：42 號簡的内容出自《孝經》，黄浩波認爲："此簡之發現，則可窺見西北邊塞戍邊將士中習讀《孝經》者亦不乏其人。有此現象，自然與有漢一代重視'孝'有關，更與武帝'罷黜百家，獨尊儒術'之後，儒學大興密不可分。"[①] 73EJT15：20 號簡出自《論語》，73EJT31：141 號簡則是對《詩經》《孝經》的改寫。[②] 73EJF1：6 號簡則出處不詳，

① 黄浩波：《肩水金關漢簡所見典籍殘簡》，2013 年 8 月 1 日，簡帛網，http：//www.bsm.org.cn/? hanjian/6055.html。

② 張英梅：《試探〈肩水金關漢簡（三）〉中所見典籍簡及相關問題》，《敦煌研究》2015 年第 4 期。

重點突出了農業生産的重要性。

這些簡文的大量發現，説明當時西北邊塞并非文化的荒漠之地，也暗含了漢政府教化將士，穩定邊塞的用意。除去典籍在邊塞的大量發現外，邢義田認爲在邊地戍邊還提供了更好學習的機會，"民間能讀寫的人應曾接觸、學習官文書并加模仿，而服戍卒、田卒、隧卒或衛卒役正是接觸并學習官文書用語和格式的一個機會"。[①] 需要特别注意的是，雖然漢廷一直提倡文教，但邊塞戍邊士卒的學習或書寫能力是值得懷疑的，"迄今還没有發現任何一封由戍卒、隧卒或田卒這類'卒'所發的帛信"。[②]

## 五　庸作

肩水金關漢簡中有很多關於戍卒、田卒受雇的簡牘，按照其性質可視爲"庸作"，屬於經濟生活。如：

戍卒河東郡臨汾□里靳孟竟廿庸同郡□☑　73EJT23：568＋846

戍卒河東皮氏平居里公乘陽□安年卅二☑　73EJT14：6

田卒貝丘莊里大夫成常幸年廿七　庸同縣厝期里大夫張收年卅　73EJT29：100

田卒淮陽郡長平北親里不更費畢年卌五　庸西陽里不更莊登年卅八　73EJT30：263

田卒淮陽郡長平高閭里不更李範年廿六　庸南垣不更費充年廿五　73EJT30：267

田卒梁國睢陽館里彭廣年廿七　庸樂□　73EJT24：541

田卒梁國睢陽富樂里龔根年廿五　庸樂陽　73EJT24：970

田卒梁國睢陽朝里寇遂年卅二　庸同縣丞全里張遂年廿八　73EJT21：373

田卒淮陽郡新平景里上造高千秋年廿六　取甯平駟里上造胡部年廿

---

① 邢義田：《今塵集：秦漢時代的簡牘、畫像與文化流播》，臺北：聯經出版公司2021年版，第44頁。

② 邢義田：《今塵集：秦漢時代的簡牘、畫像與文化流播》，臺北：聯經出版公司2021年版，第26頁。

四爲庸丿　　73EJT26：9

對於73EJT29：100號簡，謝桂華曾研究過這類格式的名籍，認爲這種名籍："由所在的候、燧編制成册，其性質和用途與自行戍邊的戍卒（包括田卒等）名籍相類。"至於3EJT26：9號簡出現的"取庸"，謝桂華認爲："指官府或私人的傭工，屬於一般性的雇傭勞動。"① 均可從。簡文中出現的"庸同縣"，安忠義認爲："反映了漢代雇人代更戍邊的事實。"② 總之，"庸作"行爲的發生，是對當時社會經濟的一個生動反映。

## 六　毆戍卒

肩水金關漢簡中一些簡文中涉及"毆戍卒"的情况，如下：

以所帶劍首歐（毆）重（中）戍卒王奉親肩背皆青黑雍（臃）種（腫）廣袤各半所得以會　　73EJT5：73③

大守＝屬禹劾曰案日勒言斷獄北部都尉屬禹劾候長曹宣以縣官事簿問以它歐戍卒陳禹等長　　73EJT31：149

鬼新蕭登

故爲甲渠守尉坐以縣官事歐笞戍卒尚勃讞爵减

元延二十一月丁亥論　故觻得安漢里正月辛酉入　　73EJT3：53

73EJT5：73號簡記載了戍卒王奉親被人毆打後的情況較爲嚴重，"肩背皆青黑、雍種，廣袤各半所"，可惜的是簡文殘缺，行兇者信息缺失。73EJT31：149號簡記載候長曹宣毆打戍卒陳禹等人，73EJT3：53號簡記載甲渠守尉蕭登毆打戍卒尚勃，73EJT31：149、73EJT3：53兩簡均是上司毆打戍卒，起因都是"縣官事"，懷疑這種因公事而毆打戍卒的情況較爲常見，從簡文看上司亦受到了懲處，73EJT31：149號簡記載太守屬禹查核此案，73EJT3：53號簡記載蕭登"讞爵减"。

結合73EJT5：73、73EJT31：149、73EJT3：53三簡分析，戍卒會接到上司交辦的一些公事，一旦處理不妥，有被毆打的風險，毆打後的戍

---

① 謝桂華：《漢簡和漢代的取庸代戍制度》，《秦漢簡牘論文集》，甘肅人民出版社1989年版，第94、98頁。

② 安忠義：《漢簡中的雇傭勞動者》，《魯東大學學報》2009年第5期。

③ 方勇：《讀肩水金關漢簡札記二則》，2011年9月16日，簡帛網，http：//www. bsm. org. cn/? hanjian/5741. html。

卒可以向上級機構進行申述。上級機構查驗是否屬實以及受傷情况，然後會對行兇上司進行懲處。如若上級機構懲處不力，可能會導致“戍卒離開戍所逃亡，甚至叛逃出境。”①

## 七　亡卒

肩水金關漢簡中也有一些簡涉及戍卒的逃亡，如下：

張掖郡肩水部肩水當井隧戍卒夏非人·亡　□□☑　73EJT1：36

不相見戍不知亡卒☑　73EJT37：124

狀公乘氐池先定里年卅六歲姓樂氏故北庫嗇夫五鳳元年八月甲辰以功次遷爲肩水士吏以主塞吏卒爲職☑

戍卒趙國柏人希里馬安漢等五百六十四人戍詣張掖署肩水部至□□到酒泉沙頭隧閱具簿□☑　73EJT28：63A

迺五月丙辰戍卒趙國柏人希里馬安漢戍詣張掖署肩水部行到沙頭隧閱具簿□□□□□□亡滿三☑

甘露二年六月己未朔庚申肩水士吏弘別迎三年戍卒……候以律令從事□□□☑　73EJT28：63B

73EJT1：36 號簡記載了當井隧戍卒夏非人逃亡，73EJT37：124 號簡似爲書信的一部份，涉及到亡卒的出現；73EJT28：63 號簡記載肩水士吏樂弘迎接趙國戍卒時出現了逃亡情况，受到追責。由於亡卒的存在，邊塞也要組織力量進行“逐亡卒”，② 如下：

居延候官定居隊長王夻食告曰載肩水吏逐亡卒它毋所過邸并河□□□　41.35

南部候史居延安故里郭循年廿八　追亡卒　□月辛卯兼亭長并出　73EJT37：1026＋1515

戍卒逃亡的原因比較復雜，一是和“寒苦”的邊地環境有關，如：

乘故隧昌念毋錢衣寒昆弟不肯來相視恐冬寒凍死等死不所歸死　73EJT23：237

① 趙寵亮：《行役戍備——河西漢塞吏卒的屯戍生活》，科學出版社 2012 年版，第 139 頁。

② 李永平：《漢代“捕亡”問題探討：以河西出土漢簡資料爲中心》，《簡牘學研究》第 4 輯，甘肅人民出版社 2004 年版；王子今：《漢代西北邊境的“亡人”及相關行政對策》，《漢簡河西社會史料研究》，商務印書館 2017 年版。

王子今認爲："簡文出現三個'死'字，表現出書寫者'冬寒'季節身臨艱苦境地時嚴重的絶望。"① 環境的恶劣無疑是"亡卒"出現的誘因。

二是和戍卒犯法逃逸有關，如：

☐□擊刺傷宗右手左脾右掖下各一所亡時廣宗安所居不　73EJT26：95

依據73EJT26：95簡記載，在擊傷人后，行兇者隨即便逃亡了。

三是和當時的大環境有關，據《漢書·匈奴傳》載："邊人奴婢愁苦，欲亡者多，曰'聞匈奴中樂，無奈候望急何！'"②

四是和戍卒的思鄉心理以及適應能力有關，從73EJT28：63號簡可知五百六十四人規模的趙國戍卒剛剛抵達邊塞便出現了逃亡，此時正值六月，氣候并不寒冷，又無犯法行爲，恐與趙國戍卒不適應邊地生活，又都聚集在一起，引起思鄉之情有關。

## 八　勞賜（賜勞）

勞賜，又稱賜勞，意"賞賜慰勞"。肩水金關漢簡中有戍卒"勞賜名籍"，如下：

·右後甘露三年三月戍卒勞賜名籍　73EJT28：22

簡文是"甘露三年三月"對戍卒進行獎賞的標題簡，未見正文。據研究，"邊塞軍吏獲得功勞的途徑大致有視事、日迹、秋射和戰斗立功等四種"。③ 由於"視事"屬於官吏，故可排除。再先分析秋射的可能，依據考核規定，戍卒可在每年秋射時可獲得"賜勞"獎勵，如：

☐隧長常以令秋射發矢十二以六爲程過六賜勞矢十五日　270.23

功令第卌五士吏候長蓬隧長常以令秋試射以六爲程過六賜勞矢十五日　285.17

依據簡文可知每人射箭十二支，射中六支爲合格，多過六支的，每支賜勞十五天。獲得獎勵後，會有公文下達，記錄獎勵的天數，如下：

□渠候長觻得萬歲里公乘鄭赦年卌七

① 王子今：《漢代西北邊塞吏卒的"寒苦"體驗》，《漢簡河西社會史料研究》，商務印書館2017年版，第38頁。

② （東漢）班固：《漢書》，中華書局1962年版，第3804頁。

③ 趙寵亮：《行役戍備——河西漢塞吏卒的屯戍生活》，科學出版社2012年版，第122頁。

建昭元年十月旦日迹盡二年九月晦日積三百八十三日以令賜勞六月十一日半日 建昭二年秋射發矢十二中𦐛矢 以令賜勞 145.30+145.37

五鳳三年十月甲辰朔甲辰居延都尉德丞延壽敢言之甲渠候漢彊書言候長賢日迹積

三百廿一日以令賜賢勞百六十日半日謹移賜勞名籍一編敢言之

159.14

145.30+145.37、159.14 簡的時間都在秋季的十月，知秋射後不久便有獎勵文書下達。從 73EJT28：22 號簡的時間"甘露三年三月"分析，已遠過秋射的季節，故懷疑 73EJT28：22 號簡并非通過秋射獲得的獎勵。另外，在漢宣帝甘露三年，隨著呼韩邪单于入朝，漢匈關係緩和，戰斗立功的可能性較小。故懷疑 73EJT28：22 號簡記載的戍卒"勞賜名籍"有可能是通過日迹獲得的。

## 九 衣物

邊塞戍邊士卒的衣物官府是有配給的，邢義田考證認爲："居延破城子出土，来自淮陽的誠北隧戍卒處賢的衣装封囊可以清楚證明如果是卒，享有官方配給的基本衣物。"① 肩水金關漢簡中亦有戍卒衣物的記載，如下：

戍卒……里徐年

單衣一領

絝一□□□ 卩 73EJT26：10

·右縣官所給 皁布單衣一領

□□二兩 ·右卒私裝 73EJF1：96

戍卒的衣物分爲兩類，一類是官府供給的"官衣物"，這部份不能買賣，一類是自備的"私裝"，可以買賣。② 73EJT26：10 號簡記載了戍卒徐年的衣物情況，可惜簡文殘缺，無法全部掌握，也無法判定公私情況；

① 邢義田：《今塵集：秦漢時代的簡牘、畫像與文化流播》，臺北：聯經出版公司 2021 年版，第 25 頁。

② 李天虹：《居延漢簡簿籍分類研究》，科學出版社 2003 年版，第 138、139 頁；趙寵亮：《行役戍備——河西漢塞吏卒的屯戍生活》，科學出版社 2012 年版，第 153—164 頁；趙蘭香、朱奎澤：《漢代河西屯戍吏卒衣食住行研究》，中國社會科學出版社 2015 年版，第 74—85 頁。

73EJF1：96 號簡記載了縣官所給衣物是皁布單衣一領，戍卒私裝是“□□二兩”。[①] 肩水金關漢簡中對常見的衣物也有記載，如下：

趙子都襜褕十 73EJT4：171

官韋皮裘一領 73EJT21：84

……練襲一領白布單衣　革履一兩　一領布絲一兩 73EJT23：975

布袍一領　常韋一□▨　犬絲一兩▨ 73EJT25：66

□□一領　□□□

皁袍一領　皁布單衣一 73EJT25：198

▨裘一領 73EJT26：67

……襲一領　皁單衣一領　令已出

……絝一兩　枲履二兩 73EJT26：211

▨皁布𧝝襜一幣▨ 73EJT27：62

……去時衣絝復襜褕縑單襜褕 73EJT30：94

▨襲一領布復絝一兩布單衣一領布單襲一領布單絝二兩▨

73EJT31：105

▨手巾二　絲布七尺五寸卩▨ 73EJT37：861

犬絲一兩　枲履一兩　皁布單衣一領 73EJC：475

據此可梳理出常見衣物的種類，如襜褕（復襜褕、單襜褕）、皁𧝝襜、裘、袍（布袍、皁袍）、常韋、犬絲、單衣（皁單衣、布單衣）、絝（復絝、單絝）、履（枲履、革履）、襲（單襲、練襲）、手巾、絲布，等等。

上文已述，戍卒抵達邊塞在十二月前，多在五六月間，此時天氣并不寒冷，故戍卒可能攜帶的衣物并不多，通過“私囊”運來的衣物畢竟有限，“漢簡提到的私衣物種類和數量都不多”，[②] 也可以從側面印證。所以一旦到了秋冬季節，由於邊地苦寒，衣物很容易缺乏，故簡文中常出現“遺衣”和買賣衣物布匹的記載，如：

肩水戍卒梁國睢陽同廷里任輔　自言貰賣白布復袍一領直七百五十

① 從文意以及殘存筆迹分析，可能和“絝”有關。

② 蕭璠：《關於額濟納河流域發現的八點二號漢代封檢》，《居延漢簡補編》，“中研院”歷史語言研究所 1998 年版，第 18 頁。

故要虜隧長□□縣遮里衛覓所論在觻得　73EJT3：104＋105

酒米三石直五百一十　稚二隻其一隻以當履錢　73EJT30：122

出錢千八百　毋尊布三匹匹四百　黄縑一匹直□□☑　73EJT24：389

☑□吏欲買衣者與同會☑　73EJD：238

☑衣一領直千三百五十☑　72EJC：130

……葛赦往遺衣用乘家所占畜馬……　73EJT24：872＋249[①]

……妻大女桂從者同里王得願俱往遺衣用乘所言用馬一匹……

73EJC：529

由於一些戍卒貧寒買不起衣物，生活較爲困苦，如：

乘故隧昌念毋錢衣寒昆弟不肯來相視恐冬寒凍死等死不所歸死

73EJT23：237

……爲賣履今當急用泉願蒙命幸甚行爲逐都倉趙候長田候長家亦爲賣履却急具泉融今日發欲逐得之不一二爲曉　73EJF3：333

73EJT23：237號簡前文已述，由於“毋錢衣寒”導致昌十分絶望；73EJF3：333號簡的“賣履”當爲“買履”，“買”與“賣”可通，[②] 文中主人買履的錢缺乏，到趙候長田候長家去籌錢買履。由於貧困，衣物也會被盜，如下：

胡亭長詡記曰女子聞永桼月十二日夜亡衣物疑乘山隊長張彭庰竟隊長李樂金城隊　73EJF3：165

聞永“夜亡衣物”，而懷疑對象涉及到乘山隊長、庰竟隊長、金城隊長，涉及面很廣，影響也很大。

## 十　醫藥

肩水金關漢簡簡文亦有一些涉及到戍卒生病的記載，如下：

甘露三年四月甲寅朔丙辰平樂隧長明敢言之

□□病卒爰書一編敢言之　73EJT28：16

戍卒昭武宜衆里上造王武年廿三　病　卩　73EJT37：1153

亦有一些涉及到藥物，如下：

---

① 伊强：《肩水金關漢簡綴合十五則》，《簡帛》第12輯，上海古籍出版社2016年版。

② 王輝編著：《古文字通假字典》，中華書局2008年版，第65頁。

河平五年正月己酉朔壬戌櫜他守塞尉勵以私印行事移肩水

金關莫當戍卒閻被自言家父龐護戍肩水候官爲人所傷今遣被持藥視護書到

出内如律令　　73EJD：42

始建國天鳳元年十二月☐

戍卒市藥右平郡☐　　73EJF3：44

從73EJT28：16號簡知病卒的人數不少，從73EJD：42號簡簡文知父子兩人同在邊塞戍守，父親龐護在肩水候官，兒子閻被在金關莫當隧。[①] 父親龐護“爲人所傷”後兒子“持藥視護”，可知龐護受傷較爲嚴重。由此也可推知父親被傷兒子護理的情況在邊塞存在而且是被允許的，似也暗示不同區域的醫療條件不同，故有閻被從莫當持藥到肩水候官的事情發生。73EJF3：44號簡記載了天鳳元年戍卒市藥“右平郡”的情況，[②] 亦説明邊地醫療資源的缺乏。“市藥”簡在漢簡中又較爲常見，如下：

☐□常樂爲官市藥長　　73EJT26：126

元始六年四月己未朔辛未張掖居延騎司馬實兼行城司馬事移過所縣道河津

關遣令史孫政爲官市藥酒泉郡中當舍傳舍從者／令史陽

73EJT4H：10＋61

建昭二年正月辛酉　居延都尉賞丞□□謂過所縣道津關當舍傳舍

居延都尉遣屬……

守吏□市藥張掖郡中從者如律令／屬宗書佐禹　　73EJD：40

由以上三簡可看出藥物由政府統一采購。由此，“居延邊塞戍屯人員的醫藥需求是國家供給的，是免費的”論斷，[③] 符合事實。從種種迹象來

① 前文已引用睡虎地秦簡《戍律》相關簡文“同居者不要同時徵服邊戍”，疑他們父子可能并不“同居”，故可父子同戍守。父親龐護，兒子閻被，父子兩人姓氏亦不同，疑父子分家或者存在過繼的情況。

② 黄浩波懷疑爲“輔平郡前身”。見黄浩波《〈肩水金關漢簡（伍）〉所見郡國縣邑鄉里表》，2016年9月7日，簡帛網，http：//www.bsm.org.cn/？hanjian/7377.html。

③ 馬明達：《漢代居延邊塞的醫藥制度——讀居延漢簡札記》，《西北師大學報》1980年第4期。

看，病卒人數并不樂觀。《漢書·趙充國傳》載："今虜朝夕爲寇，土地寒苦，漢馬不能冬，屯兵在武威、張掖、酒泉萬騎以上，皆多羸瘦。"①簡文中也有記錄，如下：

十八日卒十七人　除作長一人　養二人病二人積三人　凡解除八人□☑　73EJT23：96＋132②

……肩水卒卌七人　五人病……　73EJT24：297

從73EJT23：96＋132號簡知，17人中2人生病，約12%；從73EJT24：297號簡知，47人中5人生病，約11%。凡此種種，説明邊地戍卒的醫療條件并不能滿足戍卒的需求。

## 十一　兵器

肩水金關漢簡中還有一些"被兵名籍"，記載了戍卒兵器裝備的情況。如下：

戍卒東郡茌平東樂里張利親　三石具弩一　稾矢五十☑　73EJC：425

戍卒東郡東阿高丘里程畢　寅矢百五十　承弦二　枲長弦一　蘭冠各一　靳干幡各一　73EJT21：107

戍卒濟陰郡定陶常富里董安定
三石具弩一完　承弦二完　靳干幡各一完
稾矢五十完　　弩犢一完　蘭冠各一完　73EJT23：145

戍卒濟陰郡定陶商里爰横
三石具弩一
犢一
稾矢五十　73EJT30：113

戍卒鉅鹿郡南䜌西始里孫義年卌四　長七尺三寸黑色　大刀一　有方一∽　73EJT21：99

戍卒鉅鹿郡曲周東渠里楊庇年廿九長七尺四寸黑色三石具弩一稾矢五十∽　73EJT22：24

---

①（東漢）班固：《漢書》，中華書局1962年版，第2977頁。

②楊小亮：《金關簡牘編聯綴合舉隅——以簡牘書體特徵考察爲中心》，《出土文獻研究》第13輯，中西書局2014年版。

廣漢隧戍卒趙國邯鄲平阿里公乘吴傳孺
三石具弩一　弩循一完　絲偉同幾郭軸辟完
槀矢銅鍭五十其卅二完十八庠雫
蘭＝冠各一負索完　73EJT23：532＋768①

戍卒伯人宜利里董安世　四石具弩一　蘭一冠一　槀矢銅鍭五十
73EJT28：6

戍卒淮陽郡苦集里宣横
三石具弩一完　蘭一完
弩循一完　蘭冠一完
承弦二完　服一完　73EJT26：217

戍卒淮陽郡苦上里王光　有方一完　靳幡一完　73EJT26：231

禽寇隧戍卒梁國蒙宜故里丁賷
三石具弩一完〼
弩犢一完〼　73EJT29：71

戍卒賈通　寅矢六十〼
戍卒劉倉　鍉矢二槀□〼
戍卒薛得赦　承弦二完　〼　73EJT24：716

〼有方一〼
〼·右戍卒兵　73EJT28：127

以上簡文可以反映戍卒的裝備情況，常見兵器有：

弩矢類：矢（寅矢、槀矢、鍉矢）、蘭、蘭冠、弦（承弦、枲長弦）、具弩（三石、四石）、弩犢、犢、槀矢銅鍭、服

刀劍類：大刀

旗杆旗幟類：靳干、靳幡

不明類：有方。

從中可以看出兵器主要是弩、矢以及盛放矢的器物，如蘭、蘭冠、弩犢、犢、服，還有弩的弦，如承弦、枲長弦等。另有有方、大刀等近距離格斗武器，但并不多。匈奴騎兵靈活機動，漢軍自然要揚長避短。《漢

① 胡永鵬：《讀〈肩水金關漢簡（貳）〉札記》，《中國文字（新四十期）》，臺北：藝文印書館2014年版。

書·傳常鄭甘陳段傳》載陳湯語："夫胡兵五而當漢兵一，何者？兵刃樸鈍，弓弩不利。今聞頗得漢巧，然猶三而當一。"[①] 由此觀之，弩、矢無疑是漢軍的守御利器。

## 十二　管理

居延漢簡中對屯田以及田卒的管理是有規章可循的，王萬盈認爲："兩漢政府亦爲他們制定了嚴格的紀律規定和行爲規範，這也是加强對守邊戍卒管理的重要舉措。"[②] 肩水金關漢簡中亦有一些官職或機構設置，主管屯田以及田卒。

（1）大司農

二百　其二人錢五千七百付大司農未出·七千六百五十☐　73EJT1：53

延延水丞就迎鐵器人司農府移肩水金關☐☐☐　73EJT37：182A

西漢屯田系統的中央領導機構便是"大司農"，統籌屯田事宜。

（2）農都尉

大僕未央廄　地節三年獄計張掖居延農都尉隴西郡西始昌☐

73EJT24：101+116

十一月癸丑張掖農都尉賞水章丞　73EJT25：65A

張掖農都尉章　73EJT25：65B

……定爲農都尉從史遣之强☐取衣用　73EJT27：50

北書廿四封　三封大守章其二詣居延都尉　一居延　二封☐

三封大司農☐章其一封破詣居延農都尉

一封樂官丞印詣居延　73EJH2：49

《後漢書·百官志五》載："邊郡置農都尉，主屯田殖穀。"學界對"農都尉"的性質也存在不同的看法。陳公柔、徐蘋芳認爲："邊郡管理農事的官，最高者稱爲農都尉，屬於中央大司農與邊郡太守。"[③] 王勇認爲："農都尉是武帝時開始設在邊郡全面負責屯田事務的長官。……農都

① （東漢）班固：《漢書》，中華書局1962年版，第3023頁。

② 王萬盈：《兩漢守邊戍卒管理初探》，《簡牘學研究》第3輯，甘肅人民出版社2002年版，第278頁。

③ 陳公柔、徐蘋芳：《大灣出土的西漢田卒簿籍》，《考古》1963年第3期。

尉在西漢由中央的大司農直接領導，東漢以後改屬邊郡太守。”① 裘錫圭認爲：“似乎農都尉的主要任務是固定在一個地方屯田。他本身都需要別的都尉保護，大概不可能去保護郡境内的其他農官。……會不會農都尉只是屯田規模較大、所屬吏卒采用軍事編制的一個農官，其屯田區外的同郡的令長級農官并不隸屬於他，而是跟一般郡國農官一樣直屬于大司農的。”② 唐俊峰認爲：“單憑現有的資料，難以完满解決農都尉和田官有没有隸屬關係的問題。只有更多的資料發表，特别是懸泉、肩水金關漢簡完整出版，才能有望解答這個疑問。在現時的情況，此問題只能存而不論。從現有的資料看來，河西田官的直屬上級就是大司農，中間并没有農都尉。”③ 從肩水金關漢簡來看，農都尉確隸屬于大司農以及邊郡太守，與“田官”關係尚不明確，單從73EJH2：49號簡推測，農都尉的等級是比較高的。

（3）田官

□官　廚　田官　諸尉　獄　　73EJT23：304

十一月戊午肩水守候最□□
塞尉何以近次兼行丞事下候田官　　73EJT26：1A

地節三年正月戊午朔己卯將兵護民田官居延都尉章居延右尉可置行丞事謂過所縣道河津關遣從史畢歸取衣用　　73EJT24：269A

□護民田官居延都尉嘉甲渠□□　　73EJT24：576

陳公柔、徐蘋芳認爲：“田官并非指某一等級的官吏，而是泛指某地區内管理屯田的機構。”④ 可從。對於“將兵護民田官”，裘錫圭解釋道：“‘民’與‘田官’是并列的，其間可加頓號。‘將兵護民田官’中的‘民’與‘田官’也應是動詞‘護’的并列賓語。居延地處邊防前沿，居延都尉統率屯兵，保衛邊疆，并負有保護防區内一般人民和田官的職責……看來邊郡的每一個田官似乎都要緊密依附一個部都尉或郡都尉，

---

① 王勇：《秦漢地方農官建置考述》，《中國農史》2008年第3期。

② 裘錫圭：《從出土文字資料看秦和西漢時代官有農田的經營》，《裘錫圭學術文集》第5卷，復旦大學出版社2012年版，第224、225頁。

③ 唐俊峰：《西漢河西田官的組織與行政：以居延、肩水地區的田官爲中心》，《中國文化研究所學報》2014年第59期。

④ 陳公柔、徐蘋芳：《大灣出土的西漢田卒簿籍》，《考古》1963年第3期。

而農都尉倒并不是每個邊郡所必設的。”①

此外，“田官”還見於里耶秦簡。王彦輝認爲：“如果我們考慮到秦代刑徒勞動的普遍性，把田官理解爲屯田系統也能説得通，若此，里耶秦簡中‘田官’的設置就可以看作是後代軍事屯墾的濫觴。”② 陳偉認爲：“田官與漢武帝以後主要在西北地方實行屯戍制度的田官存在一定的淵源關係，確實是一個值得重視的課題。”③

（4）農令、守農令

·檄謂騂馬農令田卒九人行道物　　73EJT22：114

牛一黄塗犗白口腹下左斬齒七歲絜八尺　第八百九十二人　元鳳四年閏月丙申守農令久左尻以付第五令史齊卒張外入　　73EJT26：13

“農令”，是田官的主管官吏。王勇認爲：“田官之‘官’也是指治事之所，爲機構名稱，其首長的官稱是農令。”④ 唐俊峰認爲：“漢代西北邊郡縣級屯田官的官署稱‘田官’，其長官稱‘農令’，應無疑問。”⑤ 簡文中的“騂馬農令”又見於居延漢簡，是“騂馬田官區的主管官”。⑥ 至於“守農令”，勞榦認爲：“漢代屯田之組織不詳，今據諸簡有守農令，有長官。守農令者或農令之守護者，長官當爲其別稱也。都尉之下有候官，農令或長官當亦屬於都尉，若候官之比矣。”⑦

（5）別田令史

□□五丞別田令史光敢言之□

□□□謁言府敢言　　73EJT26：212

丞丞別田　　73EJT21：486

---

① 裘錫圭：《從出土文字資料看秦和西漢時代官有農田的經營》，《裘錫圭學術文集》第5卷，復旦大學出版社2012年版，第219、224頁。

② 王彦輝：《〈里耶秦簡〉（壹）所見秦代縣鄉機構設置問題蠡測》，《古代文明》2012年第4期。

③ 陳偉：《里耶秦簡所見的“田”與“田官”》，《中國典籍與文化》2013年第4期。

④ 王勇：《秦漢地方農官建置考述》，《中國農史》2008年第3期。

⑤ 唐俊峰：《西漢河西田官的組織與行政：以居延、肩水地區的田官爲中心》，《中國文化研究所學報》2014年第59期。

⑥ 劉光華：《漢代西北屯田研究》，蘭州大學出版社1988年版，第100頁。

⑦ 勞榦：《居延漢簡·考釋之部》，《“中研院”歷史語言研究所專刊之四十》，1960年，第52頁。

學界對“別田令史”的性質，存有争論。一般認爲“別田令史”是屯田系統的主官。但也有學者質疑，如劉光華認爲：“別田令史，若比附候官令史、縣令史，則必爲田官之令史，即農令的屬吏。……將別田令史視爲一級屯田機構之主管官吏的説法，似需商榷。”① 王勇認爲：“別田令史可能不應被視爲一級屯田主管官員。”② 唐俊峰認爲：“所謂‘別田令史’，并不是‘別田’的主管，也不由農丞兼任，而只是隸屬于田官分支屯田區長官農丞手下的少吏。”③

（6）農長

故第四農長閻安居一名充河□　　73EJT1：84

印曰居延後農長印　　73EJT9：266B

唐俊峰認爲：“漢代有以‘農長’爲名、與農令同級的長吏。……同爲比縣機構的田官，其長吏的命名可能一如縣令、縣長，只是因應轄區的大小，把長吏分別命名爲農令、農長而已。兩者雖然在秩級上有高低差异，但應同屬比縣的長吏。”④ 可從。裘錫圭曾列舉漢印中有梁菑農長、上久農長、上昌農長、朔力農長等，可參看。⑤

（7）農丞

□□□農丞□適□大常□　　73EJT1：84

裘錫圭列舉有楗爲農丞、隴前農丞，并解釋隴前農丞是郡農官的屬吏。⑥ 王勇認爲農丞是農長的副職。⑦

（8）居延農

居延農嗇夫强大常□　　73EJT2：57

---

① 劉光華：《漢代西北屯田研究》，蘭州大學出版社 1988 年版，第 106、107 頁。

② 王勇：《秦漢地方農官建置考述》，《中國農史》2008 年第 3 期。

③ 唐俊峰：《西漢河西田官的組織與行政：以居延、肩水地區的田官爲中心》，《中國文化研究所學報》2014 年第 59 期。

④ 唐俊峰：《西漢河西田官的組織與行政：以居延、肩水地區的田官爲中心》，《中國文化研究所學報》2014 年第 59 期。

⑤ 裘錫圭：《從出土文字資料看秦和西漢時代官有農田的經營》，《裘錫圭學術文集》第 5 卷，復旦大學出版社 2012 年版，第 232 頁。

⑥ 裘錫圭：《從出土文字資料看秦和西漢時代官有農田的經營》，《裘錫圭學術文集》第 5 卷，復旦大學出版社 2012 年版，第 233 頁。

⑦ 王勇：《秦漢地方農官建置考述》，《中國農史》2008 年第 3 期。

裘錫圭認爲："'居延農'似當爲'居延農令（或長）'或'居延農官'的省稱。……舊或以'居延農'屬候官名，是不正確的。"① 可從。

（9）右農

地節三年七月乙卯朔甲戌右農後曲丞別作令史充敢言　73EJT30：43

裘錫圭認爲："大概居延農在上引這批簡的時代分成左農、右農，左農、右農又分左、右、前、後等部。運些分部由丞或長爲其主管，其下有別田令史、佐等屬吏。"② 可從。

此外，肩水金關漢簡中還有田嗇夫、田佐之職，但"不屬屯田系統，而爲各縣屬吏"。③ 如：

元始二年四月壬午朔……移過所縣道河津關遣都田守嗇夫陳惲以詔書行水酒　73EJT24：9A

昭武都田嗇夫居延長樂里石襄年廿七　馬一匹　九月乙卯　73EJT37：765

昭武都田嗇夫居延長樂里　73EJT37：1523

居延都田佐吕辟兵年卅五　73EJT21：311

其中"田佐"一職，不見於居延漢簡，里耶秦簡則有出現，可供我們參考比較。如：

田佐□一甲　8－149＋8－489

田佐囚吾死　8－1610

今田佐□　8－872

關於"田佐"，王彦輝認爲："'田佐'即田嗇夫的副手，亦即睡虎地秦簡中的'部佐'。"④ 可從。

## 第七節　結語

在論述大灣田卒簡時，陳公柔、徐蘋芳認爲："根據紀年簡和簡中的

① 裘錫圭：《從出土文字資料看秦和西漢時代官有農田的經營》，《裘錫圭學術文集》第5卷，復旦大學出版社2012年版，第229頁。

② 裘錫圭：《從出土文字資料看秦和西漢時代官有農田的經營》，《裘錫圭學術文集》第5卷，復旦大學出版社2012年版，第229頁。

③ 胡平生、張德芳：《敦煌懸泉漢簡釋粹》，上海古籍出版社2001年版，第150頁。

④ 王彦輝：《〈里耶秦簡〉（壹）所見秦代縣鄉機構設置問題蠡測》，《古代文明》2012年第4期。

地名來推斷，這些田卒簿籍多屬於昭、宣時代，特別是昭帝時代的。”① 肩水金關漢簡中也有一些紀年簡、籍貫簡，這爲我們判斷這些田卒簡的年代提供了依據。如：

田卒平干國張榆里簪褭吕儋年卌二　73EJT1：5

田卒平干國廣平澤里簪褭李田利里年廿六　73EJT1：73

田卒平干國南和□里公士李未年卌二　73EJT2：14

田卒趙國尉文翟里韓□　73EJT1：32

田卒貝丘莊里大夫成常幸年廿七　庸同縣厝期里大夫張收年卅　73EJT29：100

五鳳二年五月壬子朔辛巳武安左尉德調爲郡送戍田卒張掖郡　73EJT37：1099

田卒大河郡東平陸巨丘里□　73EJT24：668

田卒大河郡東平陸陵里朱市客　73EJT24：725

《漢書・地理志》載：“武帝征和二年置爲平干國，宣帝五鳳二年複故。”據此，73EJT1：5、73EJT1：73、73EJT2：14 三簡時間當在漢武帝征和二年（前 91 年）至漢宣帝五鳳二年（前 56 年）間，73EJT1：32 號簡是“武帝元鼎五年至宣帝之間”，② 73EJT37：1099 號簡“五鳳二年”是漢宣帝年號，73EJT29：100 號簡是漢元帝時期，③《漢書・地理志》載：“武帝元鼎元年爲大河郡，宣帝甘露二年爲東平國。由此，73EJT24：668、73EJT24：725 兩簡時間是在漢武帝元鼎元年（前 116 年）至漢宣帝甘露二年（前 52 年）之間。綜合分析來看，肩水金關漢簡所見田卒簡的時間與大灣一致，推測二者應具有緊密的聯繫，有可能是一個屯田區。

肩水金關漢簡中還有一些客田簡，簡文如下：

□誼自言欲取偃檢客田　73EJT9：65

五鳳二年二月甲申朔壬戌鄉嗇夫順敢言之道德里周欣自言客田張掖

① 陳公柔、徐蘋芳：《大灣出土的西漢田卒簿籍》，《考古》1963 年第 3 期。

② 黄浩波：《〈肩水金關漢簡（壹）〉所見郡國縣邑鄉里》，2011 年 12 月 1 日，簡帛網，http：//www. bsm. org. cn/？ hanjian/5775. html。

③ 馬孟龍：《談肩水金關漢簡中的幾個地名》，《中國歷史地理論叢》2012 年第 3 期。

郡觻得縣北屬都亭部元年賦筭皆給謁移觻得至八月□檢

二月辛亥茂陵令　守左尉親行丞事　/　掾充　　73EJT37：523

酉廣明鄉嗇　屬客田居延第五亭部願以令　　73EJF1：110

河平四年七月辛亥朔庚午西鄉有秩嗇夫誼守斗食佐輔敢言之中安男子楊譚自言欲取傳　檢與家屬俱客田居延界中謹案譚等年如牒書皆非亡人命者當得取傳檢父老孫都證謁移居延如律令　敢言之七月癸酉長安令右丞萬移居延如律令　/掾殷令史賞　　73EJT37：527

客田男子解恭　大婢好長六尺五寸　小奴驩長五尺　小婢緑長五尺

73EJT37：797

翼陵里男子楊譚自言欲取傳檢客田張掖居延南□亭部謹案譚□

73EJT37：974

裘錫圭曾解釋"客田"，他認爲："'客耕'即'假田播殖'。上引簡文中的'客田'當與'客耕'同義。"[①] 可從。肩水金關漢簡中的這些客田簡明顯屬於民間租田耕種，與軍事屯田性質不同。"客田"的勞作者也非"田卒"，而是自由民。李天虹曾認爲："大灣也可能存在以家庭爲單位的屯田者。"[②] 結合73EJT37：527號簡來看，知此言不虛。

簡文有關河南郡戍卒的信息非常少，確切的僅有兩則，没有爵位，年齡平均27.5歲，來自熒陽、穀成兩個縣。河南郡雖然確切的戍卒信息很少，但從簡文中可以發現很多生活在邊地的河南郡人，這其中又以雒陽爲多，如下：

河南郡雒陽緱氏東宛里公乘趙强年廿一　弩一矢五十枚卩

73EJT4：38

河南郡雒陽緱氏東宛里公乘趙强年廿五　弓一矢五十枚☑73EJT9：40

河南郡雒陽南胡里史高年十五歲☑　　73EJT10：182

河南郡雒陽南胡里公乘史高年卅□☑　　73EJF3：544

河南郡雒陽榆壽里不更史敖年卅長七尺二寸黑☑　　73EJT37：1220

河南郡雒陽榆壽里不更史敖年廿四長七尺二寸黑色　五月辛☑

73EJT37：1445

① 裘錫圭：《從出土文字資料看秦和西漢時代官有農田的經營》，《裘錫圭學術文集》第5卷，復旦大學出版社2012年版，第243頁。

② 李天虹：《居延漢簡簿籍分類研究》，科學出版社2003年版，第11頁。

73EJT4：38 號簡的“趙强”年齡是二十一，73EJT9：40 號簡的“趙强”年齡是二十五，從簡文看，他已在邊地至少五年；從 73EJT10：182、73EJF3：544 兩簡可知雒陽南胡里的“史高”在邊地至少十五年；從 73EJT37：1220、73EJT37：1445 兩簡可知雒陽楡壽里的“史敖”在邊地至少六年，而且“史高”至少在十五歲的時候已在邊地。本爲外地籍貫却生活於此，分析可能性有四，一是戍守邊地未歸故里，二是“客田”於此，三是移民于此，四是長住内地而偶來邊地。筆者傾向是第二種，一是漢簡中有很多“客田”記載；二是“史高”年十五便在邊地，遠未到戍卒征發的年齡，偶來邊地的可能性較小；三是他們并未改變籍屬爲張掖郡，仍是“河南雒陽”。裘錫圭認爲：“在西漢晚期，頗有一些外地人到居延來租田耕種。”① 肖從禮認爲：“客田行爲可能是舉家遷徙到外地進行耕作活動。”② “客田者”居住在耕作地，仍保留原籍信息以備查核。據相關簡文，“客田”外地需要原籍的官員提供相關證明用以查核，如：

五鳳二年二月甲申朔壬戌騣鄉嗇夫順敢言之道德里周欣自言客田張掖

郡觻得縣北屬都亭部元年賦筭皆給謁移觻得至八月□檢

二月辛亥茂陵令　守左尉親行丞事/　掾充　　73EJT37：523A

茂陵左尉　　73EJT37：523B

河平四年七月辛亥朔庚午西鄉有秩嗇夫誼守斗食佐輔敢言之中安男子楊譚自言欲取偃檢與家屬俱客田居延界中謹案譚等年如牒皆非亡人命者當得取偃檢父老孫都證謁移居延如律令

敢言之七月癸酉長安令右丞萬移居延如律令　　/掾殷令史賞

73EJT37：527

從 73EJT37：523 號簡分析，客田張掖的“周欣”需要其原籍茂陵的地方官員證明其已經交過元年的“賦筭”；從 73EJT37：527 號簡看，客田居延的“楊譚”需要原籍父老的證明其“非亡人命者”。故“客田”

① 裘錫圭：《從出土文字資料看秦和西漢時代官有農田的經營》，《裘錫圭學術文集》第 5 卷，復旦大學出版社 2012 年版，第 243 頁。

② 肖從禮：《西北漢簡所見“偃檢”蠡測》，《甘肅省第二屆簡牘學國際學術研討會論文集》，上海古籍出版社 2012 年版，第 293 頁。

外地者需要保留其原籍信息不變動。

《漢書・西域傳》載："自敦煌西至鹽澤，往往起亭，而輪台、渠犁皆有田卒數百人，置使者校尉領護，以給使外國者。"① 而在實際生活中田卒的作用遠遠超過了"給使外國者"。他們是兩漢西北邊塞的特殊群體，農戰一體，耕戰結合，爲兩漢西北農業的發展、邊境的繁榮穩定做出了應有的貢獻。

**表 27　　戍卒信息統計**

| 郡國 | 縣邑 | 鄉里 | 爵位 | 姓名 | 年齡 | 簡號 | 備注② |
|---|---|---|---|---|---|---|---|
| 河東郡 | 臨汾 | □里 | — | 靳孟竟 | 20 | T23：568＋846 | 庸同郡□⧄ |
| | | 奇利里 | — | 許武 | 31 | T23：657 | |
| | 皮氏 | 平居里 | 公乘 | 陽□安 | 32 | T14：6 | |
| | | 富里 | 公乘 | 孫蓋 | 28 | T14：5 | |
| | 北屈 | 陰平里 | 公乘 | 梁□ | — | T33：52 | |
| | 蒲子 | 陽阿里 | 公乘 | 郭得時 | 40 | T33：83 | 字文 |
| | | 上函里 | 公乘 | 謝詡 | 25 | T33：84 | |
| | | 好宜里 | 公乘 | 藥憙 | 24 | T34：16 | |
| 上黨郡 | 長子 | 齔里 | 公士 | 趙安世 | — | H1：52 | |
| | 屯留 | 案里 | — | — | — | T4：71 | |
| | 銅鞮 | 中人里 | 大夫 | 陰孝 | — | H1：39 | 與 T4：26 同一書手 |
| | 襄垣 | 石成里 | 大夫 | 李輔功 | 24 | T23：163 | 七尺二寸黑色 |
| | 壺關 | 雒東里 | 大夫 | 王湯 | — | H1：50 | |
| | | 上瓦里 | — | □伐 | — | F1：122＋120 | |
| | 穀遠 | 爵氏里 | 公乘 | 高安平 | 25 | T37：1492 | 七尺一寸黑色 |
| 河南郡 | 熒陽 | 郎陰里 | — | 晏充 | 24 | C：351 | 竹簡 |
| | 穀成 | 吉平里 | — | 趙辟 | 31 | C：18 | 竹簡 |
| 東郡 | 畔 | 大麯里 | — | — | — | T24：543 | |
| | 茌平 | — | — | — | — | T24：392 | |
| | | 東樂里 | — | 張利親 | — | C：425 | 三石具弩一　稾矢五十 |

① （東漢）班固：《漢書》，中華書局 1962 年版，第 3873 頁。

② 郡國縣邑順序，按《漢書・地理志》排序進行，適當參照簡號順序。爲統計信息有效、準確、客觀，簡文僅見郡國、戍卒不録。

續表

| 郡國 | 縣邑 | 鄉里 | 爵位 | 姓名 | 年齡 | 簡號 | 備注 |
|---|---|---|---|---|---|---|---|
| 東郡 | 東武陽 | 陽城里 | 不更 | 武□ | — | T10：302 | |
| | 東阿 | 高丘里 | — | 程畢 | — | T21：107 | 寅矢百五十　蘭冠各一　承弦二　靳干幡各一　臬長弦一 |
| | | 延年里 | — | 闕□ | — | T22：104 | |
| | | 臨利里 | 公乘 | 時將來 | 33 | T31：26 | |
| | 離狐 | 富聚里 | 不更 | 孫千秋 | — | T21：323 | |
| 陈留郡 | 外黄 | □里 | 公乘 | — | — | T37：368 | |
| 穎川郡 | 陽翟 | 陽郵里 | 公乘 | 司馬乙 | 44 | T9：81 | |
| | 定陵 | 德里 | 公乘 | 秦霸 | 50 | T6：93 | 庸池里公乘陳寬年卅四 |
| | | 陽里 | 不更 | 許賢 | 30 | T9：117 | |
| | 長社 | 重里 | 公乘 | 成朔 | 28 | T6：48 | |
| | 郟 | 東▨ | — | — | — | T10：196 | |
| | | — | — | 石□ | 39 | 51. 18 | |
| | | 翟里 | — | 成適 | 32 | 32. 7 | 爲部卒取私橐 |
| | 穎陰 | 真定里 | 公乘 | 仁青跗 | 34 | T8：7 | 同里 |
| | | | 公乘 | 司馬始 | 34 | T8：73 | 長七尺二寸 |
| | | 西時里 | — | 鄭未央 | 34 | T8：33 | 長七尺二寸 |
| | 許 | 廣德里 | 公乘 | 王成 | 36 | C：32 | |
| | 傿陵 | 步里 | 公乘 | 舞聖 | 30 | T3：95 | 黑色長七尺四寸 |
| | | 臺里 | — | 傅固 | — | T24：261 | 安土隧 |
| | 周子南國 | 西便里 | 公乘 | 杜市 | 32 | T8：40 | 周承休侯國 |
| 汝南郡 | 隱强 | 廣里 | 公乘 | 涼臨 | 25 | T37：224 | |
| | | 始昌里 | 公乘 | 朱定 | 29 | T37：888 | 八月癸亥北出 |
| | | 成陽里 | 公乘 | 尹曼 | 42 | T37：1431 | |
| | 召陵 | 倉里 | — | 宋猜 | 25 | T1：8 | |
| | | 始成里 | — | 王恭 | — | D：313 | 封檢 |
| | | 陽里 | 公乘 | — | — | 212. 104 | |
| | 長平 | 緹里 | 公乘 | 丁恢 | 24 | T24：117 | |
| | 西平 | 中信里 | 公乘 | 李參 | 25 | 15. 22 | |

續表

| 郡國 | 縣邑 | 鄉里 | 爵位 | 姓名 | 年齡 | 簡號 | 備注 |
|---|---|---|---|---|---|---|---|
| 南陽郡 | 宛 | 道□ | — | — | — | T37：1250 | |
| | 杜衍 | — | 公乘 | — | 26 | T32：54 | |
| | 陰 | 臨定里 | 公乘 | — | — | C：41 | |
| | 山都 | 他陵里 | — | 胡軒 | 26 | T4H：90 | |
| | 新野 | 稷里 | — | 王常 | — | T6：49 | |
| | 棘陽 | 楊里 | 大夫 | 鄭魓 | — | T32：2 | |
| | 武當 | 樂安里 | 公乘 | 王兵 | 28 | T10：183 | |
| | 舞陰 | 辜里 | — | 李□ | — | T8：41 | |
| | 冠軍 | 長里 | — | 射嬰 | 38 | T10：298 | |
| | 葉 | 平定里 | 公乘 | 蘇信 | — | T14：17 | |
| | | 昌里 | — | 楊意 | 39 | T37：1318 | |
| | | 安都里 | — | 柏尚 | 35 | T37：870 | 戍邊乘橐他曲河亭南陽郡葉邑安都里柏尚年卅五會赦事已　軺車一乘　牛一頭　二月乙丑南入 |
| | 魯陽 | 鄧里 | 大夫 | 尹我 | 28 | T4：40 | |
| | 博望 | 徐孤里 | — | 蔡超 | 38 | T2：4 | |
| | | 度里 | 公乘 | 張舜 | 40 | T10：103 | 長七尺二寸 |
| 濟陰郡 | 定陶 | 常富里 | — | 董安定 | — | T23：145 | 三石具弩一完　承弦二完　靳干幡各一完　稾矢五十完　弩帽一完　蘭冠各一完 |
| | | 商里 | — | 爰横 | — | T30：113 | 三石具弩一　帽一稾矢五十 |
| | | 漢里 | 官大夫 | 丁☑ | — | D：207 | |
| | 冤句 | 庠復里 | — | — | — | T21：269 | |
| | | 亭里 | 官大夫 | 爰聖 | 29 | T24：41 | |
| | | 利里 | — | — | — | T26：129 | |
| | | 義陽里 | 大夫 | 晋横 | 30 | T37：267＋306 | |
| | | 南昌里 | 大夫 | 許毋傷 | 38 | T37：987 | 七尺二寸黑色 |
| | | 廣里 | 大夫 | — | — | T37：1335＋1359 | |

續表

| 郡國 | 縣邑 | 鄉里 | 爵位 | 姓名 | 年齡 | 簡號 | 備注 | |
|---|---|---|---|---|---|---|---|---|
| 濟陰郡 | 乘氏 | 敬事里 | 公乘 | 靳成 | — | T25：20 | | |
| | 成武 | 高里 | — | 黄☒ | — | T34：40 | | |
| | 桂邑 | 千秋里 | 大夫 | 左實 | 40 | T37：1320 | 長七尺☒ | |
| 魏郡 | 鄴 | 吕廣里 | 士伍 | 馮長卿 | — | T5：18 | | |
| | 斥丘 | 廣德里 | 公乘 | 張安世 | 38 | T32：74 | | |
| | 内黄 | 光都里 | — | 李通 | 26 | T2：45 | | |
| | | 中□里 | 大夫 | 郭去疾 | — | T6：100 | | |
| | 魏 | 利陽里 | 不更 | 孫樂成 | 28 | T21：95 | 竹簡 | |
| | 繁陽 | 靈里 | 公乘 | 任衆 | 42 | T6：150 | | |
| | | 宜秋里 | 大夫 | 趙嬰 | 23 | T24：279 | | |
| | | 宜里 | 公乘 | □□□ | — | T27：112 | | |
| | | 安里 | 公乘 | 許多□ | — | T27：139 | | |
| | 元城 | 多禾里 | 大夫 | 鄭☒ | — | T25：89 | | |
| | | 陽宜里 | — | 王禁 | — | T3：55 | | |
| | 梁期 | 來趙里 | 不更 | 王相 | 35 | C：322 | 竹簡 | 同人 |
| | | | | | | T1：157 | | |
| | 武安 | 宜里 | — | — | — | T1：311 | | |
| | | 富貴里 | — | — | — | C：372 | | |
| 钜鹿郡 | 南䜌 | 元里 | — | 郭廣利 | — | T1：28 | | |
| | | 延年里 | — | 安都 | — | T1：154 | | |
| | | 朝歌里 | — | 徐樂 | — | T5：11 | | |
| | | 右陽里 | 不更 | — | — | T5：15 | | |
| | | 杏里 | — | 沈聞 | — | T5：34 | | |
| | | 菆里 | — | 張定 | 33 | T5：51 | | |
| | | 槫里 | — | 雍橋 | 31 | T5：53 | | |
| | | 西始里 | — | 孫義 | 44 | T21：99 | 長七尺三寸黑色<br>大刀一有方一 | |
| | | 杞里 | — | 馮☒ | — | T22：16 | | |
| | | 武安里 | — | 成平☒ | — | T24：542 | | |
| | | 横里 | — | — | — | T24：812 | | |
| | | — | — | — | — | T24：864 | | |

續表

| 郡國 | 縣邑 | 鄉里 | 爵位 | 姓名 | 年齡 | 簡號 | 備注 |
|---|---|---|---|---|---|---|---|
| 钜鹿郡 | 廣阿 | 秋華里 | — | 侯遂 | — | T24：836 | |
| | 曲周 | 孝里 | — | 功師卷 | — | T1：130 | |
| | | — | — | — | — | T2：87 | |
| | | 東渠里 | — | 楊庇 | 29 | T22：24 | 長七尺四寸黑色三石具弩一稾矢五十 |
| | | 迎利里 | — | — | — | T1：167 | |
| 會稽郡 | 鄞 | 許商里 | — | 范壽 | — | T10：299 | 同一書手① |
| | | 高成里 | — | 顧□ | — | T10：300 | |
| | | □里 | — | 誶幸 | — | T10：301 | |
| 隴西郡 | 襄武 | 承反里 | — | 廉樂 | — | T9：114 | 可編聯② |
| 張掖郡 | 觻得 | 成漢里 | 大夫 | 成頙 | — | T8：95 | 同里 |
| | | | 公乘 | 聊廣德 | 36 | T14：1 | |
| | | | 公乘 | 田褒 | 50 | F3：462 | |
| | | 萬歲里 | — | 爰忘得 | 35 | T10：102 | |
| | | 敬兄里 | 公乘 | 桓壽 | — | T10：326 | |
| | | 廣昌里 | — | 虔富 | 25 | T23：661 | 乘望泉隧□☒ |
| | | 市陽里 | — | 盧侯忠 | 24 | T37：611＋554＋559＋904 | |
| | | 悉意里 | 公乘 | 王鳳 | 50 | T37：628＋658③ | 行書橐他界中　盡五年二月止，同一書手 |
| | | 定國里 | 公乘 | 莊憙 | 27 | T37：631＋113 | |
| | | 富安里 | 公乘 | 莊武 | 23 | T37：889 | |
| | | 新都里 | 士五 | 張詡 | 23 | T37：1152 | |
| | | 壽貴里 | 公乘 | 徐放 | 50 | F3：128 | |
| | | 千秋里 | 上造 | □常 | — | F3：215 | 同里 |
| | | | 公乘 | 江永 | 30 | F3：423 | |
| | | 當成里 | 公乘 | 張博 | 45 | F3：272 | |
| | | 孝仁里 | 公乘 | 賈□ | — | F3：538 | |

① 73EJT10：298、73EJT10：299、73EJT10：300、73EJT10：301 四簡可編聯，“会稽郡”簡文前省去了“戍卒”兩字。

② 73EJT9：114 號簡能與 73EJT9：113 號簡編聯，“隴西郡”前省去了“戍卒”兩字。

③ 謝坤：《讀肩水金關漢簡札記（五）》，2016 年 1 月 16 日，簡帛網，http：//www. bsm. org. cn/？hanjian/6603. html。

續表

| 郡國 | 縣邑 | 鄉里 | 爵位 | 姓名 | 年齡 | 簡號 | 備注 |
| --- | --- | --- | --- | --- | --- | --- | --- |
| 張掖郡 | 昭武 | 宜衆里 | 公乘 | 孫□己 | 26 | T7：151 | 同里 |
| | | | 上造 | 王武 | 23 | T37：1153 | 病 |
| | | 樂歲里 | — | — | — | T10：164 | |
| | | 擅利里 | 上造 | 趙吏 | 25 | T23：20 | |
| | | 宜春里 | 簪裹 | 辛恭 | 20 | T24：147 | |
| | | 對市里 | 簪裹 | 賈音 | 20 | T37：118 | |
| | | 便處里 | 士五 | 犂□ | 31 | T37：309 +1305 | |
| | | 步廣里 | 不更 | 楊當 | 29 | T37：912 | 迎吏奉城官 |
| | | 市陽里 | 公士 | □豊 | — | T37：1049 | |
| | | 安國里 | 公乘 | 王襃 | 41 | F3：393 | |
| | | 千秋里 | 上造 | 王□ | — | C：438 | |
| | 氐池 | 廣漢里 | 公大夫 | 徐脊 | 27 | T10：401 | |
| | | 安利里 | 公乘 | 田成 | 45 | C：610 | |
| 趙國 | 邯鄲 | 上里 | — | 皮議 | — | T1：19 | 車工 |
| | | 侍里 | 公乘 | 宋張利 | 46 | T4：59 | |
| | | 臺郵里 | 公乘 | 侯賜 | 37 | T7：38 +10① | |
| | | 東趙里 | 士伍 | 道忠 | 30 | T7：42 | 庸同縣臨川里士五郝□年卅 |
| | | 臨川里 | 士伍 | 郝□ | 30 | T7：42 | |
| | | 廣陽里 | 公乘 | 蓋□ | — | T9：196 | |
| | | 樂中里 | — | 樂疆 | — | T25：133 | |
| | | 鹿里 | — | 吾延年 | — | T26：59 | 登山隧 |
| | | 東召里 | — | 功孫定 | — | T37：834 | |
| | | 曲里 | — | 張錢 | — | T37：945 | 正月壬寅入 |
| | | 棘里 | — | 張歸 | — | T37：1011 | |
| | | 平阿里 | 公乘 | 吴傳孺 | — | T23：532 +768② | 廣漢隧/三石具弩一　弩循一完　絲偉同幾郭　軸辟完　稾矢銅鍭五十　其卅二完十八庌雫　蘭=冠各一負索完 |
| | | | — | 吴世 | — | T37：1317 | 同里 |
| | | 陽陵里 | 士伍 | 趙安世 | 55 | 50.15 | |

①　尉侯凱：《〈肩水金關漢簡（壹）〉綴合九則》，2016 年 10 月 5 日，簡帛網，http：//www. bsm. org. cn/？hanjian/7388. html。

②　胡永鵬：《讀〈肩水金關漢簡（貳）〉札記》，《中國文字（新四十期）》，臺北：藝文印書館 2014 年版。

續表

| 郡國 | 縣邑 | 鄉里 | 爵位 | 姓名 | 年齡 | 簡號 | 備注 |
|---|---|---|---|---|---|---|---|
| 趙國 | 易陽 | 侯里 | — | 李登高 | — | T23：161 | |
| | | 南實里 | — | 王遂 | — | T23：921 | |
| | | □里 | 公乘 | 董故 | — | T24：578 | |
| | 柏人 | 希里 | — | 馬安漢 | — | T28：63 | 戍卒趙國柏人希里馬安漢等五百六十四人戍詣張掖署肩水部 |
| | | 宜利里 | — | 董安世 | — | T28：6 | 四石具弩一　蘭一冠一　稾矢銅鍭五十 |
| | | 廣樂里 | 公乘 | 耿迎 | 45 | T37：99 | |
| | | 曲周里 | 公乘 | 段未央 | 24 | T37：829 | |
| | | 高望里 | 公乘 | 郭卅 | 29 | T37：1206＋872 | |
| | | 陽春里 | — | — | — | H1：45 | |
| | 襄國 | 公社里 | 公乘 | 韓未央 | — | T22：135 | 并山隧 |
| | | 犁楚里 | — | — | — | T32：58 | |
| | | 下廣里 | 公乘 | 耿□ | — | T37：562 | |
| | □陵 | 萬歲里 | 士伍 | — | — | T37：231 | |
| 淮陽① | 陳 | 陵里 | 士五 | 袁猜 | 28 | T24：760 | |
| | | 作汜里 | 士五 | 陳常 | — | T24：966 | |
| | | 大楊里 | 不更 | — | — | T24：990 | |
| | | 宜民里 | 不更 | 苛城 | 24 | T30：3 | |
| | | 安衆里 | 不更 | 舒畢 | 24 | T30：12 | 庸同里不更夏歸來年廿六/同里 |
| | | | 不更 | 夏歸來 | 26 | T30：12 | |
| | | 高里 | 不更 | 宋福 | 24 | T30：13 | 庸張過里不更孫唐得年卅 |
| | | 張過里 | 不更 | 孫唐得 | 30 | T30：13 | |
| | | 逢卿里 | 不更 | 許陽 | 27 | T30：15 | 庸進賢不更□常年卅三 |
| | | 進賢里 | 不更 | □常 | 33 | T30：15 | |
| | | 隱丘里 | 不更 | 趙從 | 30 | T30：118 | |
| | | 思孝里 | 不更 | 蓋寬 | 18 | T30：135 | |
| | | 安夷里 | 不更 | 鄴盧 | 24 | T30：262 | |

① "淮陽國"會有備注，無備注者是"淮陽郡"。

續表

| 郡國 | 縣邑 | 鄉里 | 爵位 | 姓名 | 年齡 | 簡號 | 備注 |
|---|---|---|---|---|---|---|---|
| 淮陽 | 陳 | 莫勢里 | — | 許湛舒 | 41 | T27：48 | 淮陽國/騂北亭 |
| | | 大宰里 | — | 陳山 | 31 | T27：48 | 淮陽國/騂北亭 |
| | | 桐陵里 | — | 夏寄 | 24 | T27：48 | 淮陽國/騂北亭 |
| | | — | 公乘 | — | 28 | 140. 26 | 淮陽國 |
| | | — | — | — | — | 171. 20 | 淮陽國 |
| | | 司馬里 | — | 張樂 | — | C：49 | |
| | 苦 | 集里 | — | 宣橫 | — | T26：217 | 三石具弩一完　蘭一完　弩循一完　蘭冠一完　承弦二完　服一完 |
| | | 上里 | — | 王光 | — | T26：231 | 有方一完　靳幡一完 |
| | | 宣房里 | — | 恭單 | — | T26：276 | |
| | | 魯里 | 不更 | 葉橫 | 34 | T30：14 | |
| | | 平陽里 | 不更 | 金□廣 | 32 | T30：25 | |
| | | 平川里 | 大夫 | 蔡外 | 34 | T30：140＋241 | |
| | | 會里 | 官大夫 | — | — | T37：126 | 淮陽國 |
| | | □里 | 公大夫 | 陳得 | 45 | T37：1251＋1328 | 淮陽國 |
| | 陽夏 | 高里 | — | 鄧□ | — | T1：100 | |
| | | 平里 | — | 夏尊 | — | T30：102 | 貸騂北亭卒同縣孟閒人字中君錢五百五十 |
| | | — | — | — | 28 | T21：329 | 淮陽國/長七尺二寸黑色 |
| | | 木里 | — | 芥自爲 | 40 | D1C：5 | |
| | 甯平 | □城里 | 大夫 | 陳護 | 24 | T37：679 | 淮陽國/長七尺二寸黑色 |
| | | 宜春里 | 大夫 | 宋善 | 20 | T37：866＋580 | 長七尺二寸黑色马 |
| | | 故市里 | 大夫 | 丁臣 | — | T37：1319 | 淮陽國 |
| | 扶溝 | 桐里 | 公乘 | 寇志 | 31 | T37：670 | 淮陽國 |
| | 固始 | 南高里 | 不更 | 宋猜 | 24 | T25：91 | |
| | 傿 | 北張里 | — | 陳福 | — | T7：7 | |
| | | 信▨ | — | — | — | 73EJT7：96 | |
| | | 陵里 | 公乘 | 陳忠 | 28 | C：33 | 竹簡 |

續表

<table>
<tr><th>郡國</th><th>縣邑</th><th>鄉里</th><th>爵位</th><th>姓名</th><th>年齡</th><th>簡號</th><th>備注</th></tr>
<tr><td rowspan="10">淮陽</td><td rowspan="2">西華</td><td>田里</td><td>不更</td><td>蔡樂</td><td>23</td><td>T9：45</td><td></td></tr>
<tr><td>南川里</td><td>不更</td><td>周充</td><td>23</td><td>T10：294</td><td></td></tr>
<tr><td rowspan="2">長平</td><td>夕陽里</td><td>不更</td><td>何生</td><td>—</td><td>T9：6</td><td></td></tr>
<tr><td>原里</td><td>上造</td><td>鄭陽</td><td>—</td><td>T24：21</td><td></td></tr>
<tr><td rowspan="2">譙</td><td>西成里</td><td>—</td><td>黄拾</td><td>—</td><td>T4：15</td><td></td></tr>
<tr><td>胡里</td><td>上造</td><td>喬相</td><td>26</td><td>T5：36</td><td>庸同縣童光里▨</td></tr>
<tr><td rowspan="3">城父</td><td>楊里</td><td>—</td><td>—</td><td>—</td><td>T1：31</td><td></td></tr>
<tr><td>道成</td><td>—</td><td>李王</td><td>24</td><td>T9：113</td><td></td></tr>
<tr><td>甯里</td><td>—</td><td>劉畢</td><td>—</td><td>T21：260</td><td></td></tr>
<tr><td>贊</td><td>匠里</td><td>—</td><td>满願</td><td>26</td><td>T22：80</td><td></td></tr>
<tr><td rowspan="19">梁國</td><td rowspan="9">甾</td><td>亭陵</td><td>上造</td><td>陳充</td><td>24</td><td>T9：39</td><td></td></tr>
<tr><td>市陽里</td><td>—</td><td>—</td><td>—</td><td>T23：498</td><td></td></tr>
<tr><td>直里</td><td>大夫</td><td>陳延年</td><td>25</td><td>T37：699</td><td></td></tr>
<tr><td>東昌里</td><td>大夫</td><td>桐汙虜</td><td>24</td><td>T37：750</td><td></td></tr>
<tr><td rowspan="2">板里</td><td>大夫</td><td>華定</td><td>24</td><td>T37：849</td><td rowspan="2">同里</td></tr>
<tr><td>—</td><td>董□</td><td>—</td><td>H2：94</td></tr>
<tr><td rowspan="2">樂陽里</td><td>大夫</td><td>陳德</td><td>24</td><td>T37：1005</td><td rowspan="2">同里</td></tr>
<tr><td>大夫</td><td>周利</td><td>25</td><td>T37：1111</td></tr>
<tr><td>□中里</td><td>大夫</td><td>桓志</td><td>45</td><td>T37：1497</td><td></td></tr>
<tr><td rowspan="2">杼秋</td><td>東平里</td><td>士五</td><td>丁延</td><td>34</td><td>T5：39</td><td rowspan="2">庸同縣敬上里大夫<br>朱定□</td></tr>
<tr><td>敬上里</td><td>大夫</td><td>朱定</td><td>—</td><td>T5：39</td></tr>
<tr><td>蒙</td><td>宜故里</td><td>—</td><td>丁疐</td><td>—</td><td>T29：71</td><td>三石具弩一完<br>弩帽一完</td></tr>
<tr><td rowspan="5">己氏</td><td>泗亭里</td><td>—</td><td>□當時</td><td>—</td><td>T1：9</td><td></td></tr>
<tr><td>官里</td><td>—</td><td>陳可置</td><td>—</td><td>T1：75</td><td></td></tr>
<tr><td>陽垣里</td><td>公乘</td><td>閻誼</td><td>33</td><td>T7：6</td><td>省府九月乙丑出</td></tr>
<tr><td>顯陽里</td><td>公乘</td><td>衛路人</td><td>30</td><td>50. 16</td><td></td></tr>
<tr><td>高里</td><td>公乘</td><td>周市</td><td>30</td><td>50. 29</td><td></td></tr>
<tr><td>虞</td><td>宜年里</td><td>不更</td><td>丁姅</td><td>27</td><td>T29：96</td><td></td></tr>
</table>

續表

<table>
<tr><th>郡國</th><th>縣邑</th><th>鄉里</th><th>爵位</th><th>姓名</th><th>年齡</th><th>簡號</th><th>備注</th></tr>
<tr><td rowspan="20">梁國</td><td>下邑</td><td>水陽里</td><td>—</td><td>孫忠</td><td>—</td><td>T24：28</td><td>建始二年七月丙戌朔壬寅觻得□佗里秦俠君貰買沙頭戍卒梁國下邑水陽里孫忠布值□〼</td></tr>
<tr><td rowspan="19">睢陽</td><td>秩里</td><td>不更</td><td>丁姓</td><td>24</td><td>T1：81</td><td>庯同縣駝詔里不更廖亡生年廿四</td></tr>
<tr><td>駝詔里</td><td>不更</td><td>廖亡生</td><td>24</td><td>T1：81</td><td></td></tr>
<tr><td>丞筐里</td><td>—</td><td>—</td><td>—</td><td>T1：135</td><td></td></tr>
<tr><td>中丘里</td><td>不更</td><td>李〼</td><td>—</td><td>T1：137</td><td></td></tr>
<tr><td rowspan="2">宜安里</td><td>—</td><td>—</td><td>—</td><td>T1：161</td><td rowspan="2">同里</td></tr>
<tr><td>—</td><td>—</td><td>—</td><td>C：344</td></tr>
<tr><td>曲陽里</td><td>不更</td><td>李終人</td><td>24</td><td>T2：43</td><td></td></tr>
<tr><td>同廷里</td><td>—</td><td>任輔</td><td>—</td><td>T3：104＋105①</td><td>自言貰賣白布復袍一領直七百五十故要虜隧長□□縣遮里衛覓所論在觻得</td></tr>
<tr><td>□□里</td><td>上造</td><td>—</td><td>—</td><td>T4：194</td><td></td></tr>
<tr><td>華里</td><td>士五</td><td>袁豺</td><td>24</td><td>T5：14</td><td></td></tr>
<tr><td>東方里</td><td>上造</td><td>趙害</td><td>24</td><td>T24：256</td><td></td></tr>
<tr><td>貲陽里</td><td>不更</td><td>陳外人</td><td>35</td><td>T24：750＋919②</td><td></td></tr>
<tr><td>宜受里</td><td>—</td><td>—</td><td>—</td><td>T24：754</td><td></td></tr>
<tr><td>牛里</td><td>—</td><td>—</td><td>—</td><td>T24：811</td><td></td></tr>
<tr><td>長年里</td><td>公士</td><td>高偃</td><td>25</td><td>T24：861</td><td></td></tr>
<tr><td>董父里</td><td>公士</td><td>淳于然</td><td>35</td><td>T24：874＋871＋805</td><td></td></tr>
<tr><td>張里</td><td>—</td><td>—</td><td>—</td><td>T24：889</td><td></td></tr>
<tr><td>馳〼</td><td>—</td><td>—</td><td>—</td><td>T25：146</td><td></td></tr>
<tr><td>新樂里</td><td>公乘</td><td>孫頤</td><td>26</td><td>140.3</td><td></td></tr>
</table>

① 張文建：《〈肩水金關漢簡（壹）〉綴合（一）》，2017 年 6 月 18 日，簡帛網，http：//www. bsm. org. cn/？ hanjian/7562. html。

② 伊强：《肩水金關漢簡綴合五則》，2014 年 7 月 10 日，簡帛網，http：//www. bsm. org. cn/？ hanjian/6224. html。

**表 28**　　**田卒信息統計**

| 郡國 | 縣邑 | 鄉里 | 身份 | 姓名 | 年齡 | 簡號 | 備注① |
|---|---|---|---|---|---|---|---|
| 上黨郡 | 屯留 | — | — | — | — | T4：24 | |
| | | 新利里 | 士伍 | 賈尊官 | 30 | T28：31 | |
| | 涅 | 蒲里 | 不更 | 童豹 | 25 | T23：920 | |
| | | 磨焦里 | 不更 | 李過程 | 25 | H2：1 | |
| | 壺關 | 東陽里 | 不更 | 莊耐 | 25 | T23：922 | |
| | 泫氏 | — | — | — | — | T23：34 | |
| | 高都 | 水東里 | 不更 | 甘□ | — | H2：81 | |
| 河南郡 | 京 | 從里 | 公乘 | 陽青 | 43 | T14：8 | |
| | 陽武 | 臨水里 | — | 寇辰 | — | C：141 | |
| | | 昌安里 | — | 鄭安 | — | C：40 | |
| | | 園里 | — | 田慶 | — | C：238 | |
| | | — | — | — | — | C：362 | |
| | 緱氏 | — | — | — | — | T11：31+10+3 | |
| | 原武 | 饒安里 | — | 奚間 | — | T8：89 | |
| | 密 | 西游里 | — | — | — | T37：14 | |
| | | 宜年里 | — | 王捐 | — | T37：241 | |
| | | 發武 | — | 朱宗 | 35 | T37：408 | |
| | | 宜利里 | 公乘 | 鄭不侵 | — | T37：766 | |
| | | 東平里 | — | 陳憙 | 34 | T37：1415 | |
| | | 長明里 | — | 杜賢 | 30 | T37：1258+1291+1392 | |
| | 菀陵 | □□里 | 公乘 | □□ | — | 218.13 | |
| | 新鄭 | 富里 | 公乘 | 孫章 | 29 | T37：452 | |
| | | 武成里 | 公乘 | 左奉 | 30 | T37：982 | |
| | | 章陽里 | 公乘 | 朱兄 | — | T37：1459 | |
| | | 東成里 | 公乘 | 蔡已 | 30 | F3：276 | |

① 郡國縣邑順序，按《漢書・地理志》排序進行，適當參照簡號順序。爲統計信息有效、準確、客觀，簡文僅見郡國、田卒不録。

續表

| 郡國 | 縣邑 | 鄉里 | 身份 | 姓名 | 年齡 | 簡號 | 備注 |
|---|---|---|---|---|---|---|---|
| 東郡 | 畔 | 昌里 | — | 孟恶 | 31 | D：191 | 長七尺⧄ |
| | | 利里 | 公大夫 | □□ | — | T9：116 | 長七尺二寸黑色 |
| | 清 | 大里 | 公乘 | — | — | T10：333 | |
| | | 靈星里 | 大夫 | 聶德 | 24 | 37.38 | 長七尺二寸黑色 |
| | 東阿 | 增野里 | 官大夫 | 騶明 | — | T5：19 | |
| | | 當夏里 | 官大夫 | 丁魌 | 26 | T9：90 | 七尺二寸黑色 |
| | | 昌國里 | 公大夫 | 孫壽 | 28 | 43.24 | 長七尺⧄ |
| 陳留郡 | 濟陽 | 臨里 | 簪褭 | 戎延年 | 25 | T21：202 | |
| 潁川郡 | 長社 | 潁里 | — | 韓充 | 24 | T3：97 | |
| | 臨潁 | 鄭里 | 不更 | 范後 | 24 | T3：96 | |
| 濟陰郡 | 定陶 | 宜慶里 | 大夫 | 陳—— | — | T25：137 | |
| | | 西牢里 | 大夫 | 王廣 | 28 | T25：162 | 長七尺二寸黑色 |
| | | 西洲里 | 大夫 | 陳⧄ | — | T25：164 | |
| | | 虞里 | 大夫 | 戴充 | 37 | T37：76 | 長七尺二寸黑色　有罪 |
| | | 前安里 | 不更 | 李千秋 | — | T37：1246 | |
| | 冤句 | 昌成里 | 大夫 | 商廣世 | 49 | T37：970 | 長七尺二寸黑色 |
| 魏郡 | 鄴 | 遇里 | — | 周遂 | 23 | T5：54 | |
| | 斥丘 | 曲里 | 大夫 | 宋充 | 30 | T10：122 | |
| | 内黄 | 長里 | — | 馮定 | 27 | T23：249 | |
| | | 博望里 | — | □開 | 30 | T23：250 | |
| | | 西好駕 | — | 郎王九 | 27 | T23：790 | |
| | | 廣昌里 | — | — | — | C：160 | |
| | | — | — | — | — | T29：128 | |
| | | — | — | — | — | C：208 | |
| | 繁陽 | 鉅當里 | 大夫 | 石虞人 | 27 | T31：93 | |
| | | 昌平里 | 大夫 | 耿安世 | 28 | C：424 | |
| | 犁陽 | 南利里 | 大夫 | 丘漢 | 23 | T2：3 | 長七尺二寸黑色 |
| | | 臨里 | 大夫 | 陰福 | 26 | C：27 | |
| | | 當市里 | — | — | — | C：276 | |
| | | 北市里 | 大夫 | — | — | 121.29 | |
| | 武始 | 金年里 | 大夫 | 史□福 | 35 | T8：81 | |

續表

| 郡國 | 縣邑 | 鄉里 | 身份 | 姓名 | 年齡 | 簡號 | 備注 |
| --- | --- | --- | --- | --- | --- | --- | --- |
| 魏郡 | 武安 | 壽⧄ | — | — | — | 119.1 | |
| | | — | — | — | — | T37：1099 | |
| | 厝 | 平陽里 | 公士 | 華捐 | 25 | T10：108 | |
| | | 期里 | — | 張收 | 30 | T29：100 | |
| | 貝丘 | — | — | — | — | T37：740 | |
| | | 宜春里 | 大夫 | 趙建 | 48 | T30：117 | 長七尺二寸黑色 |
| | | 莊里 | 大夫 | 成常幸 | 27 | T29：100 | 庸同縣厝期里大夫張收年卅　長七尺 |
| 張掖郡 | 觻得 | 樂安里 | 公士 | 嚴中 | — | T37：1205 | |
| | 居延 | 平明里 | — | 陳崇 | 30 | F3：346 | 大車一兩用牛二頭 |
| | | 富里 | — | 張憚 | 35 | F3：371 | 大車一兩用牛二頭<br>九月戊戌出 |
| 趙國 | 柏人 | 南蒲里 | — | 蘇竭 | — | T1：136+163① | |
| | 襄國 | 長安里 | — | 龐寅 | 26 | T1：13 | |
| | | 下廣里 | — | 張從 | — | T1：118 | 戍卒亦有此里 |
| | | 恩⧄ | — | — | — | T2：59 | |
| | | 陳西里 | 簪褭 | — | — | T2：86 | |
| | | 齋里 | — | 李賜 | 43 | T27：22 | |
| | 尉文 | 翟里 | — | 韓□ | — | T1：32 | |
| 平干國 | 廣平 | 澤里 | 簪褭 | 李田利里 | 26 | T1：73 | |
| | 張 | 榆里 | 簪褭 | 吕儋 | 42 | T1：5 | |
| | 南和 | □里 | 公士 | 李未 | 36 | T2：14 | |
| | | — | — | 阮昔 | — | C：363 | |
| 淮陽 | 陳 | — | — | — | — | 4H：48 | |
| | | 上雍里 | — | 許鈞 | 37 | — | |
| | 陽夏 | 富陵里 | — | 戴千秋 | 25 | T27：26 | |
| | | 安成里 | 上造 | 周不識 | 24 | D：212 | |
| | 寧平 | 駟里 | 上造 | 胡舒 | 24 | T26：9 | 田卒淮陽郡新平景里上造高千秋年廿六取甯平駟里上造胡舒年廿四爲庸 |

① 伊强：《肩水金關漢簡綴合十五則》，《簡帛》第12輯，上海古籍出版社2016年版。

續表

| 郡國 | 縣邑 | 鄉里 | 身份 | 姓名 | 年齡 | 簡號 | 備注 |
|---|---|---|---|---|---|---|---|
| 淮陽 | 扶溝 | 樂成里 | — | — | — | T22：98 | |
| | 固始 | 步昌里 | 上造 | 朱寬 | 25 | T9：83 | |
| | | 成安里 | 上造 | 陳外 | 25 | T21：121 | |
| | 圉 | 翟里 | — | 祁道 | 25 | T21：425 | |
| | | 君里 | — | 葉弘 | — | T26：187 | |
| | 新平 | 景里 | 上造 | 高千秋 | 26 | T26：9 | |
| | 長平 | 南莊里 | 不更 | 扈恶子 | 25 | T28：30 | |
| | | 東陽里 | 不更 | 鄭則 | 38 | T30：8 | |
| | | 北親里 | 不更 | 費畢 | 45 | T30：263 | 庸西陽里不更莊登年卅八 |
| | | 高閭里 | 不更 | 李范 | 26 | T30：267 | 庸南垣不更費充年廿五 |
| 梁國 | 蒙 | 新成里 | 不更 | 兒充 | 25 | T27：21 | |
| | | 市陰里 | — | 季豎 | 24 | T23：939＋1031 | |
| | 睢陽 | 平居里 | — | — | — | T1：134 | |
| | | 朝里 | — | 寇遂 | 32 | T21：373 | |
| | | 丞筐里 | — | 張遂 | 28 | T21：373 | 田卒梁國睢陽朝里寇遂年卅二　庸同縣丞筐里張遂年廿　戍卒亦有此里 |
| | | 汴陽里 | — | 牛充 | — | T21：419 | |
| | | 竹陽里 | — | 鄧延 | 24 | T21：430 | |
| | | 館里 | — | 彭廣 | 27 | T24：541 | 庸樂□⧄ |
| | | 南里 | — | — | — | T24：666 | |
| | | 東弓里 | — | 孫聖 | — | T24：706 | |
| | | | — | 樂邊 | 24 | T24：709 | |
| | | | — | — | — | T24：776 | |
| | | | — | 吕姓 | 24 | T24：791 | |
| | | 彭里 | — | — | — | T24：901 | |
| | | | — | — | — | T24：938 | |
| | | 富樂里 | — | 龔根 | 25 | T24：970 | |
| | | 斛陽里 | — | 謝姓 | — | T37：550 | |
| | | 石里 | — | 馮□ | — | C：427 | |
| 大河郡 | 東平陸 | 巨丘里 | — | — | — | T24：668 | |
| | | 陵里 | — | 朱市客 | — | T24：725 | |

# 戍卒簡文輯錄

(1) 戍卒河東郡臨汾□里靳孟竟廿庸同郡□☑　73EJT23：568 + 846①

(2) 戍卒河東臨汾奇利里許武年卅一　丿　☑　73EJT23：657

(3) 河東皮氏富里公乘孫蓋年廿八　長七尺二寸☑　73EJT14：5②

(4) 戍卒河東皮氏平居里公乘陽□安年卅二☑　73EJT14：6

(5) 戍卒河東北屈陰平里公乘梁□□☑　73EJT33：52

(6) 戍卒河東蒲子陽阿里公乘郭得時年卌　字文　73EJT33：83

(7) 戍卒河東蒲子上函里公乘謝詡年廿五　73EJT33：84

(8) 戍卒河東蒲子好宜里公乘藥喜年廿四☑　73EJT34：16

(9) 戍卒上黨郡長☑　73EJT4：155

(10) 戍卒上党郡長子戱里公士趙安世　73EJH1：52

(11) 戍卒上黨郡屯留案里☑　73EJT4：71

(12) 戍卒上黨郡銅鞮□☑　73EJT4：26

(13) 戍卒上黨郡銅鞮中人里大夫陰孝☑　73EJH1：39③

(14) 戍卒上黨郡襄垣石成里大夫李輔功　年廿四長七尺二寸黑色☑
73EJT23：163

(15) 戍卒上党郡壺關雒東里大夫王湯　年☑　73EJH1：50

(16) 戍卒上黨郡壺關上瓦里□伐　(竹簡)　73EJF1：122 + 120

(17) 戍卒上黨郡穀遠爵氏里公乘高安平　年廿五長七尺一寸黑色
丿　73EJT37：1492

(18) 戍卒河南郡熒陽郎陰里晏充年廿四 (竹簡)　73EJC：351

(19) 戍卒穀成吉平里趙辟年卅一☑　(竹簡)　72EJC：18

---

① 胡永鵬:《讀〈肩水金關漢簡(貳)〉札記》,《中國文字(新四十期)》, 臺北: 藝文印書館2014年版。

② 該簡與73EJT14: 6號簡近鄰, 而且兩簡都來自"河東皮氏", 故懷疑73EJT14: 5號簡省略了"戍卒"兩字。

③ 高一致:《初讀〈肩水金關漢簡(肆)〉筆記》, 2016年1月14日, 簡帛網, http: //www. bsm. org. cn/? hanjian/6595. html。

（20）戍卒東郡畔大麴里單地餘　有方一☑　73EJT24：543

（21）戍卒東郡茌平邑□☑　73EJT24：392

（22）戍卒東郡茌平東樂里張利親　三石具弩一　稾矢五十☑　73EJC：425

（23）戍卒東郡東武陽陽城里不更武□☑　（竹簡）　73EJT10：302

（24）戍卒東郡東阿高丘里程畢　寅矢百五十　承弦二　臬長弦一　蘭冠各一　靳干幡各一　73EJT21：107

（25）戍卒東郡東阿延年里關□☑　73EJT22：104①

（26）戍卒東郡東阿臨利里公乘時將來年卅三☑　73EJT31：26

（27）戍卒東郡離狐邑富聚里不更孫千秋年☑　73EJT21：323

（28）戍卒陳留郡外黃□里公乘□□□年□七☑　73EJT37：368②

（29）戍卒潁川郡翟邑陽郵里公乘司馬乙年卌四☑　73EJT9：81③

（30）戍卒潁川郡定陵德里公乘秦霸年五十　庸池里公乘陳寬年卅四☑　73EJT6：93④

（31）戍卒潁川定陵陽里不更許賢年卅　丿　（竹簡）　73EJT9：117

（32）戍卒潁川郡長社邑重里公乘成朔年廿八　丿　（竹簡）　73EJT6：48⑤

（33）罷戍卒潁川郡郟邑東☑　73EJT10：196

（34）戍卒潁川郡郟邑□□里石□擇年［卅］九丿　（竹簡）　51.18

（35）戍卒潁川郡陜翟里成適年卅二　爲部卒取私橐☑　32.7

（36）戍卒潁川郡潁陰邑真定里公乘仁青跗年卅四　丿　73EJT8：7⑥

---

① “延”字，整理者釋“樂”字，恐非，依據圖版改釋。

② 整理者原釋作“李□年卅七”，圖版殘缺，暫存疑。

③ 黄浩波：《〈肩水金關漢簡（壹）〉所見郡國縣邑鄉里》，2011年12月1日，簡帛網，http：//www.bsm.org.cn/？hanjian/5775.html。

④ 黄艷萍：《初讀〈肩水金關漢簡（壹）〉札記》，2013年5月30日，復旦大學出土文獻與古文字研究中心網，http：//www.gwz.fudan.edu.cn/Web/Show/2058。

⑤ 李燁：《〈肩水金關漢簡（壹）〉研究三題》，碩士學位論文，西南大學，2013年。

⑥ 曹方向：《初讀〈肩水金關漢簡（壹）〉》，2011年9月16日，簡帛網，http：//www.bsm.org.cn/？hanjian/5740.html。

(37) 戍卒潁川潁陰邑真定里公乘司馬始年卅四長七尺二寸丿☑
73EJT8：73①

(38) 戍卒潁川郡潁陰邑西時里鄭未央年卅四長七尺二寸丿☑
73EJT8：33

(39) 戍卒潁川郡許邑廣德里公乘王成年卅六丿☑ （竹簡）
72EJC：32

(40) 戍卒潁川郡傿陵邑步里公乘舞聖年卅黑色長七尺四寸～（竹簡） 73EJT3：95②

(41) 安土隧戍卒潁川郡鄢陵臺里傳固 73EJT24：261

(42) 戍卒潁川郡周子南國西便里公乘杜市年卅二☑ 73EJT8：40

(43) 戍卒隱强廣里公乘涼臨年廿五 ⿱丄出 丿☑ 73EJT37：224③

(44) 戍卒隱强始昌里公乘朱定年廿九 八月癸亥北出☑
73EJT37：888

(45) 戍卒隱强成陽里公乘尹曼年卌二丿 73EJT37：1431

(46) 戍卒汝南郡召陵倉里宋猜 年廿五 （竹簡） 73EJT1：8

(47) 戍卒汝南郡召陵☑ （削衣） 73EJT8：6

(48) 戍卒汝南郡召陵始成里王恭 橐 （檢） 73EJD：313A
□伏地大重 73EJD：313B

(49) 戍卒汝南郡召陵陽里公乘□☑ 212.104

(50) 戍卒汝南郡長平邑緹里公乘丁恢年廿四☑ 73EJT24：117

(51) 戍卒汝南郡西平中信里公乘李参年廿五 長七尺一寸 15.22

(52) 戍卒南陽郡宛邑道□☑ 73EJT37：1250

(53) 戍卒南陽郡杜衍□□里公乘□□□年廿六☑ 73EJT32：54

(54) 戍卒南陽陰臨定里公乘□□□☑ 72EJC：41

(55) 戍卒南陽郡山都他陵里胡軒年廿六☑ 73EJT4H：90

① “卅四”，整理者作“卅一”，依據圖版改釋。

② “色”字，整理者作“中”，依據圖版改釋。

③ ⿱丄出，整理者作“已出”，依據圖版改釋。

（56）新野稷里王常年□□　（竹簡）

73EJT6：49①

（57）戍卒南陽郡棘陽楊里大夫鄭魁　年……　73EJT32：2

（58）戍卒南陽郡武當樂安里公乘王兵年廿八☑　73EJT10：183

（59）戍卒南陽郡舞陰辜里李☑　73EJT8：41

（60）戍卒南陽郡冠軍邑長里射嬰年卅八　卩　（竹簡）

73EJT10：298②

（61）戍卒南陽郡葉平定里公乘蘇信□☑　73EJT14：17

（62）戍卒南陽郡葉昌里楊意年卅九☑　73EJT37：1318

（63）戍邊乘橐他曲河亭南陽郡葉邑安都里柏尚年卅五會赦事已　軺車一乘　牛一頭　二月乙丑南入　73EJT37：870③

（64）戍卒南陽郡魯陽鄧里大夫尹我年廿八☑　73EJT4：40

（65）戍卒南陽博望邑徐孤里蔡超年卅八丿☑　73EJT2：4

（66）戍卒南陽郡博亡度里公乘張舜年卌　長七尺二寸丿

73EJT10：103

（67）戍卒濟陰郡定陶常富里董安定

三石具弩一完　承弦二完　靳干幡各一完

稾矢五十完　弩帽一完　蘭冠各一完　73EJT23：145

（68）戍卒濟陰郡定陶商里爰横　三石具弩一　帽一稾矢五十

73EJT30：113

（69）戍卒濟陰郡定陶漢里官大夫丁☑　73EJD：207

（70）戍卒濟陰郡冤句庠復里☑　73EJT21：269

（71）戍卒濟陰郡冤句亭里官大夫爰聖年廿九☑　73EJT24：41

（72）戍卒濟陰郡冤句利里□□□☑　73EJT26：129

（73）戍卒濟陰郡冤句義陽里大夫晋横年卅　長☑73EJT37：306+267

---

① 73EJT6：49 號簡能與 73EJT6：48 號簡編聯，省去了“戍卒”兩字，故列入。整理者原釋“年廿一”，圖版殘缺暫存疑。

② 李燁：《〈肩水金關漢簡（壹）〉研究三題》，碩士學位論文，西南大學，2013 年。

③ 73EJT37：870 號簡柏尚的職責是“戍邊乘”，“乘”是“防守、守衛”之意，《史記·高祖本紀》載：“興關内卒乘邊塞。”《集解》引李奇曰：“乘，守也。”由此，柏尚其實質上還是戍卒，故列入。

（74）戍卒濟陰郡寃句南昌里大夫許毋傷年卅八長七尺二寸黑色　〱　73EJT37：987

（75）戍卒濟陰郡寃句廣里大夫☑　73EJT37：1335＋1359

（76）戍卒濟陰乘氏敬事里公乘靳成　丿　☑　73EJT25：20

（77）☑□書曰戍卒濟陰成武高里黄☑

……凡直千□□☑（削衣）　73EJT34：40

（78）戍卒濟陰郡桂邑千秋里大夫左實年卌長七尺☑　73EJT37：1320

（79）戍卒魏郡鄴吕廣里士伍馮長卿年☑　73EJT5：18

（80）戍卒魏郡斥丘廣德里公乘張安世年卅　八月庚戌出　卩　73EJT32：74

（81）戍卒魏郡内黄光都里李通年廿六☑　73EJT2：45

（82）戍卒魏郡内黄中□里大夫郭去疾年☑　73EJT6：100

（83）戍卒魏郡魏利陽里不更孫樂成廿八　（竹簡）　73EJT21：95

（84）戍卒魏郡繁陽靈里公乘任衆年卌二☑　73EJT6：150①

（85）戍卒魏郡蘩陽宜秋里大夫趙嬰年廿三☑　73EJT24：279

（86）戍卒魏郡繁陽宜里公乘□□□年……　73EJT27：112②

（87）戍卒魏郡繁陽安里公乘許多□☑　73EJT27：139③

（88）戍卒魏郡元城邑多禾里大夫鄭☑　73EJT25：89

（89）河平四年二月甲申朔丙午倉嗇夫望敢言之故魏郡原城陽宜里王

禁自言二年戍屬居延犯法論會正月甲子赦

令免爲庶人願歸故縣謹案律曰徒事已毋糧謹故官爲封偃檢縣次

續食給法所當得謁移過所津關毋

苛留止原城收事敢言之

二月丙午居令博移過所如律令　掾宣嗇夫望佐忠　73EJT3：55

① 任達：《〈肩水金關漢簡（壹）〉文字編》，碩士學位論文，吉林大學，2014年，第95頁。

② 整理者作“館陶”，高一致改釋作“繁陽”。見高一致《讀〈肩水金關漢簡（叁）〉筆記（一）》，2014年8月12日，簡帛網，http：//www. bsm. org. cn/? hanjian/6234. html。另整理者認爲年齡是“十七”，經查圖版，殘損嚴重，實無法判定，暫存疑不釋。

③ 整理者作“□陽”，高一致釋作“繁陽”。見高一致《讀〈肩水金關漢簡（叁）〉筆記（一）》，2014年8月12日，簡帛網，http：//www. bsm. org. cn/? hanjian/6234. html。

（90）戍卒魏郡梁期來趙里王相年☑　73EJT1：157

（91）戍卒魏郡梁期來趙里不更王相年卅五（竹簡）　73EJC：322[①]

（92）陽朔五年正月乙酉朔庚戌犁陽丞臨移過所遣廚佐
閭昌爲郡送遣戍卒張掖居延當舍傳舍從者如律令　73EJT6：23A
犁陽丞印　／　掾譚令史賞　73EJT6：23B

（93）建始二年閏月己丑朔丙辰犁陽守丞望移過所遣都鄉佐陽成武爲郡送戍卒張掖郡
居延縣邑侯國門亭河津毋苛留當舍傳舍從者如律令丿
／守令史常　73EJF3：181[②]

（94）戍卒魏郡武安宜里☑　73EJT1：311

（95）戍卒魏郡武安富貴里☑　73EJC：372

（96）戍卒鉅鹿南䜌元里郭廣利☑　73EJT1：28

（97）戍卒鉅鹿南䜌延年里安都☑　73EJT1：154

（98）戍卒鉅鹿郡南䜌朝歌里徐樂年☑　73EJT5：11

（99）戍卒鉅鹿郡南䜌右陽里不更☑　73EJT5：15

（100）戍卒鉅鹿南䜌杏里沈聞☑　73EJT5：34

（101）戍卒鉅鹿郡南䜌葭里張定年卅三☑　73EJT5：51

（102）戍卒鉅鹿郡南䜌㯳里雍橋年卅一丿　73EJT5：53

（103）戍卒鉅鹿郡南䜌西始里孫義年卌四　長七尺三寸黑色　大刀一　有方一〤　73EJT21：99

（104）戍卒鉅鹿郡南䜌杞里馮☑　73EJT22：16

（105）戍卒鉅鹿郡南䜌武安里戍平☑　73EJT24：542

（106）戍卒鉅鹿郡南䜌横里☑　73EJT24：812

（107）戍卒鉅鹿郡南☑　73EJT24：864

（108）戍卒鉅鹿郡廣阿秋華里侯遂☑　73EJT24：836

---

① 73EJC：322 號簡“來”下一字整理者原釋作“期”，恐非，疑是“趙”字。73EJT1：157 號簡可提供辭例支撑。73EJC：322 號簡“王”下一字整理者未釋，與“相”字近似，疑爲“相”殘筆。73EJC：322、73EJT1：157 兩簡可以對讀研究，兩簡所指爲同郡同縣同里同人。

② 雷海龍（落葉掃秋風）：《〈肩水金關漢簡（伍）〉釋文商補》，2016 年 8 月 25 日，簡帛網簡帛論壇，http：//www. bsm. org. cn/bbs/read. php? tid = 3389&keyword = % BC% E7% CB% AE% BD% F0。

（109）戍卒钜鹿郡曲周孝里功師卷☐　73EJT1：130

（110）戍卒钜鹿郡曲周☐☐　73EJT2：87

（111）戍卒钜鹿郡曲周東渠里楊庇年廿九長七尺四寸黑色三石具弩一稾矢五十∽　73EJT22：24

（112）戍卒钜鹿曲迎利里☐☐　73EJT1：167

（113）會稽郡鄞許商里范壽　（竹簡）　73EJT10：299

（114）會稽郡鄞高成里顧☐　（竹簡）　73EJT10：300

（115）會稽郡鄞☐里辞幸　（竹簡）　73EJT10：301①

（116）隴西襄武承反里廉樂　（竹簡）　73EJT9：114②

（117）戍卒觻得成漢里大夫成頊年☐☐☐　73EJT8：95③

（118）戍卒觻得成漢里公乘聊廣德年卌六　73EJT14：1

（119）戍卒觻得成漢里公乘田褎年五十☐　73EJF3：462

（120）戍卒觻得萬歲里爰忘得年卌五　丿　73EJT10：102

（121）戍卒觻得敬兄里公乘桓壽☐　73EJT10：326

（122）戍卒觻得廣昌里虔富年廿五　乘望泉隧☐☐　73EJT23：661

（123）戍卒觻得市陽里盧侯忠　年廿四　丿　六月丁巳北出　凡廿二人五月乙卯南入　73EJT37：611＋554＋559＋904

（124）禁姦隧戍卒觻得悉意里公乘王鳳年五十行書橐他界中　盡五年二月止　73EJT37：628＋658④

（125）騂北亭戍卒觻得定國里公乘莊憙年廿七　行書橐他界中　盡

① 73EJT10：299、73EJT10：300、73EJT10：301號簡能與73EJT10：298號簡編聯，省去了"戍卒"兩字，故列入。

② 73EJT9：114號簡能與73EJT9：113號簡編聯，省去了"戍卒"兩字，故列入。

③ 整理者原釋作"年卌二"，"卌二"也有可能是"廿三"，73EJT37：1152號簡可爲參考。簡文中的年"廿三"，亦是起徵的年齡，《漢書·高帝紀》顔師古注引《漢官儀》："民年二十三爲正。"謹慎考慮，此處暫存疑不釋較宜。

④ 謝坤：《讀肩水金關漢簡札記（五）》，2016年1月16日，簡帛網，http：//www.bsm.org.cn/？hanjian/6603.html。

五月二月止　73EJT37：631＋113

（126）戍卒觻得富安里公乘莊武年廿三　73EJT37：889

（127）戍卒觻得新都里士伍張詡年廿三　73EJT37：1152

（128）戍卒觻得壽貴里公乘徐放年五十一丿☑　73EJF3：128

（129）戍卒觻得千秋里上造□常年□八丿☑　73EJF3：215①

（130）戍卒觻得千秋里公乘江永年卅丿☑　73EJF3：423

（131）戍卒觻得當成里公乘張博年卌五丿☑　73EJF3：272②

（132）戍卒觻得孝仁里公乘賈□☑　73EJF3：538

（133）戍卒昭武宜衆里公乘孫□己年廿六☑　73EJT7：151

（134）戍卒昭武宜衆里上造王武年廿三　病　卩　73EJT37：1153

（135）戍卒昭武樂歲里☑　73EJT10：164

（136）戍卒昭武擅利里上造趙吏年廿五☑　73EJT23：20

（137）戍卒昭武宜春里簪褭辛恭年廿☑　73EJT24：147

（138）戍卒昭武對市里簪褭賈音年廿☑　73EJT37：118

（139）戍卒昭武便處里士伍犂□年卅一　73EJT37：309＋1305

（140）戍卒昭武步廣里不更楊當年廿九　迎吏奉城官　五月辛丑南嗇夫豐入　六月辛酉北嗇夫豐出

73EJT37：912＋73EJT21：291③

（141）戍卒昭武市陽里公士□豐年廿八☑　73EJT37：1049

（142）戍卒昭武安國里公乘王褒年卌一丿　73EJF3：393

（143）戍卒昭武千秋里上造王□☑　73EJC：438

（144）戍卒氐池廣漢里公大夫徐脊年廿七☑　（削衣）73EJT10：401④

（145）戍卒氐池安利里公乘田成年卌五　73EJC：610

---

① 73EJF3：215 號簡整理者原釋“十八”字，圖版右側殘斷，亦有可能是“廿”“卅”“卌”等字的殘筆，暫存疑不釋較宜。

② 雷海龍（落葉掃秋風）：《〈肩水金關漢簡（伍）〉釋文商補》，2016 年 8 月 25 日，簡帛網簡帛論壇，http：//www. bsm. org. cn/bbs/read. php？ tid ＝ 3389&keyword ＝% BC% E7% CB% AE% BD% F0。

③ 謝明宏：《〈肩水金關漢簡〉綴合拾遺（十）》，2022 年 7 月 4 日，簡帛網，http：//www. bsm. org. cn/？ hanjian/8733. html。

④ 曹方向：《初讀〈肩水金關漢簡（壹）〉》，2011 年 9 月 16 日，簡帛網，http：//www. bsm. org. cn/？ hanjian/5740. html。

（146）戍卒趙國邯鄲上里皮議　車工　73EJT1：19

（147）戍卒趙國邯鄲侍里公乘宋張利年卅六☑　73EJT4：59

（148）戍卒趙國邯鄲臺郵里公乘侯賜年卅七　府　73EJT7：38 + 10①

（149）戍卒趙國邯鄲東趙里士伍道忠年卅　庸同縣臨川里士伍郝□年卅　73EJT7：42

（150）戍卒趙國邯鄲廣陽里公乘蓋□☑　73EJT9：196

（151）戍卒趙國邯鄲樂中里樂疆□☑　73EJT25：133

（152）登山隧戍卒趙國邯鄲鹿里吾延年☑　73EJT26：59

（153）戍卒趙國邯☑　73EJT37：250

（154）戍卒趙國邯鄲東召里功孫定☑　73EJT37：834

（155）戍卒趙國邯鄲曲里張錢　正月壬寅入☑　73EJT37：945

（156）戍卒趙國邯鄲棘里張歸☑　73EJT37：1011

（157）戍卒趙國邯鄲平阿里吴世☑　73EJT37：1317

（158）廣漢隧戍卒趙國邯鄲平阿里公乘吴傳孺　三石具弩一　弩循一完　絲偉同幾郭軸辟完　稾矢銅鍭五十其卅二完十八庌雩蘭＝冠各一負索完　73EJT23：532 + 768②

（159）戍卒趙國邯鄲□☑　73EJH1：70

（160）戍卒趙國邯鄲邑中陽陵里士伍趙安世年五十五　庸☑　50.15

（161）戍卒趙國易陽侯里李董高☑　73EJT23：161③

（162）戍卒趙國易陽南實里王遂☑　73EJT23：921

（163）戍卒趙國易陽壽☑　73EJT23：1058

（164）戍卒趙國易陽長富□里公乘董故年廿☑　73EJT24：578

（165）戍卒伯人宜利里董安世　四石具弩一　蘭一冠一　稾矢銅鍭五十　73EJT28：6④

---

① 尉侯凱：《〈肩水金關漢簡（壹）〉綴合九則》，2016 年 10 月 5 日，簡帛網，http：//www. bsm. org. cn/? hanjian/7388. html。

② 胡永鵬：《讀〈肩水金關漢簡（貳）〉札記》，《中國文字（新四十期）》，臺北：藝文印書館 2014 年版。

③ 整理者原釋作“李登高”，依據圖版改釋。

④ 高一致：《讀〈肩水金關漢簡（叁）〉筆記（三）》，2014 年 9 月 5 日，簡帛網，http：//www. bsm. org. cn/? hanjian/6249. html。後以“《讀〈肩水金關漢簡（三）〉札記（十八則）》”爲名，發表於《珞珈史苑》，武漢大學出版社 2016 年版。

（166）狀公乘氐池先定里年卅六歲姓樂氏故北庫嗇夫五鳳元年八月甲辰以功次遷爲肩水士吏以主塞吏卒爲職☑
戍卒趙國柏人希里馬安漢等五百六十四人戍詣張掖署肩水部至□□到酒泉沙頭隧閱具簿□☑　73EJT28：63A
迺五月丙辰戍卒趙國柏人希里馬安漢戍詣張掖署肩水部行到沙頭隧閱具簿□□□□□□亡滿三☑
甘露二年六月己未朔庚申肩水士吏弘别迎三年戍卒……候以律令從事□□□☑　73EJT28：63B

（167）戍卒趙國柏人廣樂里公乘耿迎年卌五　☑　73EJT37：99

（168）戍卒趙國柏人曲周里公乘段未央年廿四☑　73EJT37：829

（169）戍卒趙國柏人高望里公乘郭世年廿九☑　73EJT37：1206＋872

（170）戍卒趙國伯人陽春里☑　73EJH1：45

（171）并山隧戍卒趙國襄國公社里公乘韓未央年□八☑　73EJT22：135①

（172）☑虜隧戍卒趙國襄國☑　73EJT23：445②

（173）戍卒趙國襄國犁楚里□☑　73EJT32：58③

（174）戍卒趙國襄國下廣里公乘耿□☑　73EJT37：562

（175）戍卒趙國□陵萬歲里士伍☑　73EJT37：231

（176）戍卒淮陽郡陳陵里士五袁猜年廿八☑　73EJT24：760

（177）戍卒淮陽郡陳作汜里士五陳常☑　73EJT24：966

（178）戍卒淮陽郡陳大楊里不更☑　73EJT24：990

（179）戍卒淮陽郡陳宜民里不更苛城年廿四　73EJT30：3

（180）戍卒淮陽郡陳安衆里不更舒畢年廿四　庸同里不更夏歸來年廿六　73EJT30：12

---

① 整理者原釋作“年卅”，依據圖版改釋。

② 整理者原釋文作“虜□□卒趙國襄□”。經查圖版，“虜”下一字整理者未釋，當是“隧”字；“卒”上一字圖版不清晰，從辭例來看疑是“戍”字；“襄”下一字，圖版殘缺，從辭例來看，當是“國”字。

③ 高一致：《讀〈肩水金關漢簡（叁）〉筆記（三）》，2014年9月5日，簡帛網，http：//www.bsm.org.cn/?hanjian/6249.html。後以“《讀〈肩水金關漢簡（叁）〉札記（十八則）》”爲名，發表於《珞珈史苑》，武漢大學出版社2016年版。

（181）戍卒淮陽郡陳高里不更宋福年廿四　庸張過里不更孫唐得年卅　73EJT30：13

（182）戍卒淮陽郡陳逢卿里不更許陽年廿七　庸進賢不更□常年卅三　73EJT30：15

（183）戍卒淮陽郡陳隱丘里不更趙從年卅　73EJT30：118

（184）戍卒淮陽郡陳思孝里不更蓋寬年卌八　□☑　73EJT30：135①

（185）戍卒淮陽郡陳安夷里不更鄴盧年廿四　73EJT30：262②

（186）初元二年　正月　騂北亭　戍卒符

戍卒淮陽國陳莫勢里許湛舒年卌一

戍卒淮陽國陳大宰里陳山年卅一

戍卒淮陽國陳桐陵里夏寄年廿四　73EJT27：48

（187）戍卒淮陽國陳□里公乘□□□□廿八☑　140.26

（188）戍卒淮陽國陳□□☑　171.20

（189）戍卒淮陽司馬里張樂☑　72EJC：49③

（190）戍卒淮陽郡苦集里宣横　三石具弩一完　蘭一完　弩循一完　蘭冠一完

承弦二完　服一完　73EJT26：217④

（191）戍卒淮陽郡苦上里王光　有方一完　靳幡一完　73EJT26：231

（192）☑戍卒淮陽郡苦宣房里恭單　□☑　73EJT26：276

（193）戍卒淮陽郡苦魯里不更葉横年卅四　73EJT30：14

（194）戍卒淮陽郡苦平陽里不更金□廣年卅二☑　73EJT30：25

---

① “□”，整理者原作“長”字，圖版殘斷字形不全，從相伴出簡以及書寫位置分析，亦有可能是“庸”字，但此字殘缺太重，暫存疑不釋較爲合適。

② 林獻忠：《讀〈肩水金關漢簡（貳）〉札記》，2014年12月20日，復旦大學出土文獻與古文字研究中心網，http：//www. gwz. fudan. edu. cn/Web/Show/2405。後以《〈肩水金關漢簡（貳）〉考釋六則》爲名，發表於《敦煌研究》2016年第5期。

③ 簡文省略了縣，推測爲淮陽治所“陳”。

④ 高一致：《讀〈肩水金關漢簡（叁）〉筆記（三）》，2014年9月5日，簡帛網，http：//www. bsm. org. cn/? hanjian/6249. html。後以《讀〈肩水金關漢簡（三）〉札記（十八則）》爲名，發表於《珞珈史苑》，武漢大學出版社2016年版。

（195）戍卒淮陽郡苦平川里大夫蔡外年卅四　73EJT30：140 +241[①]

（196）戍卒淮陽國苦□里公大夫陳得年卌五長七尺二寸黑色☑

73EJT37：1251 +1328

（197）淮陽國戍卒苦會里官□☑　73EJT37：126

（198）戍卒淮陽郡陽夏高里鄧□☑　（削衣）　73EJT1：100

（199）累山戍卒淮陽郡陽夏平里夏尊自言貸騂北亭卒同縣孟閭人字中君錢五百五十　73EJT30：102

（200）戍卒淮陽國陽☑　73EJT21：248

（201）戍卒淮陽國陽夏……年廿八　長七尺二寸黑色☑（竹簡）

73EJT21：329

（202）戍卒淮陽國陽夏木里芥自爲年卌丿　72ED1C：5

（203）戍卒淮陽國甯平宜春里大夫宋善年廿長七尺二寸黑色马

73EJT37：866 +580

（204）戍卒淮陽國甯平□城里大夫陳護年廿四長七尺二寸黑色　马☑

73EJT37：679

（205）戍卒淮陽國甯平故市里大夫丁臣年卅□☑　73EJT37：1319

（206）戍卒淮陽國甯平邑☑　73EJT37：1244

（207）戍卒淮陽國扶溝桐里公乘寇志年卅一　車父☑　73EJT37：670

（208）戍卒淮陽郡固始南高里不更宋猜年廿四　☑（削衣）

73EJT25：91

（209）戍卒淮陽郡傿北張里陳福☑　73EJT7：7

（210）戍卒淮陽郡傿信☑　73EJT7：96

（211）戍卒淮陽傿陵里陳忠公乘年廿八（竹簡）　72EJC：33

（212）戍卒淮陽郡西華田里不更蔡樂年廿三☑　73EJT9：45[②]

（213）戍卒淮陽郡西華南川里不更周充年廿三☑　73EJT10：294

（214）戍卒淮陽郡長平夕陽里不更何生年廿☑　73EJT9：6

---

① 伊强：《〈肩水金關漢簡（叁）〉綴合一則》，2016年8月23日，簡帛網，http：//www.bsm.org.cn/？hanjian/6768.html。

② 周波：《説肩水金關漢簡、張家山漢簡中的地名“贊”及其相關問題》，2013年5月31日，復旦大學出土文獻與古文字研究中心網，http：//www.gwz.fudan.edu.cn/Web/Show/2060。後發表於《出土文獻研究》第12輯，中西書局2013年版。

(215) 戍卒淮陽郡長平西原里上造鄭陽年卅☑　73EJT24：21

(216) 戍卒淮陽郡譙西成里黄拾　金城☑　73EJT4：15

(217) 戍卒淮陽郡譙胡里上造喬相年廿六　庸同縣童光里☑　73EJT5：36

(218) 戍卒淮陽郡城父邑楊里□☑　73EJT1：31

(219) 戍卒淮陽郡城父邑道成李王年廿四　（竹簡）　73EJT9：113

(220) 戍卒淮陽郡城父甯里劉畢☑　73EJT21：260

(221) 戍卒淮陽郡贊匠里滿願年廿六　□☑　73EJT22：80

(222) 戍卒梁國甾亭陵上造陳充年廿四☑　73EJT9：39

(223) ☑隧戍卒梁國菑市陽里☑　73EJT23：498

(224) 梁國戍卒菑直里大夫陳延年＝廿五☑　73EJT37：699

(225) 梁國戍卒菑東昌里大夫桐汀虜年廿四丿　73EJT37：750

(226) 梁國戍卒菑板里大夫華定年廿四☑　73EJT37：849

(227) 戍卒梁國菑板里董□☑　73EJH2：94

(228) 梁國戍卒菑樂陽里大夫陳德年廿四　丿丿☑　73EJT37：1005

(229) 梁國戍卒菑樂陽里大夫周利年五十二☑　73EJT37：1111

(230) 梁國戍卒菑□中里大夫桓志年卌五丿丿　73EJT37：1497

(231) 戍卒梁國杼秋東平里士五丁延年卅四　庸同縣敬上里大夫朱定□☑　73EJT5：39

(232) 禽寇隧戍卒梁國蒙宜故里丁𧶘　三石具弩一完☑
弩帽一完☑　73EJT29：71①

(233) 戍卒梁國己氏泗亭里□當時年□三丿　（竹簡）　73EJT1：9②

(234) 戍卒梁國己氏☑　（竹簡）73EJT1：74

(235) 戍卒梁國己氏官里陳可置☑　（竹簡）73EJT1：75

(236) 戍卒梁國己氏□☑　73EJT1：309

(237) 廣利隧戍卒梁國己氏陽垣里公乘閻誼年卅三　省府九月乙丑

① 王錦城：《肩水金關漢簡釋文校補舉隅》，《出土文獻》第11輯，中西書局2017年版。

② 劉倩倩：《〈肩水金關漢簡（壹）〉注釋及相關問題研究》，碩士學位論文，華東師范大學，2015年。

出 73EJT7：6

(238) 戍卒梁國己氏顯陽里公乘衛路人年卅 丿50.16

(239) 戍卒梁國己氏高里公乘周市年卅 50.29

(240) 戍卒梁國虞宜年里不更丁姓年廿七☑ 73EJT29：96

(241) 建始二年七月丙戌朔壬寅觻得□佗里秦俠君貰買沙頭戍卒梁國下邑水陽里孫忠布值□☑ 73EJT24：28

(242) 戍卒梁國睢陽秩里不更丁姓年廿四 庸同縣駝詔里不更廖亡生年廿四☑ 73EJT1：81

(243) 戍卒梁國睢陽丞筐里☑ 73EJT1：135

(244) 戍卒梁國睢陽中丘里不更李☑ 73EJT1：137

(245) 戍卒梁睢陽宜安☑ 73EJT1：161①

(246) 戍卒梁國睢陽宜安里□☑ 73EJC：344

(247) 戍卒梁國睢陽曲陽里不更李終人年廿四☑ 73EJT2：43

(248) 肩水戍卒梁國睢陽同廷里任輔 自言貰賣白布復袍一領直七百五十故要虜隧長□□縣遮里衛覓所論在觻得 73EJT3：104+105②

(249) 戍卒梁國睢陽□□里上造…… 73EJT4：194

(250) 戍卒梁國睢陽華里士五袁豺年廿四☑ 73EJT5：14

(251) 戍卒梁國睢陽東方里上造趙害年廿四☑ 73EJT24：256

(252) 戍卒梁國睢陽貲陽里不更陳外人年卅五☑ 73EJT24：750+919③

(253) 戍卒梁國睢陽宜受□☑ 73EJT24：754

(254) 戍卒梁國睢陽牛里☑ 73EJT24：811④

(255) 戍卒梁國睢陽長年里公士高偃年廿五☑ 73EJT24：861

---

① “宜”下一字整理者未釋，疑“安”字殘筆。

② 張文建：《〈肩水金關漢簡（壹）〉綴合（一）》，2017年6月18日，簡帛網，http：//www.bsm.org.cn/？hanjian/7562.html。

③ 伊强：《肩水金關漢簡綴合五則》，2014年7月10日，簡帛網，http：//www.bsm.org.cn/？hanjian/6224.html。73EJT7：195號簡釋文作“完軍隧戍卒陳外人”，是否爲同一人，暫存疑。

④ 高一致：《讀〈肩水金關漢簡（叁）〉筆記（一）》，2014年8月12日，簡帛網，http：//www.bsm.org.cn/？hanjian/6234.html。

（256）戍卒梁國睢陽董父里公士淳于然年卅五　73EJT24：874+871+805

（257）戍卒梁國睢陽☑　73EJT24：882

（258）戍卒梁國睢陽張里☑　73EJT24：889

（259）戍卒梁國睢☑　73EJT24：947

（260）戍卒睢陽馳□☑　73EJT25：146

（261）戍卒梁國睢陽新樂里公乘孫頤年廿六　九月丙寅出　癸巳入　140.3

（262）鬼新蕭登

故爲甲渠守尉坐以縣官事歐笞戍卒尚勃讞爵減

元延二十一月丁亥論　故觻得安漢里正月辛酉入　73EJT3：53

（263）以所帶劍首歐（毆）重（中）戍卒王奉親肩背皆青黑雍（臃）種（腫）廣袤各半所得以會　73EJT5：73①

## 田卒簡文輯録

（1）田卒上黨屯留☑　73EJT4：24②

（2）田卒上黨郡屯留新利里士伍貫尊官年卅☑　73EJT28：31

（3）田卒上黨郡涅蒲里不更童豹年廿五☑　73EJT23：920

（4）田卒上黨郡涅磨焦里不更李過程年廿五☑　73EJH2：1

（5）田卒上黨郡壺關東陽里不更莊耐年廿五☑　73EJT23：922

（6）田卒上黨郡泫氏□☑　73EJT23：34

（7）田卒上黨郡高都水東里不更甘□☑　73EJH2：81

（8）田卒河南郡京從里公乘陽青年卌三（竹簡）　73EJT14：8③

（9）田卒河南郡陽武昌安里鄭安☑　72EJC：40

（10）田卒河南郡陽武臨水里寇辰☑　72EJC：141

---

① 方勇：《讀肩水金關漢簡札記二則》，2011 年 9 月 16 日，簡帛網，http：//www.bsm.org.cn/? hanjian/5741.html。後發表於《魯東大學學報》2012 年第 2 期。

② 馬智全：《〈肩水金關漢簡（壹）〉校讀記》，《考古與文物》2012 年第 6 期。

③ 周艷濤：《〈肩水金關漢簡（貳）〉釋文補正四則》，《敦煌研究》2015 年第 2 期。

（11）田卒河南郡陽武園里田慶年卅☑ 72EJC：238

（12）田卒河南陽武□☑ 73EJC：362

（13）初元三年三月乙卯朔甲申倉嗇夫明以官行尉事敢言之遣竹亭長楊渠爲郡迎三年罷戍田卒張掖 73EJT11：31A+10+3

（14）田卒河南郡原武饒安里奚閭☑ 73EJT8：89

（15）田卒河南郡密邑西游□□年□□☑ 73EJT37：14①

（16）田卒河南郡密邑宜年里王捐年☑ 73EJT37：241

（17）田卒河南郡密邑發武朱宗年卅五☑ 73EJT37：408

（18）田卒河南郡密邑宜利里公乘鄭不侵 73EJT37：766

（19）田卒河南郡密邑東平里陳憙年卅四 73EJT37：1415

（20）田卒河南郡密邑長明里杜賢年卅 卩

73EJT37：1258+1291+1392

（21）田卒河南郡菀陵邑□□里公乘□□☑ 218.13

（22）田卒河南新鄭富里公乘孫章年廿九☑ 73EJT37：452

（23）田卒河南郡新鄭武成里公乘左奉年卅 卩 73EJT37：982

（24）田卒河南郡新鄭章陽里公乘朱兄年□☑ 73EJT37：1459②

（25）田卒河南郡新鄭東成里公乘蔡已年卅 73EJF3：276

（26）田卒東郡畔昌里孟悪年卅一長七尺☑ 73EJD：191

（27）田卒東郡畔邑利里公大夫□□年□□ 長七尺二寸黑色～（竹簡） 73EJT9：116③

（28）東郡田卒清大里公乘☑ 73EJT10：333④

（29）東郡田卒清靈星里大夫聶德年廿四長七尺二寸黑色 丿37.38⑤

（30）田卒東郡東阿增野里官大夫騶明年☑ 73EJT5：19

（31）田卒東郡東阿當夏里官大夫丁麾年廿六長七尺二寸黑色☑

73EJT9：90

---

① 整理者原作"年廿七"，圖版殘缺，暫存疑。

② 整理者原作"年卅"，圖版殘缺，暫存疑。

③ 整理者原作"年廿九"，圖版殘缺，暫存疑。

④ 原爲"東鄉"，黄浩波改釋爲"東郡"。黄浩波：《肩水金關漢簡地名簡考（八則）》，《簡帛研究》2017秋冬卷，廣西師範大學出版社2018年版。

⑤ 黄浩波認爲37.38與73EJT10：333兩簡可能出自同一簡册。黄浩波：《肩水金關漢簡地名簡考（八則）》，《簡帛研究》2017秋冬卷，廣西師範大學出版社2018年版。

（32）田卒東郡東阿昌國里公大夫孫壽年廿八長七尺☑　43.24

（33）田卒陳留郡濟陽臨里簪裹戎延年＝廿五☑　（竹簡）　73EJT21：202

（34）田卒穎川郡長社邑穎里韓充年廿四☑　（竹簡）　73EJT3：97

（35）田卒穎川郡臨穎邑鄭里不更范後年廿四☑　（竹簡）　73EJT3：96

（36）田卒濟陰郡定陶宜慶里大夫陳……長七尺二寸黑☑　73EJT25：137

（37）田卒濟陰郡定陶西牢里大夫王廣年廿八　長七尺二寸黑色　～☑　73EJT25：162

（38）田卒濟陰郡定陶西洲里大夫陳☑　73EJT25：164

（39）田卒濟郡定陶虞里大夫戴充年卅七　長七尺二寸黑色　有罪丿　73EJT37：76①

（40）田卒濟陰郡定陶前安里不更李千秋☑　73EJT37：1246

（41）田卒濟陰冤句昌成里大夫商廣世年卌九長七尺二寸黑色～　丿　73EJT37：970②

（42）田卒魏郡鄴遇里周遂年廿三……丿☑　73EJT5：54③

（43）田卒魏郡斥丘曲里大夫充年卅姓宋氏　職　卩　73EJT10：122④

（44）田卒魏郡内黄長里馮定年廿七☑　73EJT23：249

（45）田卒魏郡内黄博望里□開卅☑　73EJT23：250

（46）田卒魏郡内黄西好駕里郎王九年廿七～　73EJT23：790

（47）田卒魏郡内黄□□☑　73EJT29：128

（48）田卒魏郡内黄廣昌里□☑　72EJC：160

---

① 尉侯凱：《讀〈肩水金關漢簡〉零札七則》，《西華大學學報》2017 年第 1 期。

② 整理者原作“年卅九　長七尺二寸黑色　～　、”。經查，整理者所釋“卅”字恐非，疑“卌”字；整理者所釋“、”字，疑“丿”字。

③ “丿”整理者未釋，據圖版補。

④ 馬孟龍：《談肩水金關漢簡中的幾個地名》，《中國歷史地理論叢》2012 年第 3 期；何茂活：《〈肩水金關漢簡（壹）〉釋文訂補》，2014 年 11 月 28 日，復旦大學出土文獻與古文字研究中心網，http：//www. gwz. fudan. edu. cn/Web/Show/2392；張俊民：《肩水金關漢簡（壹）釋文補例》，2014 年 12 月 16 日，簡帛網，http：//www. bsm. org. cn/？hanjian/6288. html。

（49）田卒魏郡内黄☐（削衣）　72EJC：208

（50）田卒魏郡繁陽鉅當里大夫石虞人年廿七☐　73EJT31：93

（51）田卒魏郡繁陽昌平里大夫耿安世年廿八長☐　73EJC：424

（52）田卒魏郡犁陽南利里大夫丘漢年廿三　長七尺二寸黑色丿　73EJT2：3

（53）田卒魏郡犂（陽）臨里大夫陰福年廿六☐　72EJC：27[①]

（54）田卒魏郡犂陽當市里☐（削衣）　72EJC：276

（55）田卒魏郡犁陽北市里大夫☐　121.29

（56）田卒魏郡武始金年里大夫史□福年卅五☐　73EJT8：81

（57）田卒魏郡武安壽☐　119.1

（58）五鳳二年五月壬子朔辛巳武安左尉德調爲郡送戍田卒張掖郡　73EJT37：1099

（59）田卒魏郡㕯平陽里公士華捐年廿五　丿　73EJT10：108[②]

（60）田卒魏郡貝丘宜春里大夫趙建年卌八　長七尺二寸黑色　丿　73EJT30：117

（61）田卒貝丘莊里大夫成常幸年廿七　庸同縣㕯期里大夫張收年卅
長七尺☐　73EJT29：100[③]

（62）五鳳二年六月壬午朔己丑魏郡貝丘四望亭長寬調爲郡迎　73EJT37：740[④]

（63）張掖郡□田卒觻得樂安里公士嚴中……　73EJT37：1205

（64）田卒平明里陳崇年三十　大車一兩用牛二頭丿　73EJF3：346[⑤]

（65）田卒居延富里張惲年三十五　大車一兩用牛二頭　九月戊戌出

---

① 高一致：《讀〈肩水金關漢簡（伍）〉小札》，2016 年 8 月 26 日，簡帛網，http：//www. bsm. org. cn/? hanjian/7368. html。

② “田”字，整理者原釋“戍”字，恐非，依據圖版改釋。

③ 馬孟龍認爲：“武帝元鼎三年貝丘、鄃、㕯、靈等縣即已歸屬魏郡管轄。”馬孟龍：《談肩水金關漢簡中的幾個地名》，《中國歷史地理論叢》2012 年第 3 期。73EJT29：100 號簡無郡信息，《漢書・地理志》清河郡轄有貝丘，然依據 73EJT30：117 號簡“貝丘”歸屬魏郡，故暫把 73EJT29：100 號簡列入魏郡。

④ 從簡文内容看，可能是迎“罷卒”，而貝丘縣無戍卒來源，故懷疑可能是迎“罷田卒”。從中可看出魏郡貝丘可能派出的戍卒規模較大。

⑤ 平明里屬居延縣，故列入。

丿　73EJF3：371[①]

（66）田卒趙國柏人南蒲里蘇堨☑　73EJT1：136＋163[②]

（67）田卒趙國襄國長安里龐寅年廿六　丿　73EJT1：13[③]

（68）田卒趙國襄國下廣里張從丿☑　73EJT1：118

（69）田卒趙國襄國恩☑　73EJT2：59

（70）田卒襄國陳西里簪☑　73EJT2：86

（71）田卒趙國襄國齋里李賜年卌三　丿　～　（竹簡）

73EJT27：22

（72）田卒趙國尉文翟里韓□☑　73EJT1：32

（73）田卒平干國廣平澤里簪褭李田利里年廿六☑　（竹簡）

73EJT1：73

（74）田卒平干國張揄里簪褭吕儋年卌二　（竹簡）

73EJT1：5

（75）田卒平干國南和□里公士李未年卅六　（竹簡）73EJT2：14[④]

（76）田卒平干國南和阮昔年□☑　73EJC：363

（77）田卒淮陽郡陳□☑　73EJT4H：48

（78）田卒淮陽上雍里許鈞年卅七☑　73EJT22：93[⑤]

（79）田卒陽夏富陵里戴千秋年廿五☑　73EJT27：26

（80）田卒淮陽郡陽夏安成里上造周不識年廿四☑　73EJD：212

（81）田卒淮陽郡扶溝樂成里☑　（削衣）　73EJT22：98

（82）田卒淮陽郡固始步昌里上造朱寬年廿五丿　73EJT9：83

（83）田卒淮陽郡固始成安里上造陳外年廿五丿　73EJT21：121

（84）田卒淮陽郡圉翟里祁道年廿五☑　73EJT21：425

---

① 73EJF3：346 和 73EJF3：371 兩簡文書格式較爲相似，懷疑是同一册書。

② 伊强：《肩水金關漢簡綴合十五則》，《簡帛》第 12 輯，上海古籍出版社 2016 年版。

③ 任達：《〈肩水金關漢簡（壹）〉文字編》，碩士學位論文，吉林大學，2014 年，第 3 頁。

④ 何茂活：《〈肩水金關漢簡（壹）〉殘斷字釋補》，2014 年 11 月 20 日，復旦大學出土文獻與古文字研究中心網，http：//www. gwz. fudan. edu. cn/Web/Show/2377。後發表於《中國文字（新四十二期）》，臺北：藝文印書館 2016 年版。

⑤ 簡文省略了縣，推測爲淮陽治所“陳”。相同情況見 72EJC：49 號簡“戍卒淮陽司馬里張樂”。

（85）田卒淮陽郡圂君里葉弘　□□☐　73EJT26：187[①]

（86）田卒淮陽郡新平景里上造高千秋年廿六　取甯平駟里上造胡舒年廿四爲庸　丿　73EJT26：9[②]

（87）田卒淮陽郡長平南莊里不更扈恶子年廿五☐　73EJT28：30

（88）田卒淮陽長平東陽里不更鄭則年卅八　73EJT30：8

（89）田卒淮陽郡長平北親里不更費畢年卌五　庸西陽里不更莊登年卅八　73EJT30：263

（90）田卒淮陽郡長平高閭里不更李范年廿六　庸南垣不更費充年廿五　73EJT30：267

（91）田卒梁國蒙新成里不更兒充年廿五☐　73EJT27：21[③]

（92）田卒梁國蒙市陰里季賢年廿四☐　73EJT23：939＋1031

（93）田卒梁國睢陽平居里☐　73EJT1：134

（94）田卒梁國睢陽朝里寇遂年卅二　庸同縣丞筐里張遂年廿八☐　73EJT21：373[④]

（95）田卒梁國睢陽汴陽里牛充☐　73EJT21：419

（96）田卒梁國睢陽竹陽里鄧延年廿四☐　73EJT21：430

（97）田卒梁國睢陽館里彭廣年廿七　庸樂□☐　73EJT24：541

（98）田卒梁國睢陽南里☐　73EJT24：666

（99）田卒梁國睢陽東弓里孫聖年☐　73EJT24：706

（100）☐卒梁國睢陽東弓里欒邊年廿四☐　73EJT24：709

（101）田卒梁國睢陽東☐　73EJT24：776[⑤]

（102）☐國睢陽東弓里吕姓年廿四　庸樂☐　73EJT24：791

---

① 高一致：《讀〈肩水金關漢簡（叁）〉筆記（一）》，2014 年 8 月 12 日，簡帛網，http：//www. bsm. org. cn/？ hanjian/6234. html。後以《讀〈肩水金關漢簡（叁）〉札記（十八則）》爲名，發表於《珞珈史苑》，武漢大學出版社 2016 年版。

② 何茂活：《〈肩水金關漢簡（叁）〉釋文商訂（之二）》，《簡帛》第 13 輯，上海古籍出版社 2016 年版。

③ 何茂活：《〈肩水金關漢簡（叁）〉釋文商訂（之二）》，《簡帛》第 13 輯，上海古籍出版社 2016 年版。

④ 整理者原釋“丞全里”，“全”字疑爲“筐”字殘筆，73EJT1：135 號簡可爲佐證。

⑤ “東”字整理者未釋，張俊民補釋，并認爲是“東弓”。

（103）田卒梁國睢陽彭里☑　73EJT24：901[1]

（104）田卒梁國睢☑　73EJT24：935

（105）田卒梁國睢陽彭☑　73EJT24：938[2]

（106）田卒梁國睢陽富樂里龔根年廿五　庸樂陽☑　73EJT24：970

（107）田卒梁國睢陽斛陽里謝姓□☑　73EJT37：550

（108）田卒梁國睢陽石里馮□☑　73EJC：427

（109）田卒大河郡東平陸巨丘里□☑　73EJT24：668

（110）田卒大河郡東平陸陵里朱市客☑　73EJT24：725

① 73EJT24：706、73EJT24：709、73EJT24：776、73EJT24：791 四簡可以編聯，故 73EJT24：709、73EJT24：791 兩簡雖殘亦列入。

② 趙海龍認爲："'彭'或許即是'彭里'。"趙海龍：《〈肩水金關漢簡（叁）〉所見地名補考》，2014 年 8 月 31 日，簡帛網，http：//www.bsm. org. cn/? hanjian/6243. html。

# 第六章　肩水金關漢簡所見女性史料研究

肩水金關漢簡的内容涉及兩漢社會的方方面面，具有重要的學術研究價值，其自二十世紀出土以來，一直備受學界重視。我們在閲讀這批材料時發現其中有許多女性史料，值得我們探究，然學界關注不够，故對相關問題進行了初步研究，不足之處，敬請方家指正。

## 第一節　妻隨夫姓

肩水金關漢簡中保留有許多出入關信息，其中有一部份屬於吏或卒的家屬出入記録。大體而言，這方面的記録可分爲兩部份，一是記録在家屬符上，二是記録在出入名籍上。家屬符是家屬在出入關卡時所需出示的憑證。學界最初的研究是圍繞出自 A32 的 29. 1、29. 2 號簡展開。李均明、劉軍，大庭脩，李天虹，汪桂海，趙寵亮等均有討論。[①] 肩水金關漢簡出版以來，提供了更多關於家屬出入的資料。學者圍繞簡文内容及其所反映的出行、家庭、社會歷史信息等展開研究。張俊民，藤田勝久，袁延勝，黄艷萍，鷹取佑司，郭偉濤，魏學宏、侯宗輝，鐘良燦等均有

① 李均明、劉軍：《簡牘文書學》，廣西教育出版社 1999 年版，第 420 頁；李均明：《秦漢簡牘文書分類輯解》，文物出版社 2009 年版，第 434 頁；［日］大庭脩：《漢簡研究》，徐世虹譯，廣西師範大學出版社 2001 年版，第 140 頁；汪桂海：《漢符余論》，《簡牘學研究》第 3 輯，甘肅人民出版社 2002 年版，第 295 頁；李天虹：《居延漢簡簿籍分類研究》，科學出版社 2003 年版，第 159 頁；趙寵亮：《行役戍備——河西漢塞吏卒的屯戍生活》，科學出版社 2012 年版。

論述。①

一般情況下，家屬符中會出現有夫、妻兩人的姓名，而且不少家屬符中妻子是隨夫姓的，僅列舉兩則簡文如下：

槖他收降隧長陳建　建平二年正月家屬符

妻大女觻得安成里陳自爲年卌四

子小男惲年九歲　子小女護□年□□

車一兩　　73EJT37：756

槖他石南亭長王并　建平四年正月家屬出入盡十二月符

妻大女昭武宜衆里王辦年五十

子男嘉年十一歲

大車一兩　用牛二頭　用馬一匹　　73EJT37：762

張俊民據此提出疑問，認爲："是不是説在西漢之時，邊郡地區確實施行過'妻隨夫姓'的制度呢？這些簡文，一般都有明確紀年，時間在永光四年（前 40 年）到建平四年（前 3 年）之間，跨越漢元帝到漢平帝。可能在西漢晚期前後近四十年的時間里，確實存在著這種現象。如果邊郡存在著這種現象，是否意味著西漢後期就存在這種情況呢？"② 在研究家屬出入符後，黄艷萍承繼了這種説法，認爲："妻之姓氏與夫姓氏相同，子女則不書姓。"③ 早在二十世紀末，劉增貴對此問題已有關注，他認爲："冠夫姓的形成，更反映了婦女的附屬性，這些也都被後世所

① 主要成果有：張俊民：《新、舊居延漢簡校讀二例》，《考古與文物》2009 年第 2 期；［日］藤田勝久：《肩水金關與漢代交通—傳與符之用途》，《金塔居延遺址與絲綢之路歷史文化研究》，甘肅教育出版社 2014 年版；袁延勝：《肩水金關漢簡家屬符探析》，《金塔居延遺址與絲綢之路歷史文化研究》，甘肅教育出版社 2014 年版；袁延勝：《肩水金關漢簡家屬符探析》，《甘肅省第三届簡牘學國際學術研討會論文集》，上海辭書出版社 2017 年版；黄艷萍：《漢代邊境的家屬出入符研究——以西北漢簡爲例》，《理論月刊》2015 年第 1 期；［日］鷹取佑司：《肩水金關遺址出土の通行證》，《古代中世東アジアの關所と交通制度》，東京：汲古書院 2017 年版；郭偉濤：《漢代張掖郡肩水塞研究》，博士學位論文，清華大學，2017 年，第 184—210 頁；魏學宏、侯宗輝：《肩水金關漢簡中的"家屬"及其相關問題》，《敦煌研究》2017 年第 4 期；鐘良燦：《西北漢簡所見吏卒家屬研究》，《簡帛研究》2017 春夏卷，廣西師範大學出版社 2017 年版。

② 張俊民：《新、舊居延漢簡校讀二例》，《考古與文物》2009 年第 2 期。

③ 黄艷萍：《漢代邊境的家屬出入符研究——以西北漢簡爲例》，《理論月刊》2015 年第 1 期。

承襲。"[①]

從肩水金關漢簡來看，確實有這樣的情況。如73EJT37：1007號簡夫姓是“孫”，其妻名“孫遷”；73EJT37：1059號簡夫姓是“宋”，其妻名“宋待君”；73EJT37：754號簡夫姓是“魯”，其妻名“魯請”；73EJT3：89號簡夫姓是“成”，其妻名“成虞”；73EJT3：762號簡夫姓是“王”，其妻名“王辦”。不僅邊地，新莽時期京兆尹也存在這樣的情況。73EJF3：131號簡汪就與其丈夫汪尚（73EJF3：133）便是來自“常安善居里”。由此，可以印證張俊民“西漢後期就存在這種情況”的觀點。不僅肩水金關漢簡，孫兆華認爲：“里耶秦簡牘户籍文書所見妻不書姓現象，或許反映了妻從夫姓的社會情形。”[②] 也即從秦時，已有了妻隨夫姓的情況存在。

對“妻隨夫姓”的現象，我們認爲可能只是一種社會風俗，并未形成張俊民所言的“制度”。比如73EJT37：1058號簡，户主是“張彭”，然其母却是“徐都君”，也即“張彭”之母“徐都君”并未從夫姓“張”；如73EJT9：87號簡户主是“利主”，其妻却是“司馬服”；再如73EJF3：138號簡廣土隧長孫党的“小母”（父親所娶的妾）名叫“解憲”。這些例子均没有從夫姓。另外，也能看到，一家之中既有從夫姓的也有不從或省略姓氏的，如73EJT6：42號簡“兄妻屋蘭宜衆里井君任”從“夫姓井”，同簡“兄妻君之”却并無“夫姓”；73EJT37：758號簡“母昭武平都里虞儉”從“夫姓虞”，同簡“妻大女丑”却并無“夫姓”。類似簡還有73EJT37：176、73EJT3：89等，不再一一列舉。

從傳世文獻中漢皇后的稱謂來看，“妻隨夫姓”也并未形成制度。《漢書・景帝紀》：“孝景皇帝，文帝太子也。母曰竇皇后。”《漢書・昭帝紀》：“四年春三月甲寅，立皇后上官氏。”《漢書・宣帝紀》：“十一月壬子，立皇后許氏。”《漢書・元帝紀》：“孝元皇帝，宣帝太子也。母曰共哀許皇后”。《漢書・成帝紀》：“丙午，立皇后許氏。”《漢書・哀帝紀》：“五月丙戌，立皇后傅氏。”《漢書・平帝紀》：“二月丁未，立皇后

---

① 劉增貴：《漢代婦女的名字》，《新史學》1996年第4期。

② 孫兆華、王子今：《里耶秦簡牘户籍文書妻從夫姓蠡測》，《中國人民大學學報》2018年第3期，第43頁。

王氏，大赦天下。”從中可以看到有竇皇后、上官皇后、許皇后、傅皇后、王皇后等，也即女子出嫁，并未從“夫姓”而廢弃娘家姓氏。哀帝、平帝的母親也未從“夫姓劉”，也保留娘家姓氏。《漢書・哀帝紀》：“孝哀皇帝，元帝庶孫，定陶恭王子也。母曰丁姬。”《漢書・平帝紀》：“孝平皇帝，元帝庶孫，中山孝王子也。母曰衛姬。”

綜合分析來看，漢簡中出現的“妻隨夫姓”的情況，應是一種社會風俗，尚不具有制度性的規定。在實際生活中也無强制性，在操作上也具有靈活性，并非女子都要改姓。

## 第二節　婚育年齡

家屬符以及出入名籍中記載了許多子女以及妻子的年齡，從中我們可推算妻子的婚育年齡，從而加深對當時的婚姻生育狀況的認知和瞭解。我們依據簡文信息，清單如下（表29）：

**表29**　**婚育年齡信息**　單位：歲

| 母 | | 長子女 | | 生育年齡 |
|---|---|---|---|---|
| 姓名 | 現齡 | 姓名 | 現齡 | |
| 司馬服 | 32 | 自爲 | 6 | 26 |
| 李□ | 19 | — | 3 | 16 |
| 葉中孫 | 25 | 疌 | 5 | 20 |
| 趙吴 | 27 | 佳 | 13 | 14 |
| 陳恩 | 35 | 業 | 18 | 17 |
| 孫遷 | 25 | 自當 | 2 | 23 |
| 宋待君 | 22 | 自當 | 9 | 13 |
| 辛遷 | 27 | 詡 | 9 | 18 |
| 成虞 | 26 | 候 | 1 | 25 |
| 丑 | 25 | 孫子 | 7 | 18 |
| 陽 | 21 | 頃間 | 1 | 20 |
| 召眇 | 40 | — | 14 | 26 |
| 孫可枲 | 27 | — | 4 | 23 |

續表

| 母 | | 長子女 | | 生育年齡 |
|---|---|---|---|---|
| 姓名 | 現齡 | 姓名 | 現齡 | |
| 逢廉 | 35 | 君曼 | 11 | 24 |
| 君之 | 23 | 義 | 10 | 13 |
| 井君任 | 21 | 習 | 7 | 14 |
| 徐公君 | 28 | 賀 | 3 | 25 |
| 孫第卿 | 21 | 王女 | 3 | 18 |
| 南來 | 15 | — | — | — |
| 張春 | 42 | 輔 | 19 | 23 |
| 令 | 22 | — | 7 | 15 |
| 婢 | 16 | — | — | — |
| 魯請 | 19 | — | — | — |
| 君陽 | 23 | 君乘 | 8 | 15 |
| 程昭 | 28 | 買 | 8 | 20 |
| 李□ | 19 | — | 3 | 16 |
| 君 | 20 | 客子 | 1 | 19 |
| 徐女止 | 18 | 來卿 | 2 | 16 |
| 君信 | 35 | 疌 | 15 | 20 |
| 君以 | 40 | 鳳 | 17 | 23 |
| 汪就 | 28 | 張 | 13 | 15 |
| 廉 | 35 | — | — | — |
| 孫嚴 | 18 | — | — | — |
| 宛君 | 25 | — | — | — |
| 張請君 | 37 | 襃 | 20 | 17 |

注：生育年齡計算采取的是現齡減去長子女現齡的辦法，另 73EJT37：175、73EJT37：756、73EJT37：762、73EJT37：1150 號簡子女年齡偏小而妻子年齡偏大，懷疑可能并非長子女，故未列入考察。

由表 29 可知，共統計到有效婚育年齡 29 個，其中 15 歲以下 7 個，占比 24.1%；16—20 歲 13 個，占比 44.8%；21—25 歲 7 個，占比 24.1%；26—30 歲 2 個，占比 6.9%。需要注意的是 15—20 歲共計有 20 個，占比 68.9%，説明早婚早育比較普遍。如 73EJT6：41 號簡記載，後起隧長逢尊女兒君曼年齡才 11 歲，便有“尚未成婚之壻”——居延龍起里王都。[①]

從中也可以看出生育高峰在16—20歲之間，女性生育年齡差异也較爲明顯，最小是13歲，最大是26歲，平均育齡19.0歲。這和居延漢簡“早婚非早育”的資料有一定差异（賈麗英統計居延漢簡平均育齡21.1歲）。[②] 雖然有早婚的習俗，但也有一些女子的婚嫁年齡偏大。如73EJT37：1058號簡有“女弟來侯年廿五”，也即年25還未出嫁，户籍信息還在娘家，26—30歲所占比例較小的緣由可能與“過時不嫁”有關，[③] 她們超過了15—20歲的適婚年齡。

15歲應是男子和女子成年的起始點，[④] 在家屬符中也能得以充分體現。據29.2號簡記載“子大男輔年十九歲，輔妻南來年十五歲”；73EJT3：89號簡記載“弟婦監君年十五”；73EJT37：1105＋1315號簡記載李豐“子大女疌年十五”，知疌年十五已經被稱爲“大女”。故懷疑十五歲是女子出嫁時間的一個節點。

肩水金關漢簡中還透露了當時的“夫婦之間的婚齡差”，依據簡文，列表如下（表30）：

**表30　　夫婦婚齡信息**

| 夫姓名 | 夫年齡 | 妻姓名 | 妻年齡 | 年齡差 |
|---|---|---|---|---|
| 音 | 32 | 苑君 | 25 | 7 |
| 張輔 | 19 | 南來 | 15 | 4 |
| 李豐 | 38 | 君信 | 35 | 3 |
| 汪尚 | 38 | 汪就 | 28 | 10 |
| 韓放 | 50 | 廉 | 35 | 15 |
| 音 | 32 | 苑君 | 25 | 7 |
| 王都 | 22 | 君曼 | 11 | 11 |

① 邢義田：《〈肩水金關漢簡（壹）〉初讀札記之一》，《簡帛》第7輯，上海古籍出版社2012年版。

② 賈麗英：《從居延漢簡看漢代隨軍下層婦女生活》，《石家莊師範專科學校學報》2004年第1期。

③ 臧莎莎：《漢代女性“過時不嫁”現象研究》，《唐都學刊》2018年第2期。

④ 彭衛：《漢代婚姻形態》，三秦出版社1988年版，第88頁。

由表 30 可知，夫婦之間差异明顯，男方的年齡普遍大於女方的年齡。最大的年齡差出現在夫韓放、妻廉身上，相差了 15 歲；最小的是夫李豐、妻君信，相差 3 歲。經計算，夫婦平均年齡差 8.14 歲。彭衛在《漢代婚姻形態》一書中“從現有史料看，漢代丈夫的年齡要比妻子高一至四歲，平均約爲二、三歲”的觀點，① 與肩水金關漢簡所披露的歷史信息有差异，這個問題有重新思考的必要。

還需要注意的是 73EJT37：755、73EJT37：1058 兩簡，通過簡文梳理，我們發現兩簡内容高度一致，對比如下：

**表 31　　73EJT37：755、73EJT37：1058 内容對比**

| 簡號 | 時間 | 臨 | 驕 | 陽 |
|---|---|---|---|---|
| T37：755 | 建平二年 | 16 歲 | 13 歲 | 23 歲 |
| T37：1058 | 建平四年 | 18 歲 | 15 歲 | 25 歲 |

兩簡中的臨、驕、陽三人可實現對應，而且年齡遞增也保持一致（均遞增 2 歲）。據此，兩簡實爲同一家庭的家屬出入符。不同之處有兩點，一是兩簡的時間不一致，73EJT37：755 號簡是建平二年，73EJT37：1058 號簡是建平四年，相隔二年；二是户主不同，73EJT37：1058 號簡是張彭，73EJT37：755 號簡的户主當是張彭的父親。之前的研究中，我們曾論及 73EJT37：178、73EJT37：761 兩簡是相隔二年的家屬符，② 今又增加一例。我們也可復原出這一血緣家庭的人員構成，母親徐都君（50 歲）、子張彭、兒媳君陽（25 歲）、女兒來侯（25 歲）、女兒召（22 歲）、子張惲（20 歲）、子臨（18 歲）、女兒驕（15 歲）、孫女君乘（10 歲）、孫子欽（5 歲）。徐都君共孕育 6 個孩子，由此也可推算出她生育孩子的時間週期，分別是：25 歲（生女來侯）、28 歲（生女召）、30 歲（生子張惲）、32 歲（生子臨）、35 歲（生女驕），每次産後間歇期約 2.5 年。③ 這也爲我們探尋女性産後休息的週期提供了一個重要數字參考。

---

① 彭衛：《漢代婚姻形態》，三秦出版社 1988 年版，第 98 頁。

② 姚磊：《讀〈肩水金關漢簡〉札記（四）》，2016 年 4 月 16 日，簡帛網，http：//www.bsm.org.cn/？hanjian/6675.html。

③ 如果我們按照這個週期推算，徐都君生育張彭的年齡約在 22 歲。

## 第三節　休妾文書

《肩水金關漢簡》第三册有一組簡文較爲重要，記載了家庭關係、妻妾矛盾等問題。如下：

☑（令）不行，禁不止，使少驕其子，長毋文理，不敬其妻，莫奉……妾不……　　73EJT24：739＋784＋785

該簡由三簡綴合而成，[①] 從簡文内容“不敬其妻”分析，該組簡完整的内容應與休妾有關。以往我們多見到的是休妻文書，而休妾文書非常少見，肩水金關漢簡這一記載無疑是非常寶貴的史料。至於爲何休妾還要出具文書，我們推測和妾的身份有關，妾可能也有一定的家庭背景，因爲并不是所有的妾的出身都差，“秦漢男子‘買’妾和‘娶’妾兩種情形兼而有之”。[②] 所以，如果是娶妾，也應當對妾的娘家有一定的交代。

關於休妻，《大戴禮記・本命篇》記載有七個條件，一般稱爲“七出”或“七去”，曰：“婦有七去：不順父母去，無子去，淫去，妒去，有恶疾去，多言去，竊盗去。不順父母去，爲其逆德也；無子，爲其絶世也；淫，爲其亂族也；妒，爲其亂家也；有恶疾，爲其不可與共粢盛也；口多言，爲其離親也；盗竊，爲其反義也。”[③] 73EJT24：739＋784＋785 號簡則提供了不同的“休婦”視角。

一曰“令不行，禁不止”。意命令、意見得不到執行。該語出自《管子・立政》，曰：“然則令不行，禁不止。故曰：‘私議自貴之説勝，則上令不行。’”[④] 此處是指妾不聽從夫家的意見，固執己見行事，故而被休，既可能是不聽丈夫之命，也有可能是不聽公婆之命。這與《孔雀東南飛》中的劉蘭芝被休的緣由相似，焦仲卿的母親稱劉蘭芝“此婦無禮節，舉動自專由”。需要注意的是“不聽夫家意見”不見於《大戴禮記・本命篇》“七出”，而且這個原因排在了被休緣由之首，疑該妾主要是多次頂

① 姚磊：《〈肩水金關漢簡（叁）〉綴合（一）》，2016 年 11 月 22 日，簡帛網，http：//www.bsm.org.cn/？hanjian/7417.html。

② 彭衛、楊振紅：《中國婦女通史（秦漢卷）》，杭州出版社 2010 年版，第 121 頁。

③ 王聘珍：《大戴禮記解詁》，中華書局 1983 年版，第 255 頁。

④ 黎翔鳳：《管子校注》，中華書局 2004 年版，第 1193 頁。

撞而被休。

二曰“少驕其子”。此處的“驕”字是寵愛、放縱之意，即作爲母親溺愛孩子。“驕子”在當時的社會不被認可，《史記·梁孝王世家》載：“鄙語曰‘驕子不孝’。”《史記·五宗世家》載：“景帝少子，驕怠多淫，數犯禁。”如果教育得當，孩子不“驕”，便會受到推崇，故蔡邕用“童子無驕逸之猶，婦妾無舍力之愆”來贊美司徒袁隗夫人馬倫。① 此處是指妾寵溺孩子，影響了孩子的成長。“寵溺孩子”也不見於《大戴禮記·本命篇》“七出”。

三曰“長毋文理”。“文理”是指禮儀，意孩子長大後不知禮儀等行爲規範。《荀子·禮論》：“文理繁，情用省，是禮之隆也。文理省，情用繁，是禮之殺也。”② 《鹽鐵論·論功》載：“上無義法，下無文理，君臣嫚易，上下無禮。”③ 《左傳·成公十三年》有“禮，身之干也”的說法，④ 足見禮儀的重要。漢代更加推崇禮儀，國家邦交更把“禮”推崇至極，《漢書·西域傳》甚至有“漢家不通無禮之國”的記載。此外，《公羊傳·隱西元年》載：“桓何以貴？母貴也。母貴則子何以貴？子以母貴，母以子貴。”何休注：“禮，妾子立則母得爲夫人。”⑤ 此處是指妾對孩子的教育失敗，使得他不具備成才的素質條件，從而也失去了“母以子貴”的可能。“子不成才”也不見於《大戴禮記·本命篇》“七出”。

四曰“不敬其妻”。意對正妻不尊敬。在漢代，上層社會蓄妾行爲較爲普遍，不僅合法，而且合禮，⑥ 甚至一般平民只要有能力也會多妻。⑦ 經楊樹達考證，漢代男子于正妻之外，有小妻、有小婦、有少婦、有傍妻、有妾、有下妻、有外婦。⑧ 這些名目稱謂雖然繁多，但“妾”則是正

---

① 蔡邕：《蔡邕集編年校注》，河北教育出版社 2002 年版，第 334 頁。

② 王先謙：《荀子集解》，中華書局 1988 年版，第 357 頁。

③ 王利器：《鹽鐵論校注》，中華書局 1992 年版，第 542 頁。

④ 楊伯峻：《春秋左傳注》，中華書局 1981 年版，第 860 頁。

⑤ 阮元校刻：《十三經注疏》，中華書局 1980 年版，第 2197 頁。

⑥ 顧麗華：《漢代婦女生活情態》，社會科學文獻出版社 2012 年版，第 124 頁。

⑦ 葛劍雄：《西漢人口地理》，商務印書館 2014 年版，第 48 頁。

⑧ 楊樹達：《漢代婚喪禮俗考》，上海古籍出版社 2000 年版，第 44—46 頁。

式稱謂。[①]

妻妾衆多帶來了家庭關係的不穩定，使得女性成員之間矛盾突出，"由於妻妾位置没有凝固化，具有一定的可變性，所以妾可以憑藉有子、或容貌出衆來威脅正妻地位，而正妻對於妾也高度戒備，視若仇敵"。[②] 故簡文所言"不敬其妻"便是在這樣的歷史背景下出現的。北大漢簡《妄稽》也記載了妻妾矛盾，其中妻妄稽便是占據家庭的主導地位，而妾虞士則毫無地位可言，幾乎任由妄稽鞭笞折磨，"柘修百束，竹笞九秉。昏笞虞士，至旦不已"。[③] 從中也反映出妻妾斗争時妾的處境非常不妙。簡文此處是指妾對正妻不恭敬，影響了正妻的地位，所以算是一個罪責。"不敬其妻"也不見於《大戴禮記・本命篇》"七出"。

五曰"莫奉父母（兄嫂）"。"莫奉"後簡文殘斷，推測應當是長輩，如父母、兄嫂之類。此類見於《大戴禮記・本命篇》"七出"，不再多言。

對比《大戴禮記・本命篇》"七出"，肩水金關漢簡的休妻文書在排序和内容上有很大不同。排序上强調了對夫家的服從（"令不行，禁不止"居首），弱化了對長輩的奉養［"莫奉父母（兄嫂）"居尾］，内容上則有對夫、對子、對妻三方面的新的要求。總體而言，對女性的要求和束縛更深一層。

## 第四節　女奴的地位和生活

婢，《説文・女部》："女之卑者也"，[④] 也即我們常説的女奴。肩水金關漢簡中還有許多有關"婢"的史料，對於我們研究女性奴隸的社會生活具有重要的作用。值得注意的是家屬符中也有奴婢的名字，由此，郭偉濤把 73EJT37：1528＋280＋1457 號簡"小奴滿"也歸到"家屬"中。[⑤] 我們認爲這樣歸屬，不能反映出他們的真實地位。

---

① 彭衛、楊振紅：《中國婦女通史（秦漢卷）》，杭州出版社 2010 年版，第 122 頁。

② 彭衛：《漢代婚姻形態》，三秦出版社 1988 年版，第 167 頁。

③ 何晋：《文學史上的奇葩——北京大學藏西漢竹書〈妄稽〉簡介》，《文匯報》2015 年 12 月 18 日第 W10 版。

④ （漢）許慎：《説文解字》，中華書局 1963 年版，第 260 頁。

⑤ 郭偉濤：《漢代張掖郡肩水塞研究》，博士學位論文，清華大學，2017 年，第 212 頁。

漢簡中的“省卒家屬名籍”“家屬居署名籍”“卒家屬名籍”以及“累重訾直簿”能反映出家屬的人員構成情況。[①] 經查，在這些簿籍中，吏卒的“家屬”主要由妻、子女、父、母、兄弟、姊妹組成，[②] 不包含奴婢。

羅布淖尔漢簡中有兩枚簡記録了“家屬”，對解釋家屬的内涵，具有重要的作用。簡文如下：

☐里公乘史隆家屬畜産衣器物籍 L27

□□□□□家屬六人，官駝二匹，食率匹二斗 L41

由 L27 號簡知家屬、畜産和衣器物屬并列關係，并不統屬。由 L41 號簡可知某人的家屬有六人，明確家屬屬性爲“人”而没包含財物。而在西北漢簡中，奴婢一般是被視作財物出現，可以買賣贈予。簡文如下：

候長觻得廣昌里公乘禮忠年卅

小奴二人直三萬　大婢一人二萬　軺車二乘直萬

用馬五匹直二萬　牛車二兩直四千　服牛二六千

宅一區萬　田五頃五萬　·凡貲直十五萬 37.35

☐絳百匹，雜繒百匹，又以其所捕斬馬牛羊、奴婢、財物盡予之

EPT52：569

舉籍吏民奴婢畜産財物訾直 73EJT27：2B

從 37.35 號簡可知奴婢都是有價商品，從 EPT52：569 號簡知奴婢可以像馬牛羊等牲畜一樣被賜予，從 73EJT27：2B 號簡看奴婢與畜産等同，算作是吏民的財務。還有一些簡文記載了奴婢的出入情況，有助於理解奴婢的身份和地位。列舉如下：

地節二年五月壬申張掖大守客大原中都里邯鄲張占田居延

與金關爲出入符=齒第一　　小奴富主 73EJT28：12

五鳳元年六月戊子朔己亥，西鄉嗇夫樂敢言之：大昌里趙延自言：爲家私使居延，與妻平、子小男偃登、大奴同、婢瓅緑，謹案延、

① 賈麗英：《秦漢家庭法研究：以出土簡牘爲中心》，中國社會科學出版社 2015 年版，第 11 頁。

② 李天虹：《居延漢簡簿籍分類研究》，科學出版社 2003 年版，第 69、149 頁；賈麗英：《秦漢家庭法研究：以出土簡牘爲中心》，中國社會科學出版社 2015 年版，第 11、217 頁。

平、偃登、便同、綠毋官獄徵事，當得取傳，乘家所占用馬五匹，軺車四乘，謁移過所肩水金關居延，敢言之。

六月己亥，屋蘭守丞聖光移過所肩水金關居延，毋苛留，如律令。/掾賢守令史友　73EJT37：521

·元始三年七月，玉門大煎都萬世候長馬陽，所齎操妻子、從者、奴婢出關致藉　《敦》795①

73EJT28：12 號簡是進出肩水金關的出入符，小奴富主被單獨列出位於簡的左下角。由 73EJT37：521 號簡知大奴同、婢瓅綠與户主及其家屬一起"私使居延"，奴婢同、瓅綠在此處并没當作財物對待，而是和户主一樣進行了身份的驗證，并確認"毋官獄徵事"。敦煌漢簡 795 號簡記載萬世候長馬陽帶著妻子、從者、奴婢一起出關。結合三簡看，在出現户主的出入簡中，從者、奴婢均是陪同出行人員，排名靠後，地位低下。

奴婢所能吃到的糧食，也非常少，簡文有一定的記載，如下：

大奴一人

大婢二人

未使奴一人

·凡一月用食五石四斗　73EJT7：79

大婢多錢一人　一月食一石三斗　三月至九月食九石一斗積七月　73EJT4：39

依據 73EJT7：79 號簡記載，四人共用食五石四斗，平均每人約一石三斗五升的月食標準，而其中還包括了有成年男性"大奴一人"，減除他的糧食後，女奴的糧食可能更少。73EJT4：39 號簡提供了更爲清晰的資料，大婢多錢"一月食一石三斗"。經考證，邊塞吏卒每月稟食的標準多爲三石三斗三升少，② 而這個標準并不能讓人吃飽，"只相當於人們食量的 60—70%"。③ 對比簡文中大婢多錢的一石三斗月食標準，知其只有吏卒的三分之一左右，可能僅僅是每天只提供了一頓飯而已，更不要提能否飽食了，這個標準應是只能維持生命的最低綫。由此，我們也能感受

① 張德芳：《敦煌馬圈灣漢簡集釋》，甘肅文化出版社 2013 年版，第 583 頁。

② 李天虹：《居延漢簡簿籍分類研究》，科學出版社 2003 年版，第 64 頁。

③ 徐揚傑：《居延漢簡廩名籍所記口糧的標準和性質》，《江漢論壇》1993 年第 2 期。

到她們的生活艱辛。如果還讓她們參加勞作的話，這些女奴婢的生命可能都無法保證了。所以，奴婢逃亡就較爲常見，如下：

□奴婢亡人命　　73EJT23：828

屬女子左纗疑在界☑　　73EJT21：387

73EJT23：828 號簡是指奴婢脱離户籍流亡，73EJT21：387 號簡簡文中“屬女子”疑官奴婢，“左纗”即“左剽”，一般用在馬身上，意“在馬的左部烙上徽記”。[①] 可能是這名女奴同馬一樣，在身體的左部也有標記，故曰“左剽”。懷疑其可能犯有一定罪行，才被標記。依據張家山漢簡《二年律令·賊律》的記載“奴婢毆庶人以上，黥頯，畀主”。其中“黥頯”便是指“刺青於臉頰”。[②] 從簡文“疑在界”分析，這名女奴應是逃亡了，官府正在追擊。

肩水金關漢簡簡文還記載了一次女奴的交易糾紛，交代了奴婢的悲慘處境，如下：

□冀陰利里長廣君大婢財，賈錢萬二千錢，畢已節，有固疾不當賣而賣，逐賈錢　　73EJT24：275

據簡文知“大婢財”被其原主人“長廣君”所賣，價錢是“萬二千”，但由於她有健康因素“有固疾”（長久不愈之病），不能買賣交易，但其主人“不當賣而賣”，於是産生了貿易糾紛。從中我們能得到幾個重要的信息，一是女奴的買賣價格（“萬二千”），二是奴隸買賣時的標準（不能有“固疾”），三是原主人長廣君對待有病奴婢的處理方法（“轉賣”）。居延漢簡 37.35 號簡記載了奴隸的價格，“小奴二人直三萬　大婢一人二萬”，陳連慶考證認爲：“兩漢奴婢價格一般在一萬二千錢至四萬錢之間。”[③] 由此，大婢財的價格確實不高，在價格的最低綫，這也很可能和她身患“固疾”有關。遺憾的是簡文并不完整，不能完整復原這場糾紛的結果，但我們從中可以看出，奴婢一旦患有重疾，無法再體現價值之時，很有可能便被主人所遺弃買賣。

---

① 胡平生、張德芳：《敦煌懸泉漢簡釋粹》，上海古籍出版社 2001 年版，第 25—26 頁。

② 彭浩、陳偉、［日］工藤元男：《二年律令與奏讞書》，上海古籍出版社 2007 年版，第 102 頁。

③ 陳連慶：《〈史記·貨殖列傳〉所記的西漢物價》，《中國古代經濟史論叢》，黑龍江人民出版社 1983 年版，第 162 頁。

需要注意的是，女奴的名字也非常有意思。有側重利主的：大婢利、小婢利主、小婢承顔；有側重情義的：大婢愛、大婢恩；有側重錢財的：大婢財、大婢益息；有側重歡喜的：大婢好、大婢朱喜等。從她們的名字分析，和正常的普通人差异很大，① 更突出報恩、利主、討喜之意，可能都是被主人所起名字，從中可知她們完全是隸屬服從地位。

綜上，從肩水金關漢簡所反映的史料分析，女奴地位低下，生活困頓、處境艱難，不能當成"家屬"對待。

## 第五節　結語

肩水金關漢簡簡文中有一則再嫁的記録，簡文如下：

攜子行嫁者如此矣　攜　菌　菜（習字）　73EJF3：382

漢代改嫁、再嫁較爲普遍，楊樹達認爲："夫死，婦往往改嫁。雖有子女亦然。且有攜其子女往改嫁之家者。"② 漢代傳世文獻中也有攜子再嫁的記載，然出土文獻則較爲少見，肩水金關漢簡的這一記録，就顯得彌足珍貴。從簡文"攜子行嫁"看，當是帶前夫的孩子再嫁人，而從簡文"如此矣"的感歎語氣看，似乎再嫁的結果并不圓満。漢代并不反對再嫁，那麽簡文"如此矣"的感歎可能是反對的"攜子"的這種行爲。因爲在漢代"如果丈夫死後，妻子另行再嫁，兒子大多留在父家之中"，③ 而簡文中"攜子行嫁"之舉明顯與社會習俗有所衝突。對這種情况，彭衛認爲："這或是父家經濟狀況極度貧苦、無力養育所致；或因戰亂災疫無法回到父家，而隨母家共同逃難。"④ 可參。

肩水金關漢簡中有一則平民女子和奴婢贖罪的記録，較爲重要，如下：

贖罪允吾莱陽里女子陳成大婢愛　73EJT24：47

簡文記録了女子陳成和大婢愛犯法後通過"贖罪"的方式，減免刑

---

① 楊曉宇：《西漢時期人名稱謂研究》，碩士學位論文，哈爾濱師範大學，2014 年，第 10—15 頁。

② 楊樹達：《漢代婚喪禮俗考》，上海古籍出版社 2000 年版，第 34—35 頁。

③ 彭衛：《漢代婚姻形態》，三秦出版社 1988 年版，第 203 頁。

④ 彭衛：《漢代婚姻形態》，三秦出版社 1988 年版，第 203 頁。

罰。依據張家山漢簡《二年律令·具律》的記載，女性犯罪比照丈夫的爵位并且可以減輕處罰，“公士、公士妻及□□行年七十以上，若年不盈十七歲，有罪當刑者，皆完之”。“女子當磔若要斬者弃市。當斬爲城旦者黥爲舂，當贖斬者贖黥，當耐者贖耐。”① 遺憾的是簡文没有記載陳成犯有何罪以及爲何“大婢愛”也牽涉其中。經學者考證，“漢代贖刑的方式很多，但主要分爲兩大類，即納金贖刑和納物贖刑”。② 簡文也没交代陳成通過何種方式“贖罪”，但73EJH1：3號簡提供了一種可能，即“入錢贖罪”，簡文如下：

神爵三年六月己巳朔乙亥，司空佐安世敢言之：複作大男吕异人，故魏郡繁陽明里，乃神爵元年十一月庚午坐傷人論，會二年二月甲辰赦令，複作縣官一歲三月廿九日·三月辛未

初作盡神爵三年四月丁亥，凡已作一歲一月十八日，未備二月十一日以詔書入錢贖罪，免爲庶人，謹移偃檢封入居延謁移過所　73EJH1：3

參考73EJH1：3號簡，我們推測陳成有可能通過“入錢”方式“贖罪”，需要注意的是此簡中奴婢的“贖罪”方式可能也是由陳成“入錢”實現的。

肩水金關漢簡中還有對婦幼老弱的關愛體恤的記載，如下：

□姊大女須年八十一免　72ECC：57

簡文中的“大女須”已經年齡超過八十，按照漢時規定，可以免除徭役賦税等義務。故簡文中的“免”，可能是指“免老”之意。張家山漢簡《二年律令·傅律》記載：“大夫以上年五十八，不更六十二，簪褭六十三，上造六十四，公士六十五，公卒以下六十六，皆爲免老。”③ 整理小組注釋曰：“免老，因年高免服徭役。”④ 可參。

肩水金關漢簡中還有一則簡文，亦表達了對婦幼老弱的關愛，頗具

① 彭浩、陳偉、［日］工藤元男：《二年律令與奏讞書》，上海古籍出版社2007年版，第124、126頁。

② 朱笛：《漢代贖刑探論》，《南京曉莊學院學報》2008年第4期。

③ 彭浩、陳偉、［日］工藤元男：《二年律令與奏讞書》，上海古籍出版社2007年版，第231頁。

④ 張家山二四七號漢墓竹簡整理小組：《張家山漢墓竹簡〔二四七號墓〕：釋文修訂本》，文物出版社2006年版，第57頁。

人道主義的光彩。簡文如下：

□錢不縣得毋煩□□……　73EJT23：994A

□留之人：妻、婦、幼、弱、獨，上下塞難，叩頭謹請往

73EJT23：994B

簡文雖然殘斷，但部分簡文之意尚通順，指出某地所留下來的人有五類：妻、婦、幼、弱、獨。“妻”是指出嫁的女子，“婦”是指兒媳或弟媳，“幼”是指小孩子，“弱”是指年少的人，“獨”是指無子孫的老人。五類人“上下塞難”，故上書“請往”，體現了對他們的愛護和扶助之意。

肩水金關漢簡簡文中還記録了一場較爲嚴重的疾病，涉及到了“武”的妻和子女，簡文如下：

還知放病卧隧中武妻子病在隧外厩内中已□□　73EJT24：194

從簡文可知，隧中、隧外均有病人，“厩内”從簡文意思推測也不樂觀。從“卧”字分析，患病的程度也較爲嚴重。裘錫圭認爲：“總的説來，當時邊塞的醫藥衛生條件大概是很差的。”① 從患病的規模看，疑是某種傳染性疾病。經學者考證，“漢簡中疾病以傷寒、傷汗和頭痛之類最多，有時同時發生……簡文字所説的傷寒或傷汗，指涉甚廣……就其中最常見者而言，大約即是現今所理解的因受寒而導致的傷風感冒症狀”。②“武”的妻和子女可能患的就是此類疾病，遺憾的是簡文殘斷，無法完整得知她們的全部情況。

① 裘錫圭：《居延漢簡中所見疾病名稱和醫藥情況》，《中醫藥文化》2008 年第 6 期。

② 陳彦良：《漢代邊防吏卒疾病試析——以居延漢簡所見疑似壞血病及諸症狀爲中心》，《東吴歷史學報》2010 年第 24 期，第 6—7 頁。

# 第七章　肩水金關漢簡所見赦令研究

漢代的赦免制度一直是學界研究的熱點，這方面的研究成果較爲豐碩。[①] 沈家本依據傳世文獻，在《歷代刑法考》一書中曾詳細論述漢代的赦免，這爲我們瞭解相關内容提供了良好條件。[②] 魯惟一《漢代行政記録》、冨谷至《秦漢刑罰制度研究》、鄔文玲博士學位論文《漢代赦免制度研究》利用西北漢簡中保留的相關"赦令"内容，[③] 做了一定的研究工作。張俊民在對懸泉漢簡整理研究的過程中披露了一組簡文，[④] 稱其爲

---

① 代表性論著如沈家本：《歷代刑法考》，中華書局 1985 年版；邢義田：《從安土重遷論秦漢時代的徙民與遷徙刑》，《"中研院"歷史語言研究所集刊》1986 年第 57 本第 2 分；杜欽：《漢代大赦制度試釋》，碩士學位論文，東海大學歷史學，1992 年；鄔文玲：《漢代赦免制度研究》，博士學位論文，中國社會科學院研究生院，2003 年；鄔文玲：《漢代赦免制度施行程式初探》，《沈家本與中國法律文化國際學術研討會論文集》，中國法制出版社 2005 年版；［英］魯惟一：《漢代行政記録》，于振波、車令花譯，廣西師範大學出版社 2005 年版；［日］冨谷至：《秦漢刑罰制度研究》，柴生芳、朱恒曄譯，廣西師範大學出版社 2006 年版，第 106—116 頁；楊國譽、晋文：《漢代赦制略論》，《學海》2004 年第 3 期；楊國譽：《試論秦漢刑罰中的赦與減免》，碩士學位論文，南京師範大學，2004 年；陳松梅：《漢代赦免制度探析》，碩士學位論文，西北師範大學，2009 年；何雙全、陳松梅：《漢代赦免制度新論》，《出土文獻研究》第 9 輯，中華書局 2010 年版；陳春勇：《赦免及其程序問題研究》，中國人民公安大學出版社 2010 年版；黄輝：《兩漢詔令比較研究》，碩士學位論文，華中師範大學，2013 年；孫雪：《儒學與漢代赦免制度研究》，碩士學位論文，曲阜師範大學，2016 年。

② 沈家本：《歷代刑法考》，中華書局 1985 年版，第 529 頁。

③ 薛英群稱爲"赦書"，《漢代官文書考略》，《漢簡研究文集》，甘肅人民出版社 1984 年版，第 287、292、293 頁。

④ 張俊民：《敦煌懸泉置探方 T0309 出土簡牘概述》，《長沙三國吴簡暨百年來簡帛發現與研究國際學術研討會論文集》，中華書局 2005 年版。

"赦令文書",[①] 記錄了罪人奉世蒙"二月丙辰赦令"回归故郡的情況，亦豐富了赦令文書的研究内容，彌補了傳世文獻的缺失。

赦免制度中涉及的復作等刑法問題，吸引了许多學者参與研究，以致"古人各抒己見，今人莫衷一是"。[②] 張建國在綜合各家觀點基礎上，認爲："（復作）是罪徒遇到皇帝下赦令詔書後，或者説國家遇到大事要赦天下時蒙赦的罪徒。這些罪徒原來是被判罰司寇以上（文帝十三年改革後指2年刑期以上）勞役刑的人，赦令下達後被免去刑徒身份，這是和刑徒的最大區别，然後以勞動的方式服完原刑期的剩餘時間。"[③] 此説雖然廓清了很多問題，但依然存在争論。[④]

在閲讀肩水金關漢簡過程中，發現簡文也有類似懸泉漢簡"赦令"的内容，而且涉及復作等重要的刑法問題。擬就赦令相關問題展開討論，敬請方家指正。

## 第一節　赦令簡文梳理

肩水金關漢簡中有許多簡文涉及到赦令，通過檢索相關信息，以下對涉及赦令的簡文作一些梳理。列舉簡文如下：

（1）·右奴婢有駕駕，赦罪一等，以上其證☐　　73EJT1：235

（2）河平四年二月甲申朔丙午，倉嗇夫望敢言之：故魏郡原城陽宜里王禁自言：二

年戍屬居延犯法論，會正月甲子赦

令，免爲庶人，願歸故縣，謹案：律曰：徒事已，毋糧，謹故官爲封偃檢，縣次續食給法所當得。謁移過所津關，毋

苛留止，原城收事，敢言之。

① 張俊民：《懸泉漢簡所見赦令文書初探》，《簡帛研究》2011，廣西師範大學出版社2013年版。

② 徐世虹、支强：《秦漢法律研究百年（三）》，《中國古代法律文獻研究》第6輯，社會科學文獻出版社2012年版，第119—120頁。

③ 張建國：《漢代的罰作、復作與弛刑》，《中外法學》2006年第5期。

④ 高震寰：《從勞動力運用角度看秦漢刑徒管理制度的發展》，博士學位論文，臺灣大學，2017年，第84—101頁。

二月丙午，居令博移過所，如律令。掾宣嗇夫望佐忠 73EJT3：55

（3）☑□以赦令免爲　73EJT23：93[①]

（4）□□願足下善毋恙間者□遣卒幸得已甚善迫身伏前言
□□□□唯丈人賴□赦罪敞叩頭幸甚謁謹道敞前日去時忘□
73EJT23：239

（5）己丑赦令前……　73EJT33：50

（6）五鳳三年十二月癸卯朔庚申，守令史安世敢言之：復作大男彭千秋，陳留郡陳留高里，坐傷人論，會神爵四年三月丙辰赦
令，復作縣官一歲十月十日，作日備，免爲庶人，道自致。謁移陳留過所縣道河津函谷關，毋苛留止，如律令，敢言之。
十二月庚申，居延令弘、守丞安世移過所縣道河津函谷關，毋苛留止，如律令。
掾守令史安世。　73EJT34：6A
章曰居令延印　73EJT34：6B

（7）永光四年六月己酉朔癸丑，倉嗇夫勃敢言之：徒故穎川郡陽翟宜昌里陳犬，永光三年十二月中坐傷人論鬼新，會
二月乙丑赦令，免罪復作，以詔書贖免爲庶人，歸故縣，謁移過所河津關，毋苛留止，縣次贖食。
……　73EJT37：526

（8）神爵三年六月己巳朔乙亥，司空佐安世敢言之：復作大男吕异人，故魏郡繁陽明里，廼神爵元年十一月庚午坐傷人論，會二年二月甲辰赦令，復作縣官一歲三月廿九日・三月辛未
初作盡神爵三年四月丁亥，凡已作一歲一月十八日，未備二月十一日以詔書入錢贖罪，免爲庶人，謹移偃檢封入居延謁移過所。　73EJH1：3A[②]

（9）自言幸得以赦令除用卷約責普＝服負不得除　73EJF3：60＋283

（10）……過所津關，給法所當得，繁
陽收事，如律令，敢言之。

---

① 73EJT23：93號簡“以”上一字，圖版作：[字形圖]，疑“辰”字殘筆。

② “初”“移”兩字張俊民改釋。

六月己巳，居延令宣，移過所魏郡繁陽，書到，如律令／掾商嗇夫憲　六月丁巳入　73EJD：19A

居令延印區□　73EJD：19B

（11）建昭二年七月辛卯朔壬辰，令史宗敢言之：遣令史□德迎徒復作……

謁移過所縣道河津關，毋苛留止，如律令，敢言之。

七月甲午，居延城倉長通，移過所如律令。丿掾……佐□

73EJD：41A

居延倉長　73EJD：41B

（12）戍邊乘橐他曲河亭南陽郡葉邑安都里柏尚年卅五會赦事已　軺車一乘　牛一頭　二月乙丑南入　73EJT37：870

（13）廣地候史□□葆……年□　會赦歸昭武　73EJF3：207

經統計，共有十三枚簡涉及到赦令的內容。結合《漢書》以及懸泉漢簡的相關記載，可以確定一些簡文記載的赦令年代。如下：

## 一　漢宣帝時期赦令

73EJH1：3號簡吕异人所受"二月甲辰赦令"見《漢書·宣帝紀》，"（神爵）二年春二月，詔曰：'乃者正月乙丑，鳳凰甘露降集京師，群鳥從以萬數。朕之不德，屢獲天福，祗事不怠，其赦天下。'"① 神爵二年二月朔丁丑，甲辰是該月的二十八日。

73EJT34：6號簡的彭千秋所受"神爵四年三月丙辰赦令"，干支存在一定的問題。許名瑲指出："神爵四年三月丙辰，紀日干支有誤。神爵四年三月乙丑朔，是月無'丙辰'，疑'辰'字或爲'戌'之訛。"② 許名瑲雖然指出干支存在的錯誤，但他的解讀是不成立的。因爲該簡有"二""三"混用的情況，A面第一行簡首"五鳳三年"的"三"字，圖版作：，書手寫作"二"，核對干支後方知應該爲"三"，因爲只有五鳳三年十二月才有"癸卯朔"。故73EJT34：6號簡是書手把"二月"

① （東漢）班固：《漢書》，中華書局1962年版，第262頁。

② 許名瑲：《〈肩水金關漢簡（肆）〉曆日校注》，2016年3月7日，簡帛網，http：//www.bsm.org.cn/？hanjian/6642.html。

錯寫成了“三月”。幸運的是懸泉漢簡中保留有“神爵四年二月丙辰赦令”，提供了有力的佐證，簡文作：

神爵四年五月甲子朔壬申，縣泉置嗇夫弘敢言之：廷司馬寇大男

馮奉世，故魏郡内黄共里，會二月丙辰赦令，免爲庶人，當歸故縣□使　　IT0309③：149①

三年閏月乙丑論髡鉗城旦，作盡四年三月己卯積作二月十六日，未滿日歲九月十日，會二月丙辰赦

令，當復作二歲，三月庚辰赦，作盡五鳳二年三月乙丑，積作二歲七日，書到，如律令。　　ⅡTO114④：339②

此外，據《漢書》記載，“神爵四年二月”漢宣帝有“大赦”的行爲，而“神爵四年三月”并無。《漢書·宣帝紀》載：“（神爵）四年春二月，詔曰：‘乃者鳳皇甘露降集京師，嘉瑞并見。修興泰一、五帝、后土之祠，祈爲百姓蒙祉福。鸞鳳萬舉，蜚覽翺翔，集止於旁。齋戒之暮，神光顯著。薦鬯之夕，神光交錯。或降于天，或登于地，或從四方來集于壇。上帝嘉饗，海内承福。其赦天下，賜民爵一級，女子百户牛、酒，鰥寡孤獨高年帛。’”③ 神爵四年二月朔乙未，丙辰日是該月的二十二日。

## 二　漢元帝時期赦令

73EJT37：526號簡的陳犬所受“二月乙丑赦令”見《漢書·元帝紀》，“（永光）四年春二月，詔曰：‘朕承至尊之重，不能燭理百姓，婁遭凶咎。加以邊境不安，師旅在外，賦斂轉輸，元元騷動，窮困亡聊，犯法抵罪。夫上失其道而繩下以深刑，朕甚痛之。其赦天下，所貸貧民勿收責’”。④ 永光四年二月是辛亥朔，乙丑日是該月十五日。

73EJD：41號簡簡面有殘損的情況，簡文無法完整釋出，從而影響了簡意的理解。從時間上看該簡是漢元帝“建昭二年七月”，事件涉及到“徒”“復作”，機構是“居延倉”。據《漢書·元帝紀》載：“（建昭二

① 張俊民：《敦煌懸泉置出土文書研究》，甘肅教育出版社2015年版，第422頁。

② 張俊民：《懸泉漢簡所見赦令文書初探》，《簡帛研究》2011，廣西師範大學出版社2013年版。

③ （東漢）班固：《漢書》，中華書局1962年版，第263頁。

④ （東漢）班固：《漢書》，中華書局1962年版，第291頁。

年）夏四月，赦天下。”[①] 也即在建昭二年四月朝廷有赦令下達。由懸泉漢簡ⅡT0115③：207 號簡可知建昭二年四月大赦的赦令時間是丙寅日（初四），而 73EJD：41 號簡的時間是七月甲午（初四），距四月丙寅的赦令很近，相差約八十八日。故該簡可能和建昭二年四月的赦令有關，是對“復作”人員進行的某種安排。

## 三　漢成帝時期赦令

73EJD：19 號簡同 73EJH1：3 號簡一樣，也涉及到魏郡繁陽，可惜簡文殘缺不全，無法準確判定被赦人和赦令時間。據學者考證，居延令宣任職時間在漢成帝竟寧元年（公元前 33 年）到河平元年（公元前 28 年）間。[②] 經查，這段時間有五次赦免活動，分別是：竟寧元年七月、建始元年二月、建始二年正月、建始三年三月、河平元年四月。[③]

簡文中出現的“六月己巳”（審批時間）和“六月丁巳”（入關時間）爲探究年代信息提供了依據。核對曆法知，從建始元年（公元前 32 年）直到陽朔四年（公元前 21 年）的十二年間，六月同時有“己巳”和“丁巳”日的年份僅有兩年。分別爲：建始二年六月、建始三年六月。建始二年六月丁巳朔，己巳是該月十三日。建始三年六月朔辛亥，丁巳是該月七日，己巳是該月十九日。

如果審批時間是建始二年六月，赦令有可能是竟寧元年七月、建始元年二月、建始二年正月三者中的一個。然建始二年正月的赦免，有限定區域“赦奉郊縣長安、長陵及中都官耐罪徒”。[④] 與 73EJD：19 號簡所在的邊塞不符合，可排除。即符合條件的僅有竟寧元年七月或建始元年二月的赦令。竟寧元年七月的大赦是因爲漢成帝登基踐祚，“七月，大赦天下”。[⑤] 建始二年正月的大赦是因爲災异，《漢書・成帝紀》載赦免詔

---

① （東漢）班固：《漢書》，中華書局 1962 年版，第 294 頁。

② 胡永鵬：《西北邊塞漢簡編年及相關問題研究》，博士學位論文，吉林大學，2016 年，第 666 頁。

③ 鄔文玲：《漢代赦免制度研究》，博士學位論文，中國社會科學院研究生院，2003 年，第 23—24 頁。

④ （東漢）班固：《漢書》，中華書局 1962 年版，第 305 頁。

⑤ （東漢）班固：《漢書》，中華書局 1962 年版，第 302 頁。

書曰："乃者火災降于祖廟，有星孛于東方，始正而虧，咎孰大焉！《書》云：'惟先假王正厥事。'群公孜孜，帥先百寮，輔朕不逮。崇寬大，長和睦，凡事恕己，毋行苛刻。其大赦天下，使得自新。"[①]

如果審批時間是建始三年六月，赦令有可能是竟寧元年七月、建始二年正月、建始三年三月三者中的一個。據《漢書・成帝紀》載："（建始）三年春三月，赦天下徒。賜孝弟力田爵二級。諸逋租賦所振貸勿收。"[②] 三月赦免詔書下達，六月被赦免，時間上大致有二、三個月的空餘時間，用來詔書傳達、上報審批時間充足。

73EJT3：55 號簡所記"正月甲子赦令"，趙寵亮作"五月甲子赦令"，[③] 核查圖版當從整理者作"正月甲子"。[④] 此外，傳世文獻亦可佐證。《漢書・成帝紀》載："（河平）四年春正月，匈奴單于來朝。赦天下徒，賜孝弟力田爵二級，諸逋租賦所振貸勿收。"[⑤] 河平四年正月是甲寅朔，甲子日是該月的十一日。

由於簡牘殘損或信息不完整等因素，也有一些簡文記載的赦令年代或内容無法確定。如下：

73EJT1：235 號簡是對奴婢的赦免，然赦令時間無法確定；73EJT23：93 號簡簡文殘斷，無法確定赦令内容和時間，推測是被赦人以某次赦令被"免爲庶人"；73EJT23：239 號簡是書信，但由於簡文殘損，文字無法完整釋讀，赦令時間無法確定；73EJT33：50 號簡指出赦令的時間爲"己丑赦令"，但其他信息較少，無法確定赦令内容和具體年代；[⑥] 73EJF3：60 + 283 號簡簡文信息少，難以解讀；73EJT37：870 號簡記載了柏尚"會赦事"出行的交通工具情况，由於信息不完整，不清楚赦免後此次出行的目的，也無法確定赦令的時間；73EJF3：207 號簡記載被赦人"赦歸昭武"（昭武屬張掖），知被赦人故郡便是張掖郡，也即他在故郡服役，由於簡文殘損，也無法確定赦令時間。

---

① （東漢）班固：《漢書》，中華書局 1962 年版，第 303 頁。

② （東漢）班固：《漢書》，中華書局 1962 年版，第 306 頁。

③ 趙寵亮：《行役戍備——河西漢塞吏卒的屯戍生活》，科學出版社 2012 年版，第 143 頁。

④ 張俊民：《肩水金關漢簡札記二則》，2011 年 9 月 30 日，簡帛網，http：//www. bsm. org. cn/? hanjian/5749. html。

⑤ （東漢）班固：《漢書》，中華書局 1962 年版，第 310 頁。

⑥ 居延新簡 E. P. T27：3 號簡記載"……六月甲子赦令前，詔書謹到，敢言之"。可供參考。

## 第二節　赦免時間節點研究

在赦免活動中，有幾個較爲重要的時間節點，如實際執行刑期的時間、赦令詔書的傳遞時間、復作時間以及最後的審批時間等，這些時間節點對理解赦免活動具有重要的作用。

"實際執行刑期"是指服役人從判刑服役直到其被甄别爲赦免人員前（或復作前）這一階段的服役。這段本屬原判决的刑期，由於服役人被赦免而重新量刑，原判决的服役時間被打破。如73EJH1：3號簡吕异人"神爵元年十一月庚午"坐傷人論到神爵二年"三月辛未"復作前，他服役共計一百二十一日（四月一日）（見表32）。73EJT37：526號簡的陳犬坐傷人的時間是"永光三年十二月中"，[①] 在"免罪復作"前，已服役約八十六日（見表35）。[②] 73EJT3：55號簡的王禁"二年戍屬居延犯法"，其服役時間在一年以上（見表36）。"審批時間"是指服役人在結束復作（73EJT34：6號簡稱爲"作日備"）直到上級機關審核通過的時間。73EJH1：3號簡吕异人"復作期"結束時間爲"神爵三年四月丁亥"，司空審批吕异人歸故里的時間是"神爵三年六月乙亥"，共歷時四十八日（一月十八日），這段時間是赦免的最後審批期，并非"復作期"結束後即赦歸故郡（見表32）。赦令詔書的傳遞時間和復作時間更爲重要，以下結合相關例子加以論述。

### 一　赦令詔書的傳遞時間

赦令詔書的傳遞時間是指赦令詔書從中央到地方的用時。由73EJH1：3號簡簡文知，從神爵二年二月甲辰赦令下達到神爵二年三月辛未吕异人開始"復作"，共歷時二十六日，期間包含了兩段時間，一是赦令詔書從中央傳遞到地方的時間，因爲大赦生效的時間"是以接到大赦詔書之時

---

① 時間較爲模糊，暫定該月丙寅日（15）爲起始點計算。

② 結合73EJH1：3號簡推算。

開始的”。①二是主管部門甄别所費的時間，并非赦令下達即獲“復作”（見表32）。

關於赦免人員的甄别時間，居延新簡中有《建武五年八月甲渠言府下赦令詔書毋應書》簡册，記載了這方面的内容，可供借鑒。如下：

八月戊辰，張掖居延城司馬武以近秩次行都尉文書事，以居延倉長印封，丞邯下官縣，承書從事下

當用者，上赦者人數罪别之，如詔書。書到言，毋出月廿八。掾陽、守屬恭、書佐況。　EPF22：68

詔書曰：其赦天下自殊死以下，諸不當得赦者，皆赦除之，上赦者人數罪别之。　EPF22：164

由EPF22：68號簡可知，赦令下達到地方後，相關機構要對符合赦令的人員進行甄别——“上赦者人數罪别之”，即向上級彙報赦免的人員數目和他們的罪名。同時，“上赦者人數罪别之”還有時間上的限制要求“毋出月廿八”。文書下達時間是八月戊辰（二十五日），廿八日（毋出月廿八）就要上報，即“上赦者人數罪别之”的甄别時間有三日。甄别後，要對上級彙報結果，是否有符合赦令的人員。如下：

甲渠言府下赦令

·

詔書·謹案：毋應書　EPF22：162

會月廿八日·謹案：毋應書，敢言之。　EPF22：165

由EPF22：162、EPF22：165簡文“毋應書”可知，未有符合赦令的人員。

借鑒《建武五年八月甲渠言府下赦令詔書毋應書》簡册，吕异人被赦也需要一個甄别的時間，假設同EPF22：68號簡一樣均是三日，73EJH1：3號簡赦令詔書傳遞到地方的時間僅有二十三日。以往學界認爲詔書傳遞到西北邊塞用時在四十日以上，如大庭脩曾研究從長安到張掖的詔書傳遞時間，指出元康五年詔書用時是四十日，永始三年詔書用時

① 鄔文玲：《漢代赦免制度研究》，博士學位論文，中國社會科學院研究生院，2003年，第32頁。

八十九日。[1] 鄔文玲認爲："詔書從中央下達到西北邊塞大約需要兩個月的時間"。[2] 從赦令詔書看，它的傳遞比普通詔書更快。

懸泉漢簡亦可爲佐證，舉例如下：

三年閏月乙丑論髡鉗城旦，作盡四年三月己卯積作二月十六日，未滿日歲九月十日，會二月丙辰赦

令，當復作二歲，三月庚辰赦，作盡五鳳二年三月乙丑，積作二歲七日，書到，如律令。　Ⅱ T0114④：339

四月丙寅，丞相玄成下小府、車騎將軍、將軍、中二千石、二千石、部刺史、郡大守、諸侯相，承書從事，下當用者，書到，

明白布告令亡人命者盡知之，上赦者人數丞相御史罪別之，以符各一致合置署第數入署所符　Ⅱ T0115③：207[3]

五月壬辰，敦煌大守彊、長史章、丞敞下使都護西域、騎都尉、將田車師戊己校尉、部都尉、小府、官縣，承書從事，下

當用者，書到，白大扁書鄉亭市里高顯處，令亡人命者盡知之，上赦者人數大守府別之，如詔書。　Ⅱ T0115②：16[4]

從Ⅱ T0114④：339 號簡可知，"二月丙辰赦令"下達，被赦人"三月庚辰赦"開始復作，共耗時二十三日，期間包含了赦令詔書的傳遞和赦免對象的甄別兩段時間。假設甄別也是三日，赦令詔書傳遞到地方的時間只有二十日（見表 34　Ⅱ T0114④：339 號簡被赦人服役階段）。

依據Ⅱ T0115③：207 號簡中的丞相玄成的任職時間，張俊民推測Ⅱ T0115③：207簡的時間在永光二年到建昭三年之間。[5] 這個時間段内，共有大赦四次。分別是：永光二年二月、永光二年六月、永光四年二月、建昭二年四月。從Ⅱ T0115③：207 簡簡文"四月丙寅"看，該簡反映的

---

① ［日］大庭脩：《漢簡研究》，徐世虹譯，廣西師範大學出版社2001 年版，第15、35 頁。

② 鄔文玲：《漢代赦免制度研究》，博士學位論文，中國社會科學院研究生院，2003 年，第64 頁。

③ 張俊民：《懸泉漢簡所見赦令文書初探》，《簡帛研究》2011，廣西師範大學出版社 2013 年版。

④ 張俊民：《懸泉漢簡所見赦令文書初探》，《簡帛研究》2011，廣西師範大學出版社 2013 年版。

⑤ 張俊民：《懸泉漢簡所見赦令文書初探》，《簡帛研究》2011，廣西師範大學出版社 2013 年版。

當是“建昭二年四月”的大赦。建昭二年四月朔癸亥，丙寅日是初四。由此，也可得出建昭二年四月大赦的赦令下達時間是該月的丙寅日。依據ⅡT0115②：16 號簡中敦煌太守彊的任職時間，張俊民推測ⅡT0115②：16 簡的時間在建昭二年到建昭四年之間。[①] 據史料記載，建昭二年到建昭四年共有兩次大赦，一是建昭二年夏四月，二是建昭四年春正月。由於建昭四年五月無壬辰日，故ⅡT0115②：16 簡的大赦當發生在建昭二年夏四月。據《漢書·元帝紀》載：“（建昭二年）夏四月，赦天下。”[②] 建昭二年五月朔壬辰，簡文中的“五月壬辰”是該月的初一。

ⅡT0115③：207 同ⅡT0115②：16 號簡具有緊密的關聯，ⅡT0115③：207 號簡是丞相下達給郡太守的赦令文書，ⅡT0115②：16 號簡是敦煌太守接到丞相赦令文書後，進一步往下級傳達，從中可以看出赦令的主要内容是赦免“亡人命者”。赦令在四月初四下達（該月共計二十九日），五月初一敦煌便已經開始在執行赦令。可以算出從長安到敦煌的赦令文書傳遞歷時二十五日。[③]

在實際的郵書傳遞過程中，從長安到西北邊塞是可以實現二十日内抵達的。額濟納漢簡中的“始建國二年詔書”，從長安到張掖郡治所僅歷時八天。[④] 張德芳曾研究長安到敦煌的歷時問題，他認爲：“漢代的烽火邊警和軍情急報，通過沿途驛站的快馬飛報，八天時間，即可從敦煌上報到長安”，特殊情況的軍情急報，“六天時間，從金城到長安一個來回，三天一個單趟”。[⑤] 懸泉漢簡 87—89C：22 號簡簡文作“·右七百里，定十八刻”，記載了更快的郵書記錄。據學者研究“晝夜百刻，十八刻合 4 小時 19 分 12 秒，行 700 漢里，每小時行 162 漢里（67. 3 公里）。十八刻又爲漢日時 2. 88 時，則每時行 243 漢里（101 公里）。一晝夜十六時，得行 1616 公里”。[⑥] 經計算，西安到金塔縣（肩水金關漢簡出土地）直綫距

---

① 張俊民：《懸泉漢簡所見赦令文書初探》，《簡帛研究》2011，廣西師範大學出版社 2013 年版。

② （東漢）班固：《漢書》，中華書局 1962 年版，第 294 頁。

③ 朱桂昌：《太初日曆表》，中華書局 2013 年版，第 91—95 頁。

④ 馬怡：《“始建國二年詔書”册所見詔書之下行》，《歷史研究》2006 年第 5 期。

⑤ 張德芳：《古代從長安到敦煌走多長時間》，《甘肅日報》2016 年 9 月 20 日第 006 版。

⑥ 初昉、世賓：《懸泉漢簡拾遺（五）》，《出土文獻研究》第 12 輯，中西書局 2013 年版，第 248 頁。

離約1080公里，西安到敦煌（懸泉漢簡出土地）的直綫距離約1410公里。如按照懸泉漢簡87—89C：22號簡的郵書記錄，理想情況下，一晝夜的時間郵書便可從長安抵達邊塞。

由此説明，赦令詔書二十天從長安到達邊塞是有可能的。相較而言，赦令詔書慢於軍情急報，快於普通詔書。

## 二　復作時間

關於“復作”的定義，學界目前還未能取得統一的意見。① 近來劉增貴認爲：“復作的意思，也有可能是除其罪，但仍爲官勞作之意。”② 從目前來看較爲合適。

復作時間是指被赦人開始復作到結束復作的用時。在肩水金關漢簡、懸泉漢簡公布以前，一般認爲復作的時間在三個月至一年之間。③ 懸泉漢簡有一些簡文對復作時間進行了規定，改變了我們對復作時間的認識，如下：

三歲，城旦舂二歲，鬼新（薪）白粲一歲，故乇作罷者，減後作各半　　Ⅱ0216②：437

諸以赦令免者，其死罪令作縣官三歲，城旦舂以上二歲，鬼薪白粲一歲。　　Ⅱ0216②：615④

從Ⅱ0216②：437、Ⅱ0216②：615號簡可知，死刑、城旦舂、鬼薪白粲等遇赦令後要“作縣官”而非立即獲釋歸家。“作縣官”即73EJH1：3、73EJT34：6號簡所言的“復作縣官”。由簡文知，死罪復作三歲，城

① 宮宅潔：《秦漢時代の恩赦と勞役刑——特に「復作」をめぐって》，《東方學報》第85卷，2010年；陳玲：《從簡帛文獻看漢代的復作》，《青海社會科學》2012年第5期；陳玲：《漢代“復作”探微》，《中國社會科學報》2017年8月1日第008版；陶安：《復作考—〈漢書〉刑法志文帝改革詔新解〉，《法制史研究》2013年第24期；崔建華：《西漢“復作”的生成機制及身份歸屬探討》，《中國史研究》2016年第2期。

② 高震寰：《從勞動力運用角度看秦漢刑徒管理制度的發展》，博士學位論文，臺灣大學，2017年，第85頁。

③ 吳榮曾：《先秦兩漢史研究》，中華書局1995年版，第269頁；劉洋：《漢代“復作”徒考辨》，《南都學壇》2008年第4期；石岡浩：《漢代有期勞役刑制度における復作と弛刑》，《法制史研究：法制史學會年報》2001年第50卷。

④ 胡平生、張德芳：《敦煌懸泉漢簡釋粹》，上海古籍出版社2001年版，第14—15頁。

旦舂以上復作二歲，鬼薪白粲復作一歲。原屯作罷者“減後作各半”。也即復作時間的確定是參考服役人的具體情況而定，因罪而异，而非都在三個月至一年之間。

肩水金關漢簡中亦有記載復作時間的簡文，也未限定在三個月至一年之間。73EJH1：3號簡簡文記載吕异人“復作縣官”的時間是“一歲三月廿九日”，遠超一年，與已作“一歲一月十八日”，未備“二月十一日”相加所得正好吻合。可知吕异人神爵二年三月辛未開始復作，[①] 直到神爵三年四月丁亥結束（見吕异人服役階段表）。經統計，吕异人實際復作時間是一歲十六日（三百七十六日），然簡文統計結果是“凡已作一歲一月十八日”（四百零八日），也即存在實際復作和理論復作兩個期限。依據簡文所記，“理論復作時間”比“實際復作時間”長了三十二日。此外，73EJH1：3號簡簡文記載吕异人通過“入錢贖罪”的方式免服了“二月十一日”的“復作”。推知復作時間有嚴格的限定，未完成服役時間不能免除。

73EJT37：526號簡的陳犬在永光四年二月乙丑赦令下達後，蒙赦“免罪復作”。參照73EJH1：3號簡推算，他的復作時間僅有三十四日（見表35），并未達到三個月。從《漢書·元帝紀》記載的赦免詔書看，列舉了國家現在面臨的各種危機，言辭懇切，皇帝本人也是“甚痛之”，還免除了貧民的債務“所貸貧民勿收責”。由於陳犬的復作時間特別短（三十四日），疑和永光四年二月乙丑赦令的赦免力度較大有關。

73EJT3：55號簡的王禁在河平四年正月甲子赦令下達後，無改變身份成爲復作，亦没有入錢贖罪，且在四十二日後便被赦免回歸故郡（見表36）。赦免速度方面，較73EJT37：526號簡的陳犬快，幾乎是在接到詔令後不久就被赦免。張俊民認爲：“當時的辦事效率可謂‘雷厲風行’。”[②] 高震寰據此認爲：“赦令後可以立即解放輕罪徒。”[③] 由此，可發

① “三月辛未”指“神爵二年三月辛未”，三月朔丙午，辛未日是該月的二十六日。

② 張俊民：《肩水金關漢簡札記二則》，2011年9月30日，簡帛網，http：//www.bsm.org.cn/?hanjian/5749.html。

③ 高震寰：《從勞動力運用角度看秦漢刑徒管理制度的發展》，博士學位論文，臺灣大學，2017年，第87頁。

現王禁逢赦令詔書下達后，免復作，直接免爲庶人歸故里。懸泉漢簡中亦有“直接免爲庶民”的例子，可爲佐證，如下：

丞相臣定國、御史大夫臣萬年、昧死言：

制曰：與故吏一人自□□□，諸犯法不當赦者皆赦除之，毋有復作，具爲令，臣請正月癸亥以前　　Ⅱ T0215④：8[①]

張俊民推測Ⅱ T0215④：8 簡的時間在甘露三年至初元五年之間，[②]結合簡文的“正月癸亥”以及漢廷大赦的時間分析，最有可能是“初元元年”。《漢書・元帝紀》載：“初元元年春正月辛丑，孝宣皇帝葬杜陵。賜諸侯王、公主、列侯黃金，吏二千石以下錢帛，各有差。大赦天下。”[③]新帝登基，漢廷赦免力度很大，故可免復作而歸故里。73EJT37：526 號簡所記的永光四年赦令背景雖與其不同，但赦免力度一樣很大——“所貸貧民勿收責”。赦免速度方面，也較 73EJH1：3 號簡的吕异人、73EJT34：6 號簡的彭千秋都要快很多，故也出現了“直接免爲庶民”的情況。

懸泉漢簡Ⅱ TO114④：339 號簡的記載也非常重要，對認知復作時間具有重要的意義。依據簡文記載，被赦人已積作“二月十六日”（實際執行刑期），[④] 未滿日是“歲九月十日”（六百四十日），[⑤] 合計服役時間應是一歲十一月二十六日，這一段時間屬原判決的刑期。赦令下達後，被赦人復作時間定爲二歲，比“未滿日”的刑期（歲九月十日）要多，基本上是原判决的刑期（多了四日）。以往認爲復作是“服完原刑期的剩餘時間”并不符合Ⅱ TO114④：339 號簡簡文的記載。復作時間的計算恐要重新思考，懷疑在此處是比照原判决刑期而定，即“參照原判”。三月庚辰赦，被赦人開始復作，一直到五鳳二年三月乙丑，期間實際服役時間

---

① 張俊民：《懸泉漢簡所見赦令文書初探》，《簡帛研究》2011，廣西師範大學出版社 2013 年版。

② 張俊民：《懸泉漢簡所見赦令文書初探》，《簡帛研究》2011，廣西師範大學出版社 2013 年版。

③ （東漢）班固：《漢書》，中華書局 1962 年版，第 278—279 頁。

④ 經計算實際七十五日。

⑤ 張俊民懷疑“未滿日歲九月十日”中的“滿日”是“滿四”，由於現在未見到圖版，此處暫從原釋文作“滿日”，不進行改釋。張俊民：《懸泉漢簡所見赦令文書初探》，《簡帛研究》2011，廣西師範大學出版社 2013 年版。

是一歲十一月十六日（大致也是原判决的刑期），而非簡文記載的“二歲七日”，即“理論復作時間”比“實際復作時間”長了二十一日（見表39 ⅡTO114④：339 號簡被赦人服役階段）。

73EJH1：3 與ⅡTO114④：339 號簡中，“理論復作時間”均比“實際復作時間”的服役期限長，73EJH1：3 號簡長三十二日，ⅡTO114④：339號簡長了二十一日。這是否和服役時期的表現有關呢？若服役人表現較好會減少一定的服役天數。當然這只是個猜測，目前還缺乏例證。

由此，在赦免過程中，“復作”不是“赦免”的必要環節，如果赦免力度較大，會免復作直接爲庶民。復作時間的確定也并非是“三個月到一年”或“服完原刑期的剩餘時間”那樣簡單，會受到原判决刑期、服役人具體情況、服役表現以及赦令的赦免力度的影響，時間可長可短，并沒有定數。

## 第三節　相關研究

關於“復作”時期的服役内容，除去勞役外，張建國補充有“從事一些兼有公共性質的工程”。① 幸運的是73EJT37：520 號簡也補充了這方面的内容，簡文如下：

神爵四年正月丙寅朔辛巳，居延丞奉光移肩水金關都尉府，移肩水

候書曰：大守府調徒復作四人送往來過客，今居延調鬼新徒孫

73EJT37：520A

居延丞印

正月壬辰董敞以來　　73EJT37：520B

據73EJT37：520 號簡記載，“復作”之人還可以幫助太守府“送往來過客”，這項任務相對較爲輕鬆，也有一定的食糧供給。

也要看到“復作”本身并不是輕鬆的勞役，像73EJT37：520 號簡幫助太守府“送往來過客”的差事，并不是都能讓“復作”之人享有。居延新簡有簡文作：

① 張建國：《漢代的罰作、復作與弛刑》，《中外法學》2006 年第5 期。

神爵四年八月壬辰朔丁酉，甲渠臨☑

復作大男張未央，五月旦苦作俱亡☑　　EPT52：452[1]

據 EPT52：452 號簡知復作大男張未央苦於勞作而逃亡，而且不只他一人，簡文作“俱亡”，可惜簡牘殘斷，無法知曉逃亡人數。加之邊地“苦寒”，生活較爲困苦，可想復作期間更爲不易，如：

乘故隧昌，念毋錢，衣寒，昆弟不肯來相視，恐冬寒凍死，等死，不所歸死　　73EJT23：237

……爲賣履今當急用泉，願蒙命幸甚，行爲逐都倉趙候長田候長家，亦爲賣履却急具泉，融今日發，欲逐得之不一二爲曉　　73EJF3：333

據 73EJT23：237 號簡記載，由於“毋錢衣寒”導致昌的處境非常不好。王子今認爲：“簡文出現三個‘死’字，表現出書寫者‘冬寒’季節身臨艱苦境地時嚴重的絶望。”[2] 73EJF3：333 號簡的“買”與“賣”可通，[3]“賣履”當爲“買履”，文中主人“買履”的錢都缺乏，到趙候長田候長家去籌錢買履。雖然這些簡文中的人物并非服役之人，但服役人的工作、生活條件可能會比普通士卒更加惡劣。所以如蒙赦免，心情會非常喜悦，居延漢簡中有簡文作：

☑□不以爲意，幸蒙赦令。書到，明☑

☑如詔書律令/屬臨、大司空屬□☑☑　　290. 6

簡文中的“幸蒙赦令”一語，可見被赦人心情較爲欢欣。此外，當時人的名字中也有很多和赦有關，如：薛得赦（73EJT24：716）、李赦之（73EJT24：772）、徐赦之（73EJT27：65）、齊赦之（73EJT31：66）、林赦之（73EJT37：1314）、鄭赦（73EJT26：55）、單赦（73EJT37：933）、孫赦（73EJF3：362）、李赦（73EJC：466），等等，一定程度上表現出了人們趨利避害對“赦”的渴求。

73EJT34：6 號簡簡文記載，神爵四年二月丙辰赦令下達後，彭千秋没被立即赦免，一至到“五鳳三年十二月癸卯朔庚申”才審批回歸

---

① 有可能蒙“神爵四年二月丙辰赦令”而獲“復作”。

② 王子今：《漢代西北邊塞吏卒的“寒苦”體驗》，《漢簡河西社會史料研究》，商務印書館 2017 年版，第 38 頁。

③ 王輝編著：《古文字通假字典》，中華書局 2008 年版，第 65 頁。

故郡，歷時達一千三百八十四日（三歲十月廿二日），而簡文所記的彭千秋“復作”時間僅是“一歲十月十日”。除去彭千秋“復作”時間和審批時間後，可以發現多出時間達六百四十一日（一歲九月十一日），即彭千秋服完“復作”後，多出了六百四十一日的時間却無法界定歸屬（見表33）。

對於彭千秋“復作”後多出的六百四十一日，推測原因有四：

一是簡文書寫可能有錯誤，上文已述該簡確實存在誤書的情況，[①] 書手此時再次記載錯誤是有可能的。

二是他復作時可能“服役表現”不佳，遇赦爲復作後又有犯事，屬於“更犯事，不從徒加，與民爲例”的情況，[②] 此時“和平民犯罪一樣，是什麽罪就直接判什麽刑，不會有加刑判决的處置”。[③]

三是彭千秋服完一歲十月十日的“復作”後可能并未馬上歸故郡，而是滯留在邊地，待其願歸故郡後，補辦了相關的手續。73EJT3：55號簡有“會正月甲子赦令，免爲庶人，願歸故縣”的記載，從簡文中出現的“願”字分析當時赦免後有願歸故郡的，也有不願歸故郡的。

四是出現了“理論復作時間”與“實際復作時間”的差异，即簡文所記的“復作縣官一歲十月十日”僅是“理論復作時間”，并不代表真實的服役情況，多出的六百四十一日反而是“實際復作時間”。

以上四點推測都有可能，暫時還無法取捨，期待更多資料公布後，對此問題能有更清晰的認知。

---

① 赦令的干支記錯，二、三混用等。

② （東漢）班固：《漢書》，中華書局1962年版，第236頁。

③ 張建國：《漢代的罰作、復作與弛刑》，《中外法學》2006年第5期。

## 附表

**表 32　　吕异人服役階段**

| 階段 | 天數 | 月份 | 時間節點① | 備注 |
|---|---|---|---|---|
| 實際執行刑期（121 日） | 8 | 十一月剩餘 | 神爵元年十一月庚午（23 日） | 坐傷人論 |
| | 29 | 十二月 | | |
| | 30 | 正月 | 神爵二年 | |
| | 28 | 二月 | 神爵二年二月甲辰（28 日） | 赦令下 |
| | 1 | 二月剩餘 | | 詔書傳遞、甄別 |
| | 25 | 三月 | 神爵二年三月庚午（25 日） | |
| 復作期（376 日） | 4 | 三月剩餘 | 神爵二年三月辛未（26 日） | 開始復作 |
| | 266 | 四月到十二月 | 神爵二年 | |
| | 29 | 正月 | 神爵三年 | |
| | 30 | 二月 | | |
| | 29 | 三月 | | |
| | 18 | 四月 | 神爵三年四月丁亥（18 日） | 復作結束 |
| 審批期（48 日） | 12 | 四月剩餘 | | |
| | 29 | 五月 | | |
| | 7 | 六月 | 神爵三年六月乙亥（7 日） | 審批結束 |

**表 33　　彭千秋服役階段**

| 階段 | 天數 | 月份 | 時間節點② | 備注 |
|---|---|---|---|---|
| 實際執行刑期③ | — | — | — | 坐傷人論 |
| | 22 | 二月 | 神爵四年二月丙辰（22 日） | 赦令下 |
| | 8 | 二月剩餘 | | 詔書傳遞、甄別 |
| | 18 | 三月 | 三月壬午（18 日）④ | |

① 朱桂昌：《太初日曆表》，中華書局 2013 年版，第 91—95 頁。

② 朱桂昌：《太初日曆表》，中華書局 2013 年版，第 96—103 頁。

③ 由於簡文未交待開始復作的時間，赦令詔書傳遞和赦免人員的甄別時間便無法準確統計出來。參照 73EJH1：3 號簡吕异人的時間，赦令詔書傳遞和赦免人員的甄別應當在三月内完成，此處暫假定同 73EJH1：3 號簡一樣均用時二十六天，制表以供參考。

④ 按照 73EJH1：3 號簡時間推定。

續表

| 階段 | 天數 | 月份 | 時間節點 | 備注 |
|---|---|---|---|---|
| 復作期（670日） | 11 | 三月剩餘 | 三月癸未（19日）① | 開始復作 |
| | 266 | 四月到十二月 | 神爵四年 | |
| | 354 | 十二個月 | 五鳳元年 | |
| | 30 | 正月 | 五鳳二年 | |
| | 9 | 二月 | 五鳳二年二月壬辰（9日）② | 復作結束 |
| 存疑（641日） | 20 | 二月剩餘 | 二月癸巳（10日）③ | |
| | 325 | 三月到十二月 | 五鳳二年 | |
| | 296 | 正月到十月 | 五鳳三年 | |
| 審批期④（47日） | 29 | 十一月 | 五鳳三年 | |
| | 18 | 十二月 | 五鳳三年十二月庚申（18日） | 審批結束 |

**表34　　ⅡTO114④：339號簡被赦人服役階段**

| 階段 | 天數 | 月份 | 時間節點⑤ | 備注 |
|---|---|---|---|---|
| 實際執行刑期（75日） | 1 | 閏十二月剩餘 | 神爵三年閏月乙丑（30日） | 論髡鉗城旦 |
| | 29 | 正月 | 神爵四年 | |
| | 22 | 二月 | 神爵四年二月丙辰（22日） | 赦令下 |
| | 8 | 二月剩餘 | | 詔書傳遞、甄別 |
| | 15 | 三月 | 三月己卯（15日） | |
| 復作期（706日） | 14 | 三月剩餘 | 三月庚辰赦（16日） | 开始復作 |
| | 266 | 四月到十二月 | 神爵四年 | |
| | 354 | 十二個月 | 五鳳元年 | |
| | 30 | 正月 | 五鳳二年 | |
| | 29 | 二月 | | |
| | 13 | 三月 | 五鳳二年三月乙丑（13日） | 復作結束 |

① 按照73EJH1：3號簡時間推定。
② 復作縣官一歲十月十日（六百七十天）。
③ 復作縣官一歲十月十日（六百七十天）。
④ 按照73EJH1：3號簡時間推定。
⑤ 朱桂昌：《太初日曆表》，中華書局2013年版，第95—100頁。

**表 35　　陳犬服役階段**

| 階段 | 天數 | 月份 | 時間節點① | 備注 |
|---|---|---|---|---|
| 實際執行刑期②（86 日） | 15 | 十二月剩餘 | 永光三年十二月中③ | 坐傷人論鬼新 |
| | 30 | 正月 | 永光四年 | |
| | 15 | 二月 | 永光四年二月乙丑（15 日） | 赦令下 |
| | 15 | 二月剩餘 | | 詔書傳遞、甄別 |
| | 11 | 三月 | 三月辛卯（11 日）④ | |
| 復作期（34 日） | 18 | 三月剩餘 | 三月壬辰（12 日）⑤ | 免罪復作 |
| | 16 | 四月 | 四月乙丑（16 日）⑥ | |
| 審批期⑦（48 日） | 14 | 四月剩餘 | 四月丙寅（17 日） | |
| | 29 | 五月 | | |
| | 5 | 六月 | 永光四年六月癸丑（5 日） | 審批結束 |

**表 36　　王禁服役階段**

| 階段 | 天數 | 月份 | 時間節點⑧ | 備注 |
|---|---|---|---|---|
| 實際執行刑期⑨ | — | — | 河平二年 | 犯法論 |
| | 384 | 十二個月 | 河平三年 | |
| | 11 | 正月 | 河平四年正月甲子（11 日） | 赦令下 |
| | 19 | 正月剩餘 | | 詔書傳遞、甄別 |
| | 7 | 二月 | 二月庚寅（7 日）⑩ | |
| 審批期 | 16 | 二月剩餘 | 二月丙午（23 日） | 審批結束 |

① 朱桂昌：《太初日曆表》，中華書局 2013 年版，第 130—133 頁。

② 由於簡文未交待"免罪復作"的時間，赦令詔書傳遞和赦免人員的甄別時間便無法準確統計出來。參照 73EJH1：3 號簡吕异人的時間推定。

③ 時間較爲模糊，暫定該月丙寅日（15）爲起始點計算。

④ 按照 73EJH1：3 號簡時間推定。

⑤ 按照 73EJH1：3 號簡時間推定。

⑥ 按照 73EJH1：3 號簡時間推定。

⑦ 按照 73EJH1：3 號簡時間推定。

⑧ 朱桂昌：《太初日曆表》，中華書局 2013 年版，第 158—163 頁。

⑨ 由於簡文未交待停止服役的時間，赦令詔書傳遞和赦免人員的甄別時間便無法準確統計出來。參照 73EJH1：3 號簡吕异人的時間推定。

⑩ 按照 73EJH1：3 號簡時間推定。

# 第八章　地灣漢簡整理概論

《地灣漢簡》由甘肅簡牘博物館、甘肅省文物考古研究所、出土文獻與中國古代文明研究協同創新中心中國人民大學分中心等單位合作整理，上海中西書局出版發行，版權信息所列版次時間是2017年12月。[①] 2018年4月21日，中西書局官方微信公衆號（zhongxibook）發布新書信息，《地灣漢簡》正式發售。[②] 這爲我們深入簡牘學研究以及西北史地的探知提供了新的材料，頗令人興奮。我們可以看到《地灣漢簡》出版後“出現了大量讀簡札記，對文字的校正、補釋、綴合作了非常多的補充”。[③] 我們在學習研究時，亦發現了一些問題，也有零星的綴合成果，故梳理已有學界成果，敬請大家批評指正。

## 第一節　地灣遺址

由於整理者工作仔細認真，張德芳以及中西書局撰寫推送了大量的書訊，[④]

① 甘肅簡牘博物館、甘肅省文物考古研究所、出土文獻與中國古代文明研究協同創新中心中國人民大學分中心編：《地灣漢簡》，中西書局2017年版。（如無特殊説明，本文圖版釋文等均出自此書，不另注）

② 中西書局：《【新书快报】〈地灣漢簡〉》，中西書局官方微信公衆號（微信號zhongxibook），2018年4月21日。

③ 李洪財：《讀〈地灣漢簡〉札記》，2019年3月4日，簡帛網，http：//www. bsm. org. cn/？hanjian/8052. html。

④ 除去《地灣漢簡》“前言”外，還有：中西書局官方微店（zhongxibook）“《地灣漢簡》詳情介紹”；中西書局：《〈地灣漢簡〉出版座谈会在京举行》，中西書局官方微信公衆號（zhongxibook），2018年5月20日；張德芳：《〈地灣漢簡〉：西北邊塞歷史的重要拼圖（書人書事）》，《人民日報》2018年9月18日第24版；張德芳：《地灣漢簡概要》，《中國書法》2018年第10期；張德芳：《西北邊塞歷史的重要拼圖》，《新華書目報》2019年4月25日第6版。

使得我們对《地灣漢簡》的背景、内容以及出版情況有较爲清晰的了解，這對我們深入研究這批簡牘提供了非常好的便利。故我們對這些問題不再一一叙述。

地灣遺址貝格曼編號A33，1988年1月13日公布爲全國重點文物保護單位，目前有障城、塢院組成。2019年10月筆者有幸參加了蘭州城市學院孫占宇主持的“大漠漢塞——簡牘學界居延遺址考察團”，得以實地考察地灣遺址，障城、塢院遺迹保存完整。依據《居延漢簡甲乙編》所附“額濟納河流域障隧述要”，蒙語稱地灣（A33）爲紅城子，“因城土呈紅色，故名”。[①] 細查之下，城土并不呈紅色，不知何故。地灣所處地勢極爲平坦，往來運輸、觀察瞭望較爲便利，緊挨額濟納河（漢時稱爲弱水），取水也較爲容易。可知在選址此地時，漢人破費了一番心血，有前期的設計和規劃，并非隨意駐扎。貝格曼在額濟納河流域考古報告中説地灣是“扼守額濟納河北部入口的主要防御基地”，[②] 這樣的評論無疑是合適的。

貝格曼拍攝的地灣遺址照片可見到障的南側有高出地面的房屋殘墻遺址，[③] 而我們2019年考察時，障的南部地面已經非常平整没見到殘墻遺迹。

**圖50　地灣遺址對比**

---

① 中國社會科學院考古研究所：《居延漢簡甲乙編》，中華書局1980年版，第314頁。

② ［瑞典］弗可・貝格曼：《内蒙古額濟納河流域考古報告》，黄曉宏等譯，學苑出版社2014年版，第340頁。

③ ［瑞典］弗可・貝格曼：《内蒙古額濟納河流域考古報告》，黄曉宏等譯，學苑出版社2014年版，第439頁。

至於原因可能和貝格曼挖掘漢簡時的不當操作有一定的關聯。這方面的證據來自吴礽驤的地灣發掘日記，他在其地灣發掘日記六中説“牆的西端已被挖殘，可能是貝格曼所爲”。① 在其發掘日記七説“房内東北角出土貝格曼遺弃的酒瓶，房内全部被貝格曼翻過，僅出個别簡”。②

依據“吴礽驤地灣發掘日記四”的記載，最早的西漢昭帝始元六年簡以及最晚的東漢光武帝建武三年簡，均出自 T7，建武三年簡“出 T7 西北角草層中”，始元六年簡“與出建武簡同層草層，位於 T7 中間”。③ 即同一探方、同一層的簡牘差距時間長達 108 年，説明目前按照探方或層進行的單元劃分有其局限性，啓示我們不能簡單按照探方或層去劃定簡牘的年代，這對我們瞭解埋藏情況以及指導綴合、編聯工作具有重要的意義，尤其是正在出版的懸泉漢簡，也有大量的分層，需要在研究時格外注意。

## 第二節　探方情況

在《地灣漢簡》所附“吴礽驤地灣發掘日記十七”中，吴礽驤提到了探方的具體情況，這對我們考察當時的考古出簡情況無疑具有重要的參考價值，如下：

塢牆四周探方 52 個（5 ×5）計 $1409m^2$

障内探方 4 個（6.5 ×6.5）計 $169m^2$

障外東北探方 2 個（東 20 + 北 16） ×5，計 $180m^2$

塢牆西部北段探方 1 個（20 ×5）計 $100m^2$

共計 $1858m^2$④

---

① 《地灣漢簡》，第 199 頁。
② 《地灣漢簡》，第 200 頁。
③ 《地灣漢簡》，第 197 頁。
④ 《地灣漢簡》，第 210、211 頁。

**表 37　　吴礽驤地灣探方編號**

| | | | | | *T1* | *T2* | | | | |
|---|---|---|---|---|---|---|---|---|---|---|
| | | | | | *T3* | *T4* | | | | |
| | | | | | | | | | | |
| | | | *T5* | T6 | *T7* | *T8* | *T9* | *T10* | | |
| | | | T11 | T12 | T13 | *T14* | *T15* | *T16* | | |
| | | | T17 | T18 | T19 | T20 | T21 | *T22* | | |
| T53 | T52 | T51 | T23 | T24 | T25 | T26 | T27 | *T28* | | |
| | | | T29 | T30 | T31 | T32 | T33 | *T34* | | |
| | | | T35 | T36 | T37 | T38 | T39 | *T40* | | |
| | | | T41 | *T42* | *T43* | *T44* | T45 | *T46* | | |
| | | T61 | T62 | T63 | T64 | *T65* | | T66 | T67 | |
| | | T60 | | | | | | | T68 | |
| | | | | | | | | | T69 | |
| | | | | | | | | | T70 | |
| | | | | | | | | | | |
| | | | | | | | | | | |
| | T59 | T58 | | | | | | | | |
| | T57 | T56 | | | | | | | | |
| | T55 | T54 | | | | | | | | |
| | | | | | | | | | | |
| | | | | | | | | | | |
| | | | | | | | T50 | T49 | T48 | T47 |

備注：依據“吴礽驤地灣發掘日記十八、十九”提供的“地灣探方編號”繪制而成。《地灣漢簡》一書有簡文的探方用斜體加下劃綫標記，吴礽驤與任步雲不同的地方用字符底紋加陰影標記。

依據“吴礽驤地灣發掘日記十七”的記載我們計算出探方共計 59 個（張德芳《地灣漢簡》“前言”也持此説），然“吴礽驤地灣發掘日記十八、十九”提供的“地灣探方編號”中的探方却達 70 個（見表 37），中西書局出版説明中提供的數據是“開挖探方 60 個”。[①] 比較各種數據并結

① 中西書局：《〈地灣漢簡〉出版座谈会在京举行》，中西書局官方微信公衆號（微信號 zhongxibook），2018 年 5 月 20 日。

合吴礽驤日記，我們懷疑當時正式發掘的只有59個探方，吴礽驤“地灣探方編號”中的70個探方中可能有11個探方只做了標記而并未發掘，中西書局出版説明中的60個探方是对59的一种約數。

任步雲地灣發掘日記亦提到了探方的情况，雖然没有“吴礽驤地灣發掘日記十七”那樣具體，但也提供了探方圖。比較吴礽驤的“地灣探方編號”，任步雲的探方圖只有53個探方，而且兩人提供的探方圖T47、T48、T49、T50四個探方所標記的位置也不相同。吴礽驤把這四個探方單獨劃出，位置在最南側，然而任步雲把這四個探方標記在T41的左側，如表38所示：

**表38　　任步雲地灣探方編號**

| | | | | | | *T1* | *T2* | | |
|---|---|---|---|---|---|---|---|---|---|
| | | | | | | *T3* | *T4* | | |
| | | | | | | | | | |
| | | | | *T5* | T6 | *T7* | *T8* | *T9* | *T10* |
| | | | | T11 | T12 | T13 | *T14* | *T15* | *T16* |
| | | | | T17 | T18 | T19 | T20 | T21 | *T22* |
| | T53 | T52 | T51 | T23 | T24 | T25 | T26 | T27 | *T28* |
| | | | | T29 | T30 | T31 | T32 | T33 | *T34* |
| | | | | T35 | T36 | T37 | T38 | T39 | *T40* |
| T50 | T49 | T48 | T47 | T41 | *T42* | *T43* | *T44* | T45 | *T46* |

注：依據“任步雲地灣發掘日記十一、十二”繪制而成。《地灣漢簡》一書有簡文的探方用斜體加下劃綫標記，吴礽驤與任步雲不同的地方用字符底紋加陰影標記。

至於任步雲的探方圖只有53個的原因，懷疑其圖未全部完成。依據任步雲1986年10月24日的考古日記所載“下午馬繪探方遺留部分，吴亦參加，下午三點結束全部工作”。① 依據吴礽驤1986年10月24日的考古日記所載“上午協助老任繪遺址平面圖。下午與小馬繪T60、T61、T62、T63。”② 據兩人記載，我們可以推測探方圖有兩個版本（吴礽驤

① 《地灣漢簡》，第221頁。

② 《地灣漢簡》，第210頁。

版、任步雲版），任步雲版疑是10月24日上午的不完整版本，吴礽驤版是1986年10月24日下午繪制的完整版。也即從準確性而言，吴礽驤版可能更加精確。比如任步雲對T44的描述，“T44，位於T45之南。”[①] 然從任步雲探方圖以及吴礽驤探方圖對比可知，“T44應該位於T45之西。”

值得提出的是整理出版的《地灣漢簡》无故出現了T79（5枚簡），這是吴礽驤、任步雲地灣發掘日記中均未提到的探方編號，不知道T79在何處發掘所得。[②] 與此類似的是《地灣漢簡》還出現了86EDH（32枚簡）、86EDHT（96枚簡）、86EDT5H（250枚簡）3種編號形式，也不知道簡出自何處，整理者也未交代，懷疑是灰坑、灰區類似之編號。[③] 正好“吴礽驤地灣發掘日記十”中，曾提及到“灰區探溝Ⅰ”，言“出漢簡較多……一枚本始四年簡，一枚尉行塞舉”。[④] 《地灣漢簡》出版時未指明這個“灰區探溝Ⅰ”是86EDH、86EDHT、86EDT5H中的哪一個。我們想到可以通過“本始四年”以及“尉行塞舉”的辭例進行倒推溯源。

經統計，“本始四年”的辭例在《地灣漢簡》一書中共計出現四處，86EDT15出現了一處（86EDT15：2），86EDHT出現了3處（86EDHT：28、86EDHT：52、86EDHT：66）；遺憾的是“尉行塞舉”的辭例在《地灣漢簡》一書中没有找到對應的簡，我們推測可能是86EDHT：91號簡所言的“□始三年二月尉丞卿行A　□□舉B”。互相對比之下，懷疑吴礽驤“灰區探溝Ⅰ”有可能是指86EDHT。

相似的是“吴礽驤地灣發掘日記十一”中説的“灰區探溝Ⅱ”亦有漢簡出土，言有“肩水候官”簡。[⑤] 經檢索，在86EDH、86EDT5H中，“肩水候官”僅在86EDT5H：155出現。據此我們懷疑“灰區探溝Ⅱ”是指86EDT5H。再如“吴礽驤地灣發掘日記十四”中言及“馬建華於西塢牆西邊外發現一灰層，抽民工二人清理，出大量殘斷簡”。[⑥] 由於未提供

---

① 《地灣漢簡》，第217頁。

② 懷疑此處的T79是誤書。

③ 依據《肩水金關漢簡》中“凡例”的交代，H代指“灰坑”，我們照此推測，《地灣漢簡》中的H編號應該也是灰坑、灰區之意。

④ 《地灣漢簡》，第203頁。

⑤ 《地灣漢簡》，第204頁。

⑥ 《地灣漢簡》，第207頁。

相關簡文，我們也不清楚這一“灰層”編號的具體情况，如果使用排除法，可能是86EDH。

我們也可以比較20世紀30年代貝格曼和1986年兩次地灣發掘的出簡位置。主要依據30年代貝格曼地灣遺址的平面圖以及“吴礽驤地灣發掘日記二”中的（T5－T16）的探方位置圖，[①] 兩圖如圖51所示：

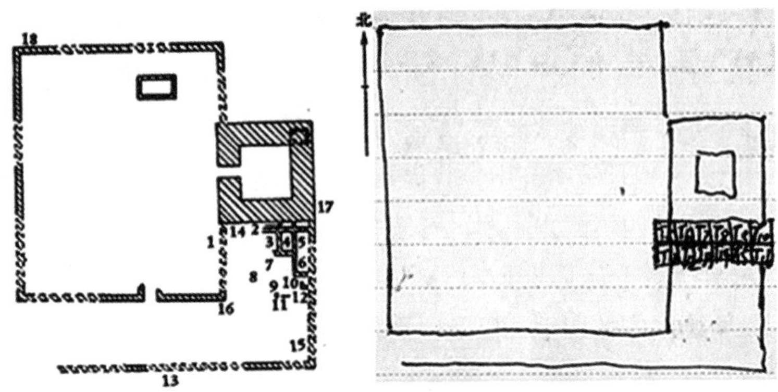


**左圖：30年代貝格曼地灣平面圖；　右圖：1986年吴礽驤地灣探方圖**

**圖51　地灣遺址平面圖及探方位置圖**

20世紀30年代貝格曼的地灣發掘，簡的出土情况是“第二地點（過道西部）和第三地點（過道南屋）各出許多簡；第四地點（房子）出土地灣全部簡2000枚的大部分和一件帛書；第五、六地點（房子）出土數簡和二件帛書；第十四地點出土漢簡6枚；第十五地點出土漢簡8枚；第十六地點出土漢簡1枚和寫有大字的紙一張；第十七地點出土漢簡數枚；第十八地點出土漢簡1枚”。[②] 可知第四地點是主要的出簡位置，而1986年的地灣發掘出簡最多的是T5H（250枚），由於整理者未透露信息，目前還無法準確定位。比較1986年的地灣探方圖，30年代發掘的第四地點大約是1986年發掘中的T8（66枚）、T9（9枚）、T14（6枚）、T15（8枚）的位置（參圖51），四個探方合計出簡89枚，數量不多，可見貝格

① 中國社會科學院考古研究所：《居延漢簡甲乙編》，中華書局1980年版，第314頁；《地灣漢簡》，第195頁。

② 中國社會科學院考古研究所：《居延漢簡甲乙編》，中華書局1980年版，第314頁。

曼發掘時已經挖掘出了大部分的漢簡，以致殘留很少。

## 第三節　簡牘數目

參加1986年地灣遺址考古發掘的吴礽驤曾對地灣出土簡牘有過描述，如下：

由於A33地處河口，塢西南角地勢低窪潮濕，灰區正處在這一位置，大量簡牘受潮腐朽，已變成泥末，塢西側低窪地上，留有大片因洪水沖刷而下的遺物殘迹。同時，由於20世紀60年代，在此附近修築鐵路、車站，以障塢遺址作爲後勤基地，造成巨大破壞。所以此次發掘收穫不大，僅出土漢簡千餘枚和少量遺物，尚待整理。[①]

其中吴礽驤説的出土簡牘數目是“千餘枚”。甘肅省文物考古研究所在十年（1979—1989年）工作總結中亦説“1986年10月在金塔地灣城漢代肩水候官遺址中出簡牘1000餘枚”。[②] 後來張德芳在《甘肅簡牘及相關出土文獻要籍選介》有進一步的交代，“此次出土1000多枚，經整理編號者772枚”。[③] 從中我們看出簡牘的數量少了幾百枚，估計其中有一些空白簡或無效簡被除去了。比如貝格曼地灣遺址發掘報告中便曾記載到發掘有“素簡”（張德芳微信告知“一般都把没有字的簡叫素簡”）是85枚，[④] 約占當時發掘總數的3.6%。具體到《地灣漢簡》，“吴礽驤地灣發掘日記”記載T6“出數枚殘簡”，T24“出漢簡1枚”，T48“出漢簡4枚”。[⑤] 整理出版的《地灣漢簡》便未有提供T6、T24、T48所出土的簡牘，這些簡可能便是貝格曼所言的“素簡”。

距離發掘三十多年後，《地灣漢簡》的校稿會於2017年7月29、30日兩天在蘭州進行。2017年8月1日，負責出版事宜的中西書局在其官

---

① 吴礽驤：《河西漢塞調查與研究》，文物出版社2005年版，第164頁。

② 文物編輯委員會編：《文物考古工作十年1979—1989》，文物出版社1991年版，第322頁。

③ 郝樹聲、張德芳：《懸泉漢簡研究》，甘肅文化出版社2009年版，第361頁。

④ ［瑞典］弗可·貝格曼：《内蒙古額濟納河流域考古報告》，黄曉宏等譯，學苑出版社2014年版，第343頁。

⑤ 《地灣漢簡》，第198、202頁。

方微信公衆號對外進行了情況發布，“《地灣漢簡》收録簡牘800枚，計畫於2017年10月出版”。[①] 2018年5月20日，《地灣漢簡》出版座談會在中國人民大學舉行，隨後新聞稿發布，“《地灣漢簡》一書共收録簡牘803枚，除1986年在肩水金關遺址采集的25枚散簡之外，其餘778枚全爲當年秋天在地灣遺址出土的漢簡”。[②]

比較几次數據公布，我們可以發現地灣的簡數出現了變化，從1000多枚減少到772枚；從772枚增加到778枚（新增6枚）；《地灣漢簡》一書簡牘的總數也從800枚增加到803枚（新增3枚）。不斷變化的數據引起了我們的好奇，《地灣漢簡》一書到底收録多少漢簡呢？我們列表如下（表39）：

**表39　《地灣漢簡》簡數統計**

| 探方號 | T1 | T2 | T3 | T4 | T5 | T7 | T8 | T9 | T10 | T14 | T15 | T16 | T22 | T28 |
|---|---|---|---|---|---|---|---|---|---|---|---|---|---|---|
| 簡數 | 26 | 15 | 3 | 10 | 24 | 38 | 66 | 9 | 18 | 6 | 8 | 36 | 20 | 13 |

| 探方號 | T34 | T40 | T42 | T43 | T44 | T46 | T65 | T79 | EDH | EDHT | EDT5H | EJC |
|---|---|---|---|---|---|---|---|---|---|---|---|---|
| 簡數 | 11 | 38 | 11 | 14 | 6 | 3 | 20 | 5 | 31 | 96 | 250 | 25 |

由表39可知《地灣漢簡》實際收録簡802枚簡，其中1986年采集簡25枚，地灣遺址出土的簡則是777枚（比新聞稿少1枚，比最初編號多5枚）。不斷變化的簡牘數目，説明整理時出現了變動，而每次的變動都有整理者的取舍，遺憾的是這些細節未有具體的説明，使得讀者不易明曉簡牘增減的原因。當然主要還是簡牘出土後長時間没有整理出版所導致的，則也爲以後簡牘整理提供了經驗，應該在簡牘出土後加快整理出版的速度。

---

① 中西書局：《〈地灣漢簡〉校稿會在蘭州召開》，中西書局官方微信公衆號（微信號zhongxibook），2017年8月1日。

② 江勝信：《地灣漢簡：漢代西北邊塞歷史最後一塊“拼圖”》，《文匯報》2018年5月22日第3版。

# 第九章　西北漢簡所見男女年齡分層研究

## 第一節　問題的提出

關於西北漢簡中的大男、大女、使男、使女、未使男、未使女、小男、小女的年齡分層界限問題，頗受學界關注，已有很多學者參與討論，代表性的有陳槃、夏鼐、永田英正、藤枝晃、池田温、西嶋定生、楊聯陞、陳公柔、徐蘋芳、耿慧玲、林甘泉、朱紹侯、彭衛、楊振紅、王子今、李天虹、張俊民、趙寵亮、徐暢等學者，① 在他們的論述中，往往以7、14歲作爲年齡分界的標準，漸成學界共識，其中楊聯陞的觀點被很多學者所引用，故將他的意見摘録如下：

漢代丁中之制，有大男、大女、使男、使女、未使男、未使女之别。

---

① 陳槃：《漢晉遺簡偶述》，《"中研院"歷史語言研究所集刊》1947年第16本；［日］永田英正：《居延漢簡研究》，張學鋒譯，廣西師範大學出版社2007年版；［日］藤枝晃：《釋"見署用穀"ほか："長城のまもり"訂誤》，《東洋史研究》1955年第14卷第1—2期；［日］池田温：《中國古代籍帳研究》，龔澤銑譯，中華書局1984年版；［日］西嶋定生：《中國古代帝國的形成與結構：二十等爵制研究》，中華書局2004年版；楊聯陞：《漢代丁中、廩給、米粟、大小石之制》，《國學季刊》1950年7卷1期；陳公柔、徐蘋芳：《關於居延漢簡的發現和研究》，《考古》1960年第1期；耿慧玲：《由居延漢簡看大男大女使男使女未使男未使女小男小女的問題》，《簡牘學報》1980年第7期；林甘泉：《"養生"與"送死"：漢代家庭的生活消費》，《林甘泉文集》，上海辭書出版社2005年版；朱紹侯：《軍功爵制研究》增訂版，商務印書館2017年版；李天虹：《居延漢簡簿籍分類研究》，科學出版社2003年版；彭衛：《漢代婚姻形態》，中國人民大學出版社2010年版；楊振紅：《出土簡牘與秦漢社會：續編》，廣西師範大學出版社2015年版；王子今：《兩漢社會的"小男""小女"》，《清華大學學報》2008年第1期；張俊民：《簡牘學論稿：聚沙篇》，甘肅教育出版社2014年版；趙寵亮：《先秦秦漢的年齡分層與年齡稱謂》，《湖南科技學院學報》2010年第2期。

六歲及以下爲未使男女，七歲至十四歲爲使男使女，十五歲及以上爲大男大女。其使男使女與未使男未使女可以統稱小男小女。五十六歲以上之大男大女亦得稱老男老女。①

雖然楊聯陞的觀點被普遍接受，但也有學者提出了不同的意見。凌文超在《中國史研究》2022 年第 1 期發表《秦漢注籍身份异同論》一文，他從肩水金關漢簡中的家屬符入手，認爲："'卒家屬稟名籍'的'大''使''未使''小'身份，整齊登録，以年齡爲界，長期保持穩定，用於稟食配給。肩水金關漢簡'家屬符'、秦漢户口簿籍中的'小''大'身份，時而省記，以婚姻、傅籍爲界，其界限常隨國家政治經濟需要而調整……分類整理簿籍、辨析文書性質、判斷男女身份之异同，是研究秦漢各類身份之内涵的基本前提……所見的身份'小''大'之分都與婚姻、傅籍相關，與年 15 歲爲界的'小'　'大'之分没有直接聯繫。"② 其意在表達"卒家屬稟名籍"與"家屬符"由於文書性質有异，前者的年齡分層是穩定的，後者則是時常變動的觀點。凌文超擬以新材料去修訂被學界廣泛認可的通行説法，值得重視，這可以讓我們更好地回顧與反思已有材料，深入思考西北漢簡中的"大"與"小"的年齡分層問題。我們讀完肩水金關漢簡中的家屬符以及相關材料後，對這個問題也有一點淺顯的認識，今草寫下來，敬請方家指正。

## 第二節　西北漢簡所見的年齡分層統計

西北漢簡中大男、大女、使男、使女、未使男、未使女、小男、小女的資料在傳世文獻中難得一見，耿慧玲就曾指出數據資料的限制，影響了研究的深入，"不過以目前的情況而言，能資以判定稱謂意義的資料不多，反是一些載有年齡的木簡，可以做成部分的統計資料，以爲稱謂

① 楊聯陞：《漢代丁中、廩給、米粟、大小石之制》，《國學季刊》1950 年 7 卷 1 期，第 103 頁。

② 凌文超：《秦漢注籍身份異同論》，《中國史研究》2022 年第 1 期，第 33、45 頁。如無特殊説明，本文對凌文超的引用均出自此文，不另注。

意義研究的佐證”。① 地不愛寶，伴隨著新材料的不斷出版，居延漢簡、居延新簡、馬圈灣漢簡、肩水金關漢簡、額濟納漢簡、懸泉漢簡等西北簡中這方面的資料也豐富起來，使得我們有條件深入對這個問題的研究。我們把檢索到的材料制作成“西北漢簡所見年齡分層統計”表，列表如下（表40）：

**表40　　西北漢簡所見年齡分層統計**

| 序號 | 簡號 | 大男 | 大女 | 小男 | 小女 | 使男 | 使女 | 未使男 | 未使女 |
|---|---|---|---|---|---|---|---|---|---|
| 1 | 27.3 | | 21 | | | 12 | | | |
| 2 | 27.4 | | 26 | | | 7 | 8 | | |
| 3 | 29.1 | | 29 | | 3 | | | | |
| | | | | | 9 | | | | |
| 4 | 29.2 | 19 | 42 | 12 | 9 | | | | |
| 5 | 55.20 | | 15 | | | | | | |
| 6 | 55.25 | | 34 | | | | | | 6 |
| 7 | 95.20 | | 18 | | | | | | |
| 8 | 103.24 | | 27 | 12 | | | | | |
| | | | | 9 | | | | | |
| 9 | 133.20 | 19 | 19 | | | 7 | | | |
| 10 | 161.1 | | | | | | 7 | | 3 |
| 11 | 194.20 | | 15 | | | | 12 | | 5 |
| 12 | 201.9 +203.4 | | 18 | | | | | | |
| 13 | 203.3 | | 35 | | | | 9 | 3 | |
| 14 | 203.7 | | 34 | | | | 10 | | 6 |
| 15 | 203.12 | 52 | 49 | | | | | | |
| | | | 21 | | | | | | |
| 16 | 203.16 +201.8 | | 20 | | | | | | |
| 17 | 203.19 | | 29 | | | 7 | | | |
| 18 | 203.23 | | 27 | 2 | | | | 3 | |
| 19 | 203.27 | 60 | | | | | | | |

① 耿慧玲：《由居延漢簡看大男大女使男使女未使男未使女小男小女的問題》，《簡牘學報》1980年第7期，第271頁。

續表

| 序號 | 簡號 | 大男 | 大女 | 小男 | 小女 | 使男 | 使女 | 未使男 | 未使女 |
|---|---|---|---|---|---|---|---|---|---|
| 20 | 203. 32 | | 28 | | | | | | |
| | | | 23 | | | 10 | | | |
| 21 | 231. 25 | | 23 | | | | | 2 | |
| 22 | 254. 11 | | 67 | | | | | | |
| | | | 18 | | | | 13 | | |
| 23 | 274. 28 | | 51 | | | | | | |
| 24 | 286. 6 | 62 | | | | | 13 | | |
| | | 22 | | | | | | | |
| 25 | 317. 2 | | 28 | | 1 | | | 4 | |
| 26 | EPT40：17 | | 34 | | 8 | | | | |
| 27 | EPT40：27 | 15 | | | | | | | |
| 28 | EPT40：23 | 22 | | | | | | | |
| | | 18 | | | | | | | |
| | | 16 | | | | | | | |
| 29 | EPT40：136 | | 33 | 13 | 9 | | | | |
| 30 | EPT40：215 | | 31 | | | | | | |
| 31 | EPT43：335 | | 37 | 10 | 5 | | | | |
| 32 | EPT44：1 | | 21 | | 2 | | | | |
| 33 | EPT44：39 | | 35 | | | | | | |
| 34 | EPT48：30 | 16 | | | | | | | |
| 35 | EPT59：675 | | | | 5 | | | | |
| 36 | EPT59：780 | | 18 | | | | | | |
| 37 | EPT59：874 | 19 | | | | | | | |
| 38 | EPT65：119 | | 24 | 1 | | | | | 5 |
| 39 | EPT65：121 | | 38 | 7 | | | | | |
| | | | | 3 | | | | | |
| 40 | EPT65：145 | 63 | 18 | | | | | | |
| | | 17 | | | | | | | |
| 41 | EPT65：222 | 21 | 50 | | | | | | |
| 42 | EPT65：288 | | 23 | | | | | | |
| 43 | EPT65：383 | | 43 | | | | | | |

續表

| 序號 | 簡號 | 大男 | 大女 | 小男 | 小女 | 使男 | 使女 | 未使男 | 未使女 |
|---|---|---|---|---|---|---|---|---|---|
| 44 | EPT65：384 | | 35 | | | | | | |
| 45 | EPT65：411 | 19 | 45 | | | | | | |
| | | 16 | | | | | | | |
| 46 | EPT65：413 | | 33 | 10 | | | | | |
| | | | | 2 | | | | | |
| 47 | EPT65：455 | 18 | 17 | | | | | | |
| | | 16 | | | | | | | |
| 48 | EPT65：478 | 50 | 48 | | | | | | |
| | | | 22 | | | | | | |
| 49 | EPT65：495 | | | | | | 13 | | |
| 50 | EPW：149 | 50 | | | 11 | | | | |
| 51 | ESC：55 | 17 | 20 | | | 14 | | | |
| 52 | ESC：66 | 28 | | | | 12 | | | |
| | | | | | | 7 | | | |
| 53 | EPF25：17 | | 43 | | | | 11 | | |
| 54 | 73EJT3：89 | | 26 | | 1 | | | | |
| | | | | | 2 | | | | |
| 55 | 73EJT5：52 | | 31 | | | | | | |
| 56 | 73EJT6：41 | | | | 11 | | | | |
| 57 | 73EJT6：42 | 10 | | 7 | | | | | |
| | | | | 1 | | | | | |
| 58 | 73EJT6：75 | | | | | | | | |
| 59 | 73EJT6：85 | 17 | | | | | | | |
| 60 | 73EJT9：87 | | | | 6 | | | | |
| 61 | 73EJT9：229 | | 28 | | | | | | |
| 62 | 73EJT9：242 | | | 2 | | | | | |
| 63 | 73EJT10：249 | 62 | | | | | | | |
| 64 | 73EJT11：24 | | 19 | 3 | | | | | |
| 65 | 73EJT21：203 | | | | 3 | | | | |
| 66 | 73EJT23：562 | | | | 5 | | | | |
| 67 | 73EJT23：670 | | 20 | 1 | | | | | |

續表

| 序號 | 簡號 | 大男 | 大女 | 小男 | 小女 | 使男 | 使女 | 未使男 | 未使女 |
|---|---|---|---|---|---|---|---|---|---|
| 68 | 73EJT23：818 | | 26 | | | | | | |
| 69 | 73EJT23：857 | 23 | | | | | | | |
| 70 | 73EJT23：924 | 58 | | | | | | | |
| 71 | 73EJT23：977 | | | 3 | | | | | |
| 72 | 73EJT24：206 | | | | 1 | | | | |
| 73 | 73EJT24：296 | | | | 10 | | | | |
| 74 | 73EJT28：9 | | | 6 | 4 | | | | |
| | | | | 2 | | | | | |
| 75 | 73EJT29：43 +33 | | | 2 | | | | | |
| 76 | 73EJT30：62 | | 25 | 1 | 5 | | | | |
| 77 | 73EJT37：37 | | | 11 | | | | | |
| 78 | 73EJT37：102 | | 11 | | | | | | |
| 79 | 73EJT37：166 | | | 3 | | | | | |
| 80 | 73EJT37：175 | | 35 | 1 | 4 | | | | |
| 81 | 73EJT37：176 | 20 | | | 3 | | | | |
| 82 | 73EJT37：177 +687 | | 27 | 7 | | | | | |
| | | | | 2 | | | | | |
| 83 | 73EJT37：178 | | 30 | | 1 | | | | |
| 84 | 73EJT37：532 | | | | | 8 | 14 | | |
| | | | | | | | 4 | | |
| 85 | 73EJT37：545 | 25 | | | | | | | |
| 86 | 73EJT37：756 | | 44 | 9 | | | | | |
| 87 | 73EJT37：757 | | 18 | 1 | | | | | |
| | | | | 7 | | | | | |
| 88 | 73EJT37：758 | | 25 | 4 | 7 | | | | |
| 89 | 73EJT37：787 | | | 8 | | | | | |
| 90 | 73EJT37：846 | | | 11 | 13 | | | | |
| 91 | 73EJT37：855 | 18 | 35 | | | | | | |
| 92 | 73EJT37：1007 | | 25 | 2 | | | | | |
| 93 | 73EJT37：1028 +1208 +371 | | | | 2 | | | | |

續表

| 序號 | 簡號 | 大男 | 大女 | 小男 | 小女 | 使男 | 使女 | 未使男 | 未使女 |
|---|---|---|---|---|---|---|---|---|---|
| 94 | 73EJT37：1047 | | 37 | | | | | | |
| 95 | 73EJT37：1058 | | 25 | | | | | | |
| 96 | 73EJT37：1059 | | 22 | 9 | 6 | | | | |
| 97 | 73EJT37：1086 | | | 12 | | | | | |
| 98 | 73EJT37：1105 + 1315 | | 35 | | | | | | |
| | | | 15 | | | | | | |
| 99 | 73EJT37：1150 | | 45 | 14 | | | | | |
| 100 | 73EJT37：1180 | | | 6 | | | | | |
| 101 | 73EJT37：1376 +656 | | 18 | | | | | | |
| 102 | 73EJT37：1406 | 17 | 40 | | | | | | |
| | | 16 | | | | | | | |
| 103 | 73EJT37：1463 +402 | 69 | | | | | | | |
| 104 | 73EJT37：1528 + 280 +1457 | | 28 | 18 | 8 | | | | |
| | | | | | 3 | | | | |
| | | | | | 2 | | | | |
| 105 | 73EJT37：1590 | | | | 9 | | | | |
| 106 | 73EJF1：105 | | 22 | | | | | | |
| 107 | 73EJF3：131 | | 28 | | | | | | |
| 108 | 72EJC：217 | | | | 7 | | | | |
| 109 | 73EJC：305 | | | | 1 | | | | |
| 110 | 73EJC：570 | | | 10 | | | | | |
| 111 | 73EJH2：10 | | | | 2 | | | | |
| 112 | 72ECC：57 | | 81 | | | | | | |
| 113 | 敦 821 | | | | | | 7 | | |
| 114 | 2000ES7SF1：11 | | 62 | 1 | | | | | |
| | | | 26 | | | | | | |
| 115 | 2000ES7SF1：28 | | | | 3 | | | | |
| 116 | Ⅰ T0109 S：74 | | | | | | 10 | | |
| 117 | IT0114①：52 | | | | 1 | | | | |
| 118 | IT0114①：55 | | 58 | | | | | | |
| 119 | Ⅰ T0205②：1 | | | | 7 | | | | |

續表

| 序號 | 簡號 | 大男 | 大女 | 小男 | 小女 | 使男 | 使女 | 未使男 | 未使女 |
|---|---|---|---|---|---|---|---|---|---|
| 120 | IT0206②：2 | | 36 | | | | | | |
| 121 | I T0210①：41 | | | | | | 8 | | |
| 122 | I T0210①：93 | | | | 7 | | | | |
| | | | | | 6 | | | | |

注：肩水金關漢簡釋文以中西書局出版的《肩水金關漢簡》五卷十五册爲底本，居延漢簡釋文以"中研院"簡牘整理小組編《居延漢簡》爲底本，居延新簡釋文以張德芳主編《居延新簡集釋》爲底本，敦煌馬圈灣漢簡釋文以白軍鵬著《敦煌漢簡校釋》爲底本，額濟納漢簡釋文以孫家洲主編《額濟納漢簡釋文校本》爲底本，懸泉漢簡釋文以中西書局出版的《懸泉漢簡》爲底本。

經過西北漢簡所見年齡分層的梳理，可知目前的年齡信息已經相當豐富，多達 122 組簡文涉及到大男、大女、使男、使女、未使男、未使女、小男、小女的年齡分層信息。經統計可知，"使男"的年齡區間在 7—14 歲，"未使男"的年齡區間在 2—4 歲，"小女"的年齡區間在 1—13 歲，"未使女"的年齡區間在 3—6 歲，這四組數據與以往的認知無大的差异，故不再多言。"大男"年齡區間在 10—69 歲，"小男"年齡區間在 1—18 歲，"大女"的年齡區間在 11—81 歲，"使女"的年齡區間在 4—14 歲，這四組數據與以往的認識有很大差异，同時這也是凌文超修訂前説的重要因素，故需重點審視。

## 第三節　幾組特殊的數據研究

西北漢簡所見年齡分層統計表中的"大男""小男""大女""使女"數據與以往的認知存在較大差异，所以需要對這四組數據更加全面地研究，探尋其中的特殊性。我們在研究這四組數據時，也發現了一些問題。

第一組是"大男"的年齡數據。從西北漢簡所見年齡分層統計表可知"大男"年齡區間在 10—69 歲，這與楊聯陞"十五歲及以上爲大男大女"的説法差异很大，拉低了"大男"的分層歲數，從 15 歲直降到了 10 歲，凌文超據此認爲"'家屬符'中身份'大'經常省記，也有年僅 10

歲稱‘大男’的例子，并非整齊登記年15歲及以上的男女”。[①] 需要特别注意的是10歲的記録出現在肩水金關漢簡73EJT6：42號簡中，該簡的簡文如下：

槖他勇士隧長井臨 A1　建平元年家屬符 A2

兄妻屋蘭宜衆里井君任年廿一 B1　子小男習年七歲 B2

兄妻君之年廿三 B3　子大男義年十 B4　子小男馮一歲 B5

車一兩用□☒（右齒）C1　73EJT6：42

“大男義年十”的記載就出現在B4，凌文超認爲“‘家屬符’中‘小’‘大’之分應以傅籍、婚姻爲界……年方10歲的井義，其身份登記爲‘大男’，也應是已婚的緣故”。[②] 然而男性10歲結婚畢竟太小，依據彭衛《漢代婚姻形態》一書的梳理，目前并未有10歲結婚的男性記録，“漢代男子的普遍初婚在14歲至18歲之間”。[③] 故從情理考慮，漢政府不會讓“大男”的名號徒具虚名，若以婚姻爲標準，一旦“適婚青年”因爲種種原因無法結婚，則形成不能稱呼“大男”“大女”的尷尬境地。若以年齡爲界，則操作起來非常方便，不論是否婚姻，一過十四歲年齡，自動成爲“大男”“大女”，這樣十分方便文書寫作以及日常管理。比如居延漢簡133.20以及居延新簡ESC：55，兩簡簡文作：

第四隧卒張霸

弟大男輔年十九

弟使男勳年七

妻大女年十九　見署用穀七石八斗大　133.20[④]

鄣卒史惕

弟大男□年十七｜

弟使男正年十四｜

姊大女正爲年廿｜　用穀七石三斗三升少　ESC：55[⑤]

據兩簡簡文所記，張霸的弟弟張輔以及史惕的弟弟均未有結婚，如

① 凌文超：《秦漢注籍身份异同論》，《中國史研究》2022年第1期，第40頁。

② 凌文超：《秦漢注籍身份异同論》，《中國史研究》2022年第1期，第40—41頁。

③ 彭衛：《漢代婚姻形態》，中國人民大學出版社2010年版，第67頁。

④ 如無特殊説明，居延漢簡釋文以“中研院”簡牘整理小組編《居延漢簡》爲底本，不另注。

⑤ 如無特殊説明，居延新簡釋文以張德芳主編《居延新簡集釋》爲底本，不另注。

若結婚，其妻子信息當附在其後，但由於年齡一個19歲一個17歲，均已超過14歲，故都被稱作了“大男”，而未過14歲的弟“勳”和弟“正”都被稱作“使男”，可見婚姻并不是年齡分層的緣由。

需要對比的是同簡記録有“子小男習年七歲”，如果按照此簡内容所記，那麽“大男”與“小男”的年齡分界限在8—9歲之間，這明顯不合當時的實際情况，也缺乏證據支持。除去此簡外，“大男”的年齡都在15歲以上（含15歲），考慮到“孤證不立”，故對於73EJT6：42號簡記載的“大男”年“十”的記載，大概率是漏書或誤書，存疑較爲適宜。故暫排除73EJT6：42號簡“子大男義年十”的記載，“大男”的年齡區間當在15—69歲之間，與楊聯陞“十五歲及以上爲大男大女”的説法是一致的。

第二組是“大女”的年齡數據。經梳理西北漢簡所見年齡分層統計表，可知“大女”的年齡區間在11—81歲，這與楊聯陞“十五歲及以上爲大男大女”的説法差异很大，拉低了“大女”的分層歲數，從15歲降到了11歲。需要注意的是11歲的記録出現在肩水金關漢簡73EJT37：102號簡中，該簡的簡文如下：

氐池千秋里大女樂止年十一　　73EJT37：102

凌文超認爲：“樂止年11歲稱‘大女’，也應是已婚的緣故。”[①] 考慮到漢代女子初婚的年齡一般在15歲左右，“十三四歲至十六七歲，遂成爲漢代女子初婚年齡之常態”。[②] 故簡文中的樂止11歲結婚的概率是很小的。同時，這也是西北漢簡目前唯一的一枚“大女”年齡在15歲以下的記載，加之簡文殘斷，73EJT37：102號簡亦有書寫錯誤被廢弃的可能。此外，肩水金關漢簡73EJT37：1105+1315、73EJT6：41號簡以及居延漢簡254.11是可以對比借鑒的，三簡的簡文如下：

關嗇夫居延金城里公乘李豐卅八

妻大女君信年卅五　子大女疌年十五　子小女倩年□☑

·送迎收責　橐他界☑　　73EJT37：1105+1315[③]

① 凌文超：《秦漢注籍身份异同論》，《中國史研究》2022年第1期，第40頁。

② 彭衛：《漢代婚姻形態》，中國人民大學出版社2010年版，第67—69頁。

③ 伊强：《〈肩水金關漢簡（肆）〉綴合（四）》，2016年1月18日，簡帛網，http：//www. bsm. org. cn/? hanjian/6606. html。

廣地
後起隧長逢尊妻居延廣地里逢廉年卅五
子小女君曼年十一歲
葆聟居延龍起里王都年廿二
大車一兩　用馬二匹　用牛二（左齒）　　73EJT6：41①

俱起隧卒丁仁
母大女存年六十七用穀二石一斗六升大
弟大女惠文年十八用穀二石一斗六升大
弟使女肩年十三用穀一石六斗六升大　凡用穀六石　　254. 11

73EJT37：1105 + 1315 號簡簡文中的“疌”年十五已被稱爲“大女”，顯然她并未結婚，簡文對其稱謂是“子”，如果結婚其個人信息則應該附在夫家或有夫家的相關信息。居延漢簡 254. 11 號簡的惠文也是如此，其仍然在娘家的稟食名籍册上，也當是未婚，但由於已經 18 歲，超過了 14 歲，也被稱作“大女”。邢義田研究 73EJT6：41 號簡後認爲：“王都二十二歲應即後起隧長逢尊夫婦的女壻。其所以稱‘葆聟’，疑因其女僅十一歲，不及齡，須待十三、四而後可嫁。”② 簡文記載“子小女君曼年十一歲”，雖然已有婚配，③ 但由於年齡太小，也未稱“大女”。從此觀之，稱呼“大女”和婚姻并無關聯。出於“孤證不立”的考慮，73EJT37：102 號簡暫存疑不列入，“大女”的年齡區間當在 15—81 歲之間，這與楊聯陞的説法是吻合的。

第三組是“小男”的年齡數據。從西北漢簡所見年齡分層統計表可知“小男”的年齡區間在 1—18 歲，這與楊聯陞“六歲及以下爲未使男女，七歲至十四歲爲使男使女……其使男使女與未使男未使女可以統稱小男小女”的説法不一致，拉高了“小男”的分層歲數，從 14 歲提高到了 18 歲。凌文超據此認爲：“‘家屬符’中身份‘小’對應的年齡更加寬泛，大多數在年 14 歲以下，也有年 18 歲稱‘小男’的例子，并非僅對

---

① 邢義田：《〈肩水金關漢簡（壹）〉初讀札記之一》，《簡帛》第 7 輯，上海古籍出版社 2012 年版。

② 邢義田：《〈肩水金關漢簡（壹）〉初讀札記之一》，《簡帛》第 7 辑，上海古籍出版社 2012 年版。

③ 凌文超微信告知“曼”不一定是“王都”的妻子，逢廉可能有多個女兒。

應年1歲。”① 需要特別注意的是“小男”18歲的記録出現在肩水金關漢簡73EJT37：1528＋280＋1457號簡中，該簡的簡文如下：

槖他中部候長程忠 A1

建平四年正月家屬出入盡十二月符 A2

妻大女觻得富安□里程昭年廿八 B1

子小女買年八歲 B2

子小女遷年三歲 B3

子小女來卿年二歲 B4

弟小男音年十八 B5

……C1

小奴滿 D1

牛車一兩牛二頭 D2

軺車一用馬二匹 D3　　73EJT37：1528＋280＋1457②

“弟小男音年十八”的記載出現在B5，我們在對比建平元年家屬符以及近似家屬符文辭格式時發現一個規律，即大男、大女的年齡一般不加“歲”字，而小男、小女一般需要加“歲”字。辭例摘録如下：

槖他通望隧長成褒　建平三年正月家屬符

妻大女觻得當富里成虞年廿六

子小女候年一歲　弟婦監君年十五　弟婦君始年廿四　小女請卿年二歲　弟婦君給年廿五車二兩　用牛二頭　馬一匹　　73EJT3：89

槖他南部候史虞憲　建平四年正月家屬出入盡十二月符

母昭武平都里虞儉年五十　妻大女丑年廿五　子小女孫子年七歲

子小男馮子年四歲

大車一兩　用牛二頭　用馬一匹　　73EJT37：758

永光四年正月己酉　槖佗延壽隧長孫晦符

妻大女昭武萬歲里孫第卿年廿一

子小女王女年三歲

弟小女耳年九歲

① 凌文超：《秦漢注籍身份异同論》，《中國史研究》2022年第1期，第40頁。

② 姚磊：《肩水金關漢簡綴合》，天津古籍出版社2020年版，第330頁。

皆黑色　29.1

由所列三簡可知確實存在小男、小女加“歲”而大男大女不加“歲”的書寫範式。經梳理家屬符文獻,[①] 這種範式的書寫還占據主導。結合73EJT37：1528＋280＋1457號簡“弟小男音年十八”的記載，考慮到無有加“歲”，可能是書手誤書，即本應該寫作“弟大男”却被書手誤寫成了“弟小男”。依據西北漢簡所見年齡分層統計表，“小女”的年齡區間在1—13歲。“小男”與“小女”的年齡分層應是一致的，故“弟小男音年十八”的記載誤書的可能性就更大了。

該簡是由三枚殘簡綴合而成，碴口面平直斷裂，大概率是用刀直接劈開，可能正因爲寫錯而被廢弃，從而形成平直型斷裂碴口。加之“孤證不立”，除去此簡外，小男的年齡都在14歲以下（含14歲），故對於73EJT37：1528＋280＋1457號簡記載的“小男”年“十八”的記載，存疑較爲適宜。

暫排除73EJT37：1528＋280＋1457號簡“弟小男音年十八”的記載，“小男”的年齡區間當在1—14歲之間，這與楊聯陞的説法還是一致的。“家屬符中身份‘小’對應的年齡更加寬泛，大多數在年14歲以下，也有年18歲稱‘小男’的例子”的结论,[②] 應重新思考。

第四組是“使女”的年齡數據。經梳理西北漢簡所見年齡分層統計表，可知“使女”的年齡區間在4—14歲，這與楊聯陞“七歲至十四歲爲使男使女”的説法不一致，拉低了“使女”的分層歲數，從7歲降到了4歲。需要注意的是4歲的數據出自73EJT37：532號簡，這枚簡的特殊情況凌文超并未交代，故摘録該簡簡文如下：

隗卿致以十二月庚寅入 A1

子使女□□年十四 B1 子使男誼年八 B2 子使女聖年四 B3

劉莫且年廿五 C1 從者衛慶年廿四 C2 凡六人 C3　73EJT37：532

“子使女聖年四”的記載出現在B3，而同簡B1所記的“子使女□□年十四”，相較之下同簡記載數據差异懸殊。懷疑B3書手書寫時遺漏

① 姚磊：《肩水金關漢簡所見家屬符研究》，《出土文獻與法律史研究》第9輯，法律出版社2020年版，第325—331頁。

② 凌文超：《秦漢注籍身份异同論》，《中國史研究》2022年第1期，第40頁。

“未”字，即 B3 當是“子未使女聖年四”。居延漢簡 161. 1、194. 20 號簡也提供了證據，簡文如下：

執胡隧卒富鳳

妻大女君以年廿八用穀二石一斗六升大

子使女始年七用穀一石六斗六升大

子未使女寄年三用穀一石一斗六升大　·凡用穀五石　161. 1

第四隧卒虞護

妻大女胥年十五

弟使女自如年十二　未使女真省年五

見署用穀四石八斗一升少　194. 20

依據 194. 20 號簡，真省年 5 歲依然是“未使女”；依據 161. 1 號簡，始年 7 歲才能被稱爲“使女”。出於“孤證不立”的考慮，73EJT37：532 號簡暫存疑不列入，“使女”的年齡區間在 7—14 歲，這與楊聯陞的説法是一致的。

綜合以上的數據資料，各種稱謂的年齡界定範圍如下：

“小男”的年齡區間在 1—14 歲，“小女”的年齡區間在 1—13 歲，故可推算：1≤小男/女≤14；

“未使男”的年齡區間在 2—4 歲，“未使女”的年齡區間在 3—6 歲，故可推算：2≤未使男/女≤6；

“使男”的年齡區間在 7—14 歲，“使女”的年齡區間在 7—14 歲，故可推算：7≤使男/使女≤14；

“大男”的年齡區間在 15—69 歲，“大女”的年齡區間在 15—81 歲，故可推算：15≤大男/大女≤81。

各種稱謂的年齡分層界限確實是在 7 歲、14 歲。凌文超認爲：“‘家屬符’中‘小’‘大’之分應以傅籍、婚姻爲界。‘大男’指已傅或已婚男子，‘大女’指已婚女子，反之則爲‘小’……‘小’‘大’之分都與婚姻、傅籍相關，與年 15 歲爲界的‘小’‘大’之分没有直接聯繫”的論斷，[①] 尚有進一步探討的餘地。依據西北漢簡所見年齡分層統計表，八組數據中，“使男”“未使男”“小女”“未使女”均嚴格遵循了 7 歲、14

① 凌文超：《秦漢注籍身份异同論》，《中國史研究》2022 年第 1 期，第 41、45 頁。

歲的界限，個别特殊的數據，實不足以動摇年齡爲界的標準。結合我們對數據的分析研究，家屬符中的“大”“小”等年齡分層还是以年龄作爲分界的标准，這也符合楊聯陞等學者的判斷，即以7、14歲作爲年齡分層界限的結論無疑是正確的。

## 第四節　結語

除去婚姻的影響外，凌文超還指出“傅籍”也是重要的因素，他認爲：“漢代‘家屬符’中僅見‘小’‘大’身份，以傅籍、婚姻爲界，是一類社會身份，與年15歲爲界無甚關聯。”① 他立論的支點是“迄今未見家屬符將未傅男子登記爲‘大男’的例子”。② 他的結論與實際情況存在差异，我們找到了兩個反例，如下：

永光四年正月己酉　槖佗吞胡隧長張彭祖符

妻大女昭武萬歲里張春年卌二

子大男輔年十九歲

子小男廣宗年十二歲

子小女=足年九歲

輔妻南來年十五歲

皆黑色　29.2

槖他通望隧長成褎　建平四年正月家屬出入盡十二月符

弟大男□年廿　弟婦始年廿　子小女請卿年三歲

牛二頭　車一兩　73EJT37：176

凌文超認爲29.2號簡張輔、73EJT37：176號簡中的“大男”身份應是已婚的緣故。③ 從兩人19、20的年齡分析，均已經過了14歲，本來就已經屬於“大男”，與結婚無關。兩簡都是家屬符，其中“大男輔年十九歲”“大男□年廿”，均屬未傅男子（15—22歲），兩簡都是將未傅男子登記爲“大男”的例子。這也説明，“傅籍”并不是影響“大”“小”的

① 凌文超：《秦漢注籍身份异同論》，《中國史研究》2022年第1期，第41頁。

② 凌文超：《秦漢注籍身份异同論》，《中國史研究》2022年第1期，第40頁。

③ 凌文超：《秦漢注籍身份异同論》，《中國史研究》2022年第1期，第40頁。

因素。

需要説明的是，奴婢參照平民大男、大女、使男、使女、未使男、未使女、小男、小女年齡分層的稱謂體系，也有大奴、大婢、使奴、使婢、未使奴、未使婢、小奴、小婢這樣的稱謂，“由於奴婢没有獨立户籍，大多以附屬身份附于主人户籍上，雖然奴婢可能作爲家庭成員承擔徭役和兵役，或者代替主人服役，但法律上奴婢却無徭役兵役的義務”。① 從而可知，奴婢法律上是不參加傅籍的，故傅籍的因素對這些“大”“小”的稱謂并不産生影響。

經過上文的論述，可知小女、使男、未使男、未使女與以往認識保持一致，只是大男、大女、小男、使女存在四個特殊的例子，但經過研判，可能是漏書、誤書、廢弃等原因所致，并不影響學界對大男、大女、小男、使女已有的看法。淩文超“‘家屬符’中的身份‘小’‘大’之分，與學界通常的認識——以年 15 歲爲界，存在諸多齟齬之處”的説法尚有不足，② 以楊聯陞爲代表的大男、大女、使男、使女、未使男、未使女、小男、小女的年齡分層觀點依然是正確的。

文書應該按照性質進行分類和集成，這樣綱舉目張，對推動研究具有非常重要的價值和意義。但文書中的數據以及反映的歷史真實應當是一致的，不應該因爲文書性質有异，而去糾結其所記載的價值。比如居延新簡 EPT65：495 號簡，其簡文如下：

☑□妻使女貴年十三〇〳　☑　　EPT65：495

此簡殘斷，淩文超界定是“卒家屬稟名籍”，他認爲：“‘家屬符’中‘小’‘大’之分的情形，與‘卒家屬稟名籍’中的‘大’指年 15 歲以上且不受傅籍、婚姻的影響完全不同。” ③ 由於殘斷，是否是“卒家屬稟名籍”尚存在較大的不確定性，但依據現存簡簡文可知即使已婚，如果年齡未過 14 歲，還是不能被稱爲“大女”，只能是“使女”。此簡清晰地説明，婚姻對年齡分層并無影響。

如果糾結殘斷的 EPT65：495 號簡的性質是“卒家屬稟名籍”不能反

---

① 文霞：《秦漢奴婢的法律地位》，社會科學文獻出版社 2016 年版，第 209 頁。

② 淩文超：《秦漢注籍身份异同論》，《中國史研究》2022 年第 1 期，第 40 頁。

③ 淩文超：《秦漢注籍身份异同論》，《中國史研究》2022 年第 1 期，第 40—41 頁。

映家屬符“大”“小”年齡分層問題，無疑也是不應該的。文書雖然性質有异，其所包含的客觀事實不應該忽視。另外一種情況就是簡牘中存在大量殘斷簡，一些簡牘也很難確定文書的性質，甚至也很難分類。如果局限在精準的文書性質與分類，這些殘斷簡所反映的歷史信息如何提取和研究，這也將是一個很大的問題。考證歷史問題，應該依據研究課題的實際情況，準確靈活使用簡牘信息，開放式對待文書性質的界定與分類，而不宜分先後，這不是削弱文書性質與分類的重要性，而是恰當準確地使用這些材料更爲不易，需要我們特別慎重。

西北邊塞“是一塊充斥著罪犯、貧民等社會邊緣人，以及叛服無常的胡人部落的土地。漢朝對河西地區的統治與內郡相比，既不全面，也不穩固”。① 在這樣大的氛圍下，文書造假情況又在邊地非常普遍，“邊地官員或出於實際上無力達到制度要求；或出於與下屬建立情誼的需要，未必能全按制度行事。結果是設計再精巧的審核與監督制度，實際操作時也難保不打折扣”。② 故對待簡帛材料所記的歷史信息就要仔細全面，綜合各方面的材料去考察歷史事實無疑是最爲妥當的方式。在研究過程中，宜合不宜分，宜全不宜偏。

① 高震寰：《論西北漢簡文書與現實的差距及其意義》，《新史学》2014 年 25 卷第 4 期，第 36 頁。

② 高震寰：《論西北漢簡文書與現實的差距及其意義》，《新史学》2014 年 25 卷第 4 期，第 42 頁。

# 後　記

這本書是我近年讀西北漢簡心得體會的一次匯總。

從2015年我開始接觸肩水金關漢簡算起，讀西北漢簡已有七、八年了。期間對漢簡的癡迷與熱愛，與日俱增。從最初的單純喜好，逐步延伸到綴合、識字、編聯和專題研究方面。興趣愛好的拓展與研究的逐漸深入，自己基礎不足的問題也暴露無遺，常有無法解疑之處。《朱子語類》説："凡事見得通透了，自然歡説。既説諸心，是理會得了，於事上更審一審，便是研諸慮。研是更去研磨他。"可惜的是我距離"通透"還遠，只能在"研磨"的道路上繼續求索。故時常把自己的疑惑寫出來，或查閱資料，或詢問前輩學者，從而有了一定的積累。故雖然説是"一次匯總"，但距離漢簡的"真實面貌"，如歷史事實的考證、文字的辨識、册書的復原等方面，還是有很大的差距，許多工作依然還要繼續深化。就是這本小書，也有很多問題現在我也没有想明白。

漢簡整理與研究，自王國維開啓道路以來，已有百年歷程。百年來，漢簡研究成果十分豐碩，方法也逐漸多元，好的研究者也不勝枚舉。從我個人的學術歷程來看，我是深受陳夢家《漢簡綴述》的影響，尤其是他所寫的《由實物所見漢代簡册制度》一文，我是時常翻閲。陳夢家説"簡册制度的研究，還可以推進一步。尤其是今天有了更多而可據的實物，時代、出土地點、用途、材料、形制、長度都有所不同，可以全面的作一番整理。出土地點的查明，殘折部分的綴合，以及書籍記載的搜集，仍然是當前所急要作的。簡文文字内容的辨識，形制大小及其用途的分類，以及斷代定期，也都非常重要。"可以説，本書就是在此文的影響下進行寫作的。

書中的一些章節，在讀博士期間已有了隨筆札記，曾呈陳偉老師以及武漢大學簡帛研究中心的很多老師和同門閲讀討論過。故在本書定稿時，吸收了他們提的很多建議，但由於自身學識能力有限，書中的疏漏定然不少，這也是需要向大家致歉的，對提供建議的老師和同門再次致以謝意。

特别感謝我的導師——陳偉先生，引導我走向學術道路。猶記得陳偉老師告訴我，"説不死"的文章不要寫，可備一説的文章寫起來没有太大意義。這對我進行學術研究，尤其是寫文章時影響很大。我也時常懷念在武大簡帛研究中心讀書學習的歲月，珞珈之山，東湖之水，學友之論，縈繞難忘。

佛家講"三昧"，説"入定"，是追求心神專注而不散亂。希望我對西北簡的研究，也能貫徹始終，心神合一，逐達王國維所言的"衆里尋他千百度，驀然回首，那人却在燈火闌珊處"的境界。

最後，感謝妻子孫萌博士對我生活及學術道路的支持，正是她的包容與體諒，才使得我有動力和時間去搞研究。此書定稿時也正值我倆八週年紀念日，希望她健康快樂，學問精進。

姚磊

2022年10月17日